Gassen/Wegerhoff • Elektronische Beglaubigung und elektronische Handelsregisteranmeldung in der Praxis

Elektronische Beglaubigung und elektronische Handelsregisteranmeldung in der Praxis

von

Notar Dr. Dominik Gassen,
Bonn

und

Notar Stefan Wegerhoff,
Düsseldorf

2., überarbeitete und wesentlich erweiterte Auflage

ZAP

ISBN: 978-3-89655-342-3

Druck: Bercker, Kevelaer

Vorwort

Gut zwei Jahre nach der Einführung des Elektronischen Rechtsverkehrs in Handelsregistersachen liegt nunmehr die zweite Auflage unseres Praxishandbuchs für den Umgang des Notars mit dem neuen elektronischen Medium vor. Die große Resonanz, der sich die erste Auflage erfreute, mag zum einen belegen, wie aktiv sich die Notare und ihre Mitarbeiter mit dem neuen Aufgabenfeld auseinandersetzen – und damit wie groß der Wille zur Innovation in einem traditionell geprägten Beruf ausgeprägt ist. Zum anderen ist sie aber auch ein Beweis dafür, wie sehr die Praxis für den täglichen Umgang mit den neuen Verfahren auf Hilfsmittel angewiesen ist, die beim Überwinden der (durchaus vorhandenen) Hürden helfen.

Mit dieser vollkommen überarbeiteten Neuauflage möchten wir als Autoren unseren Beitrag dazu leisten, dass auch in einem sich ständig verändernden technischen Umfeld eine verlässliche Informationsquelle vorhanden ist, die beim täglichen Umgang mit den Programmen und Online-Ressourcen elementaren, aber auch weiterführenden Fragen solide Antworten bieten kann.

Im rechtlichen Bereich haben sich seit Inkrafttreten der Rechtsgrundlagen für den elektronischen Rechtsverkehr zahlreiche Rechtsfragen gestellt, die in den meisten Fällen kurzfristig und mit praxistauglichen Ergebnissen gelöst werden konnten. Andere Bereiche – wie das Kostenrecht des elektronischen Rechtsverkehrs – befinden sich immer noch im Entwicklungsprozess. Der erste Teil des Werkes gibt zu diesen Themen erschöpfend Auskunft.

Hauptanlass für diese Neuauflage ist das Erscheinen der neuen Software-Version 3.0 der Programme XNotar und SigNotar. Seit ihrer Einführung haben diese Anwendungen im notariellen Bereich eine derart große Bedeutung gewonnen, dass sie in der weitaus überwiegenden Zahl der Notariate nicht mehr aus der täglichen Handelsregisterpraxis wegzudenken sind. Zugleich sind mit ihnen – zumindest aus der Perspektive derjenigen, die eng mit der Entwicklung befasst sind – neue Maßstäbe bei der schnellen und kontinuierlichen Weiterentwicklung aller Programmbereiche gesetzt worden. In den vergangenen Jahren gab es keine Periode, in der die Entwicklung auch nur für kurze Zeit stagnierte. Grundstrukturen für den elektronischen Rechtsverkehr in Grundbuchsachen wurden erarbeitet, die Integration zwischen den Anwendungen und Drittprogrammen ermöglicht und die Weichen für umfangreiche Weiterentwicklungen in sämtlichen Bereichen der notariellen Tätigkeit gesetzt – Ansätze, die in den kommenden Jahren spürbar die Tätigkeit des Notars prägen werden.

XNotar 3.0 ist insoweit ein Meilenstein, weil die Fortschreibung des Programms die Quintessenz aus den Praxiserfahrungen der vergangenen zwei Jahre zieht und für fast alle Kritikpunkte, die bislang zum Umgang im täglichen Betrieb erhoben worden sind, Lösungen anbietet. XNotar 3.0 ist in seinen Einsatzmöglichkeiten flexibler und erleichtert sowohl dem Notar als auch seinen Mitarbeitern die Arbeit. Alle Verfahrensschritte wurden durchleuchtet und hinterfragt, Überflüssiges gestrichen, Unerlässliches verschlankt und Fehlendes ergänzt. Bevor man sich in den nächsten Jahren weiteren Funktionsfeldern zuwendet, hat man XNotar so in Form gebracht, dass die Fundamente tragen.

Will man die neuen Möglichkeiten nutzen, ist es natürlich unvermeidbar, sich zunächst die Veränderungen zu vergegenwärtigen – manchmal auch erst kürzlich Gelerntes zu hinterfragen und umzustellen. Auch dabei will dieses Buch – neben den umfänglich bereitstehenden Fortbildungsangeboten – helfen.

Unser Buch hält sich in seinen Strukturen an die in der ersten Auflage erkennbaren Linien: Nach der Aufarbeitung der Rechtsgrundlagen und -fragen liegt der Schwerpunkt des zweiten Teils in der Erklärung des praktischen Umgangs mit den Anwendungen. Wir verstehen es hier durchaus als Nachschlagewerk, mit dem ein schneller Zugriff auf konkrete Fragestellungen möglich ist. Daneben werden im Folgenden aber auch die technischen Grundlagen und Hintergründe erläutert, absehbare zukünftige Entwicklungen vorgezeichnet und andere Verfahren und Angebote in ihren Grundzügen skizziert.

Der abschließende Teil bietet – wie schon die Vorauflage – eine Anzahl von Übungsfällen, mit denen der Umgang mit den Programmen im Selbststudium erlernt werden kann. Die begleitende CD enthält dazu in gewohnter Weise die benötigten Materialien.

Wir hoffen, dass dieses Werk einen festen Platz auf dem Schreibtisch der mit dem elektronischen Rechtsverkehr befassten Kollegen und Mitarbeiter finden wird.

Im Mai 2009

Dr. Dominik Gassen
Stefan Wegerhoff

Hinweise zur Benutzung der CD-ROM

Zur Übernahme der Dateien für die Übungsfälle legen Sie die CD-ROM in Ihr CD-ROM-Laufwerk ein. Sie können z.B. über das Icon „Arbeitsplatz" durch Doppelklick auf das Symbol des CD-ROM-Laufwerks Zugriff auf die Dateien erhalten.

Durch Doppelklick auf die Datei „start.doc" gelangen Sie auf das Indexdokument. In diesem Dokument finden Sie die folgenden Ordner:

1. Übungsfälle
2. Vorschriftensammlung (Volltext)
3. Software

Durch Mausklick in Kombination mit der Strg-Taste auf die entsprechende Verlinkung gelangen Sie zum Inhalt der entsprechenden Ordner.

In dem Ordner Übungsfälle liegen Dokumente bereit, die es Ihnen erlauben, die beschriebenen Beispielsfälle nachzustellen.

Die Vorschriftensammlung enthält die einschlägigen Rechtsvorschriften zum elektronischen Rechtsverkehr im Volltext, u.a. EHUG, JKomG, SigG, SigV.

In dem Ordner Software haben wir Ihnen Download-Links nützlicher Programme, die im Zusammenhang mit den Verfahren eingesetzt werden können, zusammengestellt.

Inhaltsverzeichnis

Literaturverzeichnis

Apfelbaum, Wichtige Änderungen für Notare durch das EHUG jenseits der elektronischen Handelsregisteranmeldung, DNotZ 2007, 166

Apfelbaum/Bettendorf, Die elektronische beglaubigte Abschrift im Handelsregisterverkehr, RNotZ 2007, 89

Bettendorf, EDV und Internet in der notariellen Praxis, 2002

ders., Die Neufassung der Dienstordnung für Notarinnen und Notare, Sonderheft zu RNotZ Heft 10 aus 2001, 1

Bettendorf/Apfelbaum, Elektronischer Rechtsverkehr und das Berufsrecht des Notars – Änderungen der Richtlinienempfehlungen der Bundesnotarkammer und der Dienstordnung für Notarinnen und Notare, DNotZ 2008, 19

dies., Die persönliche Erzeugung der Signatur bei der Erstellung elektronisch notarieller Urkunden, DNotZ 2008, 85

Bohrer, Notarielle Form, Beurkundung und elektronischer Rechtsverkehr, DNotZ 2008, 39

Bormann/Apfelbaum, Der Einfluss signaturrechtlicher Anforderungen auf die Wirksamkeit der elektronischen notariellen Urkunde, RNotZ 2007, 15

Bund, Automatisiertes Register über Vorsorgevollmachten – und seine Kosten, BtPrax 2005, 223

Bundesamt für Sicherheit in der Informationstechnik, Grundlagen der elektronischen Signatur: Recht, Technik, Anwendung, 2006

Erber-Faller, Notar und Vertragsabschluss im elektronischen Rechtsverkehr, Internationaler Kongress des Lateinischen Notariats, 2004

Eylmann/Vaasen, Bundesnotarordnung, Beurkundungsgesetz: BNotO, BeurkG, 2. Aufl. 2004

Frenz, Ein Jahrhundert-Gesetz für die Freiwillige Gerichtsbarkeit, DNotZ 1994, 153

Gassen, Das Notarnetz: Zukunftsmodell mit Startschwierigkeiten, DNotZ 2006, 582

Görk, Änderung der Vorsorgeregister-Gebührensatzung, DNotZ 2006, 6

ders., Das Zentrale Vorsorgeregister der Bundesnotarkammer – neue rechtliche Grundlagen und praktische Abläufe, DNotZ 2005, 87

Hammer, Signaturprüfungen nach SigI, DuD 2000, 96

Huhn/von Schuckmann, Beurkundungsgesetz und Dienstordnung für Notarinnen und Notare: BeurkG, DONot, Kommentar, 4. Aufl. 2003

Kanzleiter, Nicht mitkopierte Unterschrift des Notars auf beglaubigter Fotokopie, DNotZ 1993, 759

Keim, Das EDV-Grundbuch, DNotZ 1984, 724

Korintenberg/Lappe/Bengel/Reimann, Kostenordnung: KostO, Kommentar, 17. Aufl. 2008

Krafka, Das neue Handels- und Unternehmensregister – Übersicht über das Registerrecht in der Fassung des Referentenentwurfs zu einem Gesetz über elektronische Handelsregister und Genossenschaftsregister sowie das Unternehmensregister (EHUG-RefE) –, MittBayNot 2005, 290

Lo Iacono/Dietze, Gültigkeit von Zertifikaten und Signaturen, DuD 2005, 14

Malzer, Elektronische Beglaubigung und Medientransfer durch den Notar nach dem Justizkommunikationsgesetz, DNotZ 2006, 9

Melchior, Handelsregisteranmeldungen und EHUG – Was ist neu?, NotBZ 2006, 409

Mödl/Schmidt, Licht und Schatten im elektronischen Rechtsverkehr mit dem Handelsregister, ZIP 2008, 2332

Müller/Renner, Betreuungsrecht und Vorsorgeverfügungen in der Praxis, 2. Aufl. 2008

Noack, Das EHUG ist beschlossen – elektronische Handels- und Unternehmensregister ab 2007, NZG 2006, 801

Notarkasse München, Streifzug durch die Kostenordnung, 7. Aufl. 2008

Püls, Notarielle Tätigkeit im Lichte des Justizkommunikationsgesetzes, NotBZ 2005, 305

Reinermann/von Lucke, Electronic Government in Deutschland: Ziele, Stand, Barrieren, Beispiele, Umsetzung, 2. Aufl. 2002

Reithmann/Albrecht, Handbuch der notariellen Vertragsgestaltung, 8. Aufl. 2001

Rohs/Wedewer, Kostenordnung, Kommentar, Loseblatt, Stand: Dezember 2008

Roßnagel, Fremdsignierung elektronischer Rechnungen: Vorsteuerabzug gefährdet, BB 2007, 1233

Roth/Altmeppen, Gesetz betreffend die Gesellschaften mit beschränkter Haftung: GmbHG, Kommentar, 5. Aufl. 2005

Schöner/Stöber, Grundbuchrecht, 14. Aufl. 2008

Schönke/Schröder, Strafgesetzbuch: StGB, 27. Aufl. 2006

Schmidt/Sikora/Tiedtke, Praxis des Handels- und Kostenrechts, 5. Aufl. 2009

Schmitz-Valckenberg, Die Verwendung von Fotokopien bei der Herstellung von Ausfertigungen und beglaubigten Abschriften, DNotZ 1968, 476

Seibert/Decker, Das Gesetz über elektronische Handelsregister und Genossenschaftsregister sowie das Unternehmensregister (EHUG) – Der „Big Bang" im Recht der Unternehmenspublizität, DB 2006, 2446

Sikora/Schwab, Das EHUG in der notariellen Praxis, MittBayNot 2007, 1

Tiedke/Sikora, Kosten im elektronischen Rechtsverkehr, MittBayNot 2006, 393

Weikart, Elektronischer Rechtsverkehr für Notare: Bestandsaufnahme und Ausblick, NotBZ 2007, 73

Winkler, Beurkundungsgesetz: BeurkG, Kommentar, 16. Aufl. 2008

Zöller, Zivilprozessordnung: ZPO, Kommentar, 27. Aufl. 2009

Abkürzungsverzeichnis

A

Abb.	Abbildung
Abk.	Abkürzung
ABl.	Amtsblatt
Abs.	Absatz
ADF	Automatic Document Feeding
AG	Amtsgericht/Aktiengesellschaft
AktG	Aktiengesetz
API	Advanced Programming Interface
Art.	Artikel
ASCII	American Standard Code for Information Interchange
Aufl.	Auflage

B

BB	Betriebs-Berater (Zs.)
betr.	betreffend
BeurkG	Beurkundungsgesetz
BGB	Bürgerliches Gesetzbuch
BGBl.	Bundesgesetzblatt
BGH	Bundesgerichtshof
BMJ	Bundesministerium der Justiz
BNetzA	Bundesnetzagentur
BNotK	Bundesnotarkammer
BNotO	Bundesnotarordnung
BRD	Bundesrepublik Deutschland
BR-Drucks.	Bundesrats-Drucksache
BSI	Bundesamt für Sicherheit in der Informationstechnik
Bsp.	Beispiel
bspw.	beispielsweise
BT-Drucks.	Bundestags-Drucksache
Bt-Prax	Betreuungsrechtliche Praxis (Zs.)
Buchst.	Buchstabe

bzgl.	bezüglich
bzw.	beziehungsweise

C

ca.	circa
CD-R	Compact Disk Recordable
CD-ROM	Compact Disk Read Only Memory
CNUE	Council of the Notariats of the European Union (Rat der Notariate der Europäischen Union)
CSV	Comma separated Values

D

DB	Der Betrieb (Zs.)
d.h.	das heißt
DNotI	Deutsches Notarinstitut
DNotZ	Deutsche Notar-Zeitschrift
DONot	Dienstordnung für Notarinnen und Notare
dpi	dots per inch
DStR	Deutsches Steuerrecht (Zs.)
DuD	Datenschutz und Datensicherheit (Zs.)

E

e-APP	electronic Apostille Pilot Program
EC-Karte	Electronic Cash-Karte
EG	Europäische Gemeinschaft
EGHGB-E	Einführungsgesetz zum Handelsgesetzbuch-Entwurf
E-Government	Electronic Government
EGVP	Elektronisches Gerichts- und Verwaltungspostfach
EHUG	Gesetz über elektronische Handelsregister und Genossenschaftsregister sowie das Unternehmensregister
E-Justice	Electronic Justice
e.K.	eingetragener Kaufmann
ElGVG	Gesetz zur Vereinheitlichung von Vorschriften über bestimmte elektronische Informations- und Kommunikationsdienste (Elektronischer-Geschäftsverkehr-Vereinheitlichungsgesetz)

ElRV	Elektronischer Rechtsverkehr
E-Mail	Electronic Mail
ENN	European Notarial Network
ERJuKoG	Gesetz über elektronische Register und Justizkosten für Telekommunikation
ERVGBG	Entwurf eines Gesetzes zur Einführung des elektronischen Rechtsverkehrs und der elektronischen Akte im Grundbuchverfahren sowie zur Änderung weiterer grundbuch-, register- und kostenrechtlicher Vorschriften
etc.	et cetera
EU	Europäische Union
evtl.	eventuell
EWG	Europäische Wirtschaftsgemeinschaft
EWR	Europäischer Wirtschaftsraum
€	Euro

F

f.	folgende
ff.	fortfolgende
FGG	Gesetz über die Angelegenheiten der freiwilligen Gerichtsbarkeit
Fn.	Fußnote
FormanpassungsG	Gesetz zur Anpassung der Formvorschriften des Privatrechts und anderer Vorschriften an den modernen Rechtsgeschäftsverkehr (Formanpassungsgesetz)

G

GBO	Grundbuchordnung
GBO-E	Entwurf eines Gesetzes zur Änderung der Grundbuchordnung und anderer Gesetze
geb.	geborene
gem.	gemäß
GenRegV	Verordnung über das Genossenschaftsregister (Genossenschaftsregisterverordnung)
gez.	gezeichnet
GF	Geschäftsführer

ggf.	gegebenenfalls
GmbH	Gesellschaft mit beschränkter Haftung
GmbH & Co. KG	Gesellschaft mit beschränkter Haftung und Co. Kommanditgesellschaft
GmbHG	Gesetz betreffend die Gesellschaften mit beschränkter Haftung
GnR-Nummer	Genossenschaftsregister-Nummer
grds.	grundsätzlich
GV NW	Gesetz- und Verordnungsblatt für das Land Nordrhein-Westfalen

H

Halbs.	Halbsatz
HGB	Handelsgesetzbuch
HGB-E	Handelsgesetzbuch-Entwurf
h.L.	herrschende Lehre
HRA	Handelsregister (Teil A)
HRB	Handelsregister (Teil B)
HR-Nummer	Handelsregister-Nummer
Hrsg.	Herausgeber
HRV	Verordnung über die Einrichtung und Führung des Handelsregisters (Handelsregisterverordnung)
HTML	Hypertext Markup Language

I

i.d.R.	in der Regel
IFD	Initiative Finanzstandort Deutschland
IHK	Industrie- und Handelskammer
i.H.v.	in Höhe von
insbes.	insbesondere
i.R.d.	im Rahmen der/des
i.S.d.	im Sinne der/s
i.S.e.	im Sinne einer/s
i.S.v.	im Sinne von
i.Ü.	im Übrigen

i.V.m.	in Verbindung mit

J

JKomG	Justizkommunikationsgesetz
JPEG	Joint Photographic Experts Group
JRE	Java Runtime Environment

K

Kap.	Kapitel
KG	Kommanditgesellschaft
KostO	Kostenordnung

L

LG	Landgericht
L.S.	locus sigilli

M

m. Anm.	mit Anmerkung
max.	maximal
MdB	Mitglied des Bundestages
MittBayNot	Mitteilungen des Bayerischen Notarvereins, der Notarkasse und der Landesnotarkammer Bayern (Zs.)
MittRhNotK	Mitteilungen der Rheinischen Notarkammer (Zs. 1986 – Ende 2000)
m.N.	mit Nachweisen
MoMiG	Gesetz zur Modernisierung des GmbH-Rechts und zur Bekämpfung von Missbräuchen
m.w.N.	mit weiteren Nachweisen

N

n.F.	neue Fassung
NotBZ	Zeitschrift für die notarielle Beratungs- und Beurkundungspraxis
NotK	Notarkammer
Nr.	Nummer
NRW	Nordrhein-Westfalen
NZG	Neue Zeitschrift für Gesellschaftsrecht

O

OCR	Optical Character Recognition
OCSP	Online Certificate Status Protocol
ODA	Open Document Architecture
ODIF	Open Document Interchange Format
o.g.	oben genannt
OHG	Offene Handelsgesellschaft
OSCI	Online Services Computer Interface
OT-Leit-ERV	Organisatorisch-technische Leitlinien für den elektronischen Rechtsverkehr mit den Gerichten und Staatsanwaltschaften

P

PDF	Portable Document Format
PG-Nummer	Partnerschaftsregister-Nummer
PGP	Pretty Good Privacy
PIN	Persönliche Identifikationsnummer
PKCS	Public Key Cryptography Standards
PKI	Public Key Infrastructure
PLZ	Postleitzahl
POP	Post Office Protocol
PRV	Verordnung über die Einrichtung und Führung des Partnerschaftsregisters (Partnerschaftsregisterverordnung)

R

RAM	Random Access Memory
RegTP	Regulierungsbehörde für Telekommunikation und Post
RegVBG	Registerverfahrensbeschleunigungsgesetz
RERT	Europäisches Netzwerk der Testamentsregister
RGBl.	Reichsgesetzblatt
RL	Richtlinie
Rn.	Randnummer
RNotZ	Rheinische Notar-Zeitschrift
RSA	Rivest-Shamir-Adleman
Rspr.	Rechtsprechung

RTF	Rich Text Format

S

S.	Seite
s.	siehe
SCSI	Small Computer System Interface
SigG	Signaturgesetz
SigV	Signaturverordnung
SMTP	Simple Mail Transfer Protocol
s.o.	siehe oben
sog.	sogenannte/r/s
StGB	Strafgesetzbuch
s.u.	siehe unten

T

TIF	Text Interchange Format
TIFF	Tagged Image File Format

U

u.a.	unter anderem
UG	Unternehmergesellschaft
UmwG	Umwandlungsgesetz
UR.-Nr.	Urkundenrollen-Nummer
USB	Universal Serial Bus
u.U.	unter Umständen

V

Var.	Variante
vgl.	vergleiche
VPN	Virtual Private Network
VRegGebS	Vorsorgeregister-Gebührensatzung
VRegV	Vorsorgeregister-Verordnung
VRV	Vereinsregisterverordnung
VVRRG	Gesetz zur Reform des Versicherungsvertragsrechts

W

Windows ME	Windows Millenium Edition
www	World Wide Web

X

XML	Extensible Markup Language

Z

z.B.	zum Beispiel
ZDA	Zertifizierungsdiensteanbieter
Ziff.	Ziffer
ZIP	Zeitschrift für Wirtschaftsrecht/Zig-Zag In-Line Package
ZPO	Zivilprozessordnung
ZS	Zertifizierungsstelle
Zs.	Zeitschrift
zust.	zuständig
ZVR	Zentrales Vorsorgeregister

Kapitel 1: Einleitung

A. Begriff des elektronischen Rechtsverkehrs

Der Begriff „Elektronischer Rechtsverkehr“ bezeichnet allgemein die **Vornahme von rechtsrelevanten Handlungen auf elektronischem Weg**. Die Variationsbreite der möglichen Rechtsgeschäfte ist dabei nahezu unüberschaubar. Parallel hierzu wird der Begriff häufig aber auch in einem spezielleren Sinne verwendet, und zwar im Bereich E-Justice und E-Government (im engeren Sinne).[1] 1

Unter **E-Justice** (electronic justice) versteht man dabei die Vereinfachung und Durchführung von Prozessen zur Information, Kommunikation und Transaktion innerhalb und zwischen Institutionen der Judikative sowie zwischen diesen Institutionen und Bürgern, Unternehmen und weiteren staatlichen Institutionen durch den Einsatz von Informations- und Kommunikationstechnologien. E-Justice ist damit ein **Gegen- und Unterbegriff zu E-Government**, der gleiche Vorhaben auf einer übergeordneten Ebene definiert. Wenn auf den folgenden Seiten vom elektronischen Rechtsverkehr die Rede ist, so ist der mit E-Justice umschriebene Bereich des elektronischen Rechtsverkehrs gemeint, insbes. soweit er Berührungspunkte zur Tätigkeit der Notare[2] aufweist. 2

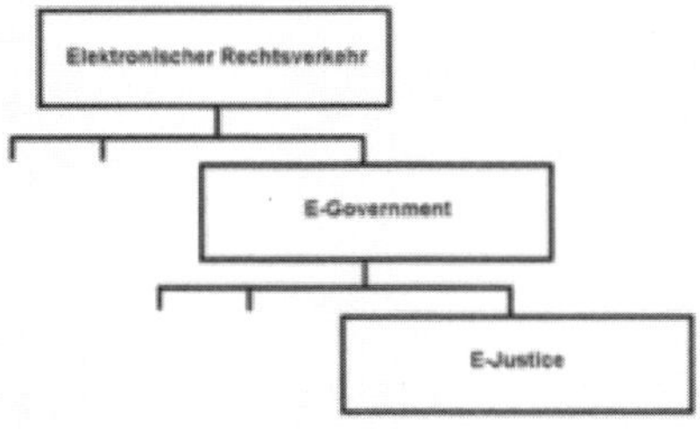

1 Vgl. die sog. „Speyerer Definition“ des Begriffs „E-Government“: „*Abwicklung geschäftlicher Prozesse im Zusammenhang mit Regieren und Verwalten (Government) mit der Hilfe von Informations- und Kommunikationstechniken über elektronische Medien* “, von *Lucke/Reinermann*, Speyerer Definition von Electronic Government, in: Reinermann/von Lucke, Electronic Government in Deutschland, S. 1.

2 Im Text dieses Buches werden aus Gründen der besseren Lesbarkeit regelmäßig nur die Formen „Notar“, „Notarvertreter“, „Mitarbeiter“ oder „Notariatsmitarbeiter“ verwendet. Gemeint sind in jedem Fall auch Notarinnen, Notarvertreterinnen, Mitarbeiterinnen und Notariatsmitarbeiterinnen.

B. Elektronischer Rechtsverkehr im Notariat

3 Eine **zentrale Aufgabe notarieller Tätigkeit** besteht u.a. darin, die Authentizität von Erklärungen sowie die Übereinstimmung von Kopien mit Originaldokumenten zu beglaubigen und Tatsachen zu bescheinigen. Dieser Aspekt der notariellen Tätigkeit steht insbes. dort im Vordergrund, wo Eintragungen in öffentliche Register wie das Grundbuch, das Handelsregister oder sonstige Register der Justiz bewirkt werden sollen. Mit der gehobenen Form der öffentlichen Urkunde wird die Richtigkeit der Eintragungen sichergestellt, die Grundlage für die Rechtsscheinswirkungen der Register ist.

4 Erste Überlegungen zur **Einführung eines elektronischen Grundbuchs** wurden in der BRD in den 70er-Jahren des letzten Jahrhunderts aufgeworfen, Anfang der 80er-Jahre aber bereits wieder eingestellt.[3] Erst durch das **Registerverfahrensbeschleunigungsgesetz**[4] Anfang der 90er-Jahre wurden derartige Fragestellungen wieder aktuell und dementsprechend erneut aufgegriffen. Aufgrund der rasch fortschreitenden technischen und rechtlichen Entwicklung erschien es zunächst denkbar, Aspekte der notariellen Tätigkeit in absehbarer Zeit anderweitig, nämlich durch technische Maßnahmen sicherzustellen. Eine besondere Rolle spielten dabei rechnergestützte Signatur- wie auch Verschlüsselungstechniken. Diese ließen es möglich erscheinen, die Unverfälschtheit eines elektronisch gespeicherten und signierten Dokuments überprüfbar zu machen. Für Unbefugte war der Inhalt des Dokuments nahezu unlesbar, wenn es mit modernen kryptographischen Methoden bearbeitet wurde.

5 Parallel dazu wurden **auf europäischer Ebene** die Arbeiten an der **Signaturrichtlinie**[5] vorangetrieben, während in der BRD das **Signaturgesetz**[6] und die darauf basierende **Signaturverordnung**[7] verabschiedet wurden. Die rasante Entwicklung des Internets und insbes. des Kommunikationsmediums E-Mail als eines der Hauptanwendungsmöglichkeiten des weltweiten Netzes mach-

---

3 Vgl. *Keim*, DNotZ 1984, 724 ff.

4 Gesetz zur Vereinfachung und Beschleunigung registerrechtlicher und anderer Verfahren (Registerverfahrensbeschleunigungsgesetz – RegVBG) v. 20.12.1993, BGBl. I, S. 2182.

5 Richtlinie 1999/93/EG des Europäischen Parlaments und des Rates v. 13.12.1999 über gemeinschaftliche Rahmenbedingungen für elektronische Signaturen, Abl. L 013 v. 19.01.2000, S. 12.

6 Gesetz über Rahmenbedingungen für elektronische Signaturen und zur Änderung weiterer Vorschriften (Signaturgesetz – SigG) v. 16.05.2001, BGBl. I, S. 876.

7 Verordnung zur elektronischen Signatur (SigV) v. 16.11.2001, BGBl. I, S. 3074.

ten eine Regelung der rechtlichen Qualität von Erklärungen, die auf elektronischem Weg abgegeben werden, erforderlich.

Dies geschah im Wesentlichen durch das im Jahr 2001 verabschiedete **Formanpassungsgesetz.**[8] Der Gesetzgeber verfolgte mit seinen Aktivitäten zum elektronischen Rechtsverkehr vorrangig das Ziel, Ressourcen, insbes. im Personalbereich, und zwar nicht mehr nur bei den Grundbuchämtern, sondern auch bei den Handelsregistern, einzusparen.[9] Die Wirtschaft sah demgegenüber in den neuen technischen Möglichkeiten vor allem ein Mittel zur Verkürzung und Beschleunigung von Verfahrensabläufen bei der Gründung und Umstrukturierung von Unternehmen. Beide Ansätze wurden weiter verfolgt, wobei zunächst mit dem Justizkommunikationsgesetz[10] die rechtlichen Grundlagen für die Möglichkeit der elektronischen Aktenbearbeitung bei der Justiz geschaffen wurden. Aufgrund der Richtlinien 2003/58/EG, 68/151/EWG, 2004/109/EG sowie 2001/34/EG musste ferner eine einheitliche elektronische Registerführung eingeführt werden, die auf dem Konzept von Datenbanken mit Unternehmensinformationen basieren sollte. Diesem Erfordernis wurde in der BRD mit dem **Gesetz über elektronische Handelsregister und Genossenschaftsregister sowie das Unternehmensregister**[11] Rechnung getragen.

Die Bundesnotarkammer (BNotK) hat sich bereits frühzeitig mit den Perspektiven der neuen technischen Möglichkeiten für den Bereich des Notariats befasst und die vorgenannten Gesetzeswerke maßgeblich mitgeprägt. Die Notwendigkeit und der besondere Wert einer **sicheren, vertrauenswürdigen Kommunikation** im Bereich des Notariats wurden von den Notarkammern schnell erkannt. Dabei stand jedoch zunächst nicht das elektronische Verwal- 6

8 Gesetz zur Anpassung der Formvorschriften des Privatrechts und anderer Vorschriften an den modernen Rechtsgeschäftsverkehr (FormanpassungsG) v. 13.07.2001, BGBl. I, S. 1542.

9 Gesetz über elektronische Register und Justizkosten für Telekommunikation (ERJuKoG) v. 14.12.2001, BGBl. I, S. 3422 sowie Verordnung zur Erleichterung der Registerautomation v. 11.12.2001, BGBl. I, S. 3688.

10 Gesetz über die Verwendung elektronischer Kommunikationsformen in der Justiz (Justizkommunikationsgesetz – JKomG) v. 29.03.2005, BGBl. I, S. 2022.

11 Gesetz über elektronische Handelsregister und Genossenschaftsregister sowie das Unternehmensregister (EHUG) v. 10.11.2006, BGBl. I, S. 2553; s. hierzu *Apfelbaum*, DNotZ 2007, 166; *Sikora/Schwab*, MittBayNot 2007, 1 ff.; *Seibert/Decker*, DB 2006, 2446; *Noack*, NZG 2006, 801; *Melchior*, NotBZ 2006, 409 ff.; zum Referentenentwurf bereits *Krafka*, MittBayNot 2005, 290.

tungshandeln, sondern die Gestaltung der Privatrechtsbeziehungen im Vordergrund.

Vor diesem Hintergrund hatte die BNotK bereits im Jahr 1992 mit ihrem **Projekt „Elektronischer Rechtsverkehr“** die Grundlagen für eine Entwicklung geschaffen, die in der Folge letztlich zur Einführung der elektronischen Form als Äquivalent zur Schriftform in das BGB und zu spezifischen Regelungen über das elektronische Dokument in der ZPO geführt hat.[12] In den Jahren 1993, 1995 und 1997 fanden von der BNotK konzipierte interdisziplinäre Fachveranstaltungen unter der Bezeichnung „**Forum Elektronischer Rechtsverkehr**“ statt, mit denen das Problembewusstsein des Gesetzgebers, der staatlichen Behörden, der Wirtschaft und der Wissenschaft geschärft und die digitale Signatur als probates Gestaltungsmittel für einen sicheren Rechtsverkehr bekannt gemacht wurde. Im Jahre 1995 führte die BNotK dann in Zusammenarbeit mit dem Sächsischen und dem Bayerischen Staatsministerium der Justiz ein Pilotprojekt zur Einführung des elektronischen Rechtsverkehrs im Grundbuchwesen durch. Mit der **Einführung der elektronischen Register** wurde für Notare die Möglichkeit geschaffen, Informationen durch Datenfernübertragung aus diesen Registern abzurufen. Allerdings gab es noch nicht die Möglichkeit, auf dem umgekehrten Weg Daten vom Notar zu den Registern in elektronischer Form zu übertragen.

7 Das **erste Signaturgesetz aus dem Jahr 1997** griff Anregungen des 1995 von der BNotK entworfenen „Gesetzes über den elektronischen Rechtsverkehr“ auf. Vorbild für das 2001 in Kraft getretene Formanpassungsgesetz war insoweit der oben erwähnte, von der BNotK entworfene Text zum „Gesetz über den elektronischen Rechtsverkehr“.

Im Mittelpunkt aller Überlegungen stand dabei stets, dass der **Zweck der gesetzlich vorgeschriebenen notariellen Beurkundung** erreicht werden muss, und zwar unabhängig davon, ob ein Dokument vom Notar in der herkömmlichen Papierform oder in elektronischer Form erstellt wird. Dabei sind **hohe technische Anforderungen** sowohl an die Erstellung als auch an die sichere Weitergabe entsprechender elektronischer Dokumente zu stellen.

---

12 *Erber-Faller*, Notar und Vertragsabschluss im elektronischen Rechtsverkehr, Thema II des Länderberichts Deutschland zum XXIV. Internationalen Kongress des Lateinischen Notariats, Mexiko City 2004, S. 9 ff.

Bei der Fertigung elektronischer Dokumente kommt die **elektronische Signatur** zur Anwendung, und zwar sowohl bei originär in elektronischer Form erzeugten Dokumenten als auch bei der Herstellung elektronischer Abschriften von ursprünglich in Papierform vorliegenden Schriftstücken. 8

Bei der Übersendung solcher elektronischer Dokumente an die elektronisch geführten Register liegt ein **besonderes Augenmerk** auf der **Sicherheit der Telekommunikationsverbindung** einerseits und der **optimierten** (möglichst automatisierten) **Weiterverarbeitung** der elektronisch übermittelten Information aufseiten der Register andererseits. Denn die mit der elektronischen Erstellung und Versendung angestrebte Rationalisierung und Beschleunigung von Verfahren würde infrage gestellt, wenn der Empfänger elektronischer Dokumente diese für seine Zwecke zunächst in ein geeignetes Format konvertieren müsste. 9

Auch dieser Thematik hat sich die BNotK frühzeitig angenommen. Dabei ging es zunächst um die **Einrichtung einer Zertifizierungsstelle für das Notariat.**[13] Die Regulierungsbehörde für Telekommunikation und Post (RegTP) hat der BNotK bereits am 15.12.2000 die Genehmigung für den Betrieb einer Zertifizierungsstelle gemäß dem Signaturgesetz erteilt. Die BNotK war damit die dritte Zertifizierungsstelle in Deutschland. Sie durfte für alle Notare in Deutschland Zertifikate für qualifizierte elektronische Signaturen auf der höchsten Sicherheitsstufe ausstellen. Hierdurch wird ein Höchstmaß an Vertrauenswürdigkeit und Zuverlässigkeit bei der elektronischen Kommunikation von Notaren mit Registern und anderen Stellen (bspw. Klienten, Kollegen sowie Behörden) gewährleistet. Im Jahr 2008 hatte die Zertifizierungsstelle der BNotK bereits mehr als 10.000 Signaturkarten an Notare und deren Mitarbeiter ausgegeben. 10

An die Schaffung einer Zertifizierungsstelle schlossen sich **Überlegungen zur Einrichtung eines softwarebasierten geschlossenen Netzwerks** (virtual private network – VPN) an, innerhalb dessen eine gesicherte Kommunikation der Netzteilnehmer über das Internet möglich sein sollte. Dieses Konzept wurde unter dem Namen „**Notarnetz**" realisiert.[14] Die Notare sollten durch

13 Vgl. Tätigkeitsberichte der BNotK in DNotZ 1998, 529; 1999, 538; 2000, 573; 2001, 505; 2003, 471; 2004, 488 f.

14 Vgl. *Gassen*, DNotZ 2006, 582 ff.; Tätigkeitsberichte der BNotK in DNotZ 2001, 506; 2002, 489; 2003, 471; 2004, 489.

die Nutzung von Signaturkarten in die Lage versetzt werden, eindeutig zuzuordnende Erklärungen in elektronischer Form abzugeben und damit sowohl innerhalb des VPN als auch darüber hinaus mit anderen Stellen zu kommunizieren. Wie nicht selten in Pionierzeiten technischer Entwicklungen zu beobachten ist, erwiesen sich jedoch die unterschiedlichen technischen Standards, die aufseiten des Notariats und der Justiz entstanden, als hinderlich. Die Wirklichkeit des VPN blieb daher zunächst weit hinter den Erwartungen und Möglichkeiten zurück. So wurde das Projekt Mitte 2006 vollständig konzeptionell und technisch überholt. Die Anpassungen auf der Basis der tatsächlichen Anforderungen der notariellen Praxis und der Erfahrung aus den ersten Betriebsjahren schienen geeignet, um dem „**Neuen Notarnetz**" eine gewichtigere Rolle als Sicherheitseinrichtung und als Plattform für weitere Projekte im elektronischen Medium zukommen zu lassen. Eine Einschätzung, die sich in den Jahren darauf mit Blick auf die besondere technische Sicherheitsstruktur der Notariate bewahrheitete.

11 Um den elektronischen Rechtsverkehr **weiter zu fördern** unterhält die BNotK mit der **NotarNet GmbH** eine Einrichtung, die maßgeblich zur **Entwicklung praxisgerechter Lösungen** für die Herausforderungen des elektronischen Rechtsverkehrs im Bereich der notariellen Praxis beiträgt, und zwar vor allem durch die Begleitung von technischen Entwicklungen für den strukturierten Datenaustausch mit den Registern. Nicht zuletzt durch die frühzeitige Schaffung einer entsprechenden technischen Kompetenzstelle konnte die BNotK im Jahre 2001 ein Konzept für ein **Register für Vorsorgevollmachten und Betreuungsverfügungen** entwickeln und erfolgreich umsetzen.[15] Weitere technische Entwicklungen und Neuerungen, wie z.B. das elektronische Grundbuch, die elektronische Archivierung von Urkunden sowie die Einrichtung eines Zentralen Testamentsregisters, werden auch in der Zukunft eine den Bedürfnissen der notariellen Praxis Rechnung tragende technische Begleitung entsprechender Verfahren erfordern.[16]

12 Das **elektronische Handelsregister** wie auch das **elektronische Grundbuchabrufverfahren** ermöglichen mittlerweile einen **komfortablen Zugriff** des Notars und seiner Mitarbeiter und erleichtern damit die alltägliche Arbeit in der notariellen Praxis erheblich. Die mit der Einführung des elektronischen

---

15 Vgl. Tätigkeitsbericht der BNotK in DNotZ 2002, 491; 2003, 471; 2004, 489; s. hierzu auch http://www.zvr-online.de sowie die Ausführungen in Kap. 3 F Rn. 532 ff.

16 Vgl. hierzu die Ausführungen in Kap. 4 Rn. 560 ff.

Handelsregisters für die Notare einhergehende Umstellung des Handelsregisterverfahrens auf eine ausschließlich elektronische Abwicklung hat sich, trotz nahezu zwangsläufig auftretender Anfangsschwierigkeiten, als weitgehend unproblematisch erwiesen. Konzept und Handhabung der von der NotarNet GmbH entwickelten Programme XNotar und SigNotar haben sich in der Praxis bewährt. Gleichwohl hat sich im täglichen Umgang mit den Programmen gezeigt, dass bzgl. der Arbeitsabläufe noch Verbesserungsmöglichkeiten bestehen.[17] So zwingt die Eingabe der strukturierten Daten zu den Dokumentenanlagen in XNotar dazu, die Papierdokumente nochmals zur Hand zu nehmen, obwohl die Eingabe durch den Mitarbeiter bereits im Zusammenhang mit den Einscannen geschehen könnte. Die BNotK hat dies zum Anlass genommen, in Abstimmung mit den Ländern den Versandvorgang über das EGVP besser den Bedürfnissen und Abläufen der notariellen Praxis anzupassen. So ist die **qualifizierte elektronische Versandsignatur im EGVP-Client**, mit welcher der Notar bislang die gesamte Nachricht signiert hat, in der neuen unter der Bezeichnung „ELRV 3.0“ vorliegenden Programmversion der Programme SigNotar und XNotar **entfallen**. Darüber hinaus werden **eigene Erklärungen des Notars** in ein **Anschreiben aufgenommen**, das als weiteres TIFF-Dokument qualifiziert signiert übermittelt wird. Durch diese Neuerungen wird ein erheblich **verbesserter Ablauf in den Programmen XNotar und SigNotar** möglich, der die tagtägliche Arbeit im Umgang mit dem elektronischen Handelsregister noch weiter vereinfachen wird.

Die nachfolgende Darstellung hat sich zum Ziel gesetzt, den Leser mit den 13
rechtlichen und technischen Hintergründen des elektronischen Rechtsverkehrs vertraut zu machen, soweit sie derzeit für die notarielle Praxis von Bedeutung sind. Dabei werden die vorgenannten, vom deutschen Notariat maßgeblich mitgestalteten Gesetze und aktuellen Gesetzgebungsvorhaben zunächst im Einzelnen kurz dargestellt. Aufbauend hierauf setzen sich die Ausführungen mit den konkreten technischen Anwendungen auf der Grundlage der neuen Programmversionen, so wie sie der Notar und seine Mitarbeiter in der notariellen Praxis vorfinden, auseinander.

17 Vgl. hierzu BNotK-Intern 2/2008, S. 1 ff.

C. Rechtlicher Hintergrund

I. Registerverfahrensbeschleunigungsgesetz (RegVBG)

14 Der elektronische Registerverkehr ist Teil des mit dem Begriff E-Justice umschriebenen elektronischen Rechtsverkehrs. Mit dem RegVBG[18] wurde die Möglichkeit geschaffen, **Grundbuch, Handels- und sonstige Rechtsträgerregister in elektronischer Form zu führen**.[19] Die Landesjustizverwaltungen haben von dieser Möglichkeit bisher in unterschiedlichem Umfang und teilweise auch mit verschiedenen technischen Lösungen Gebrauch gemacht.[20]

II. Signaturrichtlinie

15 Die Signaturrichtlinie[21] bezweckte die **Harmonisierung des grenzüberschreitenden elektronischen Rechtsverkehrs**. Um Behinderungen des freien Waren- und Dienstleistungsverkehrs sowie der Freizügigkeit im Binnenmarkt zu vermeiden, entschloss sich das Europäische Parlament u.a., einheitliche Rahmenbedingungen für die Authentifizierung elektronischer Daten zu schaffen. Regelungen über die Vertraulichkeit (Datenschutz durch kryptografische Methoden) enthält die Signaturrichtlinie dagegen nicht.

16 Die Signaturrichtlinie regelt im Wesentlichen **drei Themenbereiche**:

- technisch-organisatorische Verfahren für bestimmte Arten elektronischer Signaturen und deren Rechtsfolgen,
- den freien Marktzugang für die Zertifizierungsdiensteanbieter (ZDA) sowie deren Haftungsumfang und
- den internationalen Rechtsverkehr, den Datenschutz und Durchführungsbestimmungen.

---

18 Gesetz zur Vereinfachung und Beschleunigung registerrechtlicher und anderer Verfahren (Registerverfahrensbeschleunigungsgesetz – RegVBG) v. 20.12.1993, BGBl. I, S. 2182.

19 Vgl. Mitteilungen der BNotK, DNotZ 1994, 145 ff.; *Frenz*, DNotZ 1994, 153 ff.

20 Einen Überblick über den aktuellen Stand der Einführung der elektronischen Grundbücher und Handelsregister enthalten die Internetseiten der BNotK unter http://www.elrv.info/de/elektronischer-rechtsverkehr/index.php.

21 Richtlinie 1999/93/EG des Europäischen Parlaments und des Rates v. 13.12.1999 über gemeinschaftliche Rahmenbedingungen für elektronische Signaturen, ABl. L 013 v. 19.01.2000, S. 12.

Die Signaturrichtlinie ist vom Grundsatz her **technikneutral konzipiert**, und zwar insoweit als sie sich nicht von vornherein auf bestimmte Technologien (wie z.B. die digitale Signatur) festlegt. Dies ergibt sich aus dem weiteren Begriff der „elektronischen Signatur“, mit dem alle Verfahren erfasst werden, die der Authentifizierung von elektronischen Daten dienen.[22] Dem Anwendungsbereich der Signaturrichtlinie sind damit auch solche Verfahren unterworfen, die keine Sicherheit gegen ein Verfälschen der Erklärungsinhalte bieten (wie etwa eine eingescannte Unterschrift). Die technologische Offenheit und die Verschiedenartigkeit elektronischer Signaturen stehen allgemeinen Rechtsfolgenregelungen entgegen. Allerdings haben in der Praxis andere Authentifizierungsverfahren für elektronische Daten noch keine erkennbare Bedeutung erlangt. 17

Die schwächste rechtliche Bedeutung kommt **elektronischen Signaturen nach Art. 2 Nr. 1 Signaturrichtlinie** zu, die keiner spezifischen Regelung unterliegen, sodass ihre Verwendung keine besonderen Rechtsfolgen hat. 18

Hinsichtlich der Rechtsfolge sind die sonstigen Signaturen den fortgeschrittenen Signaturen, die nicht „qualifiziert“ sind, gleichgestellt. Einzige Ausnahme ist, dass **fortgeschrittene elektronische Signaturen** grds. im Gerichtsverfahren als **Beweismittel** zugelassen werden müssen. Die **fortgeschrittene elektronische Signatur nach Art. 2 Nr. 2 Signaturrichtlinie** ist eine elektronische Signatur, die ausschließlich dem Unterzeichner zugeordnet ist, die Identifizierung des Unterzeichners ermöglicht, mit Mitteln erstellt wurde, die der Unterzeichner unter seiner alleinigen Kontrolle halten kann und derart mit den Daten, auf die sie sich bezieht, verknüpft ist, dass eine nachträgliche Veränderung der Daten erkannt werden kann. Fortgeschrittene elektronische Signaturen sollen also grds. ein **erhöhtes Sicherheitsniveau** gewährleisten. Die Signaturrichtlinie ordnet an, dass fortgeschrittene elektronische Signaturen rechtliche Wirksamkeit entfalten sollen und als Beweismittel in Gerichtsverfahren zulässig sind,[23] ohne allerdings den Beweiswert einer solchen Signatur festzulegen. Diese unterliegt in Deutschland den Bestimmungen nach § 371a ZPO. 19

Sowohl die nicht näher geregelten als auch die fortgeschrittenen Signaturen können **jedoch keine bestimmte Formvorschrift** erfüllen. Bei fortgeschrit- 20

22 Art. 1 und 2 Nr. 1 Signaturrichtlinie.

23 Art. 5 Abs. 2 Signaturrichtlinie.

tenen Signaturen muss im Einzelfall geprüft werden, ob durch die zusätzlich erfüllten Anforderungen auch tatsächlich ein höheres Sicherheitsniveau erreicht wurde. Der Aufwand, welcher hierfür vor Gericht betrieben werden müsste, dürfte jedoch in keinem angemessenen Verhältnis zu möglichen Vorteilen stehen, die sich aus der Verwendung fortgeschrittener Signaturen ergeben könnten. Der Einsatz nicht näher spezifizierter oder fortgeschrittener elektronischer Signaturen ist damit auf Fälle beschränkt, in denen es auf eine Beweiseignung nicht ankommt. In der Rechtspraxis überwiegt auch in Bereichen, die nicht zwingend dem rechtlichen Erfordernis einer qualifizierten elektronischen Signatur unterliegen die Skepsis gegenüber fortgeschrittenen Signaturen.[24]

21 **Qualifizierte elektronische Signaturen** sind fortgeschrittene elektronische Signaturen, die auf einem **qualifizierten Zertifikat** beruhen und von einer **sicheren Signaturerstellungseinheit** erstellt werden. Ein Zertifikat ermöglicht die Identifizierung des Unterzeichners, indem es die Signatur einer Person zuordnet. Qualifiziert ist ein Zertifikat dann, wenn es einen bestimmten Mindestinhalt gemäß Anhang I der Richtlinie hat und von einem ZDA ausgestellt wird, der die Anforderungen des Anhangs II erfüllt. Die Signaturerstellungseinheit (i.d.R. die „Signaturkarte" als Prozessorchipkarte) ermöglicht es dem Unterzeichner, elektronische Dokumente zu signieren. Sie ist dann „sicher", wenn die Anforderungen des Anhangs III der Signaturrichtlinie erfüllt sind und dies von einer privaten oder öffentlichen Stelle festgestellt wird. Weitere bei der Signatur eingesetzte technische Einrichtungen (z.B. das Kartenlesegerät sowie das Signaturprogramm) werden nach deutschem Signaturrecht als sog. **Signaturanwendungskomponenten** bezeichnet. Die qualifizierten elektronischen Signaturen entfalten nach Art. 5 Abs. 1a Signaturrichtlinie bei elektronischen Willenserklärungen die gleichen rechtlichen Wirkungen wie eine Unterschrift auf Papier. Sie können damit einzelstaatliche Formerfordernisse erfüllen und damit besondere Rechtswirkungen zeitigen.

22 Eine noch höhere Sicherheit bieten **akkreditierte Signaturen**. Dabei handelt es sich um qualifizierte elektronische Signaturen, deren ZDA ein **freiwilliges**

24 In einem Gutachten im Zusammenhang mit einem Vergabeverfahren empfiehlt das BSI, eine mit fortgeschrittener Signatur eingereichte Erklärung dadurch im Hinblick auf ihre Herkunft zu sichern, dass eine unterschriebene Papierfassung der Erklärung auf dem Postweg nachgereicht wird. Die Sinnhaftigkeit von so komplexen Verfahren darf angesichts des durchgängigen Vereinfachungsansatzes im elektronischen Rechtsverkehr stark bezweifelt werden.

Akkreditierungsverfahren nach Art. 2 Nr. 13 Signaturrichtlinie durchlaufen haben. Grds. wird überwacht, ob die ZDA die an sie gestellten Anforderungen einhalten, die Betriebsaufnahme selbst darf jedoch nicht von einer vorherigen Genehmigung abhängig gemacht werden.[25] Das Fehlen einer vorherigen Genehmigung bedeutet jedoch ein **mögliches Sicherheitsrisiko**, wenn sich erst nachträglich die Unzuverlässigkeit der Zertifizierungsstelle erweist. Dieses Sicherheitsrisiko wird bei Zertifikaten eines akkreditierten Anbieters dadurch vermieden, dass der ZDA sich vor Betriebsaufnahme einer eingehenden Überprüfung durch eine private oder öffentliche Stelle (z.B. die Bundesnetzagentur) unterzieht. Das Ausgabeverfahren für akkreditierte Zertifikate unterscheidet sich von dem sonstiger qualifizierter Zertifikate außerdem durch weitere Anforderungen, die an den ZDA zur Steigerung des Sicherheitsniveaus gestellt werden können. Diese zusätzlichen Anforderungen müssen allerdings objektiv, transparent, verhältnismäßig und nicht diskriminierend sein. Signaturen, die auf Zertifikaten eines akkreditierten ZDA basieren stehen ebenso wie qualifizierte Signaturen nach Art. 5 Abs. 1 Signaturrichtlinie hinsichtlich ihrer Rechtsfolgen handschriftlichen Unterschriften gleich.

Die Signaturrichtlinie enthält ferner Regelungen zur **Anerkennung von Signaturen** sowohl aus Mitgliedstaaten der EU als auch aus Drittstaaten. Unter bestimmten Voraussetzungen sind diese fremden Signaturen den innerstaatlichen Signaturen gleichzustellen. Ziel dieser Gleichstellung ist es, den **grenzüberschreitenden Rechtsverkehr** mit elektronischen Signaturen zu fördern. 23

Die Förderung des grenzüberschreitenden Rechtsverkehrs mit elektronischen Signaturen einerseits und die Aushöhlung der rechtlichen Bedeutung elektronischer Signaturen andererseits erfordern im gewissen Sinne einen Spagat. Denn ein hohes inländisches Sicherheitsniveau für qualifizierte elektronische Signaturen bleibt weitgehend wirkungslos, wenn diese qualifizierten Signaturen aus Ländern mit niedrigerem Sicherheitsniveau gleichzustellen sind. In diesem Fall muss bei einer Bewertung der qualifizierten Signaturen vom niedrigeren Niveau ausgegangen werden, da die **Gleichstellung** eine weitere Unterscheidung ausschließt. Ausländische elektronische Signaturen aus Dritt-

25 Vgl. Art. 3 Abs. 1 Signaturrichtlinie. Das deutsche SigG in der Fassung von 1997 hatte hier zunächst einen anderen Weg vorgesehen und den Betrieb des ZDA genehmigungspflichtig gemacht. Mit der auf die Richtlinie folgenden Novelle von 2001 wurde das Gesetz konform geändert, sodass grds. nur noch eine Anzeige der Betriebsaufnahme des ZDA vorgesehen ist.

staaten müssen allerdings unter bestimmten Voraussetzungen qualifizierten elektronischen Signaturen gleichgestellt werden.[26] Ausdrückliche Vorschriften zur Gleichstellung ausländischer Signaturen mit deutschen akkreditierten Signaturen enthält die Signaturrichtlinie nicht, sodass eine Gleichstellung nur erfolgt, wenn zuvor eine gleichwertige Sicherheit nachgewiesen worden ist.[27]

Hinweis:

In der notariellen Praxis hat der grenzüberschreitende Austausch von elektronischen Dokumenten mit qualifizierter Signatur noch keine zentrale Bedeutung erlangt, auch weil es in den möglichen Anwendungsszenarien für ausländische Urkunden noch an einem rechtlichen Rahmen fehlt. Neben den rechtlichen Problemen stehen dem Einsatz solcher Dokumente auch eine Vielzahl von technischen Schwierigkeiten gegenüber, da die Kompatibilität vieler in den verschiedenen Ländern eingesetzter Verfahren schlecht bis gar nicht vorhanden ist.[28]

24 Bedeutsam ist auch die Regelung des Art. 3 Abs. 7 Signaturrichtlinie, die den Mitgliedstaaten die Möglichkeit eröffnet, im **öffentlichen Bereich** den Einsatz elektronischer Signaturen **zusätzlichen Anforderungen** zu unterwerfen, soweit sie nicht diskriminierend sind und für grenzüberschreitende Dienste kein Hindernis darstellen. Solche zusätzlichen Anforderungen sind z.B. die Langzeitprüfbarkeit von elektronischen Signaturen oder die Verwendung von akkreditierten Signaturen. Mithilfe dieser Regelung können die Mitgliedstaaten für bestimmte Verfahren ein höheres Sicherheitsniveau durchsetzen.

26 Vgl. Art. 7 Signaturrichtlinie.

27 Vgl. § 23 Abs. 2 SigG.

28 Eine Arbeitsgruppe der CNUE (Europäische Dachorganisation der Notariate lateinischer Prägung) befasst sich derzeit mit einer technischen Lösung, mit der wenigstens im europäischen Raum eine Prüfung von signierten elektronischen Dokumenten erlaubt wird, soweit sie von einem Notar stammen; im Projektstadium ist daneben das Vorhaben, Apostillen in elektronischer Form zuzulassen (http://hcch.e-vision.nl/index_en.php?act=text.display&tid=37: Überschrift „e-App (Electronic Apostille Pilot Program)“ und „4th International Forum on e-Notarization, e-Apostilles and Digital Evidence“), vgl. dazu auch Ausführungen unter Rn. 590; einen anderen Ansatz für die Steigerung der Interoperabilität verfolgt die „European Bridge-CA“, http://www.bridge-ca.org.

III. Signaturgesetz (SigG)

Das SigG und die Signaturverordnung (SigV) setzen das europäische Regelungsmodell in **innerstaatliches Recht** um. Die deutsche Regelung entspricht teilweise wörtlich, jedenfalls aber inhaltlich den europäischen Vorgaben. Das SigG regelt die genauen **Anforderungen an die ZDA**, u.a. die notwendige Zuverlässigkeit, die Haftung und das Verfahren bei Einstellung der Tätigkeit. 25

Darüber hinaus werden der **Inhalt der Zertifikate** und das **Verfahren der Vergabe** bzw. der Sperrung qualifizierter Zertifikate festgelegt. Ein gesonderter Abschnitt betrifft die zusätzlichen Anforderungen, welche Voraussetzungen für eine **freiwillige Akkreditierung** sind. Weitere Abschnitte enthalten Regelungen zur **technischen Sicherheit**, der **Aufsicht** und **Schlussbestimmungen**. 26

Das SigG ist erstmals am 01.08.1997 in Kraft getreten. Am 01.11.1997 folgte die SigV mit ergänzenden Vorschriften. Die BRD war damit **eines der ersten Länder** mit einem eigenen Gesetzeswerk und hat somit eine Vorreiterrolle eingenommen. Infolge der anschließenden Diskussion insbes. auf europäischer Ebene und des Erlasses der **europäischen Signaturrichtlinie** wurden SigG und SigV unter Berücksichtigung der ersten Erfahrungen in der Praxis und der Vorgaben der Richtlinie novelliert. Die aktuell geltende Fassung des SigG weist den Rechtsstand 01.03.2007,[29] die neue SigV den 01.01.2008 auf.[30] 27

Nach § 1 Abs. 2 SigG ist die **Anwendung von Signaturen** freigestellt, soweit nicht bestimmte elektronische Signaturen durch Rechtsvorschrift vorgeschrieben sind. Eine solche Vorschrift ist etwa § 126a BGB für die elektronische Form. 28

Die **Tätigkeit der Zertifizierungsstellen** („Zertifizierungsdiensteanbieter – ZDA") ist in Deutschland grds. genehmigungsfrei. Mit Rücksicht darauf, dass die Sicherheit einer elektronischen Signatur wesentlich von der Sicherheit der Tätigkeit der Zertifizierungsstelle abhängt, muss jedoch der Anbieter die für den Betrieb eines Zertifizierungsdienstes erforderliche Zuverlässigkeit und Fachkunde, eine Deckungsvorsorge (Haftpflichtversicherung) und weitere Voraussetzungen gewährleisten.[31] Das SigG lässt auch die **Bildung „virtu-** 29

29 SigG zuletzt geändert durch Art. 4 ElGVG v. 26.02.2007 (BGBl. I, S. 179, 251).

30 SigV zuletzt geändert durch Art. 9 Abs. 18 VVRRG v. 23.11.2007 (BGBl. I, S. 2631).

31 Vgl. § 4 Abs. 2 SigG.

eller Zertifizierungsstellen“ zu.[32] Das bedeutet bspw. für die Zertifizierungsstelle der BNotK, dass sie die enorm kostspieligen technischen Einrichtungen für den Betrieb der Zertifizierungsstelle nicht selbst vorhalten muss, sondern sich in diesem Bereich der Dienste eines technischen Kooperationspartners bedienen darf. Organisation, Verfahren (insbes. die Identifikation der Antragsteller) und Verantwortung für den Betrieb verbleiben jedoch bei der BNotK.

30 **Voraussetzung für die Vergabe** von qualifizierten Zertifikaten ist die **zuverlässige Identifizierung** von Personen, die Zertifikate beantragen, da anderenfalls die sichere Zuordnung von Signaturen zum (tatsächlich oder angeblich) Signierenden nicht gewährleistet ist. Dies ist jedoch einer der Kernpunkte des Verfahrens der elektronischen Signatur.[33] Ein qualifiziertes Zertifikat kann berufsbezogene oder sonstige Angaben zu Personen (Attribute) enthalten. Zuständige Stellen für die Bestätigung der Notareingenschaft sind bspw. die Notarkammern.

Qualifizierte Zertifikate müssen mit einer **qualifizierten elektronischen Signatur** (des ZDA selbst) signiert werden und haben einen **gesetzlich bestimmten Inhalt**. Dazu gehören insbes. der Name des Signaturschlüsselinhabers, der ihm zugeordnete Signaturprüfschlüssel, die zugrunde liegenden Algorithmen, die laufende Zertifikatsnummer, die Gültigkeitsdauer des Zertifikats, die Bezeichnung des ausstellenden ZDA, Angaben über die Beschränkung der Nutzung des Signaturschlüssels, die Bezeichnung als qualifiziertes Zertifikat und evtl. Attribute.

31 Wenn der Signaturschlüsselinhaber oder sein Vertreter eine Sperrung verlangen, der Diensteanbieter seine Tätigkeit beendet und diese nicht von einem anderen Anbieter fortgeführt wird oder die Aufsichtsbehörde die Sperrung anordnet, sind qualifizierte Zertifikate vom ZDA **unverzüglich zu sperren**. Die zuständige Berufskammer kann bei berufsbezogenen Attributen ebenfalls die Sperrung verlangen.

32 Der ZDA hat alle **vorgeschriebenen Sicherheitsmaßnahmen so zu dokumentieren**, dass die Daten und ihre Unverfälschtheit jederzeit nachprüfbar sind und die Dokumentation nicht nachträglich unbemerkt verändert werden kann. Für die Einhaltung der rechtlichen Vorgaben und die Funktionsfähigkeit

---

32 § 4 Abs. 5 SigG erlaubt, dass ein Zertifizierungsdiensteanbieter „*unter Einbeziehung in sein Sicherheitskonzept ... Aufgaben ... an Dritte*“ überträgt.

33 Vgl. zur Bedeutung dieses Kernpunktes die Ausführungen unter Rn. 78 ff. sowie 458 ff.

seiner Produkte und Dienste haftet der Diensteanbieter. Zur Deckung dieses Risikos dient eine **Haftpflichtversicherung** i.H.v. mindestens 250.000,00 € je Schadensfall.

Der ZDA hat der Aufsichtsbehörde die **Beendigung seiner Tätigkeit anzuzeigen** und dafür zu sorgen, dass seine Zertifikate von einem anderen Anbieter übernommen werden. Andernfalls hat er sie zu sperren.

Abgesehen von den angesprochenen, für alle ZDA geltenden Anforderungen 33
besteht die Möglichkeit der **freiwilligen Akkreditierung**. Hierauf besteht ein Rechtsanspruch, wenn der Anbieter nachweist, dass er die Vorschriften des SigG und der SigV erfüllt. Bei der Akkreditierung wird ein Gütesiegel erteilt, mit dem im Wettbewerb mit nicht akkreditierten Anbietern geworben werden darf. Die Akkreditierung wird nur erteilt, wenn das Sicherheitskonzept umfassend auf Eignung und praktische Umsetzung geprüft und dies bestätigt ist.

Akkreditierte ZDA erhalten ihre Zertifikate von der „**zuständigen Behörde**“, 34
der sog. **Wurzelinstanz**. Dies ist in der BRD die **Bundesnetzagentur** (früher Regulierungsbehörde für Telekommunikation und Post) in Bonn, welche für die Veröffentlichung der Namen, Anschriften und Kommunikationsverbindungen der akkreditierten ZDA, des Widerrufs oder der Rücknahme einer Akkreditierung auf ihrer Homepage sorgt. Diese ist zugleich auch zuständig für die Beendigung und die Untersagung des Betriebs eines akkreditierten ZDA. Für die Wurzelinstanz und diejenigen ZDA, die von der Wurzelinstanz ihr Zertifikat ableiten, übernimmt der Staat unmittelbar die Verantwortung für die Überwachung von Güte und Qualität.

Für die akkreditierten Stellen ist die **Zertifizierungsinfrastruktur** wegen der 35
vorstehenden Vorgaben **zwingend zweistufig** (bestehend aus Wurzelinstanz und akkreditierter Zertifizierungsstelle). Durch die Inanspruchnahme eines akkreditierten ZDA wird somit sowohl ein sehr hohes Maß an Sicherheit der verwendeten Produkte und Dienstleistungen als auch eine lückenlose Kette sicherer Zertifikate erreicht.

Hinweis:

Das SigG geht von der Gleichwertigkeit von Signaturen aus der EU und des EWR aus, wenn diese den Vorgaben der Signaturrichtlinie entsprechen.

36 Die nicht zuletzt vor dem Hintergrund der europäischen Signaturrichtlinie getroffene Entscheidung des Gesetzgebers, dass für die elektronische Signatur i.R.d. **elektronischen Form von § 126a BGB** qualifizierte Signaturen ausreichen sollen, war politisch umstritten. Die Berufskammern verwenden zur Vermeidung von Sicherheitslücken für ihre Projekte Produkte und Dienstleistungen akkreditierter Zertifizierungsstellen, die jederzeit online überprüfbar sind.

37 Mit dem SigG und der SigV wird letztlich jedoch nur ein weiterer Rahmen für elektronische Signaturen gesetzt. Die Anwendbarkeit elektronischer Signaturen regelt das jeweilige Sachrecht. Im Zivilrecht ist eine Regelung erfolgt durch **Art. 9 E-Commerce-Richtlinie**[34] sowie durch das **Formanpassungsgesetz**[35]. Prozessual bedeutsam ist die Regelung des § 371a ZPO, die eine Anscheinsbeweisregel für qualifizierte elektronische Signaturen beinhaltet, welche über die Anforderungen der Signaturrichtlinie hinausgehen. Auch nach den bisherigen Beweisregeln konnten elektronische Signaturen im gerichtlichen Verfahren als **Objekt des Augenscheins** verwendet werden. Der Beweiswert von nicht mit qualifizierten oder akkreditierten Signaturen versehenen elektronischen Dokumenten ist erheblich geringer. Ein **Anscheinsbeweis** kommt aufgrund der nicht sicher nachweisbaren Authentizität und Integrität der Erklärung grds. nicht in Betracht. Bestreitet der Absender einer elektronischen Erklärung deren Echtheit, wird der Empfänger diese nicht beweisen können, wenn das Dokument nicht mit einer qualifizierten oder akkreditierten elektronischen Signatur verknüpft ist.

IV. Verordnung zur elektronischen Signatur (SigV)

38 Die aufgrund von § 24 SigG erlassene SigV[36] konkretisiert das SigG und regelt im Einzelnen die **Anforderungen an die ZDA** bei Aufnahme, Führung und Einstellung des Geschäftsbetriebs, die Verfahren bei Erteilung eines Signaturschlüssels, bei der Sperrung qualifizierter Zertifikate, der Anerkennung

---

34 Vgl. Richtlinie 2000/31/EG des Europäischen Parlaments und des Rates v. 08.06.2000 über bestimmte rechtliche Aspekte der Dienste der Informationsgesellschaft, insbesondere des elektronischen Geschäftsverkehrs im Binnenmarkt („Richtlinie über den elektronischen Geschäftsverkehr“), ABl. L 178, S.1.

35 Gesetz zur Anpassung der Formvorschriften des Privatrechts und anderer Vorschriften an den modernen Rechtsgeschäftsverkehr (FormanpassungsG) v. 13.07.2001, BGBl. I, S. 1542.

36 Verordnung zur elektronischen Signatur (SigV) v. 16.11.2001, BGBl. I, S. 3074.

sowie der Tätigkeit von Prüf- und Bestätigungsstellen, der Feststellung der gleichwertigen Sicherheit von ausländischen elektronischen Signaturen und Produkten, die Sicherheitsanforderungen an den Signaturschlüsselinhaber bei der Nutzung des Signaturschlüssels und den Zeitraum und das Verfahren zur langfristigen Datensicherung.

V. Formanpassungsgesetz

Das SigG trifft keine Bestimmungen darüber, wann die elektronische Signatur die herkömmliche Unterschrift materiell-rechtlich und prozessual ersetzen kann. Dies wurde vielmehr erst durch das Gesetz zur Anpassung der Formvorschriften des Privatrechts und anderer Vorschriften an den modernen Rechtsgeschäftsverkehr (**FormanpassungsG**)[37] v. 13.07.2001 geregelt. Dieses ist am 01.08.2001 in Kraft getreten. 39

Das Gesetz umfasst ausschließlich **Änderungen an bereits bestehenden Gesetzen** wie dem BGB, der ZPO, dem HGB, verschiedenen Gerichtsordnungen und der GBO.

Das FormanpassungsG bestimmt zusätzlich zu den in §§ 125 ff. BGB bereits geregelten Arten von Formvorschriften **zusätzlich eine elektronische Form** (§ 126a BGB) als Ersatz für die Schriftform und eine **Textform für Fälle**, in denen die **Unterschrift entbehrlich** ist (§ 126b BGB). 40

Die elektronische Form kann nach § 126 Abs. 3 BGB die schriftliche Form überall dort ersetzen, wo das Gesetz **nicht ausdrücklich eine Ausnahme** von der Gleichstellung macht. Die Zulassung der Textform erfolgt durch Änderung der betroffenen Bestimmungen. Mit § 126a BGB hat der deutsche Gesetzgeber Art. 9 der E-Commerce-Richtlinie (enabling principle) sowie Art. 5 der EU-Signaturrichtlinie umgesetzt (materiell-rechtliche Anerkennung). 41

Im **Grundbuch- und Schiffsregisterrecht**, wo das Verfahrensrecht einen Eintragungsantrag in schriftlicher Form vorsieht, erfüllt die qualifizierte elektronische Signatur nicht den Zweck des Schriftformerfordernisses. Insoweit müssen die Rechtsgrundlagen für den elektronischen Dokumentenverkehr noch geschaffen werden. 42

37 Gesetz zur Anpassung der Formvorschriften des Privatrechts und anderer Vorschriften an den modernen Rechtsgeschäftsverkehr (FormanpassungsG) v. 13.07.2001, BGBl. I, S. 1542.

Hinweis:

Bei der Textform wird auf die Unterschrift verzichtet. Es ist nur noch eine in lesbaren Schriftzeichen fixierte Erklärung erforderlich. Sie ersetzt die Schriftform in Fällen, in denen kein öffentliches Interesse an erheblichen Beweiswirkungen besteht, ein Text keine erheblichen Rechtsfolgen nach sich zieht bzw. diese einfach rückgängig zu machen sind und in denen kein Übereilungsschutz geboten ist.

VI. Gesetz über elektronische Register und Justizkosten für Telekommunikation (ERJuKoG)

43 Mit dem ERJuKoG[38] v. 10.12.2001 wurden die **Voraussetzungen des Online-Abrufs** aus dem maschinell geführten Handelsregister erleichtert. Das bis dahin für den Abruf geltende Verbot mit Genehmigungsvorbehalt wurde in eine generelle Abruferlaubnis mit Verbotsvorbehalt geändert. In der begleitenden Gebührenregelung wurde u.a. der Begriff „Schreibpauschale" durch „Dokumentenpauschale" ersetzt.

VII. Verordnung zur Erleichterung der Registerautomation

44 In der Verordnung zur Erleichterung der Registerautomation[39] wurden u.a.

- die Handelsregisterverfügung,
- die Partnerschaftsregisterverordnung[40],
- die Genossenschaftsregisterverordnung[41] und
- die Vereinsregisterverordnung[42]

an die Möglichkeiten des elektronischen Datenabrufs angepasst.

38 Gesetz über elektronische Register und Justizkosten für Telekommunikation (ERJuKoG) v. 10.12.2001, BGBl. I, S. 3422.

39 Verordnung zur Erleichterung der Registerautomation v. 11.12.2001, BGBl. I, S. 3688.

40 Partnerschaftsregisterordnung (PRV) v. 16.06.1995, BGBl. I, S. 808.

41 Genossenschaftsregisterverordnung (GenV) v. 16.10.2006, BGBl. I, S. 2268.

42 Vereinsregisterverordnung (VRV) v. 10.02.1999, BGBl. I, S. 147.

VIII. Justizkommunikationsgesetz (JKomG)

1. Rechtsgrundlagen der elektronischen Urkunde im Notariat

Grundlage des elektronischen Rechtsverkehrs im Notariat ist die Möglichkeit, notarielle Urkunden elektronisch zu errichten. Die Voraussetzungen hinsichtlich **notarieller Vermerkurkunden** wurden mit den **§§ 39a, 42 Abs. 4 BeurkG** und **§ 15 Abs. 3 BNotO** geschaffen. Die Vorschriften traten auf der Grundlage des Justizkommunikationsgesetzes (JKomG) am 01.04.2005 in Kraft.[43] 45

Primäres Ziel des JKomG war zwar die Einführung der elektronischen Aktenführung in der streitigen Gerichtsbarkeit.[44] Das JKomG beinhaltet jedoch – gewissermaßen als Nebenprodukt – auch die vorstehend näher bezeichneten Ergänzungen des BeurkG und anderer Gesetze, die eine „elektronische beglaubigte Abschrift“ sowie die „beglaubigte Papierabschrift“ eines signierten elektronischen Dokuments ermöglichen. Damit sollen alle Arten sog. Medienbrüche, d.h. die Schnittstellen zwischen papiergebundenen und elektronisch gespeicherten Dokumenten, gesetzlich erfasst werden.[45] Dies umfasst insbes. 46

- die Umwandlung von Urkunden (Niederschriften oder öffentlich beglaubigten Erklärungen) sowie sonstigen papiergebundenen (nicht notariellen) Urkunden in ein elektronisches Dokument,
- die Umwandlung von elektronischen Urkunden in papiergebundene Dokumente und
- die Beglaubigung eines elektronischen Dokuments im Wege der elektronischen Beglaubigung.

Daneben sind aber auch **andere Anwendungsfälle** denkbar.[46] Der **Aufbau der elektronischen notariellen Urkunde** ist in § 39a BeurkG geregelt. Die Neuregelung ist dabei als Parallelnorm zu § 39 BeurkG konzipiert und regelt 47

43 Justizkommunikationsgesetz (JKomG) v. 22.03.2005, BGBl. I 2005, 837; vgl. hierzu den richtungweisenden Beitrag von *Malzer*, DNotZ 2006, 9 ff.; eingehend auch *Püls*, NotBZ 2005, 305, 307.

44 Vgl. hierzu *Malzer*, DNotZ 2006, 9, 10.

45 Vgl. *Malzer*, DNotZ 2006, 9, 13.

46 Vgl. hierzu ausführlich die Darstellung bei *Malzer*, DNotZ 2006, 9, 13 ff.

die gemeinsamen Merkmale elektronischer Vermerkdokumente.[47] So heißt es dort:

„§ 39a Einfache elektronische Zeugnisse

[1]Beglaubigungen und sonstige Zeugnisse im Sinne des § 39 können elektronisch errichtet werden. [2]Das hierzu erstellte Dokument muss mit einer qualifizierten elektronischen Signatur nach dem Signaturgesetz versehen werden. [3]Diese soll auf einem Zertifikat beruhen, das auf Dauer prüfbar ist. [4]Mit dem Zeugnis muss eine Bestätigung der Notareigenschaft durch die zuständige Stelle verbunden werden. [5]Das Zeugnis soll Ort und Tag der Ausstellung angeben.“

Naturgemäß ergeben sich aufgrund des anders gearteten Trägermediums Unterschiede zur Urkunde in papiergebundener Form. Da bei der elektronischen Urkunde weder die **Unterschrift** noch das **Siegel** die Urheberschaft der Urkunde dokumentieren können, hat der Gesetzgeber, wie sich aus § 39a BeurkG ergibt, an die Stelle der eigenhändigen Unterschrift und des Siegels **funktionsgleiche elektronische Äquivalente** gesetzt.

2. Qualifizierte elektronische Signatur als Äquivalent der Unterschrift

48 Gem. § 39a Satz 2 BeurkG muss die elektronische Datei eine **qualifizierte elektronische Signatur** tragen. Die qualifizierte elektronische Signatur ist das **Äquivalent der eigenhändigen Unterschrift**. Dies ergibt sich aus der Funktion der qualifizierten elektronischen Signatur. Bei dieser wird in einem Zertifizierungsverfahren ein Signaturschlüssel nachweislich einer bestimmten Person durch den Zertifizierungsdiensteanbieter (ZDA, auch Zertifizierungsstelle, Trust Center) zugewiesen und auf einer sicheren Signaturerstellungseinheit (Signaturkarte) gespeichert (vgl. insbes. § 5 SigG). Durch Eingabe der zugehörigen PIN in das Kartenlesegerät kann die qualifizierte elektronische Signatur (die elektronische Unterschrift) erzeugt werden. Der Gesetzgeber hat in §§ 126 Abs. 3, 126a BGB die Entsprechung von eigenhändiger Unterschrift und qualifizierter elektronischer Signatur anerkannt.

47 *Püls*, NotBZ 2005, 305, 307.

Die Technik der qualifizierten elektronischen Signatur[48] eignet sich für die Erzeugung elektronischer notarieller Urkunden, da sie einerseits auf einem sehr **hohen Sicherheitsniveau** den **Nachweis von Veränderungen** eines signierten Dokuments ermöglicht und andererseits eine **rechtssichere Zuordnung eines Zertifikats zu einer bestimmten Person** sichergestellt ist. 49

Der **Nachweis von Veränderungen** ist möglich, da von der zu signierenden Datei ein unverwechselbarer **Datenfingerabdruck** (sog. Hashwert) generiert wird, der mit einem nur dem Zertifikatsinhaber bekannten sog. **privaten Schlüssel** (private key) verschlüsselt wird. Die Entschlüsselung erfolgt durch einen für jedermann im Zertifizierungsverzeichnis des ZDA abrufbaren **öffentlichen Schlüssel** (public key). Dieser Schlüssel korrespondiert mathematisch mit dem vom Signierenden benutzten privaten Schlüssel. Durch die bei Erstellung des Schlüsselpaares verwendete mathematische Funktion wird gewährleistet, dass man den privaten Schlüssel auch dann nicht berechnen kann, wenn man im Besitz des öffentlichen Schlüssels ist. Um diese Nichterrechenbarkeit auch dauerhaft sicherzustellen, läuft das Zertifikat nach von der Bundesnetzagentur festgelegten Zeiträumen ab. Daher ist der regelmäßige Erwerb neuer, technisch verbesserter Signaturkarten in den vom Bundesamt für Sicherheit in der Informationstechnik (BSI) festgelegten Abständen erforderlich. Die **rechtssichere Zuordnung** des Schlüssels zu einer bestimmten Person geschieht dadurch, dass ein vertrauenswürdiger Dritter – die **Zertifizierungsstelle** (Trust Center) – bei Erteilung des Zertifikats die **Identität des Antragstellers** feststellen muss.

3. Notarattribut als elektronisches Äquivalent des Siegels

Gem. **§ 39a Satz 4 BeurkG** ist notwendiger Bestandteil eines einfachen elektronischen Zeugnisses des Notars ein **Nachweis der Notareigenschaft**. Zweck dieser Regelung ist es, vergleichbar zum Siegel sicherzustellen sowie dauerhaft nachprüfen zu können, dass die Urkunde von einem Notar stammt und es sich damit um eine öffentliche Urkunde handelt. Der erforderliche Nachweis der Notareigenschaft unterscheidet die notarielle elektronische Urkunde von privaten Dokumenten, die mit einer qualifizierten elektronischen Signatur versehen sind. 50

48 Vgl. hierzu die Ausführungen unter Rn. 21 ff.

51 **Technisch** wird die Anforderung des § 39a Satz 4 BeurkG bei der von einem Notar erstellten Urkunde regelmäßig dadurch realisiert, dass das die Notareigenschaft bestätigende **Notarattribut Bestandteil des qualifizierten Zertifikats** des Notars ist. Der Nachweis der Notareigenschaft über ein Attribut im Signaturzertifikat ist durch § 39a Satz 4 BeurkG nicht zwingend vorgegeben. So wird der Nachweis bei der elektronischen notariellen Urkunde des **Notarvertreters** gewöhnlich über eine **elektronische beglaubigte Abschrift der Vertreterbestellungsurkunde** geführt, die über einen qualifiziert elektronisch signierten ZIP-Container mit dem elektronischen Dokument verbunden ist.

> **Hinweis:**
>
> Das Verfahren der Verbindung mit einer elektronisch beglaubigten Abschrift der Bestellungsurkunde eignet sich auch für die Herstellung elektronischer notarieller Urkunden eines Notariatsverwalters und grds. auch eines Notars, falls keine Signaturkarte mit Notariatsverwalter- oder Notarattribut vorhanden ist. SigNotar bietet ab der Version 3.0 diese Möglichkeit explizit auch für Notariatsverwalter.

4. Möglicher Inhalt einer elektronischen notariellen Urkunde

52 Für die Gestaltung der elektronischen notariellen Urkunde nach § 39a BeurkG gelten grds. dieselben rechtlichen Regeln wie für die papiergebundene Vermerkurkunde.

§ 39a BeurkG macht aufgrund des anders gearteten Mediums nur nähere **Vorgaben zur Ausgestaltung** der elektronischen Urkunde.[49] Hinsichtlich der Frage des Inhalts der vom Notar zu erstellenden Urkunde sind die Generalnorm des § 39 BeurkG und § 39a BeurkG jedoch deckungsgleich.

Grds. kann daher **jede Vermerkurkunde**, die bislang in papiergebundener Form erzeugt wurde, **auch in elektronischer Form** dargestellt werden. Konsequenz daraus ist, dass die weiteren Vorschriften der §§ 39 ff. BeurkG, die nähere Vorgaben zum Inhalt der Vermerkurkunde machen, auch auf die elektronische Urkunde Anwendung finden müssen, sofern sie nicht – wie bei der

49 S. hierzu ausführlich *Bormann/Apfelbaum*, RNotZ 2007, 15, 17.

Unterschriftsbeglaubigung (§ 40 BeurkG) – zwingend eine papiergebundene Form voraussetzen.

5. Erzeugung elektronischer Urkunden auf der Grundlage von elektronischen Leseabschriften

Eine elektronisch beglaubigte Abschrift kann auf der Grundlage eines **Scans der Vorlage** (Urschrift, Ausfertigung oder beglaubigte Abschrift) gefertigt werden. Zulässig ist aber auch die Verwendung einer „**elektronischen Leseabschrift**".[50] Hierbei wird die im Rechner gespeicherte Vorlage nach Einarbeiten von in der Beurkundung erfolgten handschriftlichen Änderungen in ein geeignetes Dateiformat (i.d.R. TIFF) umgewandelt, mit einem Beglaubigungsvermerk versehen und durch den Notar qualifiziert elektronisch signiert. **Unterschriften** werden durch „**gez.**" i.V.m. dem jeweiligen Namen dargestellt, das **Amtssiegel** durch die Abkürzung „**L.S.**" für „locus sigilli". Die Leseabschrift stimmt damit inhaltlich mit der Vorlage überein, unterscheidet sich jedoch optisch von ihr. 53

Weder aus dem Gesetzeswortlaut noch aus den Gesetzesmaterialien oder der Funktion einer beglaubigten Abschrift lässt sich die Forderung begründen, für die Herstellung einer beglaubigten elektronischen Abschrift sei der technische Vorgang des Einscannens zu verwenden. Die Entscheidung des Gesetzgebers, über die speziellen Regelungen des § 42 BeurkG hinaus für die beglaubigte Abschrift keine weiteren Vorschriften zur Ausgestaltung des Verfahrens aufzunehmen, beruht auf der **Funktion** von beglaubigten Abschriften. Mit ihnen bestätigt der Notar die **inhaltliche Übereinstimmung einer bestimmten Abschrift mit** einer **bestimmten Hauptschrift**.[51] Diese Bestätigung der inhaltlichen Übereinstimmung ist aufgrund des **Beweiswertes** von beglaubigten Abschriften erforderlich. Durch § 435 ZPO ist ihr Beweiswert grds. demjenigen der Urschrift einer öffentlichen Urkunde gleichgestellt. Hintergrund ist, dass zum einen auf die sich in amtlicher Verwahrung befindende Urschrift 54

50 LG Chemnitz, RNotZ 2007, 165; LG Hagen, DStR 2007; LG Regensburg, MittBayNot 2007, 522; *Apfelbaum/Bettendorf*, RNotZ 2007, 89, 97.

51 BGHZ 36, 201, 204; Eylmann/Vaasen/*Limmer*, BNotO, BeurkG, § 42 BeurkG Rn. 5; *von Schuckmann/Preuß*, in: Huhn/von Schuckmann, BeurkG, DoNot, § 42 BeurkG Rn. 6; *Reithmann*, in: Reithmann/Albrecht, Handbuch der notariellen Vertragsgestaltung, AT Kap. D Rn. 424; *Winkler*, BeurkG, § 42 Rn. 8a.

jederzeit leicht zurückgegriffen werden kann und zum anderen ein Amtsträger die inhaltliche Übereinstimmung bestätigt.[52]

55 Für die **Erfüllung** der dargestellten **Funktion** der beglaubigten Abschrift ist die **Bestätigung der inhaltlichen Übereinstimmung** durch den **Notar** oder einen **anderen Amtsträger** maßgeblich. **Keine Bedeutung** kommt hingegen der **optischen Übereinstimmung** zu. Die optische Übereinstimmung fehlt bei jeder Leseabschrift. Sie ist nur beim Kopieren oder Einscannen des Ausgangsdokuments gegeben. Bei der papiergebundenen Urkunde war die Verwendung von Leseabschriften durch das Abschreiben der notariellen Urkunde in Handschrift bzw. mit Schreibmaschine bis zur Erfindung des Lichtbildes und des Fotokopierers sogar die einzige Möglichkeit, Abschriften zu erstellen. Das Kriterium der optischen Übereinstimmung wurde daher seit jeher nicht als notwendige Voraussetzung einer beglaubigten Abschrift angesehen. Als erstmals die Möglichkeit bestand, Lichtbilder von Dokumenten herzustellen, wurde unter Hinweis auf den Wortsinn „Abschrift“ (i.S.v. Abschreiben) deren Verwendbarkeit für die Erstellung von beglaubigten Abschriften bezweifelt. Durch Verordnung v. 21.10.1942 mit dem Titel „Verordnung zur Vereinfachung des Verfahrens auf dem Gebiet des Beurkundungsrechts“[53] wurde die Erstellung einer beglaubigten Abschrift durch Lichtbild ermöglicht. Mit der Einführung von Fotokopien bestand bei der Justiz und den Notarbüros Unsicherheit darüber, ob die Verwendung von Lichtbildern bei der Fertigung von Abschriften überhaupt zulässig ist.[54]

Insbesondere wurde auch über die unterschiedliche inhaltliche Ausgestaltung des jeweiligen Beglaubigungsvermerks gestritten. Mit dem BeurkG v. 28.08.1969 wurde dieser Streit durch die Neufassung des § 39 BeurkG beendet. Dort wird die **„Abschrift“ gesetzlich definiert**, indem es heißt: *„bei der Beglaubigung von Abschriften, Abdrucken, Ablichtungen und dergleichen (Abschriften) (...)*“. Mit dieser Formulierung hat der Gesetzgeber klar gestellt, dass es nicht auf die Technik der Herstellung der „Abschrift“ ankommt, sondern auf das Kriterium der **inhaltlichen Übereinstimmung**. Mit der Wortwahl *„und dergleichen*“ hat der Gesetzgeber sogar die nunmehr mögliche beglaubigte elektronische Abschrift erfasst.

52 Zöller/*Geimer*, ZPO, § 435 Rn. 2.

53 RGBl. I, S. 609.

54 *Schmitz-Valckenberg*, DNotZ 1968, 476 f.

Die **Fertigung von Leseabschriften** stellt keine spezifische Problematik der elektronischen Urkunde dar. Auch bislang entsprach die Erstellung von Leseabschriften in papiergebundener Form einer vielfachen Praxis. Bedeutung erlangen sie vor allem in Fällen, in denen im Laufe der Beurkundungsverhandlung die umfangreich handschriftlich ergänzte oder veränderte Niederschrift einen optisch schlechten Eindruck macht.[55] Hierbei wird die Datei, die die Niederschrift enthält, unter Berücksichtigung der handschriftlich vorgenommenen Änderungen nochmals ausgedruckt und die Unterschriften mit „gez. (Name des Unterschreibenden)“ und das Siegel mit „L.S.“ wiedergegebenen. Diese Praxis ist in der Rechtsprechung[56] und Literatur[57] anerkannt. 56

Das bei Notarurkunden vorzufindende **Erstellen von Leseabschriften** wird auch von der **Justiz** für die Erstellung von beglaubigten Abschriften durchgeführt. Sämtliche Ausfertigungen von Gerichtsurteilen, Beschlüssen etc. enthalten nicht fotokopierte Unterschriften sondern den Hinweis „gez. (Name des/der entscheidenden Richter/s)“. Die Fertigung von Leseabschriften ist somit nicht nur bei notariellen Urkunden üblich. Unmittelbar einsehbar ist diese Praxis bei den im Internet veröffentlichten Urteilen des BGH (http://www.bundesgerichtshof.de).

6. Beglaubigung eines elektronischen Dokuments

Des Weiteren können gem. § 42 Abs. 4 BeurkG **beglaubigte Ausdrucke von qualifiziert signierten Dokumenten** angefertigt werden. So heißt es dort: 57

> *„(4) Bei der Beglaubigung eines Ausdrucks eines elektronischen Dokuments, das mit einer qualifizierten elektronischen Signatur nach dem Signaturgesetz versehen ist, soll das Ergebnis der Signaturprüfung dokumentiert werden.“*

---

55 *Winkler*, BeurkG, § 42 Rn. 8a.

56 LG Düsseldorf, MittRhNotK 1987, 78; LG Hagen, RNotZ 2007, 491.

57 Eylmann/Vaasen/*Limmer*, BNotO, BeurkG, § 42 BeurkG Rn. 6 ff.; *von Schuckmann/Preuß*, in: Huhn/von Schuckmann, BeurkG, DoNot, § 42 BeurkG Rn. 5; *Kanzleiter*, DNotZ 1993, 759; *ders.*, MittRhNotK 1984, 60; *Schöner/Stöber*, Grundbuchrecht, Rn. 169; *Winkler*, BeurkG, § 42 Rn. 8a, 9.

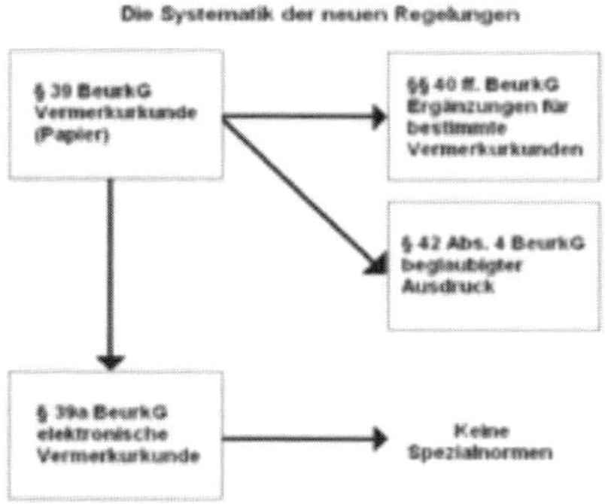

58 Durch § 371a Abs. 2 ZPO werden **öffentliche elektronische Dokumente** mit einer den §§ 415, 417 und 418 ZPO entsprechenden **Beweiskraft** ausgestattet. Auf elektronische Dokumente, die von einer öffentlichen Behörde innerhalb der Grenzen ihrer Amtsbefugnis oder von einer mit öffentlichem Glauben versehenen Person innerhalb des ihr zugewiesenen Geschäftskreises in der vorgeschriebenen Form erstellt worden sind (öffentliche elektronische Dokumente), finden nämlich die Vorschriften über die **Beweiskraft öffentlicher Urkunden entsprechende Anwendung**. Ist das Dokument mit einer qualifizierten elektronischen Signatur versehen, gilt § 437 ZPO entsprechend.

Nach § 437 Abs. 1 ZPO haben Urkunden, die sich nach Form und Inhalt als von einer öffentlichen Behörde oder von einer mit öffentlichem Glauben versehenen Person errichtet darstellen, die **Vermutung der Echtheit** für sich. Gem. § 418 Abs. 1 ZPO begründen öffentliche Urkunden, die einen anderen als den in den §§ 415 und 417 ZPO bezeichneten Inhalt haben, den vollen Beweis der darin bezeugten Tatsachen. Um sicherzustellen, dass öffentliche elektronische Dokumente jederzeit in Papierform beweissicher erstellt werden können, legt § 416a ZPO fest, dass der mit einem Beglaubigungsvermerk versehene Ausdruck eines öffentlichen elektronischen Dokuments gem. § 371a Abs. 2 ZPO, den eine Behörde innerhalb der Grenzen ihrer Amtsbefugnisse oder eine mit öffentlichem Glauben versehene Person innerhalb des ihr zugewiesenen Geschäftskreises in der vorgeschriebenen Form erstellt hat sowie der Ausdruck eines gerichtlichen elektronischen Dokuments, der einen Vermerk des zuständigen Gerichts gem. § 298 Abs. 2 ZPO enthält, einer öffentlichen Urkunde in beglaubigter Abschrift gleichsteht.

7. Erstreckung des Urkundsgewährungsanspruchs auf die Errichtung elektronischer Beglaubigungsvermerke

Nach Ablauf der in § 15 Abs. 3 BNotO geregelten **Übergangsfrist**, d.h. seit dem 01.04.2006, erstreckt sich der **Urkundsgewährungsanspruch** auch auf die **Errichtung elektronischer Beglaubigungsvermerke** nach § 39a BeurkG und auf die Anfertigung beglaubigter Papierabschriften von mit einer qualifizierten elektronischen Signatur versehenen elektronischen Dokumenten nach § 42 Abs. 4 BeurkG. 59

Um den Bestimmungen des JKomG bzw. dem Urkundsgewährungsanspruch Rechnung zu tragen, müssen die Notare **geeignete technische Einrichtungen** vorhalten, und zwar 60

- eine Signaturkarte (mit Notarattribut),
- ein Kartenlesegerät,
- einen Scanner (zum Scannen der bisher papiergebunden beim Handelsregister eingereichten Unterlagen),
- die entsprechende Software und
- einen Internet-Anschluss.

8. Auswirkungen des JKomG auf das Kostenrecht

Nicht zuletzt ergeben sich durch das JKomG auch **Änderungen der KostO**. 61
Gem. § 1a KostO genügt die elektronische Form auch für Anträge und Erklärungen nach diesem Gesetz, soweit für Anträge und Erklärungen in der Angelegenheit, in der die Kosten anfallen, die Aufzeichnung als elektronisches Dokument genügt.

Die verantwortende Person soll das Dokument mit einer qualifizierten elektronischen Signatur nach dem SigG versehen. Ist ein übermitteltes elektronisches Dokument für das Gericht zur Bearbeitung nicht geeignet, ist dies dem Absender unter Angabe der geltenden technischen Rahmenbedingungen unverzüglich mitzuteilen. Ein elektronisches Dokument ist eingereicht, sobald die für den Empfang bestimmte Einrichtung des Gerichts es aufgezeichnet hat.

IX. Gesetz über das elektronische Handelsregister und Genossenschaftsregister sowie das Unternehmensregister (EHUG)

62 Mit dem am 01.01.2007 in Kraft getretenen Gesetz über das elektronische Handelsregister und Genossenschaftsregister sowie das Unternehmensregister (EHUG)[58] hat der Handelsregisterverkehr in der BRD eine **grundlegende Modernisierung erfahren**.

63 Für die Notare ging damit eine wesentliche Umstellung des Verfahrens in Handelsregistersachen auf eine **rein elektronische Abwicklung** einher.[59] So ist die Einreichung von Handelsregisteranmeldungen nebst der erforderlichen Anlagen heute bundesweit nur noch in elektronischer Form über elektronische Gerichtspostfächer (§ 12 Abs. 1 Satz 1 und Abs. 2 HGB) möglich.[60] Dabei werden dem zuständigen Registergericht[61] die eintragungsrelevanten Daten in strukturierter Form durch den Notar elektronisch übermittelt.[62] Darüber hinaus erfolgt sowohl die **Speicherung** und **Bekanntmachung** als auch der **Abruf von Daten** aus dem Handelsregister heute nahezu ausschließlich elektronisch. Angesichts dieser gravierenden Änderungen, die nahezu zwangsläu-

---

58 BGBl. I. 2006, 2553. Zu den Änderungen der sogenannten SLIM-IV-Richtlinie vgl. die Erste Richtlinie 68/151/EWG des Rates v. 09.03.1968 zur Koordinierung der Schutzbestimmungen, die in den Mitgliedstaaten den Gesellschaften i.S.d. Art. 58 Abs. 2 des Vertrags im Interesse der Gesellschafter sowie Dritter vorgeschrieben sind, um diese Bestimmungen gleichwertig zu gestalten, ABl. Nr. L 065 v. 14.03.1968, S. 8 – 12; Richtlinie des Europäischen Parlaments und des Rates v. 15.07.2003 zur Änderung der Richtlinie 68/151/EWG des Rates in Bezug auf die Offenlegungspflichten von Gesellschaften bestimmter Rechtsformen, ABl. L 221/13; die Richtlinie 2004/109/EG des Europäischen Parlaments und des Rates v. 15.12.2004 zur Harmonisierung der Transparenzanforderungen in Bezug auf Informationen über Emittenten, deren Wertpapiere zum Handel auf einem geregelten Markt zugelassen sind, und zur Änderung der Richtlinie 2001/34/EG, ABl. L 390/38 sowie Richtlinie 2004/109/EG des Europäischen Parlaments und des Rates v. 28.05.2001 über die Zulassung von Wertpapieren zur amtlichen Börsennotierung und über die hinsichtlich dieser Wertpapiere zu veröffentlichenden Informationen, ABl. L 184/1.

59 Zu den Auswirkungen des EHUG auf die notarielle Praxis vgl. *Apfelbaum*, DNotZ 2007, 166 ff.; *Apfelbaum/Bettendorf*, RNotZ 2007, 89 ff.; *Sikora/Schwab*, MittBayNot 2007, 1 ff.; *Melchior*, NotBZ 2006, 409 ff.

60 Zu den Übergangsfristen in einzelnen Bundesländern s. *Apfelbaum/Bettendorf*, RNotZ 2007, 89 (Fn. 2); *Sikora/Schwab*, MittBayNot 2007, 1, 2.

61 Handels-, Genossenschafts- und Partnerschaftsregister werden auch nach Inkrafttreten des EHUG von den AG geführt, wobei die Systemumstellung zu einem Konzentrationsprozess bei den Registergerichten führt; s. hierzu *Sikora/Schwab*, MittBayNot, 2007, 1 m.w.N.

62 Die näheren Bestimmungen zum Format der anzuliefernden Daten und weitere Einzelheiten der Umsetzung sind in den einzelnen Ausführungsverordnungen der Länder geregelt, vgl. http://www.egvp.de/rechtlicheGrundlagen/spezielleGrundlagen/index.php.

fug gewisse Anfangsschwierigkeit mit sich brachten, kann die damit einhergehende Systemumstellung heute, mehr als zwei Jahre später, als geglückt bezeichnet werden. Vor diesem Hintergrund kann es auch nicht verwundern, dass die elektronische notarielle Urkunde im Handelsregisterverfahren große praktische Bedeutung erlangt hat.

1. Handelsregisteranmeldung nach § 12 HGB

Nach § 12 Abs. 1 HGB sind Anmeldungen zum Handelsregister zur Eintragung **elektronisch in öffentlich beglaubigter Form** einzureichen. Gleiches gilt für einzureichende Dokumente oder öffentlich beglaubigte Abschriften (§ 12 Abs. 2 HGB). 64

Dabei geht es in erster Linie um die **Umwandlung** einer **papiergebundenen notariellen Urkunde** (wie z.B. einer Handelsregisteranmeldung oder einer GmbH-Gründungsurkunde) **in** eine **elektronische Urkunde**. Die Anforderungen des § 12 HGB werden dabei wie folgt umgesetzt: 65

- In einem ersten Schritt wird – wie bisher – die in Papierform in Urschrift vorliegende Handelsregisteranmeldung vom Antragsteller eigenhändig unterzeichnet. Zusätzlich errichtet der Notar in Papierform sein übliches Zeugnis (Unterschriftsbeglaubigungsvermerk) und verbindet es mit der Handelsregisteranmeldung. Damit unterscheidet sich das Original der Handelsregisteranmeldung nicht von seiner bisherigen Form.[63]
- In einem zweiten Schritt ist diese Papierurkunde in elektronische Form zu überführen. Dies geschieht durch Anfertigung elektronisch beglaubigter Abschriften.[64]

Beim elektronischen Handelsregisterverkehr hat der Notar also **zwei Zeugnisurkunden**, und zwar gem. §§ 39 und 39a BeurkG, zu fertigen: 66

- Mit dem ersten in Papierform gem. §§ 39, 40 BeurkG gefertigten Vermerk wird die Unterschrift des Antragstellers unter der Handelsregisteranmeldung beglaubigt, also die **Identität des Antragstellers** festgestellt.[65]
- Das zweite Zeugnis bzgl. der Abschriftsbeglaubigung wird in elektronischer Form gem. §§ 39, 39a, 42 BeurkG gefertigt. Mit ihm wird die

63 *Apfelbaum/Bettendorf*, RNotZ 2007, 89, 90.

64 *Apfelbaum/Bettendorf*, RNotZ 2007, 89, 90.

65 *Apfelbaum/Bettendorf*, RNotZ 2007, 89, 90.

inhaltliche Übereinstimmung der elektronischen Datei mit dem Papierdokument (welches z.B. bei der Handelsregisteranmeldung die Unterschriftsbeglaubigung beinhaltet) bestätigt.[66]

67 Die **Formanforderungen** an **einzureichende Dokumente** sind in § 12 Abs. 2 Satz 2 HGB geregelt:

- Ist eine Urschrift oder eine einfache Abschrift einzureichen oder ist für das Dokument die Schriftform bestimmt (vgl. z.B. §§ 8 Abs. 1 Nr. 3, 39 Abs. 2, 40 Abs. 1 Satz 1 GmbHG), genügt die Übermittlung einer elektronischen Aufzeichnung (§ 12 Abs. 2 Satz 2, 1. Halbs. HGB). Damit reicht die Einreichung eines Scans der privatschriftlichen Urschrift dieser Dokumente aus.
- Ist ein notariell beurkundetes Dokument oder eine öffentlich beglaubigte Abschrift einzureichen, so ist eine elektronische notarielle Urkunde nach § 39a BeurkG zu übermitteln (§ 12 Abs. 2 Satz 2, 2. Halbs. HGB).

Mit Rücksicht darauf, dass bei der elektronischen Urkunde aus technischen Gründen weder die Unterschrift noch das Siegel beigefügt werden können, hat der Gesetzgeber mit der **qualifizierten elektronischen Signatur** für die Unterschrift und dem **Notarattribut** als Siegelersatz funktionsgleiche elektronische Äquivalente normiert.[67]

68 Für die **Gestaltung** der elektronischen notariellen Urkunde nach § 39a BeurkG gelten grds. dieselben rechtlichen Regeln wie für die papiergebundene Vermerkurkunde.[68] § 39a BeurkG macht aufgrund des anders gearteten Mediums nur nähere Vorgaben zur Ausgestaltung der elektronischen Urkunde. Hinsichtlich der Frage des Inhalts der vom Notar zu erstellenden Urkunde sind die Generalnorm des § 39 BeurkG und § 39a BeurkG jedoch deckungsgleich.

Von daher kann grds. **jede Vermerkurkunde**, die bislang in papiergebundener Form erzeugt wurde, auch in elektronischer Form dargestellt werden. Hieraus folgt zugleich, dass die weiteren Vorschriften der §§ 39 ff. BeurkG, die nähere Vorgaben zum Inhalt der Vermerkurkunde machen, auch auf die elektronische Urkunde Anwendung finden müssen, sofern sie nicht – wie bei

66 *Apfelbaum/Bettendorf*, RNotZ 2007, 89, 90.

67 Vgl. hierzu die Ausführungen unter Rn. 45 ff.; hierzu ausführlich auch *Apfelbaum/Bettendorf*, RNotZ 2007, 89, 90 ff.

68 Vgl. hierzu *Bormann/Apfelbaum*, RNotZ 2007, 15, 17.

der Unterschriftsbeglaubigung (§ 40 BeurkG) – zwingend eine papiergebundene Form voraussetzen.

2. Erzeugung elektronischer Urkunden

Eine elektronisch beglaubigte Abschrift kann auf der Grundlage eines **Scans der Vorlage** (Urschrift, Ausfertigung oder beglaubigte Abschrift) gefertigt werden. Zulässig ist aber auch die Verwendung einer „**elektronischen Leseabschrift**“.[69] 69

3. Einreichung als Bote oder Stellvertreter

Im Rahmen der Handelsregisteranmeldung ist klarzustellen, ob der **Notar als** bloßer **Bote** oder als **Vertreter der Urkundsbeteiligten**, ggf. i.V.m. der Vermutungsregelung des § 129 FGG, handelt. Denn an die Antragstellung durch den Notar selbst (und nicht als Bote der Übermittlung) knüpfen sich andere verfahrensrechtliche Wirkungen. 70

Nur bei einer Antragstellung durch den Notar ist z.B. die Eintragungsmitteilung ihm zuzusenden, steht ihm die Befugnis zur Rücknahme des Antrags zu und kann er für die Beteiligten Beschwerde einlegen.

Um dies klarzustellen, wird mit den Handelsregisteranmeldungen häufig ein **Anschreiben**[70] versendet, in dem nochmals ausdrücklich ein **Eintragungsantrag durch** den **Notar** gestellt wird. Auch wenn eine solche ausdrückliche Erklärung fehlt, ist aufgrund der Vermutungsregelung in § 129 FGG regelmäßig von der eigenen Antragstellung des Notars auszugehen.

Hinweis:

Sollte der Notar daher im Ausnahmefall als Bote der Übermittlung handeln, ist dies klarzustellen. Allerdings fordern einige Registergerichte trotz der Vermutungsregelung in § 129 FGG immer noch eine ausdrückliche eigene Antragstellung des Notars. Um Schwierigkeiten in der Abwicklung zu vermeiden, empfiehlt es sich daher, in dem **Anschreiben an**

69 LG Chemnitz, RNotZ 2007, 165; LG Hagen, DStR 2007; LG Regensburg, MittBayNot 2007, 522; *Apfelbaum/Bettendorf*, RNotZ 2007, 89, 97; s. hierzu im Einzelnen die Ausführungen unter Rn. 53 ff.

70 Vgl. zur Erstellung des Anschreibens an das Registergericht Rn. 170 ff. sowie 240 ff.

das **Registergericht** in jedem Fall klarzustellen, ob die **Einreichung als Bote** oder als **Vertreter** erfolgt.

4. Einreichung von umfangreichen Urkunden

71 Bei der Einreichung von großen und umfangreichen Urkunden zum Registergericht in elektronischer Form kann sich das Problem ergeben, dass die in den auf der Grundlage der Rechtsverordnungen über den elektronischen Rechtsverkehr erlassenen Bearbeitungsvoraussetzungen festgelegten Dateigrößen überschritten werden.

So darf das **Gesamtvolumen** der in einer Nachricht zu übermittelnden Dateien einheitlich **nicht mehr als 30 MB** betragen. Wird diese Grenze überschritten, bestehen zwei Möglichkeiten:

- Von der Urkunde sind mehrere auszugsweise beglaubigte Abschriften zu erstellen, die jeweils eine max. Dateigröße von 30 MB aufweisen und an das Registergericht in mehreren Teilen zu übermitteln sind.
- Die Rechtsverordnungen der Länder über den elektronischen Rechtsverkehr sehen i.d.R. eine Bestimmung zur **Ersatzeinreichung** (in Papierform oder elektronisch auf einem Datenträger) vor, wenn eine Übermittlung über EGVP nicht möglich ist. Regelmäßig wird von dieser Regelung auch der Fall des Überschreitens der Dateigröße erfasst.

Hinweis:

XNotar bietet die Möglichkeit, eine Handelsregisteranmeldung im Menü „Weiterverarbeitung“ über die Funktion „Export“ in einem für den Import in das Gerichtssystem geeigneten Format in einen Dateiordner zu exportieren. Standardmäßig wird die Anmeldung in den Ordner „Auf_CD_brennen“ in dem Verzeichnis ElRv-Daten\[Name des Notars]\XNotar\HR des Notars exportiert. Aus diesem Ordner kann die Handelsregisteranmeldung mithilfe eines Brennprogramms und eines CD-Brenners auf eine CD-ROM gebrannt werden.

5. Vollmachtsnachweis bei Anmeldungen zu Publikumspersonengesellschaften

Im elektronischen Handelsregisterverkehr bereiten Anmeldungen zu Publikumspersonengesellschaften häufig Schwierigkeiten. So müssen nach § 108 HGB **alle Gesellschafter** den **Beitritt** jedes weiteren Gesellschafters einer bestehenden Gesellschaft zum Handelsregister anmelden. Da dies bei Vorhandensein einer Vielzahl von Gesellschaftern unpraktikabel ist, werden regelmäßig an den **geschäftsführenden Gesellschafter Vollmachten** zur Vornahme der Handelsregisteranmeldung erteilt. 72

Die im elektronischen Rechtsverkehr entstandenen Unsicherheiten bei der Anmeldung eines Gesellschafterbeitritts beruhen vor allem darauf, dass in der Registerpraxis bislang als Nachweis des Vorhandenseins und Fortbestehens der Vollmachten in Anlehnung an die Bestimmung des § 172 BGB die **Urschrift der Vollmachtsurkunde** zum Registergericht eingereicht und dort dauerhaft verwahrt worden ist. 73

Der elektronische Handelsregisterverkehr bringt es hingegen mit sich, dass lediglich **elektronische beglaubigte Abschriften der Vollmachten** zum Registergericht eingereicht werden können. Die Erteilung einer Ausfertigung ist hingegen nicht möglich.

Die **Praxis der Registergerichte** bei der **Anforderung des Nachweises einer Vollmacht** ist unterschiedlich. Teilweise wird immer noch die Vorlage der Urschrift der Vollmacht in Papierform verlangt. Je nach Fallkonstellation kann jedoch wie folgt vorgegangen werden: 74

a) Erstanmeldung von Publikumsgesellschaften und Vollmacht des beitretenden Gesellschafters

Bei der **Erstanmeldung** einer Publikumsgesellschaft sind die **Vollmachten aller vertretenen Gesellschafter** in elektronischer beglaubigter Abschrift an das Registergericht zu übermitteln. Dieses Erfordernis ergibt sich aus § 12 Abs. 1 Satz 2 HGB. 75

Da die elektronischen beglaubigten Abschriften in der Praxis regelmäßig zeitnah erstellt sein werden, ist für das Registergericht eine vergleichbare **Nach-**

weismöglichkeit hinsichtlich des **Fortbestehens von Vollmachten** wie bei der bisherigen Einreichung von Originalen gegeben.

Entsprechendes gilt für die **Handelsregistervollmacht** bei der **Anmeldung** eines **beitretenden Gesellschafters**. Auch dessen Vollmacht ist gem. § 12 Abs. 1 Satz 2 HGB in elektronischer beglaubigter Abschrift an das Registergericht zu übermitteln. Schwierigkeiten kann hier nur der Vollmachtsnachweis der im Zeitpunkt des Beitritts bereits vorhandenen Altgesellschafter bereiten.[71]

b) Spätere Anmeldefälle und Nachweis des Bestehens bzw. Fortbestehens der Vollmacht bei Alt-Gesellschaftern

76 Tritt ein weiterer Gesellschafter einer Personengesellschaft bei, so muss die Anmeldung auch durch **sämtliche Alt-Gesellschafter** bewirkt werden (§ 108 HGB). Für den Nachweis des Bestehens der Vollmachten der Alt-Gesellschafter ist danach zu unterscheiden, ob deren Registervollmachten dem Handelsregister noch in Papierform oder schon als elektronisch beglaubigte Abschriften eingereicht worden waren.

- Bei den Gesellschaftern, deren **Eintritt** oder **Beitritt vor dem 01.01.2007** angemeldet worden ist, ist das **papiergebundene Original** im Regelfall noch in den Registerakten vorhanden. Wie vorher im papiergebundenen Handelsregisterverkehr kann auf diese Vollmachten in der Handelsregisteranmeldung Bezug genommen werden. Es ist insoweit keine Änderung der Rechts- und Sachlage durch den elektronischen Registerverkehr eingetreten.
- Bei den Gesellschaftern, deren **Eintritt oder Beitritt in elektronischer Form** angemeldet worden ist, ist lediglich eine **elektronische beglaubigte Abschrift** in den Registerakten vorhanden. Dementsprechend ist die Rechtslage unübersichtlicher.
  - Es sprechen verschiedene Gründe dafür, dass eine **Bezugnahme** in der Handelsregisteranmeldung auf die zum Registergericht bereits eingereichten beglaubigten Abschriften möglich ist. Eine erneute Erstellung der beglaubigten Abschrift von der Urschrift als Ersatz für die Vorlage der Urschrift ist deshalb nicht unbedingt zwingend erforderlich.
    Zwar kann im rechtsgeschäftlichen Verkehr das Bestehen einer Voll-

71 Vgl. hierzu die nachfolgenden Ausführungen unter Rn. 76.

macht rechtssicher nur durch die Vorlage der Urschrift der Vollmachtsurkunde nachgewiesen werden (§ 172 Abs. 1 BGB). Insofern ist der Rechtsverkehr durch einen gesetzlichen Rechtsscheinstatbestand geschützt. Hiervon zu unterscheiden ist aber das Registerrecht. Auch bei der **nicht zeitnah erstellten** elektronischen beglaubigten **Abschrift** liegt als **Nachweis eine öffentliche Urkunde** vor. Regelmäßig ist diese im Registerverfahren ausreichend. Dies ergibt sich auch aus dem Wortlaut des § 12 Abs. 1 Satz 2 HGB, der auf die öffentliche Form des § 12 Abs. 1 Satz 1 HGB Bezug nimmt, jedoch keine Aussage zum Zeitpunkt der Erstellung der Urkunde enthält. Auch im bisherigen papiergebundenen Handelsregisterverkehr wurde von der Rechtsprechung die Vorlage einer öffentlich beglaubigten Abschrift der Vollmachtsurkunde als ausreichender Nachweis für das Bestehen und Fortbestehen der Vollmacht angesehen. Die Vorlage des Originals der Vollmachtsurkunde war danach nicht erforderlich. Etwas anderes gilt nur, wenn Anhaltspunkte für einen etwaigen Widerruf der Vollmacht vorliegen.[72]

- Sollte vom Registergericht trotz der vorstehenden Argumente die Vorlage einer **zeitnah erstellten** beglaubigten **Abschrift** verlangt werden, bietet es sich aus Kostengründen an, nicht pro Vollmachtsurkunde jeweils eine einzelne beglaubigte Abschrift zu erstellen, sondern eine **gebündelte beglaubigte Abschrift aller Vollmachtsurkunden** einzureichen. Hierdurch kann der mehrfache Anfall der Mindestgebühr des § 55 KostO vermieden werden.

  Allerdings ist mit dem jeweiligen **Registergericht** stets **abzuklären**, ob eine gebündelte Einreichung der beglaubigten Abschriften nach den örtlichen Verfahrensbestimmungen **zugelassen** wird. Die praktische Abwicklung dieses Lösungswegs ist vergleichsweise einfach durchzuführen, wenn Registeranmeldungen bei Publikumsgesellschaften jeweils durch denselben Notar vorgenommen werden. In diesem Fall kann und sollte das Bündel der Vollmachten in der **elektronischen Ablage** vorgehalten und durch die Vollmachten der neu beitretenden Gesellschafter ergänzt werden. Sind die Originale der Vollmachtsurkunden ebenfalls beim Notar vorhanden, was zu empfehlen ist, kann er jeweils einen aktuellen Beglaubigungsvermerk erstellen.

72 BayObLGZ 1975, 137, 141 f.

- Zusätzlich zur Vorlage der Vollmachtsurkunden in beglaubigter Abschrift kann der **Notar bestätigen**, dass das **Original der Vollmachtsurkunde** ihm jeweils noch **vorliegt** und keine Anhaltspunkte für einen Widerruf gegeben sind. Eine derartige Notarbestätigung verbessert nochmals die Erkenntnismöglichkeiten des Registergerichts. Für ein derartiges Verlangen des Registergerichts ist jedoch keine eindeutige gesetzliche Grundlage erkennbar.

6. Teilnahme des Notars/Notarvertreters am elektronischen Rechtsverkehr

77 Wie der Notar bzw. der Notarvertreter im Einzelnen am elektronischen Rechtsverkehr teilnimmt, wird in dem Kap. 2 C „Elektronische Handelsregisteranmeldung mit XNotar 3.0“ Rn. 135 ff. detailliert beschrieben.

D. Auswirkungen des elektronischen Rechtsverkehrs auf das notarielle Berufsrecht

78 Mit der durch das JKomG[73] geschaffenen Möglichkeit, notarielle Urkunden nach § 39a BeurkG in elektronischer Form zu errichten und der Eröffnung des elektronischen Handelsregisterverfahrens durch das EHUG entstand nahezu zwangsläufig die Notwendigkeit, das **notarielle Berufsrecht** den veränderten Gegebenheiten **anzupassen**.

I. Höchstpersönliche Verwendung der Signaturkarte

79 Vor diesem Hintergrund beschloss die Vertreterversammlung der BNotK bereits 2006 eine Ergänzung der **Richtlinienempfehlungen** von **Abschnitt IV** um eine neue **Ziffer 2**, die folgenden Wortlaut erhielt:

> *„2. Der Notar darf die zur Erzeugung seiner elektronischen Signatur erforderliche Signatureinheit von Zugangskarte und Zugangscode (sichere Signaturerstellungseinheit) nicht Mitarbeitern oder Dritten zur Verwendung überlassen. Er hat die Signatureinheit vor Missbrauch zu schützen.“*

Nach dieser Bestimmung darf der **Notar die Signaturkarte nicht Mitarbeitern** oder **Dritten** zur Verwendung **überlassen** und hat sie zudem **vor Missbrauch zu schützen**. Das Erfordernis der höchstpersönlichen Erstellung der

73 V. 22.03.2005, BGBl. 2005 I., S. 837.

qualifizierten elektronischen Signatur des Notars bei der Erstellung elektronischer Urkunden ergibt sich darüber hinaus aber auch aus § 39a Satz 2 BeurkG.[74]

Trotz allem führten die Neuregelungen Anfang 2008 zu einer eingehenden Diskussion über die Verwendung von Signaturkarten im Notarbüro.[75] Diese Diskussionen veranlassten die BNotK, die Rechtslage aus ihrer Sicht darzustellen.[76] Im Rahmen dieser **Mitteilung** stellt die **BNotK** Folgendes fest: 80

*„**1. § 39a Satz 2 BeurkG***

Die qualifizierte elektronische Signatur stellt das elektronische Äquivalent der eigenhändigen Unterschrift dar. Diese Funktionsäquivalenz hat der Gesetzgeber in §§ 126 Abs. 3, 126a BGB sowie im Signaturgesetz festgelegt. Bei qualifizierten elektronischen Signaturen wird in einem Zertifizierungsverfahren ein Signaturschlüssel nachweislich einer bestimmten Person durch den Zertifizierungsdiensteanbieter (Zertifizierungsstelle, Trust Center) zugewiesen und auf einer sicheren Signaturerstellungseinheit gespeichert (§ 5 Abs. 1 SigG).

Wie die Unterschrift des Notars auf der papiergebundenen Urkunde nach § 39 BeurkG ist auch ihr elektronisches Äquivalent, die Erzeugung einer qualifizierten elektronischen Signatur bei Errichtung einer elektronischen notariellen Urkunde nach § 39a BeurkG, eine Amtshandlung. Eine Urkunde kann nur von demjenigen erstellt werden, dem die Fähigkeit zur Aufnahme öffentlicher Urkunden von der Staatsgewalt übertragen ist. Würde die Signatur von einer anderen Person als dem Notar selbst erzeugt werden, läge zudem der Sache nach ein Fall der verdeckten Stellvertretung vor. Diese ist nach dem notariellen Berufsrecht ausgeschlossen. Eine Stellvertretung ist ausschließlich nach Maßgabe der Vorschriften über die Bestellung eines Notarvertreters nach §§ 39 ff. BNotO zulässig.

Unbeachtlich ist dabei die Überlegung, dass bei papiergebundenen notariellen Urkunden das Siegel nicht vom Notar persönlich beigedrückt

---

74 So auch *Bettendorf/Apfelbaum*, DNotZ 2008, 19, 20.

75 S. hierzu einerseits *Bettendorf/Apfelbaum*, DNotZ 2008, 19 ff. und andererseits *Bohrer*, DNotZ 2008, 39 ff.

76 Mitteilung der BNotK, Höchstpersönliche Verwendung von Signaturkarten, abgedruckt in: DNotZ 2008, 161 ff.

werden muss. Bei elektronischen notariellen Urkunden ist Funktionsäquivalent des Siegels der nach § 39a Satz 4 BeurkG vorgeschriebene Nachweis der Notareigenschaft. Dieser wird bei einer von einem Notar erstellten Urkunde regelmäßig über das im qualifizierten Zertifikat enthaltene Notarattribut geführt. Bei der Erzeugung der qualifizierten elektronischen Signatur wird diese Information zur Berufsträgereigenschaft automatisch Bestandteil der Signaturdatei und erleichtert damit im Ergebnis die Abwicklung, weil der zusätzliche Akt des Siegelbeidrückens entfällt. Diese Möglichkeit, mit der Signatur zugleich auch den Nachweis der Notareigenschaft beizufügen, hat demgegenüber keinen Einfluss auf die Notwendigkeit der höchstpersönlichen Erzeugung der Signatur. Denn es bliebe dem Notar grundsätzlich unbenommen, den Nachweis der Notareigenschaft auch in anderer Weise als über die Signatur zu führen. Bei der von einem Notarvertreter erstellten Urkunde erfolgt dieser Nachweis z.B. regelmäßig durch eine elektronische beglaubigte Abschrift der Bestellungsurkunde (vgl. Rundschreiben Nr. 25/2006 der Bundesnotarkammer vom 07.12.2006).

Zur Klarstellung dieser Grundsätze hat die 92. Vertreterversammlung der Bundesnotarkammer am 28.04.2006 in Berlin eine entsprechende Ergänzung von Ziffer IV. der Richtlinienempfehlungen hinsichtlich der Pflicht zur persönlichen Amtsausübung um folgende neue Ziffer 2. beschlossen:

‚2. Der Notar darf die zur Erzeugung seiner elektronischen Signatur erforderliche Signatureinheit von Zugangskarte und Zugangscode (sichere Signaturerstellungseinheit) nicht Mitarbeitern oder Dritten zur Verwendung überlassen. Er hat die Signatureinheit vor Missbrauch zu schützen.‘

Die Mehrzahl der regionalen Notarkammern hat diese Empfehlungen zwischenzeitlich in ihre Richtlinien aufgenommen.

2. Signaturrecht

Unabhängig vom notariellen Berufsrecht ergibt sich ein Verbot der Weitergabe von Signaturkarte und PIN bereits aus dem Signaturgesetz (vgl. Rossnagel, BB 2007, 1233, 1235). So steht die eindeutige und sichere Zuordnung von Signaturkarte und PIN zu einer bestimmten Person im Zentrum des Zertifizierungsverfahrens. Hierfür sieht das Signaturrecht zahlreiche Sicherungsmechanismen vor. Das gesamte Sicherungssystem des Signaturgesetzes wird kompromittiert, wenn die Signaturkarte an ei-

nen Dritten weitergegeben wird. Denn der Signaturschlüssel-Inhaber verliert seine tatsächliche Sachherrschaft an den Dritten, der nunmehr über die Zugangskarte verfügt. Durch die Mitteilung der PIN an den Dritten gibt der Signaturschlüssel-Inhaber zudem sein Wissensmonopol auf und kann daher den Einsatz des Wissens nicht mehr kontrollieren.

3. Folgen eines Verstoßens gegen die Pflicht zur höchstpersönlichen Erstellung der qualifizierten elektronischen Signatur

a) Unwirksamkeit der Urkunde

Wird die Signatur durch den Notar nicht höchstpersönlich erzeugt, ist die elektronische Urkunde unwirksam. Bei der in § 39a Satz 2 BeurkG normierten Pflicht zur höchstpersönlichen Erzeugung der Signatur handelt es sich um eine zwingende Vorgabe des Beurkundungsrechts. Nach den allgemeinen Grundsätzen des Beurkundungsrechts ziehen Verstöße gegen Muss-Vorschriften die Unwirksamkeit der Urkunde nach sich (BT-Drucks. 5/3282, S. 24; BayObLGZ 1983, 101, 106; Eylmann in Vaasen/Eylmann, BeurkG, 2. Aufl., 2004, Einl. Rdn. 6; Winkler, BeurkG, 15. Aufl., 2003, Einl. Rdn. 13).

b) Disziplinarmaßnahmen, insbesondere Amtsenthebung

Daneben sind bei einem Verstoß gegen die Pflicht zur höchstpersönlichen Verwendung der Signaturkarte des Notars Disziplinarmaßnahmen zu ergreifen. Bei schwerwiegenden Verstößen kommt als Sanktion die Entfernung aus dem Amt in Betracht. Die Überlassung der Signaturkarte an Mitarbeiter des Notars zur Erzeugung der Signatur stellt ein solches schweres Dienstvergehen dar, da vorsätzlich – und ggf. wiederholt – gegen zwingende Vorschriften des Beurkundungsrechts verstoßen wird. Zudem wird zugelassen, dass scheinbar wirksame notarielle Urkunden in den Rechtsverkehr gelangen und hierdurch der Rechtsverkehr getäuscht wird.

c) Mögliche weitere Konsequenzen

Gibt der Notar seine Signaturkarte einem Dritten, insbesondere einem Mitarbeiter, damit dieser die qualifizierte elektronische Signatur nach § 39a Satz 2 BeurkG erzeugt, und wird in dieser Weise der Anschein einer wirksamen Urkunde geschaffen, kommt eine Strafbarkeit nach § 269

StGB (Fälschung beweiserheblicher Daten) in Betracht. Entscheidend für eine Strafbarkeit nach § 269 StGB ist, ob der Täter durch die Speicherung der Daten ein Datenprodukt hergestellt hat, das im Falle seiner visuellen Darstellung als unechte Urkunde zu qualifizieren wäre (vgl. SCHÖNKE/SCHRÖDER, StGB, 27. Aufl., 2006, § 269 Rdn. 15). Diese Voraussetzung ist erfüllt, da das Datenprodukt aufgrund der Signatur des Notars scheinbar vom Notar erstellt worden ist, tatsächlich aber ein Mitarbeiter des Notars die Urkunde erstellt hat. Unerheblich ist dabei, dass nach dem strafrechtlichen Urkundsbegriff der §§ 267 ff. StGB Aussteller einer Urkunde grundsätzlich derjenige ist, der als geistiger Urheber für die Erklärung einsteht und nicht derjenige, der die Urkunde körperlich hergestellt hat (sog. Geistigkeitstheorie, vgl. BGHSt 13, 383, 385; SCHÖNKE/SCHRÖDER, StGB, 27. Aufl., 2006, § 267 Rdn. 55). Denn auf die eigenhändige Unterzeichnung bzw. die eigenhändige Erzeugung der Signatur ist in Fällen abzustellen, in denen – wie in § 39a Satz 2 BeurkG – Eigenhändigkeit ausdrücklich gesetzlich vorgeschrieben ist (SCHÖNKE/SCHRÖDER, StGB, 27. Aufl., 2006, § 267 Rdn. 59). Je nach dem Kenntnisstand des Mitarbeiters, der die Signatur erzeugt, kommt entweder eine unmittelbare Täterschaft des Mitarbeiters und eine Beihilfestrafbarkeit des Notars oder eine mittelbare Täterschaft des Notars ggfs. mit Beihilfe durch den Mitarbeiter in Betracht.

4. Notarprüfungen und Schulungen der Notarfachangestellten

Abschließend ist darauf hinzuweisen, dass die Frage der höchstpersönlichen Erzeugung der Signatur verstärkt Gegenstand der Notarprüfungen auch durch eine Befragung der Angestellten des Notars sein wird. Sollten dabei Verstöße festgestellt werden, ist von einem Ergreifen der erforderlichen disziplinar- und strafrechtlichen Maßnahmen auszugehen. Zum Schutze der Mitarbeiter des Notars, die sich bei Verwendung der Signaturkarte des Notars der Gefahr einer Strafverfolgung aussetzen, wird diese Mitteilung auch im Rahmen der Notarfachangestellten- bzw. RENO-Schulungen sowie im Bereich der Notarkassen im Rahmen der Schulungen der Notarkassenangestellten berücksichtigt werden.“

Hinweis:

Angesichts der vorstehenden Ausführungen der BNotK kann – auch und vor allem im Interesse der Notariatsmitarbeiter – nur **dringend** davon

abgeraten werden, die **Signaturkarte Mitarbeitern** oder **Dritten zur Anwendung zu überlassen.** Dies gilt umso mehr als mit der Optimierung der Verfahrensabläufe durch die überarbeitete Version der Programme XNotar und SigNotar („ELRV 3.0") die bislang bei Einsatz des EGVP notwendige zweite Signatur und damit eine nochmalige Prüfung des Gesamtvorgangs durch den Notar entfällt.[77]

II. Änderungen im Bereich der Dienstordnung für Notarinnen und Notare (DONot)

Die Möglichkeit, notarielle Urkunden in elektronischer Form zu errichten wie auch die Einführung des elektronischen Handelsregisterverfahrens durch das EHUG haben zudem die Landesjustizverwaltungen dazu bewogen, eine Reihe von Änderungen in der Dienstordnung für Notarinnen und Notare (DONot) aufzunehmen. 81

1. Anforderungen an die Signaturkarte des Notars (§ 2a Abs. 1 DONot)

So wurden in § 2a Abs. 1 DONot nähere Vorgaben zu der vom Notar einzusetzenden Signaturkarte normiert. 82

a) Signaturkarte eines akkreditierten Zertifizierungsanbieters (§ 2a Abs. 1 Satz 1 DONot)

Nach § 2a Abs. 1 Satz 1 DONot haben Notare, die Urkunden in elektronischer Form errichten, hierfür eine **Signaturkarte eines akkreditierten Zertifizierungsdiensteanbieters** zu verwenden. Diese Verpflichtung beruht auf dem **besonderen Beweiswert** öffentlicher Urkunden, aus der erhöhte Anforderungen an die Signaturkarte des Notars im Vergleich zu der von einer Privatperson verwendeten Signaturkarte folgen.[78] Um ein größtmögliches Maß an Fälschungssicherheit sicherzustellen, wurde hierbei auf das im SigG bereits normierte Verfahren der Anbieter-Akkreditierung zurückgegriffen, welches eine von der Bundesnetzagentur stets umfassend überprüfte technische und 83

77 S. hierzu die anschauliche Darstellung betr. die Umstellung des Arbeitsablaufs bei der elektronischen Handelsregisteranmeldung in BNotK-Intern, 2008, S. 1 ff. sowie die Ausführungen unter Rn. 149 ff.

78 Vgl. hierzu *Bettendorf/Apfelbaum*, DNotZ 2008, 19, 27, 28 mit ausführlicher Begründung.

administrative Sicherheit der Zertifizierungsstelle gewährleistet (§ 15 Abs. 1 Satz 4 SigG).[79]

b) Anforderungen an das Zertifizierungsverfahren (§ 2a Abs. 1 Satz 2 DONot)

84 Im Zertifizierungsverfahren muss ferner eine **Identifikation** durch öffentliche Beglaubigung der Unterschrift des Notars unter dem Antrag stattfinden (§ 2a Abs. 1 Satz 2 DONot). Auch diese Vorgabe, die mit Blick auf die **erhöhte Beweiskraft** elektronischer notarieller Urkunden, eingeführt wurde, zielt darauf ab, Manipulationen im Antragsverfahren durch Rückgriff auf die öffentliche Beglaubigung der Unterschrift des Antragstellers zu verhindern.[80]

c) Inhaltliche Vorgaben an das Notarattribut (§ 2a Abs. 2 DONot)

85 Das Notarattribut muss nach § 2a Abs. 2 DONot neben der **Notareigenschaft** auch den **Amtssitz** und das **Land**, in dem das **Notaramt ausgeübt** wird, sowie die **zuständige Notarkammer** enthalten. Durch diese Regelung soll sichergestellt werden, dass die elektronische Urkunde hinsichtlich konkretisierender Angaben zur Stellung des Notars nicht hinter der papiergebundenen Urkunde, bei denen diese Angaben (mit Ausnahme der Angabe der zuständigen Notarkammer) Bestandteil des Siegels sind (§ 2 Abs. 1 Satz 2 DONot), zurückbleibt.[81] Die Angabe der zuständigen Notarkammer im Notarattribut beruht darauf, dass der regionalen Notarkammer im Zusammenhang mit dem Notarattribut wichtige Aufgaben bei der Erteilung und Sperrung zukommen, die bei der papiergebundenen Urkunde in dieser Form keine Entsprechung finden.[82] Die von der BNotK ausgegebenen Signaturkarten erfüllen alle diese Voraussetzungen.

2. Vorgaben bei Verlust der Signaturkarte (§ 2a Abs. 3 DONot)

86 § 2a Abs. 3 DONot befasst sich schließlich mit dem Verhalten des Notars bei einem Verlust der Signaturkarte. Nach § 2a Abs. 3 Satz 1 DONot hat der Notar bei Verlust der Signaturkarte eine **sofortige Sperrung des qualifizierten Zer-**

79 Vgl. hierzu ausführlich *Bettendorf/Apfelbaum*, DNotZ 2008, 19, 28 sowie die Ausführungen unter Rn. 49 ff.

80 Auch hierzu ausführlich *Bettendorf/Apfelbaum*, DNotZ 2008, 19, 30.

81 Vgl. *Bettendorf/Apfelbaum*, DNotZ 2008, 19, 31 mit weiteren Ausführungen.

82 Vgl. *Bettendorf/Apfelbaum*, DNotZ 2008, 19, 31 mit weiteren Ausführungen.

tifikats beim Zertifizierungsdiensteanbieter zu veranlassen. Damit soll ein Missbrauch der Signaturkarte durch eine nicht autorisierte Person vermieden werden.

87 Der **Verlust** ist ferner – vergleichbar zur Anzeigepflicht des § 2 Abs. 3 Satz 2 DONot bei Verlust eines Siegels – **unverzüglich** der **Präsidentin** oder dem **Präsidenten des LG** und der **Notarkammer anzuzeigen** (§ 2a Abs. 3 Satz 2 DONot). Denn sowohl die Landesjustizverwaltung als auch die Notarkammer können bei Verlust der Signaturkarte eine Sperrung des Zertifikats verlangen, falls diese vom Notar noch nicht selbst veranlasst sein sollte.[83]

Mit der Anzeige ist zugleich nach § 2a Abs. 3 Satz 3 DONot ein **Nachweis über die Sperrung des qualifizierten Zertifikats** vorzulegen, welchen der Notar durch einen Ausdruck der online möglichen Abfrage bzgl. des Status seines Zertifikats und durch einen Ausdruck dieser Information erbringen kann.[84]

3. Eintragungen in die Urkundenrolle (§ 8 Abs. 1 Nr. 4 Buchst. a) und Nr. 5 Buchst. a) DONot)

88 Die Regelungen in § 8 Abs. 1 Nr. 4 Buchst. a) und Nr. 5 Buchst. a) DONot stellen klar, dass dieselben Arten von Vermerkurkunden, die bislang auf der Grundlage von § 8 Abs. 1 Nr. 4 und 5 DONot in die Urkundenrolle einzutragen waren, auch dann einzutragen sind, wenn sie in elektronischer Form gefertigt werden. **Entscheidend** ist mithin – wie bisher – der **Inhalt des Vermerks** und nicht sein Medium.[85]

89 Mit Rücksicht darauf, dass die Fertigung elektronisch beglaubigter Abschriften von Papierurkunden für den elektronischen Handelsregisterverkehr keine Eintragungspflicht begründet, da es sich um bloße Abschriftsbeglaubigungen handelt,[86] dürfte die **Eintragung** von elektronischen Urkunden in die Urkundenrolle zurzeit allerdings noch **Seltenheitswert** haben. Dies gilt umso mehr als für den in § 8 Abs. 1 Nr. 4 Buchst. a) DONot angesprochenen Fall der Beglaubigung einer elektronischen Signatur – mangels einer vergleich-

83 *Bettendorf/Apfelbaum*, DNotZ 2008, 19, 33.

84 *Bettendorf/Apfelbaum*, DNotZ 2008, 19, 33. Bei der Zertifizierungsstelle der BNotK ist eine solche Abfrage unter https://oa.signtrust.de/webabfrage/bnotk zumindest möglich.

85 *Bettendorf/Apfelbaum*, DNotZ 2008, 19, 33.

86 Vgl. *Bettendorf*, Sonderheft zu RNotZ Heft 10 aus 2001, S. 1 ff.

baren Formvorschrift zu § 129 BGB – noch kein praktischer Anwendungsfall existiert und es bei der Transformation eines elektronischen Dokuments in ein Papierdokument keine Pflicht zur Eintragung in die Urkundenrolle gibt.[87]

4. (Keine) Auswirkungen auf die Vorschriften zur Urkundensammlung

90 Vor dem Hintergrund, dass derzeit kein praktischer Anwendungsbereich für elektronisch erstellte notarielle Urkunden, die in der Urkundensammlung aufzubewahren sind, ersichtlich ist, wurde – sieht man von der Regelung des § 19 Abs. 4 DONot einmal ab – seitens der Landesjustizverwaltungen **kein Änderungsbedarf** bzgl. **Vorschriften zur Urkundensammlung** gesehen. Vielmehr werden die bislang für papiergebundene Urkunden geltenden Bestimmungen in § 19 Abs. 1 bis 3 DONot **deckungsgleich** auf elektronisch erzeugte notarielle Urkunden übertragen.[88]

91 Nach § 19 Abs. 2 DONot hat der Notar bei Urkunden, bei denen zwar eine Verwahrung der Urschrift nicht stattfindet, die jedoch trotzdem in die Urkundenrolle einzutragen sind, wahlweise eine Abschrift der Urkunde oder ein Vermerkblatt zu verwahren. Lediglich bei einer Unterschriftsbeglaubigung unter einem vom Notar selbst entworfenen Text ist stets eine Abschrift zu verwahren (§ 19 Abs. 1 DONot). Für das elektronische Äquivalent zur Unterschriftsbeglaubigung, der **Signaturbeglaubigung**, gibt es jedoch mangels materiellrechtlicher Formvorschriften derzeit **keinen Anwendungsbereich.**[89]

5. Aufbewahrung der Zertifizierungsunterlagen in der Generalakte (§ 23 Abs. 1 Satz 2 DONot)

92 Als weitere Änderung stellt § 23 Abs. 1 Satz 2 DONot nunmehr ausdrücklich klar, dass die mit der **Zertifizierung verbundenen Schriftstücke in** der **Generalakte aufzubewahren** sind. Dabei versteht es sich von selbst, dass die die **Verschlüsselungs-** und **Authentisierungs-PIN** enthaltenen Schreiben hiervon **ausgenommen** sind, da diese gegenüber jedermann geheim zu halten sind. Durch eine entsprechende Aufnahme entsprechender Briefe in die Generalakte würde die Geheimhaltungspflicht verletzt, da sowohl der Prüfer

87 Vgl. hierzu *Bettendorf/Apfelbaum*, DNotZ 2008, 19, 33 ff.

88 *Bettendorf/Apfelbaum*, DNotZ 2008, 19, 35.

89 *Bettendorf/Apfelbaum*, DNotZ 2008, 19, 35.

als auch die Mitarbeiter regelmäßig Zugriff auf die Generalakte nehmen können.[90]

6. Vorgaben zur Gestaltung des Notariatsverwalterattributs (§ 33 Abs. 2 Satz 3 und 4 DONot).

In entsprechender Anwendung von § 2a Abs. 2 DONot legt § 33 Abs. 2 Satz 3 DONot nähere Vorgaben zur Gestaltung des Notariatsverwalterattributs fest. In § 33 Abs. 2 Satz 4 DONot wird ferner festgestellt, dass der **Nachweis der Notariatsverwaltereigenschaft** auch durch eine mit qualifizierter elektronischer Signatur der zuständigen Bestellungsbehörde versehene Abschrift der Verwalterbestellungsurkunde oder eine elektronische beglaubigte Abschrift der Verwalterbestellungsurkunde geführt werden kann. 93

7. Nachweis der Stellung als Notarvertreter (§ 33 Abs. 4 DONot)

In § 33 Abs. 4 Satz 1 DONot werden sodann in entsprechender Anwendung der §§ 2a Abs. 2 und 33 Abs. 2 Satz 3 DONot nähere Angaben zum **Nachweis der Stellung als Notarvertreter** gemacht.[91] 94

E. Kostenrechtliche Aspekte des elektronischen Rechtsverkehrs

Bereits mit Inkrafttreten des JKomG[92] wurde durch die Einführung des § 1a KostO[93] sichergestellt, dass die **KostO** auch auf **elektronische Dokumente** anzuwenden ist. Eine grundlegende Anpassung der KostO, etwa durch die Einführung spezieller Kostenvorschriften, die den veränderten Gegebenheiten und den erweiterten Tätigkeiten des Notars im Zusammenhang mit dem elektronischen Rechtsverkehr Rechnung tragen, steht derzeit jedoch noch aus. Zwar sind mit der Änderung der Handelsregistergebührenverordnung (HRegGebV) Spezialvorschriften im Hinblick auf den elektronischen Rechtsverkehr eingefügt worden, die jedoch ausschließlich für die gerichtliche Tätigkeit ge- 95

90 *Bettendorf/Apfelbaum*, DNotZ 2008, 19, 36.

91 Zum Verfahren im Einzelnen s. Rn. 385 ff.

92 BGBl. I 2005, 837; siehe hierzu die Ausführungen unter Rn. 45 ff.

93 Der Wortlaut des § 1a Abs. 1 Satz 1 KostO lautet wie folgt: „*Soweit für Anträge und Erklärungen in der Angelegenheit, in der die Kosten anfallen, die Aufzeichnung als elektronisches Dokument genügt, genügt diese Form auch für Anträge und Erklärungen nach diesem Gesetz.*“

schaffen wurden und sich nicht ohne Weiteres auf das notarielle Kostenrecht übertragen lassen. Vor diesem Hintergrund haben Rechtsprechung[94] und Literatur seit Inkrafttreten des EHUG versucht, die sich im Zusammenhang mit dem elektronischen Handelsregisterverkehr aufgeworfenen Kostenfragen auf der Grundlage der derzeit bestehenden gesetzlichen Regelungen einer befriedigenden Lösung zuzuführen.

96 Die nachfolgenden Ausführungen wollen insoweit einen praxisnahen Überblick darüber geben, ob und inwieweit notarielle Tätigkeiten im elektronischen Rechtsverkehr, speziell im Bereich des elektronischen Handelsregisterverkehrs, auf der Grundlage der derzeit noch geltenden KostO zu bewerten sind.

I. Dokumentenpauschale für das Einscannen von Dokumenten (§ 136 KostO)

1. Anwendbarkeit des § 136 Abs. 1 Satz 1 Nr. 1 KostO

97 Gem. § 136 Abs. 1 Satz 1 Nr. 1 KostO wird für Ausfertigungen, Ablichtungen oder Ausdrucke, die auf Antrag erteilt, angefertigt oder per Fax übermittelt werden, eine Dokumentenpauschale erhoben.

Der Vorgang des **Einscannens** löst eine **Dokumentenpauschale** nach § 136 Abs. 1 Satz 1 Nr. 1 KostO aus.[95] So fällt das Einscannen unter den gesetzlichen Begriff der „**Ablichtung**" i.S.d. § 136 KostO.[96]

Diese Auffassung steht auch im Einklang mit dem **Sinn und Zweck** des § 136 KostO, wonach durch die Dokumentenpauschale der Aufwand an Arbeitszeit und Material abgegolten werden soll.[97] Zutreffend wird in diesem Zusammenhang darauf verwiesen, dass dieser Aufwand unabhängig davon besteht, ob nach dem Digitalisieren eine papiergebundene oder eine elektronische Kopie gefertigt wird, sodass die Dokumentenpauschale, die keine Gebühr, sondern

94 S. hierzu jüngst OLG Hamm, Beschl. v. 26.03.2009 – 15 Wx 158/08.

95 S. hierzu bereits *Tiedtke/Sikora*, MittBayNot 2006, 393, 395.

96 Vgl. OLG Bamberg, NJW 2006, S. 3504; so auch bereits *Tiedtke/Sikora*, MittBayNot 2006, 393, 395.

97 *Schmidt/Sikora/Tiedtke*, Praxis des Handels- und Kostenrechts, Rn. 1986.

eine vom Notar zu erhebende Auslage darstellt, letztlich für jegliche Art der Vervielfältigung zu erheben ist.[98]

2. Höhe der Dokumentenpauschale (§ 136 Abs. 2 KostO)

Nach § 136 Abs. 2 KostO beträgt die Dokumentenpauschale in derselben Angelegenheit für die **ersten 50 Seiten 0,50 €** pro Seite und für jede **weitere Seite 0,15 €**. Dabei wird jede angefangene Seite als volle Seite bewertet. 98

Der im Gesetzeswortlaut enthaltene Begriff „***dieselbe Angelegenheit***" ist dabei nicht mit dem des § 44 KostO gleichzustellen. Vielmehr wird der Begriff mit dem in der jeweiligen Urkunde enthaltenen Antrag der Beteiligten auf Erteilung einer Ausfertigung oder Ablichtung gleichgesetzt. Dementsprechend ist jede einzelne Urkunde oder jeder Entwurf verbunden mit dem entsprechenden Antrag der Beteiligten als Angelegenheit i.S.d. § 136 Abs. 2 Satz 1 KostO zu qualifizieren. 99

Wird z.B. eine Kopie der Verweisurkunde zusammen mit der Haupturkunde versandt, so wird dieses Exemplar bei der Pauschale i.S.v. § 136 Abs. 1 KostO mitgezählt. Wird in einer notariellen Niederschrift auf eine andere bereits vollzogene Urkunde verwiesen (z.B. grundbuchlich vollzogene Teilungserklärung) und wird hiervon i.R.d. Abwicklung eines Kaufvertrages eine Kopie gefertigt, so zählt man diese nicht mit zu dem Schreibkontingent des § 136 Abs. 2 KostO. Es liegt eine neue Angelegenheit vor und ein neues 50-Seitenkontingent mit 0,50 € pro Seite wird eröffnet. Hieraus folgt, dass Zusatzurkunden nicht zu derselben Angelegenheit gehören.

So sind z.B. bei einem Satzungsänderungsbeschluss die Übersendung der notariellen Beschlussurkunde, der Handelsregisteranmeldung sowie des Gesellschaftsvertrages mit einer notariellen Bescheinigung nach § 54 GmbHG jeweils verschiedene Angelegenheiten, sodass die Dokumente nicht zu einer Dokumentenpauschale zusammengefasst werden. Werden zu einem späteren Zeitpunkt weitere Abschriften angefordert, ist das Kontingent neu zu berechnen. Zu derselben Angelegenheit gehören hingegen Ablichtungen von Schriftstücken sowie Anlagen und Beilagen einer Urkunde, wie z.B. die Anlagen nach § 9 Abs. 1 BeurkG oder Genehmigungen und Vollmachtsbestätigungen.

98 *Schmidt/Sikora/Tiedtke*, Praxis des Handels- und Kostenrechts, Rn. 1986.

100 Nach § 136 Abs. 2 KostO ist für die Höhe der Dokumentenpauschale die **Seitenzahl des Dokuments** ausschlaggebend. Abzustellen ist hierbei auf die Seitenzahl des **elektronischen Enddokuments** beim Ausdruck desselben, nicht auf diejenige des Ausgangsdokuments.

101 Die Dokumentenpauschale fällt auch an für die auftragsgemäße Erteilung von Ausfertigungen, Ablichtungen oder dem Ausdruck der **elektronischen Datei**. Nach dem Gesetz spielt es keine Rolle, ob der Ausdruck von einem Papierdokument stammt oder von einer elektronischen Datei. Wird eine Abschrift direkt aus der Datei erzeugt und auf einen anderen elektronischen Datenträger übertragen, fällt trotzdem die „normale" Dokumentenpauschale an. Auch der Transfer der Daten von einem mitgebrachten USB-Stick ist kostenrechtlich gleichzusetzen mit der Erstellung von elektronischen Abschriften von einem Papierdokument.

3. Freiexemplare gem. § 136 Abs. 4 KostO

102 **Frei** von der **Dokumentenpauschale** sind nach § 136 Abs. 4 KostO

- bei Beurkundung von Verträgen zwei Ausfertigungen oder Abschriften,
- bei sonstigen Beurkundungen eine Ausfertigung oder Abschrift.

103 Bei der **Beurkundung von Beschlüssen**, auch wenn mehrere Personen daran beteiligt sind, gibt es nur ein Freiexemplar (§ 136 Abs. 4 Nr. 2 Buchst. c) KostO).

104 **Entwürfe von Urkunden** fallen nach dem Rechtsgedanken des § 145 Abs. 1 KostO auch hierunter. Je nachdem, welche Art von Urkunde entworfen worden ist, gibt es ein oder zwei Freiexemplare. Führt der Entwurf zu einer Beurkundung, so werden Entwurf und Urkunde unter dem Gesichtspunkt derselben Angelegenheit hinsichtlich der Freiexemplare und des Seitenkontingents zusammengezählt.[99] Stellen mehrere Kostenschuldner gemeinsam Anträge auf Ablichtungen, verdoppelt sich die Zahl der Freiexemplare hierdurch nicht.[100]

Entwirft der Notar **Dokumente**, die nicht nach § 145 Abs. 1 KostO abzurechnen sind, sondern nach **§ 147 Abs. 2 KostO** (wie z.B. bei Gesellschafterlis-

99 *Rohs/Wedewer*, KostO, § 145 Rn. 17a.

100 Diese Frage ist vom BGH, Beschl. v. 28.09.2006 – V ZB 45/06, ZNotP 2006, 477 = JurBüro 2007, 92 m. Anm. *Filzek* = MittBayNot 2007, 155 = NotBZ 2006, 426, abschließend geklärt (Stichwort: Gesamtschuldner gelten als ein Schuldner).

ten u.a.), so wird man insoweit nicht von einem Fremddokument i.S.v. § 136 Abs. 4 KostO ausgehen dürfen. Auch sie sind vom Notar „entworfen" und sind deshalb als eigene Urkunde des Notars anzusehen. Die Freiexemplarregelung ist deshalb auch hier anzuwenden.

Beglaubigt der Notar die **Unterschrift unter** einer **Fremdurkunde**, verbleibt es doch bei der Fremdurkunde i.S.v. § 136 Abs. 4 KostO, da die Beglaubigung keine Beurkundung in diesem Sinne ist.[101] 105

II. Erstellung eines Beglaubigungsvermerks (§ 55 KostO)

Soll eine elektronische beglaubigte Abschrift gefertigt werden, muss auch der Beglaubigungsvermerk denknotwendig in elektronischer Form erzeugt werden. 106

Es handelt sich insoweit um eine Beglaubigung i.S.v. § 55 KostO. Daher fällt für eine elektronische Beglaubigung von eingescannten Dokumenten grds. eine **Beglaubigungsgebühr** nach § 55 KostO an. Gleiches gilt, wenn der Notar aus der elektronischen Datei eine Kopie in Papierform fertigt und diese dann mit einem Beglaubigungsvermerk versieht.

Eine Ausnahme gilt jedoch im Hinblick auf § 132 KostO, da diese Vorschrift gem. § 141 KostO auf Notare entsprechend anwendbar ist. Danach fallen **keine Beglaubigungsgebühren** nach § 55 KostO an für Urkunden, die der **Notar selbst aufgenommen** hat. Gleiches gilt für Urkunden des **Amtsvorgängers**, nicht aber für Urkunden des Sozius. Da die Entwurfsgebühr der Beurkundungsgebühr weitgehend gleichgestellt ist, ist auch die vom Notar nur entworfene Urkunde gebührenfrei zu beglaubigen.[102] 107

Werden hingegen **Fremdurkunden** (wie z.B. dem Registergericht einzureichende Handelsregisteranmeldungen, Erbscheine, Vollmachten usw.) beglaubigt, entsteht selbstverständlich für **jedes Dokument** die Beglaubigungsgebühr nach § 55 KostO.

Für die Beglaubigung von Abschriften erhält der Notar eine Gebühr von **0,50 € pro Seite**, mindestens aber einen Betrag i.H.d. **Mindestgebühr** (§ 33 KostO) von 10,00 €. Werden mehrere Urkunden zusammengefasst und deren

101 Korintenberg/*Reimann*, KostO, § 152 Rn. 21.

102 *Rohs/Wedewer*, KostO, § 132 Rn. 8 und Korintenberg/*Lappe*, KostO, § 132 Rn. 13.

Abschriften zusammen beglaubigt, entsteht die Beglaubigungsgebühr nur einmal.

III. Erstellung von XML-Strukturdaten (§ 147 Abs. 2 KostO)

108 Nach wie vor umstritten ist, ob der Notar für die Erstellung der XML-Strukturdaten[103] bzw. für die Eingabe der Anmeldetatsachen in die jeweilige Software eine **gesonderte Gebühr** nach § 147 Abs. 2 KostO erheben darf.[104]

Während die elektronische Übermittlung gesetzlich vorgeschrieben ist, gibt es **keine gesetzliche Grundlage**, die den Notar verpflichtet, diese Daten zu übersenden. Die Justizverwaltung wünscht zwar, dass der Notar die für die Eintragung relevanten Registerdaten strukturiert aufbereitet, eine gesetzliche Verpflichtung hierzu besteht jedoch nicht. Verschiedene Landesjustizverwaltungen (z.B. Bayern: http://www.justiz.bayern.de/buergerservice/rechtsverkehr/register/) haben in der Vergangenheit auf der Grundlage von § 8a HGB Bekanntmachungen bzw. Erlasse herausgegeben, wonach die Einreichung von XML-Strukturdaten für den Notar verpflichtend sein soll. Diese haben jedoch keine Gesetzeskraft. Die Erzeugung der XML-Daten kann deshalb nicht erzwungen werden.

Die Frage spielt vor allem deshalb eine Rolle, weil eine Gebühr für diese Tätigkeit nur dann anfallen kann, wenn der Notar zu dieser nicht von Amts wegen verpflichtet ist, sondern aufgrund eines **wirksamen Auftrags** der Beteiligten handelt.

Entgegen der Ansicht des LG Münster[105], nach welcher es bereits an einer im Auftrag der Beteiligten ausgeübten Tätigkeit i.S.d. § 147 Abs. 2 KostO fehlt, da der Notar aufgrund einer ausdrücklichen gesetzlichen Anordnung zur Erstellung der XML-Strukturdaten verpflichtet ist, kommt das **OLG Hamm** in Einklang mit der h.M. in der Literatur[106] in seinem Beschl. v. 26.03.2009 zu dem Ergebnis, dass die einschlägige Verordnung über die elektronische Registerführung in Ziff. 6 **keine Verpflichtung** enthält, die anmeldungsrelevanten

103 S. hierzu die Ausführungen unter Rn. 131 f.

104 Zum Meinungsstand *Schmidt/Sikora/Tiedtke*, Praxis des Handels- und Kostenrechts, Rn. 1994 m.w.N.

105 So z.B. LG Münster, Beschl. v. 08.04.2008 – 5 T 991/07.

106 *Schmidt/Sikora/Tiedtke*, Praxis des Handels- und Kostenrechts, Rn. 1994 m.w.N.

Strukturdaten in Form einer XML-Datei zu übermitteln.[107] Das OLG Hamm ist gleichwohl der Auffassung, dass eine Gebühr nach § 147 Abs. 2 KostO für das Erstellen der XML-Datei nicht vom Notar in Ansatz gebracht werden kann, da es sich bei dieser Tätigkeit um ein **Nebengeschäft** i.S.d. §§ 147 Abs. 3, 35 KostO handelt.

Die Argumentation des OLG Hamm vermag nicht zu überzeugen, da sich schon aus § 147 Abs. 1 Satz 1 KostO ergibt, dass nicht jede Tätigkeit, die den Vollzug einer Urkunde betrifft, ein gebührenfreies Nebengeschäft darstellt. Darüber hinaus ergibt sich aus § 147 Abs. 4 KostO, der als **lex specialis** zu §§ 147 Abs. 3 und 35 KostO zu verstehen ist und eine **abschließende Aufzählung** der Tätigkeiten enthält, für welche der Notar keine gesonderte Gebühr erhält, dass die Vorschriften der §§ 147 Abs. 3, 35 KostO bzgl. der Erstellung der XML-Strukturdaten nicht zum Tragen kommen. Denn hätte der Gesetzgeber in der Erstellung der XML-Strukturdaten ein gebührenfreies Nebengeschäft gesehen, hätte er dieses – wie etwa bei der Übermittlung von Anträgen an das Zentrale Vorsorgeregister (§ 147 Abs. 4 Nr. 6 KostO) mit der Einführung des EHUG ausdrücklich gebührenfrei gestellt.

Vor diesem Hintergrund wird die h.M. in der **Literatur** wohl auch weiterhin – entgegen der Rechtsprechung[108] – die Auffassung vertreten, dass die Erstellung der Strukturdaten, unabhängig davon, ob es sich um eine Eigen- oder Fremdurkunde handelt, eine **Gebühr nach § 147 Abs. 2 KostO** auslöst, und zwar nach einem nach § 30 Abs. 1 KostO zu bestimmenden Teilwert.[109] Als Geschäftswert wird dabei überwiegend ein Teilwert von 20 – 30 % vorgeschlagen, wobei der Wert der konkreten Registeranmeldung den Ausgangswert (Höchstwert 500.000,00 € [§ 39 Abs. 4 KostO]) bildet.[110]

Unstreitig ist, dass eine Gebühr für die Erstellung der XML-Strukturdaten auf jeden Fall dann anfällt, wenn der Notar lediglich die Unterschrift unter einer von einem anderen Notar entworfenen Handelsregisteranmeldung beglaubigt und die Einreichung der Anmeldung an das Handelsregister übernimmt. 109

107 OLG Hamm, Beschl. v. 26.03.2009 – 15 Wx 158/08.

108 OLG Hamm, Beschl. v. 26.03.2009 – 15 Wx 158/08; im Ergebnis auch LG Münster, Beschl. v. 08.04.2008 – 5 T 991/07.

109 *Schmidt/Sikora/Tiedtke*, Praxis des Handels- und Kostenrechts, Rn. 1994 m.w.N. Auch der Entwurf einer KostO der Expertenkommission v. 10.02.2009 sieht für diese Tätigkeit eine Gebühr vor.

110 *Schmidt/Sikora/Tiedtke*, Praxis des Handels- und Kostenrechts, Rn. 1994.

Gleiches gilt i.Ü. auch dann, wenn der Notar eine elektronisch beglaubigte Abschrift einer Handelsregisteranmeldung einreicht, bei welcher ein anderer Notar die Unterschrift beglaubigt hat.

IV. Dokumentenpauschale für die elektronische Übermittlung nach § 136 Abs. 3 KostO

110 Nach § 136 Abs. 3 KostO beträgt die Dokumentenauslage für die Überlassung von elektronisch gespeicherten Daten anstelle der in § 132 Abs. 1 Nr. 1 KostO genannten Ausfertigungen, Ablichtungen und Ausdrucke je Datei 2,50 €.

Der Begriff „***anstelle***" besagt jedoch nicht, dass bei dem Versand einer elektronischen Datei die Pauschale nicht anfällt. Der Gesetzgeber wollte vielmehr mit dem Wort „***anstelle***" nur die besondere Bedeutung der Regelung in § 136 Abs. 3 KostO gegenüber den in § 136 Abs. 1 und 2 KostO bestimmten Fallkonstellationen hervorheben. Die elektronische Datei ersetzt nämlich nur das Papierformexemplar. Mit der Versendung wird ebenso eine Verdoppelung des Dokuments vorgenommen, sei es an den Auftraggeber für die Übersendung eines Entwurfs per E-Mail, sei es an das Handelsregister. Die Berechnung der Dokumentenpauschale für beide Versendungsarten ist vom Gesetzgeber nicht ausgeschlossen und im Hinblick auf den entsprechenden Mehraufwand auch bei einem zur Papierform vergleichbaren Datenversand gerechtfertigt.

Für die Richtigkeit dieser Überlegungen spricht auch das **Motiv** des Gesetzgebers für die Regelung. Bei der elektronischen Übermittlung ist der Arbeitsaufwand gleich hoch, ob eine oder mehrere Seiten betroffen sind. Aus diesem Grunde ist es nach Auffassung des Gesetzgebers auch gerechtfertigt, die Dokumentenpauschale der Höhe nach auf 2,50 € zu begrenzen. Das Dateiformat (z.B. pdf, doc, CD-Rom, DVD oder auch USB-Stick) spielt dabei keine Rolle. Es fallen je Datei 2,50 € an. Ist eine Datei im Hinblick auf die Kapazität des Postfachs beim Empfänger zu teilen, fällt die Pauschale von 2,50 € für jede (Teil-)Datei an. Für **jedes übermittelte Dokument** entsteht die **Pauschale separat**.

111 Die Übermittlung der mit dem Kürzel „**.pkcs7**" versehenen Tiff-Datei (diese enthält den verschlüsselten Beglaubigungsvermerk) zusammen mit der elektronisch beglaubigten Tiff-Datei ist jedoch als Einheit zu betrachten, sodass hier nur einmal die Pauschale nach § 136 Abs. 3 KostO anfällt. Es handelt sich

insoweit nicht um eigenständige Dateien, sie beziehen sich vielmehr auf den gleichen Anmeldetatbestand und damit auf den gleichen rechtlichen Inhalt.

Werden **mehrere Daten** übermittelt, fällt für **jedes Dokument** die **Pauschale gesondert** an. Werden z.B. der Kapitalerhöhungsbeschluss und die Handelsregisteranmeldung an das Handelsregister übermittelt, entsteht die Pauschale jeweils gesondert. Teilweise wird zwar vertreten, die Dokumente müssten zusammengefasst werden, um nur einmal die Pauschale nach § 136 Abs. 3 KostO auszulösen. Diese Verfahrensweise lässt sich in der Praxis aber nur schwer umsetzen, weil die Gerichte die einzelnen Dokumente getrennt übermittelt benötigen. 112

Wie sich aus der systematischen Stellung des § 136 Abs. 3 KostO zu § 136 Abs. 4 KostO ergibt, handelt es sich nicht um eine eigenständige Dokumentenpauschale, sondern nur um eine **Begrenzungsregelung** für die Gebühr. Daraus folgt, dass die Pauschale nach § 136 Abs. 3 KostO auch unter das **Freiexemplarkontingent** fällt. Würde also das Kontingent nicht bereits durch die Inanspruchnahme des § 136 Abs. 1 KostO verbraucht, entfiele die Gebühr nach § 136 Abs. 3 KostO. Wenn mehrere Exemplare zu berechnen sind, und zwar nach § 136 Abs. 1 und 3 KostO, sind die Freiexemplare immer auf den Fall anzurechnen, der die höhere Gebühr auslöst. Besteht z.B. das Dokument nur aus einer Seite, ist das Freiexemplar für den Kostenschuldner kostengünstiger auf die Pauschale nach § 136 Abs. 3 KostO anzusetzen. 113

V. Übermittlung der elektronischen Daten (§ 147 Abs. 2 KostO)

Nach § 147 Abs. 4 Nr. 1 KostO erhält der Notar keine zusätzliche Gebühr für die Übermittlung von Anträgen an das Registergericht, wenn der Antrag mit einer anderen gebührenpflichtigen Tätigkeit im Zusammenhang steht. 114

Die Vorschrift steht damit in Einklang mit den Grundsätzen der KostO, wonach der Notar für seine Vollzugstätigkeit keine Gebühr erhält, wenn er Ausfertigungen oder beglaubigte Ablichtungen von seinen Urkunden an das Gericht oder Behörden versendet. Entscheidend ist aber in allen Fällen, dass dieser Notar eine **gebührenpflichtige Tätigkeit** ausgeübt hat.

Ausreichend ist dabei die Beglaubigungsgebühr. Auch die Übersendung eines vom Notar gefertigten Entwurfs ist eine Tätigkeit im vorstehenden Sinne mit der Folge, dass der Notar keine zusätzliche Gebühr für die Übersendung dieser Urkunde an das Gericht erhält; etwas anderes gilt nur, wenn der Notar auftragsgemäß eine fremde Urkunde an das Gericht weiterleitet. In diesen Fällen entsteht eine Gebühr nach § 147 Abs. 2 KostO.

Beauftragt hingegen der Antragsteller den Notar, eine Urkunde, unter der er seine Unterschrift hat beglaubigen lassen an eine dritte Person zu versenden, so liegt eine zusätzlich zu berechnende Tätigkeit vor.[111]

115 Daraus ergeben sich für den **elektronischen Rechtsverkehr** folgende Konsequenzen:

- Wird ein **vom Notar** beurkundetes oder entworfenes Dokument an das Registergericht übermittelt, fällt für diese Übersendung gem. § 147 Abs. 4 Nr. 1 KostO **keine Gebühr** an.
- Für den Fall, dass für eine Handelsregisteranmeldung sowohl vom Notar selbst beurkundete oder entworfene Dokumente als auch fremde Urkunden übermittelt werden, ist auch die Übermittlung von **Fremdurkunden** nach § 147 Abs. 4 Nr. 1 KostO kostenfrei.
  Dies gilt aber nur, wenn die fremd entworfenen Urkunden auch eine Anlage zur verfahrensleitenden Handelsregisteranmeldung sind (z.B. die fremd entworfene Gesellschafterliste als Anlage zur Handelsregisteranmeldung bei Gründung einer GmbH). Wird jedoch anlässlich der Handelsregisteranmeldung eine weitere fremde Urkunde an das Registergericht übermittelt, ohne dass diese Urkunde für den Vollzug der Handelsregisteranmeldung erforderlich ist, fällt für diese Übermittlung eine gesonderte Gebühr nach § 147 Abs. 2 KostO an. Der Geschäftswert bestimmt sich nach § 30 Abs. 1 KostO. Anzunehmen ist i.d.R. ein Teilwert i.H.v. ca. 10 – 20 %. Bei einem hohen Geschäftswert kann der Teilwert aber auch deutlich darunter liegen, da keine besonderen Haftungsgefahren vorliegen.
- Bei der Übermittlung **mehrerer fremder Dokumente** an das Registergericht in einer Nachricht fällt die Gebühr nach § 147 Abs. 2 KostO nur einmal an (Stichwort Adressat).
- Übermittelt der Notar Ablichtungen seiner eigenen Urkunden oder von ihm gefertigter Entwürfe an die **Beteiligten**, liegt darin ein **gebührenfreies Nebengeschäft** gem. § 35 KostO zur Beurkundung oder Entwurfs-

111 OLG Hamm, RNotZ 2002, 516 m. zust. Anm. *H. Schmidt*; Streifzug durch die Kostenordnung, Rn. 1516.

fertigung. Für das Übermitteln der Ablichtungen entsteht somit keine zusätzliche Gebühr.

- Übermittelt der Notar hingegen ein Dokument nach Unterschriftsleistung und Einscannen auftragsgemäß an einen **Dritten**, so liegt hierin eine **gebührenpflichtige Nebentätigkeit** vor.

VI. Auslagenersatz für die Nutzung von Telekommunikationsdienstleistungen

Gem. § 152 Abs. 2 Nr. 2 KostO hat der Notar als Auslagen auch Entgelte 116
von Telekommunikationsdienstleistungen zu erheben. Unter den Begriff „*Telekommunikationsdienstleistungen*" sind dabei auch die **Entgelte** für die **Nutzung des Internets** zu subsumieren. Diese Auslagen können jedoch nicht berechnet werden, wenn dem Notar eine Dokumentenpauschale nach § 136 Abs. 3 KostO von 2,50 € zusteht (§ 152 Abs. 2 Nr. 2, 2. Halbs. KostO). Übermittelt also der Notar elektronische Dokumente an das Registergericht, kann er die Kosten für die Nutzung des Internets als Auslagen nicht erheben.[112]

112 So auch *Schmidt/Sikora/Tiedtke*, Praxis des Handels- und Kostenrechts, Rn. 1998 m.w.N.

Kapitel 2: Elektronischer Rechtsverkehr in der notariellen Praxis

A. Verfahren des elektronischen Rechtsverkehrs mit notariellem Bezug

Auch wenn man angesichts der Aufmerksamkeit, die das Thema in den Medien genießt, anderes vermuten mag, stellt der elektronische Rechtsverkehr in der Summe der vom Notar zu bedienenden Verfahren nur einen kleinen Bruchteil dar. Trotz des Umstandes, dass der Computer für fast alle Bereich der notariellen Tätigkeit an Bedeutung gewonnen hat, ist die rechtsverbindliche Übertragung von Daten an Gerichte und sonstige Dritte im Verhältnis zum traditionellen Papierversand noch die große Ausnahme. Der elektronische Rechtsverkehr ist der „Exot“ unter den notariellen Verfahren. 117

I. Elektronische Handelsregisteranmeldung

Das unbestrittene Hauptverfahren bildet in diesem Zusammenhang die **elektronische Handelsregisteranmeldung**. Eingeführt Anfang 2007 mit dem EHUG[113] führte der von den meisten Bundesländern gewählte Weg der exklusiven Einführung unter Verzicht auf die alternative Papiereinreichung zu einer vollständigen Umstellung eines der Kernverfahren der notariellen Praxis in Deutschland. Auch wenn für das Durchschnittsnotariat das Volumen der Registersachen deutlich hinter dem der Grundbuchsachen zurückbleibt, zwang die klare gesetzliche Anforderung die Praxis zu einer schnellen und vollständigen Rezeption. 118

Die Zahlen sprechen eine klare Sprache: Bundesweit um 800.000 elektronische Registeranmeldungen im Jahr 2007, ein weitgehend reibungsloser Betrieb des neuen Verfahrens und bereits heute spürbare Beschleunigungen in der Eintragungspraxis machen die Handelsregisteranmeldung zu einem weit beachteten Modellverfahren. Insbes. der Umstand, dass die Verfahrensbeteiligten souverän Problembereiche wie elektronische Signaturen und sichere Datenübertragung lösten, ließ aufhorchen. Oft waren Pilotprojekte gerade an den technischen Komplexitäten dieser Komponenten gescheitert. 119

113 Vgl. Rn. 62 ff.

Notare und Gerichte mussten zunächst eine Phase der Unsicherheit überwinden, in der auch noch technische „Kinderkrankheiten" ausgeräumt wurden. Bereits nach weniger als sechs Monaten war in der Praxis kaum noch etwas von konkreten oder befürchteten Problemen zu hören. Nachdem im Jahr 2008 auch die letzten Bundesländer mit der Einführung des elektronischen Verfahrens gefolgt waren, ist bundesweit beim elektronischen Registerverkehr das Alltagsgeschäft eingetreten. Mit der Einführung des elektronischen Versands von Eintragungsmitteilungen[114] ist aus der zunächst eingerichteten „Einbahnstraße" vom Notar zum Registergericht eine vielbefahrene Strecke mit geregeltem Gegenverkehr geworden.[115]

II. Elektronische Notarurkunden

120 Bereits vor dem EHUG hatte der Gesetzgeber mit dem JKomG[116] dem Notar die Möglichkeit eröffnet, unabhängig vom Register- oder Grundbuchverfahren elektronische Urkundsformen zu verwenden. Erwartungsgemäß erwies sich bislang die praktische Bedeutung von elektronischen Urkundsformen im allgemeinen Urkundsverkehr als sehr beschränkt. Weder war seitens der Beteiligten Nachfrage nach elektronischen Urkundsformen erkennbar noch nutzten die Notare untereinander die Möglichkeiten der elektronischen Form zur Beschleunigung des Urkundsverkehrs.

121 **§ 39a BeurkG** erlaubt grds. eine Reihe von **elektronischen Urkundsformen**, nämlich sämtliche **einfachen Zeugnisse** nach § 39 BeurkG. Neben den i.R.d. elektronischen Handelsregisteranmeldung allgegenwärtigen elektronischen Abschriftsbeglaubigungen sind dies z.B. Vertretungsbescheinigungen und andere Registerbescheinigungen, Lebensbescheinigungen, Satzungsbescheinigungen nach § 54 Abs. 1 Satz 2 GmbHG, Bestätigungen des Inhalts der Gesellschafterliste nach § 40 Abs. 2 GmbHG, sogar Unterschriftsbeglaubigungen können auch originär in elektronischer Form gefertigt werden. Es ist damit zu rechnen, dass diese Varianten mehr in den Vordergrund treten, wenn weitere elektronische Verfahren den Ausnahmestatus der Handelsregisteranmeldung aufheben und das elektronische Medium für die Notarurkunde gleichberechtigter mit dem Papier wird.

---

114 Vgl. Rn. 412 ff.

115 Vgl. zur Gesamtdarstellung der Entwicklung des elektronischen Rechtsverkehrs im Notariat auch *Weikart*, NotBZ 2007, 73 ff.; *Sikora/Schwab*, MittBayNot 2007, 1 ff.

116 Vgl. Rn. 45 ff.

III. Elektronische Registrierung beim Zentralen Vorsorgeregister

Das von der BNotK selbst geführte Zentrale Vorsorgeregister war von vornherein als **modernes Register** konzipiert, das **sämtliche Möglichkeiten der elektronischen Übermittlung** nutzen sollte. Darum sind Anmeldungen sowohl über eine Maske auf der Internetseite des Registers möglich als auch – komfortabler – über XNotar.[117] Die hier verwendeten Methoden[118] können Vorbildfunktion für weitere noch entstehende Register haben – bspw. ein zukünftiges bundesweites elektronisch geführtes Testamentsregister.[119] 122

IV. Elektronisches Mahnverfahren

Für den Kernbereich der notariellen Tätigkeit weniger bedeutend als für die Praxis des Anwaltsnotars ist das **elektronische Mahnverfahren**. Dieses bot – weil formularbasiert und in seinen Strukturen immer schon auf schematische Bearbeitung angelegt – schon früh elektronische Einreichungsunterstützung als Option an. Dabei stand zunächst der Austausch von Datenträgern im Vordergrund, erst später wurden die Daten auch elektronisch übermittelt. Erst seit Kurzem ist die **elektronische Übermittlung** mit Signatur für professionelle Nutzer wie Rechtsanwälte verpflichtend.[120] Auch hier kommt das EGVP als Übermittlungsweg zum Einsatz. 123

V. Unternehmensregister und elektronischer Bundesanzeiger

Sowohl für die **Einreichung von Dokumenten** wie Bilanzen etc. zum **Unternehmensregister** als auch für **Bekanntmachungen im elektronischen Bundesanzeiger** stehen Online-Übertragungswege zur Verfügung, die die Übermittlung und den Nachweisverkehr, z.B. mit dem Handelsregister, deutlich erleichtert haben.[121] 124

117 Das Vorsorgeregister lässt – anders als das Handelsregister – auch noch die Einreichung in Papierform zu. Sie ist mit erhöhten Gebühren verbunden, soll aber einen möglichst breiten Zugang zum Register ermöglichen.

118 Näher beschrieben ab Rn. 536 ff.

119 Vgl. Rn. 581 f.

120 Ab dem 01.12.2008 ist für Rechtsanwälte aber nur noch die Antragstellung in maschinell lesbarer Form zulässig (§ 690 Abs. 3 ZPO); vgl. http://www.brak.de/seiten/pdf/aktuelles/2008/InfoBroschBNotKBRAKSignaturkarten.pdf.

121 Vgl. Rn. 530 f.

VI. Weitere regionale Verfahren des elektronischen Rechtsverkehrs

125 Während es noch keine weiteren für den Notar relevanten bundesweiten Verfahren des elektronischen Rechtsverkehrs gibt, werden **regional** i.R.d. aktuellen Gesetze vielfach **neue Methoden ausprobiert**, welche zukünftig breitere Akzeptanz gewinnen können. Dazu gehören die **elektronische Klageeinreichung** und **Akteneinsicht**,[122] **Online-Benachrichtigungsverfahren** wie die elektronische Eintragungsmitteilung in Grundbuchsachen in Bayern oder Pilotprojekte für den **Datenaustausch** mit anderen Partnern wie Finanzinstituten oder Katasterbehörden.

B. Grundstrukturen des elektronischen Rechtsverkehrs

126 Aus technischer Sicht gibt es eine Vielzahl von Möglichkeiten, den Datenverkehr zwischen zwei an einem rechtlichen Verfahren beteiligten Personen bzw. Einrichtungen zu verwirklichen. Das in Deutschland entwickelte und umgesetzte Verfahren der **elektronischen Handelsregisteranmeldung** stellt einen **Mittelweg** dar, welcher einen gelungenen Kompromiss zwischen verschiedenen, teilweise gegenläufigen **Zielen** darstellt, z.B.

- die bewährten Strukturen des Beurkundungsrechts auch im neuen Medium auf funktionaler Ebene zu erhalten,
- eine Beschleunigung und Vereinfachung der Arbeit der Registergerichte zu erreichen,
- der Bedeutung der Notarurkunde als intellektuell zugänglichem, komplexem Rechtstext gerecht zu werden und
- Risiken, die mit der elektronischen Übermittlung von Daten verbunden sind, zu minimieren.

127 Der **praktische Erfolg** des gewählten Verfahrens bei der elektronischen Handelsregisteranmeldung legt nahe, dass es in seinen wesentlichen Strukturen auch für weitere Verfahren Verwendung finden kann – insbes. für solche, bei denen der Notar einbezogen ist wie der elektronische Grundbuchverkehr.

128 Die **Kernelemente** des elektronischen Rechtsverkehrs aus Sicht der Beteiligten werden im Folgenden erörtert.

---

122 Welche natürlich eine vollständig elektronische Aktenführung auf Gerichtsseite voraussetzt.

I. Elektronische beglaubigte Abschrift der Notarurkunde

Ein im elektronischen Medium abgewickeltes Verfahren muss seine Wurzeln ebenfalls in der semantischen Interaktion von Menschen haben und darum von diesen „verstanden" werden – auch wenn Verfahrenselemente durch Technikunterstützung erleichtert und beschleunigt werden. Darum hat das Verfahren der elektronischen Anmeldung zum Handelsregister in seinem Kern das vom **Notar beurkundete** und von den **Beteiligten unterschriebene Dokument**. 129

Weil der **Originaltext** der Erklärung enthalten und für alle Beteiligten lesbar und verständlich ist, kann das Verfahren hinreichend leistungsfähig und flexibel sein, um die Vielfalt der rechtlichen Gestaltungen und neuen Variationen aufzunehmen und zu bewältigen. Es erlaubt dem Richter oder Rechtspfleger, zuverlässig den Inhalt einer Anmeldung und der zugrunde liegenden Gestaltung zu erfassen und rechtlich zu prüfen. 130

Die übermittelte Notarurkunde wird außerdem im „virtuellen Sonderband" der **elektronischen Registerakte gespeichert**. Sie ist über den Menüpunkt „Dokumente" **dauerhaft abrufbar**[123] und kann so dem Rechtsverkehr bleibend Auskunft über die Rechtsverhältnisse der Gesellschaft geben – insbes. im Hinblick auf die ergänzenden Informationen, die nicht aus dem Registereintrag selbst ersichtlich sind.

II. Übermittlung von Strukturdaten

Während die elektronische Übertragung der Abschrift der Notarurkunden und sonstigen Dokumente der rechtlichen Bewertung durch die registerführende Stelle und der weiter gehenden Information der interessierten Öffentlichkeit gilt, ermöglichen die zugleich übermittelten Strukturdaten die **beschleunigte Bearbeitung der Registereintragung**. 131

Der Notar übermittelt in einem klar definierten technischen Format **auszugsweise** diejenigen **Daten der Registeranmeldung**, die

- die Beteiligten klar und eindeutig bezeichnen,
- die in das Register selbst einzutragenden Informationen erschöpfend mitteilen und

123 Vgl. Rn. 516 ff.

- auf Gerichtsseite dazu verwendet werden können, um für die zu bearbeitende Eintragung die geeigneten technischen Weichen für die eigene Vorgangsbearbeitung zu stellen.

Diese Datenübergabe erfolgt als **Ergänzung zur Übersendung der Notarurkunde** in elektronischer Form. Auch wenn die Registeranmeldung ohne die Zusatzdaten wirksam und vollzugsfähig wäre, resultiert ein großer Teil der Verfahrenserleichterung und -beschleunigung aus der vom Notar vorbereiteten maschinengestützten Eintragungsmethodik beim Registergericht.

132 Allerdings wird eine mitunter erwogene **Reduzierung der Anmeldung** auf vereinfachte Strukturen/Daten, die sich – wie in einem Web-Formular – mit simplen Mitteln abbilden lassen, einem komplexen Verfahren wie der Anmeldung zum Handelsregister **nicht** gerecht. Gründe:

- Die fehlenden ausgeschriebenen Erklärungen eröffnen Interpretationsspielräume hinsichtlich des übertragenen Daten-Konglomerats. Das ist in einem rechtsverbindlichen Verfahren, welches Grundlage für öffentlichen Glauben sein soll, grds. schädlich.
- Die Möglichkeiten für die Abbildung von rechtlichen Sachverhalten oder Lebenssachverhalten sind durch die technischen Vorgaben so eingeschränkt, dass es immer einer Erläuterungsmöglichkeit bedarf, um nicht vor den ersten unvorhergesehenen Variationen zu kapitulieren.
- Enge technische Vorgaben bremsen die notwendige durch die Gerichte und die Kautelarpraxis geprägte Fortentwicklung des Rechts.

Kurz gesagt würde ein Verzicht auf die Übermittlung der Urkunde dazu führen, dass eine unflexible technische Struktur die rechtliche Gestaltung beeinflusst und bestimmt. Dass dies nicht so sein sollte, ist eine der Grunderkenntnisse im Umgang mit Recht und Computer.

III. Sichere und verlässliche Datenübertragung

133 Eine große Rolle spielt beim elektronischen Rechtsverkehr die Frage, **auf welchem Weg** die **Daten** vom Antragsteller zur bearbeitenden öffentlichen Stelle kommen. Sicherheit und Aufwand für den Anwender müssen dabei in einem sinnvollen Verhältnis zur Bedeutung des Verfahrens stehen. Während der Antrag auf eine Hundesteuermarke auch mit geringem technischen Aufwand adäquat abzusichern ist, müssen bei Verfahren wie der Handelsre-

gisteranmeldung oder einem zukünftigen elektronischen Grundbuchantrag erhöhte Anforderungen gestellt werden.

In der Praxis wird an dieser Stelle das „**Elektronische Gerichts- und Verwaltungspostfach**“ (**EGVP**) eingesetzt, ein Übertragungsweg, der – anders als z.B. die überall verbreitete E-Mail – ohne Weiteres Veschlüsselung und elektronische Signaturen unterstützt und so Übermittlungen vertraulich und zurechenbar gestaltet. Aufgrund der geschlossenen Natur des Systems ist es auch möglich, dem Absender verlässliche Eingangsnachweise zu seinen Einreichungen zur Verfügung zu stellen. 134

Der Anwender muss dazu eine **Clientsoftware** auf seinem Rechner installieren, die aber einfach einzurichten und zu bedienen ist.

Alle genannten Elemente werden in Folgenden noch ausführlicher diskutiert und erklärt. Die **Arbeitsschritte** sind überblicksartig in der folgenden Abbildung dargestellt:

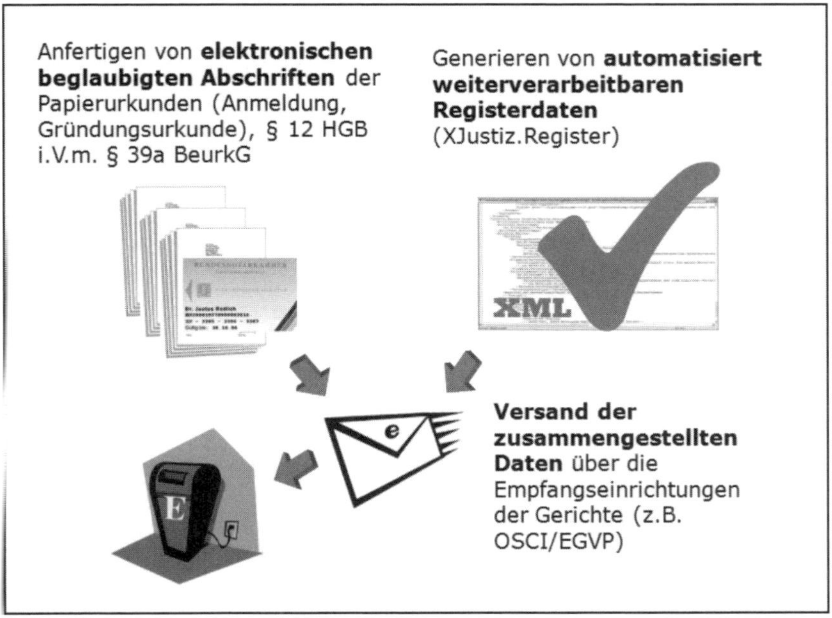

C. Elektronische Handelsregisteranmeldung mit XNotar 3.0

I. Erfahrungen aus der Einführung des elektronischen Rechtsverkehrs mit dem Handelsregister

135 Für den Registerverkehr begann am **01.01.2007** eine neue Ära. Von einem Tag auf den nächsten mussten sämtliche Verfahrensbeteiligten ihre Methoden von einem seit langem etablierten und erprobten Papierverfahren auf eine **vollelektronische Bearbeitung** umstellen.[124]

Natürlich war dieser Umstellung eine Phase der Erprobung und Abstimmung vorausgegangen, in der eine Reihe von Problemen ausgeräumt werden konnten. Dennoch war die Vorlaufphase für ein Vorhaben dieser Größenordnung sehr kurz und konnte nur eine kleinere Anzahl von Notaren und Gerichten einbeziehen. Auch darum waren alle Beteiligten in Sorge, ob die Umstellung ohne größere Komplikationen vonstattengehen würde. Tatsächlich kam es nach dem Jahreswechsel zu kleineren Reibungsverlusten und technischen Problemen, die jedoch kurzfristig und mit verhältnismäßig geringem Aufwand ausgeräumt werden konnten. Auch bei der offenen Frage, inwieweit der gefundene Rechtsrahmen den Entwicklungen der Praxis genügen würde, war das Ergebnis positiv. Nur in Randbereichen kam es zu unterschiedlichen Interpretationen, die nicht zu signifikanten Problemen führten.

136 Im Ergebnis wird die Einführung des elektronischen Rechtsverkehrs im Handelsregister allseits als **großer Erfolg** gewertet, der für den Rechts- und Wirtschaftsverkehr zu greifbaren **Verbesserungen** geführt hat, bspw. bei den **Bearbeitungszeiten für Eintragungen** und der **Zugänglichkeit der Registerinformationen**.

Bei näherer Betrachtung war dieser Erfolg nur möglich, weil sowohl aufseiten von Justizverwaltung und Gerichten als auch bei den Notaren als Hauptbeteiligten des Anmeldeverfahrens die Entwicklung von großem Engagement und dem Willen getragen wurde, dieses moderne Verfahren zu einem positiven Ergebnis zu führen und damit die eigene Leistungs- und Innovationsbereitschaft sowie -fähigkeit unter Beweis zu stellen. Die enge Kooperation in allen

124 Vgl. Rn. 62 ff.

Phasen des Projekts hatte eine Grundlage geschaffen, auf der auftauchende Probleme partnerschaftlich und unbürokratisch gelöst werden konnten.

Wie bei jeder Einführung einer neuen Technik war es unmöglich, im ersten Schritt eine Lösung zu schaffen, die sämtliche Anforderungen der Praxis vollständig befriedigte. Dies gilt sowohl für die Gerichtsseite als auch für die Notarbüros. Bei letzteren wurden die Verfahrensanforderungen i.d.R. durch den Einsatz der **Programme SigNotar** (elektronische Signatur), **XNotar** (Verfahrenssteuerung und Generierung von Strukturdaten) und **EGVP** (-Client, sicherer Versand der Anmeldungen) erfüllt.[125] 137

Insbes. Notarbüros, die großen Wert auf eine sehr effiziente Gestaltung der Arbeitsabläufe legten, hatten nach kurzer Zeit Schwächen der angebotenen Lösung ausgemacht. Die **Kritik** konzentrierte sich auf die im Folgenden dargestellten **Kernpunkte**.

1. Zusammenspiel der verschiedenen Programmkomponenten

Für manchen Anwender war es unklar, warum die notwendigen Verfahrensfunktionen zwischen verschiedenen Programmen aufgeteilt sein mussten. Der Wechsel zwischen SigNotar und XNotar war umständlich, „Look & Feel" der Programme unterschieden sich, der Gesamteindruck der Komponenten blieb uneinheitlich. 138

Grund für die Aufspaltung war zum einen die Entscheidung, dass die mit der elektronischen Urkunde nach §§ 39a, 40 Abs. 4 BeurkG verbundenen **Funktionen** grds. auch **separat** zur Verfügung stehen sollten. Auch wenn in der Praxis die elektronische Registeranmeldung der Haupt- (wenn nicht der einzige) Anwendungsfall für elektronische beglaubigte Abschriften sein würde, musste eine Möglichkeit bestehen, die zum Bereich des Urkundsgewährungsanspruchs gehörenden Urkunden nach § 39a BeurkG auch unabhängig von dieser herzustellen.

Zum anderen war die Entwicklung eines Signaturprogramms für den notariellen Bereich – sowohl aufgrund der speziellen Technik als auch wegen der strengen Vorgaben des Signaturrechts – nur von wenigen Spezialfirmen zu

125 Neben diesen Programmen wurden von anderen Anbietern – zumeist im Rahmen von umfangreicheren Notariatssoftware-Lösungen – Alternativen angeboten, die jedoch in der Summe gesehen nur einen kleinen Teil des elektronischen Verkehrs ausmachten.

leisten. Diese waren aufgrund ihrer geringen Erfahrung im notariellen Bereich jedoch fachlich nicht hinreichend geeignet, die Programmkomponente zu entwickeln, die für die Generierung der XML-Daten und die Ablaufsteuerung eingesetzt werden sollte.

139 Bei der ersten verbreiteten Version von XNotar/SigNotar wurden bereits erhebliche Anstrengungen unternommen, das **Zusammenspiel** zwischen den Programmen und dem EGVP-Client **praxistauglich** zu gestalten. Rückschauend bot dieser Bereich jedoch erkennbar Verbesserungsmöglichkeiten.

2. Arbeitsteiliger Ablauf zwischen Notar und Mitarbeitern

140 Beim bisherigen **Papierverfahren** gab es in den meisten Notarbüros eine klare Arbeitsteilung zwischen dem Notar und seinen Mitarbeitern: Nachdem der Notar die rechtlichen Vorgaben erarbeitet und die notwendigen Beurkundungen mit den Beteiligten durchgeführt hatte, war der fachlich geschulte Mitarbeiter dafür verantwortlich, die Anmeldung mit sämtlichen benötigten Dokumenten und Anlagen in der gebotenen Form zusammenzustellen und dem Notar zur Prüfung und Unterschrift vorzulegen. Der folgende – nurmehr praktisch durchzuführende – Postversand lag wiederum in der Hand des Mitarbeiters.

141 Obwohl bei der Gestaltung des **elektronischen Verfahrens** Augenmerk darauf gelegt wurde, die Schritte möglichst so zu gestalten, dass sie den aus dem Papiermedium bekannten entsprechen, war das Ergebnis nicht vollständig befriedigend.

So mussten in einem ersten Arbeitsschritt die elektronischen beglaubigten Abschriften vorbereitet werden (einscannen, Vermerk bearbeiten). Der Sachbearbeiter musste sodann an dieser Stelle seine Arbeit unterbrechen und darauf warten, dass der Notar die vorbereiteten Dokumente elektronisch signierte. Danach konnte er die Arbeit in XNotar fortsetzen und die Registeranmeldung versandfertig an den EGVP-Client übergeben. Abschließend musste der Notar den Gesamtvorgang nochmals sichten, signieren und den Versand auslösen.

Sowohl die zweimalige Vorlage des Vorgangs an den Notar als auch der abschließende „eigenhändige“ Versand waren Abweichungen vom vorherigen Verfahren, die zu Irritationen führten.

Den **bisherigen Arbeitsablauf** bei Verwendung der Programme **XNotar** und **SigNotar** verdeutlicht das nachfolgende Schaubild:

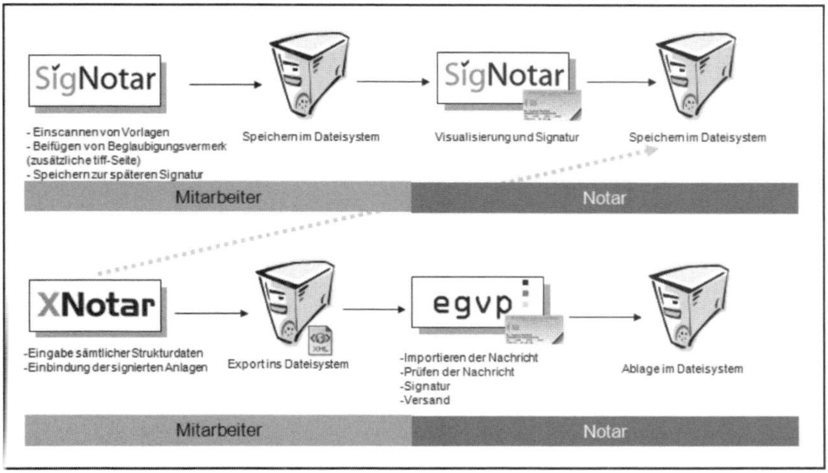

Die vorerwähnte **Aufspaltung der Funktionen** in die Programme SigNotar (Scannen) und XNotar (Dateneingabe) hatte daneben auch **Schwächen** wenn man den Arbeitsbereich des Notariatsmitarbeiters isoliert betrachtet. So musste er zur Eingabe der strukturierten Daten zu den Dokumentanlagen (Dokumentart, UR.-Nr., Beurkundungsdatum, ggf. Bemerkungen) in XNotar das Papierdokument nochmals zur Hand nehmen. Zweckmäßigerweise sollten diese Informationen bereits erfasst werden, wenn das physische Dokument eingescannt wird. 142

3. Mehrfache Signaturen des Notars

Ein weiteres problematisches Moment war, dass der **Notar** an **zwei Stellen** im Verfahren **elektronische Signaturen** vornehmen musste – dazu noch in verschiedenen Programmen mit unterschiedlichen Bedienoberflächen. 143

Dabei war der **erste Signaturvorgang** in SigNotar noch beutzerfreundlich gestaltet, weil der Signierende lediglich einmal die PIN zur Freigabe der Signaturfunktion eingeben musste. Die **abschließende Signatur** im EGVP-Client bezog sich demgegenüber auf jede einzelne zu versendende Nachricht und erforderte jeweils ein separates Eingeben der PIN.

Insbes. der letzte Schritt wurde vielfach als technischer Formalismus und „Pflichtübung ohne Sinn“ empfunden. Zuzugeben ist, dass der ursprünglich mit diesem Schritt verfolgte verfahrenstechnische Zweck – nämlich dem Notar den gesamten Vorgang vor dem abschließenden Versand vollständig zur Prüfung vorzulegen und durch diesen bestätigen zu lassen – nicht hinreichend erreicht wurde.

4. Schwächen des EGVP-Clients

144 Die **fehlende Flexibilität des EGVP-Clients** ist sicherlich einer der zentralen Kritikpunkte am Verfahren der elektronischen Handelsregisteranmeldung.

Das Programm ist nur schwer in **Mehrplatzsystemen** einsetzbar, die Verwaltung mehrerer Konten in Sozietäten ist umständlich und die hochspezifischen Anforderungen an das technische Umfeld[126] führen oft zu wenig nachvollziehbaren Funktionsstörungen. Aufgrund der unterschiedlichen Grundstrukturen lässt sich das EGVP kaum in **übergreifende Kommunikationslösungen** (Unified Messaging) oder **elektronische Akten** einbinden.

Die **Benutzeroberfläche** des Programms ist zwar für die Grundaufgaben des Eingangs, Versands und der Ablage von EGVP-Mitteilungen geeignet, Funktionalität und Bedienungskomfort bleiben jedoch weit hinter vergleichbaren Lösungen im E-Mail-Bereich zurück. So ist insbes. die angebotene Übersicht der zum Versand bestimmten Vorgänge nicht hinreichend geeignet, die für den Notar zur Prüfung erwünschte klare Gesamtschau „auf einen Blick“ zu gewährleisten. Wenn der Notar dabei feststellte, dass die Daten noch Fehler aufwiesen, war eine Korrektur nur sehr umständlich möglich – jedenfalls musste der Mitarbeiter nochmals tätig werden.

145 Einfache Abhilfe ist hinsichtlich zukünftiger Entwicklungen des EGVP-Clients nicht in Sicht. Das **Programm** wird **nicht exklusiv für Notare** und die Handelsregisteranmeldung verwendet, sondern auch für andere Verfahren und Kundenkreise. Beispiele sind das elektronische Mahnverfahren für Rechtsanwälte und die Einreichung von Unterlagen im Registerverfahren durch Verfahrensbeteiligte.[127] Es wird **allen Anwendern** vom Betreiber des EGVP **kostenfrei** zur Verfügung gestellt. Dies sind der Bund und die Länder, die die Kosten

126 Nur bestimmte Java-Versionen können verwendet werden, auch bei parallelen Installationen mehrerer Versionen kommt es oft zu Fehlern.

127 *Mödl/Schmidt*, ZIP 2008, 2332, 2335.

für die Entwicklung des Systems selbst tragen müssen. Aus diesen Gründen wird es keine auf die spezifischen Anforderungen der Notare zugeschnittene Speziallösung geben, sondern nur eine einheitliche Version, die die Bedürfnisse aller Anwender auf niedriges funktionales Niveau bedient.

II. Neuerungen in XNotar 3.0 in der Übersicht

I.R.d. **Fortentwicklungkonzepts** war es erklärtes Ziel, die erkannten Schwächen weitmöglichst zu beheben und dabei die Anregungen und Erfahrungen der Anwender einzubeziehen. Dies ist aus der Perspektive des Programmentwicklers nicht einfach, da sich die Anforderungen je nach organisatorischer Struktur und technischer Ausstattung der einzelnen Notariate deutlich unterscheiden. 146

Im Einzelnen wurde wurden die **Schwerpunkte** wie folgt gesetzt (Punkte korrespondieren mit den oben beschriebenen Problembereichen):

1. Engere Verzahnung von XNotar und SigNotar

Sowohl XNotar als auch SigNotar wurden mit **Schnittstellen** ausgestattet, die es erlauben die jeweiligen **Programmfunktionen unmittelbar aufzurufen**, sodass die im Arbeitsablauf jeweils benötigte Struktur erreichbar ist, ohne dass der Anwender Daten zwischenspeichern und das andere Programm manuell starten muss. 147

Der augenfälligste Unterschied ist dabei, dass SigNotar nicht mehr als separates Programm ausgeliefert und eingerichtet wird. Da XNotar künftig die Aufgabe der übergreifenden Steuerung des Verfahrens zufällt, wird **SigNotar in die Oberfläche von XNotar integriert**. Die vollständige Funktionalität der mit XNotar ausgelieferten Installation von SigNotar kann über das Seitenmenü von XNotar aufgerufen werden. So können elektronische beglaubigte Abschriften auch außerhalb des Handelsregisterverfahrens erzeugt werden, der Zugriff auf die vielfältigen Optionen von SigNotar ist ebenfalls möglich. Das **Online-Update** der beiden Programme erfolgt nunmehr **gemeinsam** über 148 die Funktion „**Update XNotar**". Ein separates Update von SigNotar ist nicht mehr notwendig.[128]

2. Umstellung des Arbeitsablaufs von XNotar und SigNotar

149 Die verbesserte Integration der Programme und der Verzicht auf die Transportsignatur im EGVP (dazu im Folgenden unter Rn. 155 f.) ermöglichen eine deutliche **Verbesserung** und **Verschlankung des Arbeitsablaufs**. Die Zuständigkeiten können exakter zwischen Notar und Mitarbeitern verteilt werden und entsprechen mehr dem traditionellen Papierverfahren. Dabei sollen die bisher erlernten und beherrschten Abläufe – soweit technisch möglich – weiterhin verwendbar bleiben, um keinen Zwang zur Umstellung eingespielter Verfahren zu schaffen. In Büros, die häufig Handelsregisteranmeldungen bearbeiten, verspricht eine Umstellung jedoch einen deutlichen Effizienzgewinn.

Der **typische Arbeitsablauf** ist in XNotar 3.0 wie folgt konzipiert:

a) Vorbereitung des Vorgangs durch den Mitarbeiter

150 Der Mitarbeiter legt einen Vorgang in XNotar an. Er gibt die erforderlichen Strukturdaten ein. Über den Aufruf von SigNotar erfasst er die benötigten Dokumente und fügt – soweit diese nicht mit eingescannt wurden – die notwendigen Beglaubigungsvermerke hinzu. **Jeder Vorgang** kann **vollständig vorbereitet** werden, die bisher gewohnte Unterbrechung (Signatur der Dokumente durch den Notar) entfällt. Nach Abschluss der Vorbereitung übergibt er den Vorgang an den Notar.

b) Prüfung und Signatur durch den Notar

151 Der Notar sieht zunächst eine **tabellarische Übersicht** der vorbereiteten Vorgänge. Öffnet er einen Vorgang, findet er eine Zusammenfassung aller rele-

128 Eine zuvor schon vorhandene Installation von SigNotar kann allerdings nicht über diese Funktion aktualisiert werden. Um die Installation übersichtlich zu halten und Schwierigkeiten zu vermeiden, empfiehlt es sich, vorherige Installationen von SigNotar zu entfernen und nur noch die gemeinsam mit XNotar ausgelieferte Installation zu nutzen. S. ausführlich zur Aktualisierung der ELRV-Programme Rn. 426 ff.

vanten Informationen zur Überprüfung. Ist der Vorgang versandreif, bringt er alle notwendigen Signaturen an. Dabei werden ihm die enthaltenen Anlagen ebenfalls zur Prüfung angezeigt. Per **Knopfdruck** übergibt er danach den **Vorgang zum Versand**.

c) Versand durch den Mitarbeiter

Der Mitarbeiter importiert die durch den Notar für den Versand freigegebenen Vorgänge wie bisher in den EGVP-Client. Eine qualifizierte elektronische Signatur der Nachricht durch den Notar ist nicht mehr erforderlich. Deshalb kann der **Versand** (einzelner oder gesammelter Vorgänge) **ohne Beteiligung des Notars** erfolgen. 152

Auf Anwenderseite ist der größte Unterschied wohl, dass nunmehr auch der Notar mit XNotar arbeitet, während er zuvor nur mit SigNotar und dem EGVP-Client umgehen musste. 153

Das folgende Schaubild gibt einen Überblick über den **neuen Arbeitsablauf**:

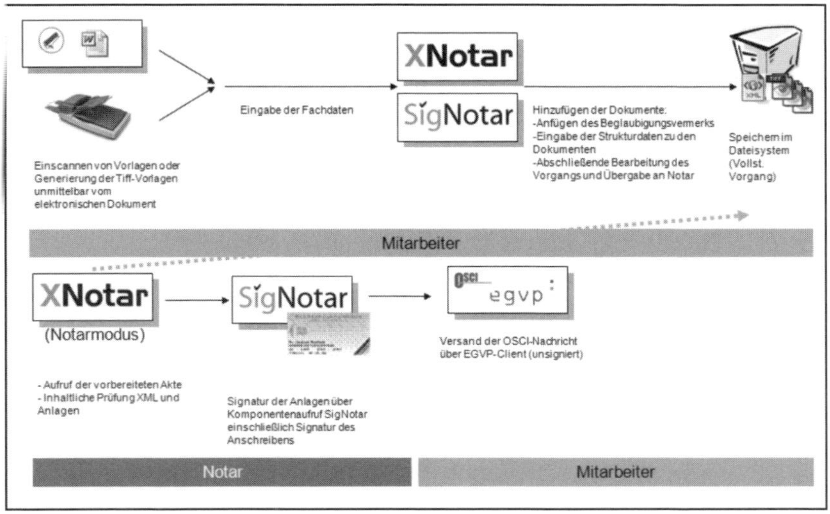

Diese Grundstruktur erlaubt jedoch im Einzelnen eine Reihe von **Variationen**, die sich je nach dem Bedürfnis des jeweiligen Büros gestalten lassen.

154 Eine weitere Neuerung für den Arbeitsablauf ist die Einführungen von unterschiedlichen **Betriebsmodi** in XNotar. Diese Voreinstellung erlaubt es, am jeweiligen Bildschirmarbeitsplatz die Funktionen von XNotar exakt auf die Tätigkeit anzupassen, die dort benötigt werden.

Die Auswahl erfolgt mittels eines neuen Feldes am unteren Rand der linken Spalte des Programmfensters.

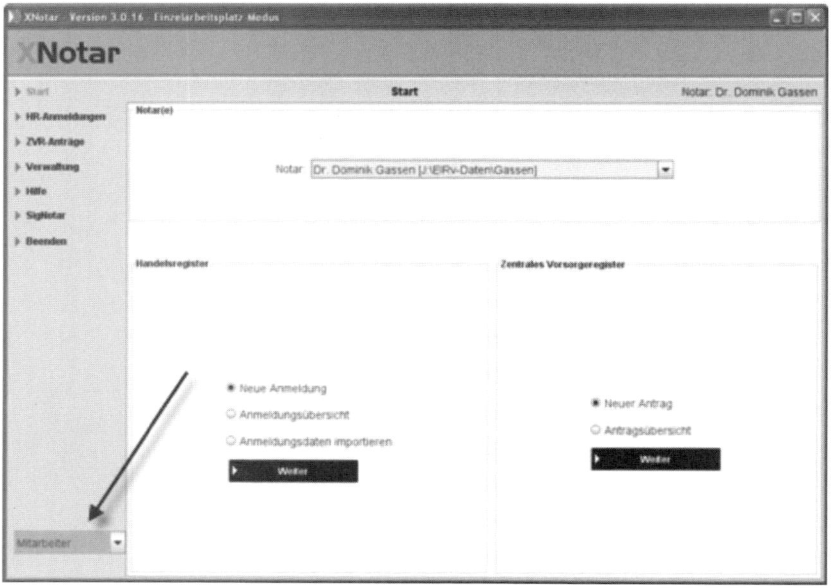

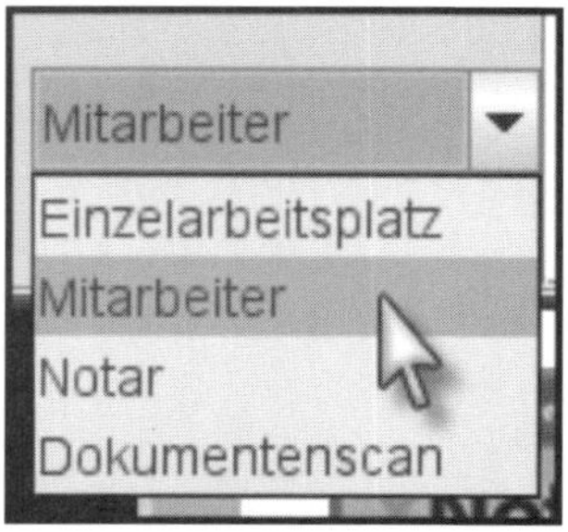

- **Einzelarbeitsplatz**
  Im **Einzelarbeitsplatz-Modus** stehen **sämtliche Funktionen von XNotar** zur Verfügung. Er ist am besten geeignet, wenn man die bisherigen

Verfahrensstrukturen beibehalten möchte. Außerdem ist dies der geeignete Betriebsmodus, wenn der Notar die Bearbeitung (einschließlich der Datenerfassung) weitgehend selbst durchführen möchte.

- **Mitarbeiter**
  Der **Mitarbeiter-Modus** ermöglicht die **vollständige Vorbereitung** eines **Anmeldevorgangs** mit Ausnahme der Erstellung der erforderlichen Signaturen und die Übergabe des vollständig vorbereiteten Vorgangs an den Notar.
- **Notar**
  Der **Notar-Modus** beschränkt sich auf zwei Arbeitsschritte: **Prüfung des Anmeldevorgangs** und **Signatur der Anlagen**. Ergibt die Prüfung die Notwendigkeit von Korrekturen, kann der Vorgang an den Mitarbeiter zurückgegeben werden. Der Notar kann aber nach seiner Wahl auch in den Einzelplatzmodus wechseln und die Änderungen selbst vornehmen.
- **Dokumentenscan**
  Der **Dokumentenscan-Modus** ermöglicht **ausschließlich** das **Anlegen von Vorgängen** mit Grunddaten und die Erfassung von Dokumenten über den Aufruf von SigNotar. Er ist für ein hoch arbeitsteiliges Vorgehen entwickelt, bei dem an einem eigenen Scanner-Arbeitsplatz nur Dokumente erfasst werden, aber keine fachliche Bearbeitung stattfinden soll. Die **Erfassung von Dokumenten ist auch im Mitarbeiter- und im Einzelarbeitsplatz-Modus möglich**.

3. Keine Signatur mehr im EGVP-Client

Bislang wurde dem Notar die gesamte versandfertige Registeranmeldung im Postausgang des EGVP-Clients vorgelegt. Mit seiner Signatur der EGVP-Nachricht gab er auch formal den Vorgang zum Versand frei. Wie bereits ausgeführt ist diese **Kontrollmöglichkeit** jetzt komfortabler **in XNotar umgesetzt**, sodass es aus diesem Blickwinkel der EGVP-Signatur nicht mehr bedarf. 155

Die zweite Funktion der EGVP-Signatur war (mittelbar) eine Signatur der übermittelten XML-Daten. In diesen (genauer im Bemerkungsfeld) war vielfach eine oder mehrere rechtsrelevante Erklärung(en) des Notars enthalten (z.B. die Kostenstarksagung), die in Papierform eine Unterschrift erfordert hätte. Damit solche Erklärungen auch weiterhin rechtswirksam abgegeben 156 werden können, wird in **XNotar 3.0 automatisch** ein (zu signierendes) **Anschreiben an das Registergericht** erzeugt, das die betreffenden Erklärungen an das Registergericht aus dem Bemerkungsfeld übernimmt.[129]

Diese Umstellung erlaubt es, den **Umgang mit dem EGVP-Client vollständig** in den **Aufgabenbereich des Mitarbeiters** zu verschieben. Dieser kann nunmehr sowohl den Versand als auch den Empfang von Nachrichten nach dem eigenen Bedarf organisieren. Das dürfte auch eher der bisherigen Organisation im Papiermedium entsprechen, bei der der Notar nicht mit den technischen Details des Postversands und -eingangs befasst war.[130]

III. XNotar: Strukturelles Grundkonzept

157 Die Arbeit in XNotar lässt sich grds. in folgende Teilbereiche gliedern:

- (Optional) den **Import von Daten** aus einem anderen Programm zur Weiterverarbeitung,
- die Eingabe der für die Handelsregisteranmeldung benötigten Daten und
- die Zusammenstellung (und Signatur) der Dateien und deren Übergabe an die Kommunikationskomponente.

Der Bereich der **Datenerfassung/Eingabe** kann wiederum in verschiedene Teilschritte zerteilt werden:

- allgemeine Daten (z.B. zum Empfängergericht),
- Daten des Rechtsträgers (Registersubjekt),
- Identifizierung und Klassifizierung der einzelnen anmeldepflichtigen Vorgänge,
- Daten zu weiteren registerrelevanten natürlichen und juristischen Personen,
- spezielle, für die jeweilige Anmeldung relevante Fachdaten und

129 Diese Konstruktion hat daneben den rechtlichen Vorteil, dass der Notar nicht mehr die gesamten XML-Daten signiert und damit nur noch die Daten „abzeichnet", die er klar und eindeutig wahrnehmen kann.

130 Soweit im Papiermedium dem Notar die Eingangspost vollständig vorgelegt wird, kann am Notararbeitsplatz nach wie vor der EGVP-Client installiert werden. Mit diesem kann der Notar den EGVP-Posteingang überprüfen. Zur Nutzung des EGVP-Clients im Mehrplatzumfeld vgl. im Folgenden Rn. 436 f. sowie 439 ff.

- zur Anmeldung gehörende Dokumente; hier sind in der neuen Version die Funktionen von SigNotar zur Erfassung, Bearbeitung und Signatur von Anlagen zur Registeranmeldung integriert.

Jeder dieser Teilbereiche wird im Folgenden ausführlicher beschrieben. Wichtig ist jedoch das Grundverständnis, dass sich jede Registeranmeldung auf diese „Bausteine“ herunterbrechen lässt, wobei im jeweiligen Fall die einzelnen Komplexe mehr oder weniger ausgeprägt sein können.

Beispiel:

Bei der Anmeldung neuer Gesellschafter zu einer Massen-KG liegt der Schwerpunkt auf der Erfassung der Beteiligtendaten, bei einer komplizierten Umwandlung stehen die in großer Zahl einzureichenden Anlagen im Vordergrund.

IV. XNotar 3.0 im praktischen Umgang

Mit der Version 3.0 wandelt sich die Rolle von XNotar bei der Vorbereitung der elektronischen Handelsregisteranmeldung. Während das Programm vorher für einzelne – wenn auch wichtige – Schritte zuständig war, wächst es jetzt heran zu einer mächtigeren **Schaltzentrale**, die auch auf Dauer die verschiedenen technischen Vorgänge des elektronischen Verfahrens bündeln und als **einheitliche Arbeitsoberfläche** dienen soll. Es ist die Klammer, die alle anderen Funktionen umfasst – mit Ausnahme des Versands im engeren Sinne, der derzeit noch ausschließlich im EGVP-Client möglich ist. 158

Dabei ist die **richtige Einrichtung** der Programme für den reibungslosen Ablauf von grundlegender Bedeutung. Auf sie wird im Folgenden noch ausführlicher eingegangen.[131]

An dieser Stelle soll zunächst das **Programm** mit seinen einzelnen Bildschirmmasken **beschrieben** und **erklärt** werden. Das von den Entwicklern als Regelfall angenommene Szenario einer grundsätzlichen Aufteilung der Aufgaben zwischen Notariatsmitarbeiter und Notar bildet den Ausgangspunkt der Darstellung.[132]

131 S. Rn. 426 ff.

132 Die Varianten „Einzelplatzmodus“ und die Nutzung des Scanarbeitsplatzes werden noch separat behandelt. Übungsfälle zu allen Szenarien finden sich im Kapitel 5: zum einen in Fall 4 (Rn. 599), zum anderen in Fall 5 (Rn. 600).

1. Programmaufruf und Startbildschirm

159 XNotar kann regelmäßig aus dem **Windows-Startmenü** über „Start/Alle Programme/Elektronischer Rechtsverkehr/XNotar" aufgerufen werden. Wird an einem Arbeitsplatz oft mit dem Programm gearbeitet, ist es sinnvoll, eine **Verknüpfung** auf der Arbeitsoberfläche oder im Quick-Start-Menü anzulegen.

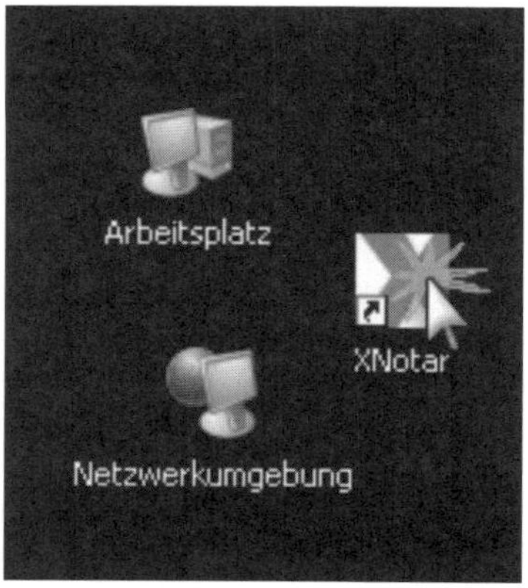

Das Programm stellt sich zunächst mit einem **Startbildschirm** vor, der verschiedene Informationen anbietet und den Einstieg in die Fallbearbeitung ermöglicht. 160

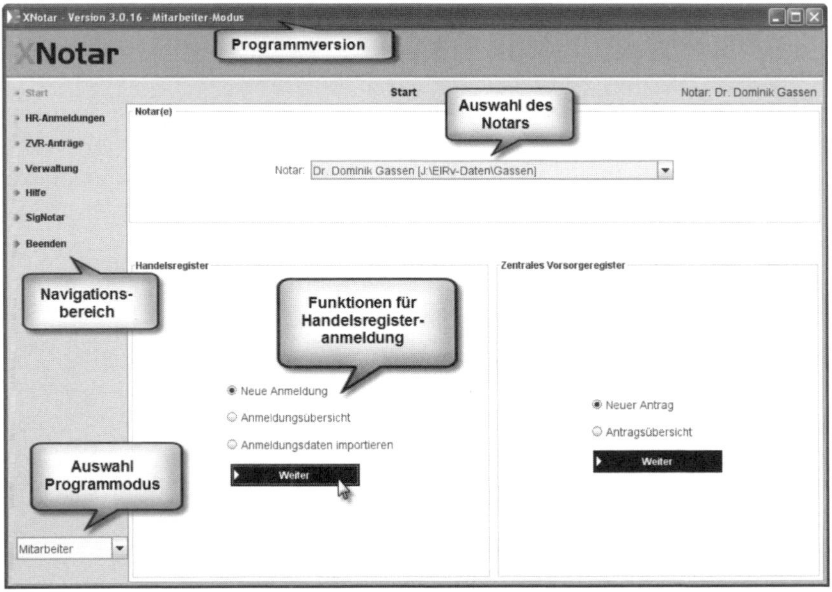

Die Kenntnis der aktuellen **Programmversion** ist insbes. bei Supportanfragen wichtig. Auf die regelmäßig bereitgestellten Updates weist XNotar automatisch hin, wenn der betreffende Rechner mit dem Internet verbunden ist.[133]

In Sozietäten ist besonderes Augenmerk darauf zu richten, den **richtigen Notar** auszuwählen, dem die Anmeldung später zur Prüfung und Signatur vorgelegt werden soll. Die Auswahl an dieser Stelle ist eine wichtige Weichenstellung, da später sowohl der Notarname bei Beglaubigungsvermerken als auch die Notarangaben in den XML-Daten nach dieser Vorgabe gewählt werden. Auch die Ablage sowie die Übergabe an das EGVP-Postfach erfolgen nach dieser Vorgabe.[134]

133 Informationen zur aktuellen Programmversion und etwaigen Änderungen zur Vorversion kann man im Internet unter http://www.elrv.info/de/software/faq/faq_programmversionen.php abrufen.

134 Vgl. zur Einrichtung mehrerer Notare die Erklärungen unten Rn. 305 ff.

Der **Navigationsbereich** erlaubt es, sowohl beim Programmstart als auch während der späteren Fallbearbeitung unkompliziert zwischen den verschiedenen Funktionen und Masken zu wechseln. Der Inhalt und der Umfang ändern sich je nach behandeltem Fall.

Die Auswahl des **Programmmodus** wird an späterer Stelle noch ausführlicher behandelt.

Von den angebotenen Funktionen für die Handelsregisteranmeldung zunächst „**Neue Anmeldung**" wählen, um einen Überblick über die Grundfunktionen zu erhalten. Um zur Fallbearbeitung zu wechseln, klickt man auf „Weiter".[135]

2. Grunddaten

161 Wechselt man zur **Erfassung der Grunddaten**, ändert sich das Aussehen des Programmfensters etwas. Es werden die Elemente angezeigt, die für die Datenerhebung durchgängig benötigt werden:

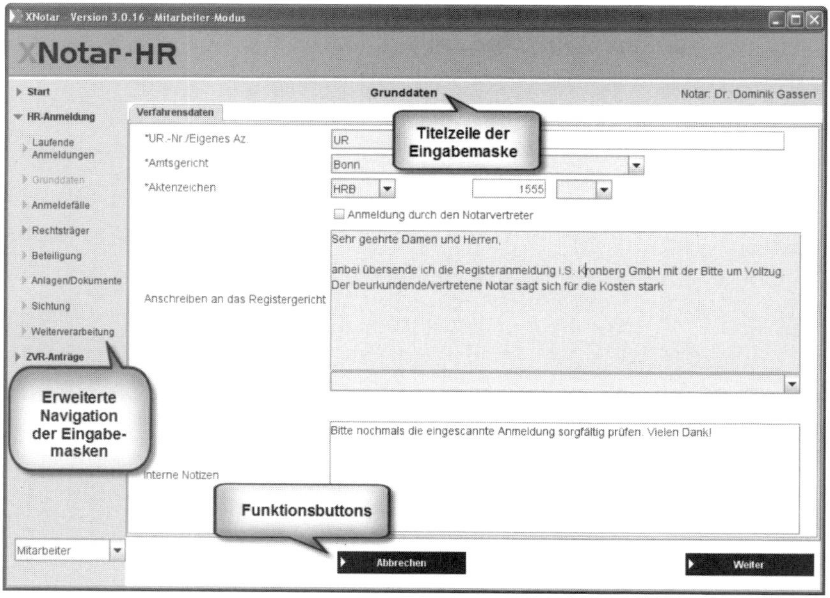

135 Informationen zu den anderen Funktionen finden sie weiter unten. Zum Datenimport vgl. Rn. 287 ff.; zur Anmeldungsübersicht Rn. 255 ff.

Die **Titelzeile** gibt einen schnellen Überblick, bei welchem Bearbeitungsschritt man sich gerade befindet.

Die gleiche Information kann man auch der **erweiterten Navigationsleiste** entnehmen. Wenn man aus dem Startbildschirm in die Fallbearbeitung wechselt, „blättert“ das Programm eine Liste weiterer Bearbeitungspunkte auf, die bei der Vorbereitung der Handelsregisteranmeldung durchlaufen werden müssen. Der aktuelle Bearbeitungspunkt ist jeweils rot markiert.

Im unteren Maskenbereich finden sich die **Funktionsbuttons** (Schaltflächen), die – wiederum abhängig von der jeweiligen Maske – für die Programmsteuerung verwendet werden. Auf jeder Maske gibt es zumindest die Buttons „Weiter“ und „Zurück“ (oder „Abbrechen“), die zum Wechsel zwischen den einzelnen Masken dienen.

Hinweis:

Das Umschalten zwischen den Masken kann sowohl mit den Schaltflächen als auch mit den Einträgen in der Navigationsleiste gesteuert werden. Letztere erlauben einen gezielten „Sprung“ zu einer bestimmten Maske, während mit den Buttons die einzelnen Masken der Reihe nach durchgeblättert werden.

Nutzt man die „Sprungfunktion“, bleiben bereits eingegebene Inhalte erhalten, auch wenn der Anwender eine andere Maske anwählt. Wenn die Gefahr besteht, dass ungespeicherte Daten verloren gehen (z.B. wenn neue Daten importiert werden, obwohl bereits manuelle Eingaben vorhanden sind), weist XNotar vorher darauf hin. Weitere Hinweise betreffen noch in der jeweiligen Maske fehlende Pflichteingaben.

162 Im **Hauptteil** der **Grunddaten-Maske** sind die **Verfahrensdaten** einzutragen.

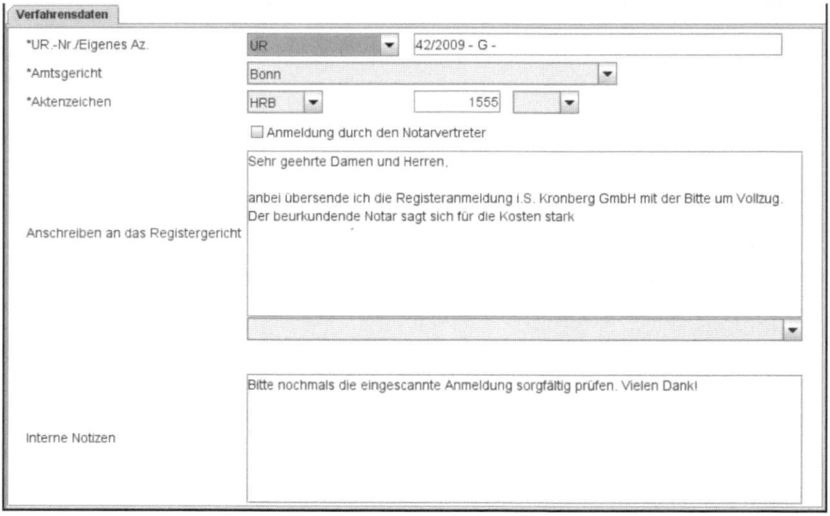

Die einzelnen Felder sind wie folgt zu verwenden:

a) UR.-Nr./Eigenes Az.

163 Hier ist eine **Urkundenrollennummer** der zu dieser Handelsregisteranmeldung gehörenden Urkunden einzutragen – in dem Format, in dem es im jeweiligen Notarbüro üblich ist. Diese ist das **führende Aktenzeichen des Notars** und kann im weiteren Schriftwechsel als Referenz verwendet werden. I.d.R. wird es sich empfehlen, die **UR.-Nr. der Handelsregisteranmeldung** zu verwenden.

In der Praxis kommt es vor, dass Mitteilungen an das Registergericht ohne Bezugnahme auf eine UR.-Nr. versendet werden, z.B. bei der Anzeige von Adressänderungen oder der Übersendung von nicht beurkundeten Dokumenten (z.B. Einzahlungsnachweise, gewerberechtliche Genehmigungen). Hier kann für die interne Zuordnung des Vorgangs ein anderes Aktenzeichen vergeben werden.

b) Amtsgericht

Hier ist das **Gericht** auszuwählen, an das die **Anmeldung übersendet** werden soll. 164 Dazu wird eine **Auswahlliste** verwendet, die sämtliche deutschen Amtsgerichte enthält, bei denen Handelsregister geführt werden. In der Liste kann man mit der Maus blättern oder die Anfangsbuchstaben des gesuchten Ortes eingeben.

Hinweis: Angepasste Wertelisten („Favoriten")

Große Wertelisten – wie die Auswahlliste der Gerichte – sind oft in der Handhabung etwas umständlich – zumal meistens nur eine kleine Anzahl der Einträge verwendet werden (wie die regionalen Registergerichte). Soweit das in allgemeiner Form möglich ist, reduziert XNotar die Standard-Wertelisten schon auf die fachlich infrage kommenden Einträge. An anderer Stelle ist es sinnvoller, wenn der Anwender selbst die für ihn relevantesten Werte auswählt, damit z.B. in der Gerichtsliste zunächst nur diejenigen Registergerichte erscheinen, zu denen regelmäßig angemeldet wird. Mit dem Doppelpfeil („>>") ist es jederzeit möglich, sich bei Bedarf die gesamte Werteliste anzeigen zu lassen.

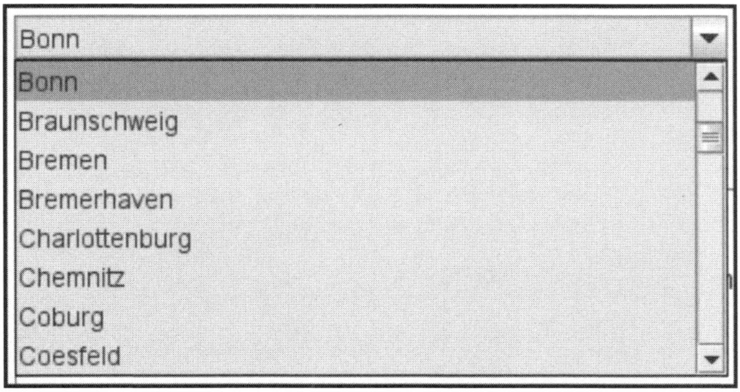

Wertelisten können in XNotar über den Navigationspunkt „Verwaltung", „Notar", Registerreiter „Favoriten" bearbeitet werden.[136]

Bei der **Weiterverarbeitung** ersetzt XNotar nach der Auswahl den gewählten Ort durch eine **Codenummer**, die Bestandteil der XJustiz-Konvention

136 Vgl. dazu unten Rn. 311.

ist (z.B. „R3306“ für das AG Köln). Damit das betreffende Gericht über ein Kommunikationssystem (z.B. EGVP) adressiert werden kann, muss diese Codenummer später in einem weiteren Schritt in eine systemspezifische EGVP-Adresse umgewandelt werden.

c) Aktenzeichen

165 Unter dieser Überschrift wird die **Registernummer** aus verschiedenen Bestandteilen **zusammengesetzt**.

166 Der **erste Teil** des Aktenzeichens ist aus der **Auswahlliste** zu wählen:

- RegNeu: für sämtliche Registerneueintragungen
- HRA: Handelsregister A
- HRB: Handelsregister B
- GnR: Genossenschaftsregister
- PR: Partnerschaftsregister
- AR: Nachdem die Ersteintragung eines Rechtsträgers bereits angemeldet wurde, kann es sein, dass noch vor der Eintragung (und damit bevor eine HR-Nr. bekannt ist) Ergänzungen und Erläuterungen vom Registergericht gefordert werden. In diesem Fall wird ein sog. AR-Aktenzeichen vergeben, das zur Bezugnahme in das Feld HR-Nummer einzutragen ist. Struktur ist [Abt.Nr] AR [lfd Nr.]/[Jahr], also z.B. 42 AR 500/2006.

Hinweis:

Das andere Format des AR-Aktenzeichens erscheint erst, wenn diese Variante gewählt wird:

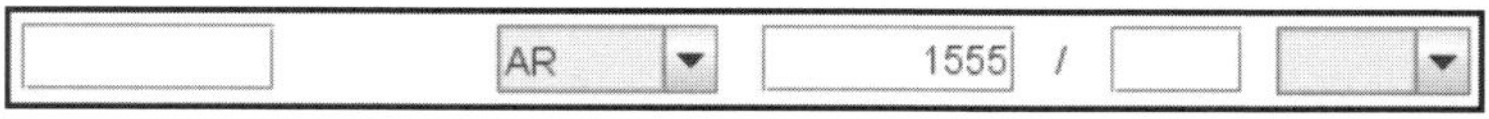

167 Im **zweiten Feld** ist die betreffende **Registernummer** einzutragen.

168 Das **letzte Feld** – wiederum eine Auswahlliste – betrifft ausschließlich **Registeranmeldungen** für **bestimmte Registergerichte in Norddeutschland**. Diese sog. **Ortskennzeichen** wurden nach der Zusammenlegung von Registergerichten als zusätzliches identifizierendes Merkmal hinzugefügt, weil bei konzentrierten Handelsregistern die betreffenden Registernummern mehrfach vergeben waren.

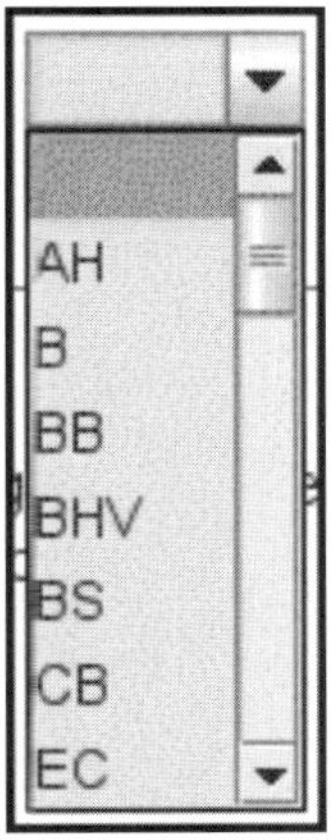

d) Anmeldung durch den Notarvertreter

Weil im weiteren Programmverlauf auch SigNotar von XNotar aufgerufen wird, ist bereits an dieser Stelle anzugeben, wenn ein **Notarvertreter tätig** wird. Dies ist wichtig, weil in diesem Fall die Struktur der als Anlage zu übermittelten signierten Dokumente von SigNotar anders gestaltet wird.[137] 169

Hinweis:

Notarvertreter und die betreffenden Vertretungszeiten müssen nach wie vor in SigNotar angelegt und verwaltet werden.[138]

e) Anschreiben an das Registergericht

Dieses Feld trug in den Vorversionen noch die Bezeichnung „Bemerkungen“. 170
Seine Funktion ist die Gleiche geblieben: Es sollen die **für** den **Sachbearbeiter am Registergericht nützlichen** oder **notwendigen Informationen** als **lesbarer Text** übermittelt werden, z.B. Erläuterungen, Hinweise oder weitere Anträge.

Geändert hat sich allerdings der Umgang mit dem Feldinhalt: Während früher 171
der hier eingegebene Text in ein Feld des XML-Datensatzes (Strukturdaten) geschrieben wurde, wird er nunmehr verwendet, um ein **„echtes“ Anschrei-**

137 Vgl. dazu unten Rn. 379 ff.

138 Vgl. dazu unten Rn. 382 ff.

ben an das Registergericht zu generieren, welches der Anmeldung als **weitere Anlage beigefügt** und **signiert** wird.[139]

Der Grund für diese Umstellung ist die rechtliche Konsequenz aus dem Verzicht auf die EGVP-Signatur. In der Vergangenheit war es möglich, in das Bemerkungsfeld rechtsrelevante Erklärungen des Notars aufzunehmen, z.B. die Kostenstarksagung oder die Bestellung von beglaubigten Registerauszügen. Diese Erklärungen hätten im Papiermedium zumindest vom Notar unterschrieben sein müssen. Bei der elektronischen Übertragung ist darum als Äquivalent zumindest die elektronische Signatur des Notars, dem die Erklärung zuzurechnen ist, notwendig. Solange im EGVP die gesamte Nachricht signiert wurde, wurden damit auch die Inhalte der XML-Daten signiert. Mit dem Wegfall der Notarsignatur an dieser Stelle musste aus Formgründen auf anderem Wege sichergestellt werden, dass die „Nebenanträge“ auch elektronisch signiert werden.

172 Von **besonderer Bedeutung** ist dieses Feld, wenn die konkrete Anmeldung nicht zur definierten Liste der „Anmeldefälle“ gehört. Wird die Anmeldung nur als „**Sonstige Anmeldung/Mitteilung**“ klassifiziert, sollten an dieser Stelle nähere Angaben zum eigentlichen Inhalt der Anmeldung enthalten sein (Bsp.: „Ergänzung der fehlenden gewerberechtlichen Genehmigung zur Anmeldung vom 02.05.2006, UR.-Nr. 342/2006“).

173 Unterhalb des Textfeldes findet sich noch ein **Auswahlfeld**, über das **gängige Textbausteine** zur Beschleunigung direkt ausgewählt werden können. Der Textinhalt wird nach der Auswahl hinter den bereits vorhandenen Text in das Feld eingefügt.

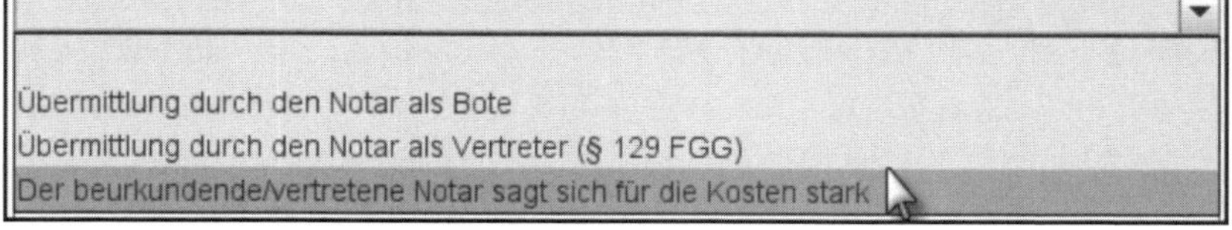

Hinweis:

Es ist alternativ zur Verwendung des „Anschreiben“-Feldes auch möglich, ein Registeranschreiben auf andere Weise vorzuerfassen (z.B. ein

139 Vgl. dazu noch eingehend unten Rn. 240 ff.

vorhandenes Standardanschreiben einzuscannen) und in geeignetem Format (TIFF) einzubinden. Es kann in diesem Fall für jeden angelegten Notar in der Verwaltung die Funktion „Externes Anschreiben verwenden" gewählt werden. Dann wird das Feld „Anschreiben an das Registergericht" in dieser Maske nicht mehr angezeigt.[140]

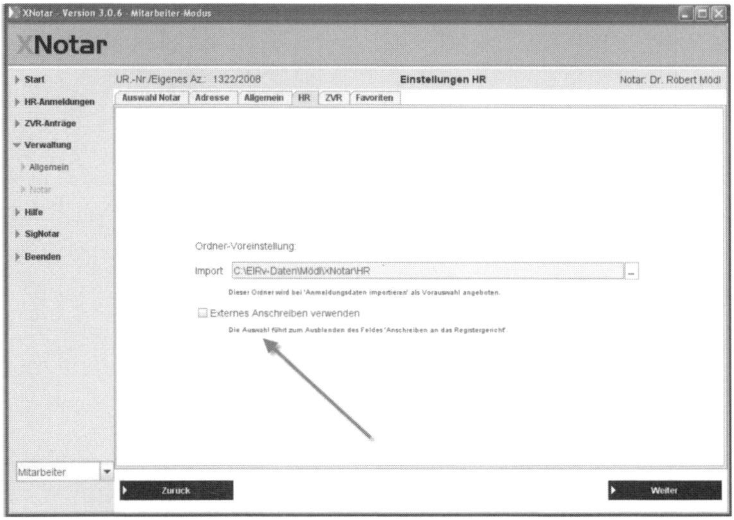

f) Interne Notizen

Dieses neue Feld dient dem **Informationsaustausch** zwischen dem **Notariatsmitarbeiter** und dem **Notar**. Hier eingegebene Bemerkungen werden dem Notar i.R.d. Anmeldungsübersicht angezeigt.[141] Sie werden nicht an das Registergericht übermittelt. 174

3. Anmeldefälle

Bei der Eingabe und Verarbeitung strukturierter Daten für die Handelsregisteranmeldung kommt dem Konzept des „**Anmeldefalls**" eine besondere Bedeutung zu. Die Anmeldefälle sind grds. nur eine **Liste gängiger Typen von Handelsregisteranmeldungen**, die ausgewählt wurden, weil sie einen Groß- 175

140 Vgl. dazu unten Rn. 309.

141 Vgl. unten Rn. 256.

teil des Anmeldungsaufkommens bei den Gerichten abbilden und auf diesem Weg mit einer verhältnismäßig überschaubaren Zahl die größtmögliche Praxisabdeckung erreicht werden kann. Es ist ausdrücklich nicht das Ziel des Verfahrens, jede rechtlich mögliche Variante der Registeranmeldung in einem eigenen Anmeldefall abzubilden. Dies würde den Pflegeaufwand stark erhöhen und das Programm für den Anwender weitaus schlechter handhabbar machen.

Je nach dem praktischen Bedarf wird diese Liste in zukünftigen Versionen um weitere Fälle ergänzt.

Ist der benötigte Anmeldefall nicht in der Liste enthalten, können Daten in geringerem Umfang **mittels des Auffangfalls** („Sonstige Anmeldung/Mitteilung") erfasst und übersendet werden.

176 **Verfügbare Anmeldefälle[142] mit Relevanz für den Notar:**

- Änderung der Firma
- Änderung der Kommanditeinlage
- Änderung des Gesellschaftsvertrages
- Änderung Personendaten
- Auflösung auf Antrag
- Ausscheiden eines(r) Prokuristen (Prokuristin)
- Austritt eines(r) Kommanditisten (Kommanditistin)
- Austritt persönlich haftende(r) Gesellschafter(in)
- Bedingtes Kapital
- Bestellung eines(r) Prokuristen (Prokuristin)
- Eintritt eines (r) Kommanditisten (Kommanditistin)
- Eintritt eines(r) neuen Inhabers (Inhaberin)
- Eintritt eines(r) neuen Inhabers (Inhaberin) mit Haftungsausschluss
- Eintritt persönlich haftende(r) Gesellschafter(in)
- Errichtung einer Zweigniederlassung
- Ersteintragung einer AG

142 In der aktuellen Version XJustiz 1.5.1 (Stand 30.04.2009, www.xjustiz.de, Menüpunkt XJustiz 1.5). Der nächste Versionswechsel auf XJustiz 1.6. ist für den 31.10.2009 geplant. Auch hierzu sind die entsprechenden Dateien bereits auf der Webseite abrufbar.

- Ersteintragung einer Genossenschaft
- Ersteintragung einer GmbH
- Ersteintragung einer KGaA
- Ersteintragung einer KG
- Ersteintragung einer OHG
- Ersteintragung einer Partnerschaftsgesellschaft
- Ersteintragung eines(r) Einzelkaufmanns (Einzelkauffrau)
- Genehmigtes Kapital
- Geschäftsführer(in) Änderung der Vertretungsbefugnis
- Geschäftsführer(in) Austritt
- Geschäftsführer(in) Eintritt
- Löschung des Rechtsträgers
- Prokurist(in) Änderung der Vertretungsbefugnis
- Rechtsformwechsel außerhalb des UmwG
- Sitzverlegung
- Sitzverlegung in einen anderen Bezirk
- Sonderrechtsnachfolge eines(r) Kommanditisten (Kommanditistin)
- Sonstige Anmeldung/Mitteilung
- UmwG: Abspaltung; Übernehmender Rechtsträger
- UmwG: Abspaltung; Übertragender Rechtsträger
- UmwG: Ausgliederung; Übernehmender Rechtsträger
- UmwG: Ausgliederung; Übertragender Rechtsträger
- UmwG: Formwechsel
- UmwG: Vermögensübertragung; Übernehmender Rechtsträger
- UmwG: Vermögensübertragung; Übertragender Rechtsträger
- UmwG: Verschmelzung; Übernehmender Rechtsträger
- UmwG: Verschmelzung; Übertragender Rechtsträger
- Unternehmensvertrag (Gewinnabführung etc.)
- Vorstand Änderung der Vertretungsbefugnis
- Vorstand Austritt
- Vorstand Eintritt

177 Sowohl XNotar als auch die beim Registergericht verwendeten Anwendungen benutzen die Angaben zu den Anmeldefällen, **um die relevanten Daten auszuwählen** und richtig zu interpretieren. Das Verhältnis des XJustiz-Datensatzes zu der Gliederung, die die Daten durch die Anmeldefälle erhalten, lässt sich vergleichen mit dem des Wortschatzes einer Sprache zu ihrer Grammatik: Kennt man nur die Worte, kann man zwar vieles zusammenschreiben, einen Sinn ergibt es erst, wenn man den Sinn durch die Ordnung der allgemein verstandenen Grammatik vermittelt.

Mit jedem Anmeldefall ist eine **Logik verbunden**, die bestimmt, welche XJustiz-Datenfelder mit Inhalten gefüllt sein müssen und wie die Inhalte für die Handelsregisteranmeldung interpretiert werden. XNotar benutzt diese Logik, um die Eingabemasken nach Bedarf anzupassen, damit der Anwender nicht von einer Vielzahl von Feldern verwirrt wird, die für den konkreten Vorgang irrelevant sind. Beim Registergericht werden die Daten im Hinblick ebenfalls (und idealerweise spiegelbildlich) auf den übermittelten Anmeldefall interpretiert, um einen inhaltlich korrekten Eintragungsvorschlag zu generieren.

178 Eine Handelsregisteranmeldung kann **einen oder mehrere Anmeldefälle** umfassen – mindestens einer muss allerdings vorhanden sein. Ein Beispiel für eine Anmeldung mit nur einem Anmeldefall ist die Neugründung einer GmbH. Mehrere Anmeldefälle sind typischerweise anzugeben, wenn anlässlich einer Gesellschafterversammlung eine Mehrzahl von anmeldepflichtigen Beschlüssen gefasst worden sind. In diesem Fall ist es die Aufgabe des XNotar-Anwenders, die vorliegende Papieranmeldung auf die Anmeldefälle hin zu analysieren und die Fälle für die Weiterbearbeitung anzulegen. Die Reihenfolge ist bei der Wahl mehrerer Anmeldefälle egal.

Jeder Anmeldefall kann **pro Anmeldung nur einmal** gewählt werden. Wenn z.B. mehrere Geschäftsführer zur Eintragung angemeldet werden, reicht hierfür ein Anmeldefall „Geschäftsführer(in) Eintritt“ aus. In der Liste ist der betreffende Anmeldefall danach nicht mehr anwählbar.

Wählt man „Hinzufügen“, öffnet sich die Fallliste und man kann per Mausklick den gewünschten Fall auswählen. Damit der Fall in die Liste übernommen wird, muss man noch „Übernehmen“ klicken.

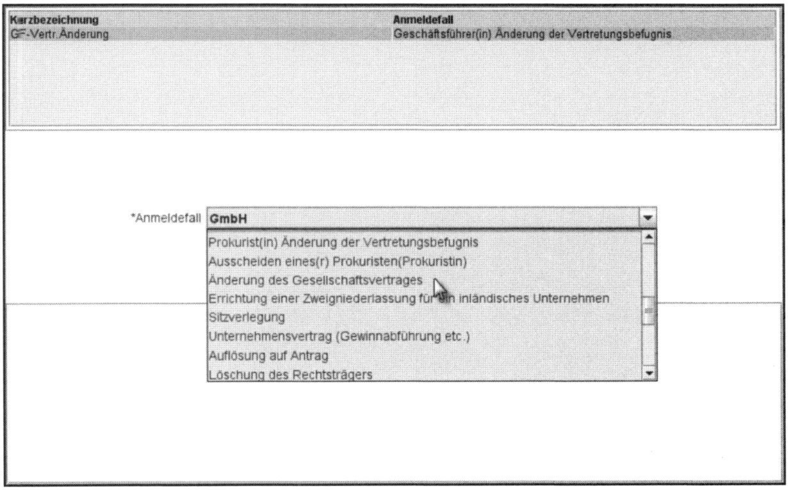

Hinweis:

Im unteren Teil des Fensters erscheinen bei verschiedenen Fällen **nützliche Bearbeitungshinweise**.

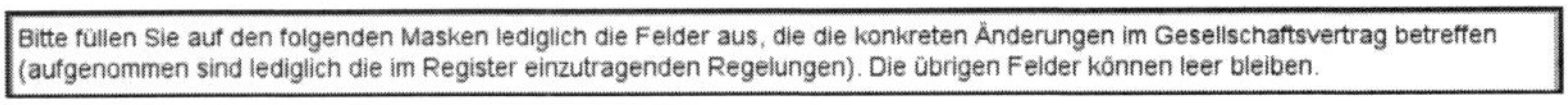

Im **Auswahlfeld** erscheinen in XNotar nur diejenigen Fälle, die zu dem auf 179
der Grunddatenmaske eingegebenen Registeraktenzeichen passen. Wurde hier z.B. ein HRB-Aktenzeichen eingegeben, erscheinen keine Anmeldefälle, die Personengesellschaften betreffen.

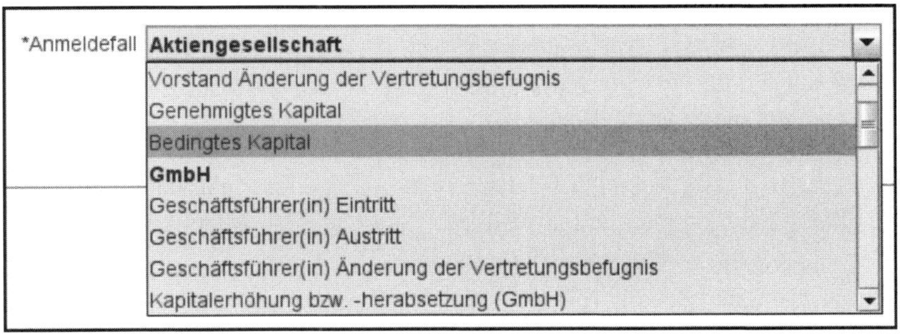

Mit jedem gewählten Anmeldefall wird auch im **Navigationsbereich** ein **entsprechender Eintrag ergänzt**, damit die damit verbundenen Eingabemasken gezielt angesteuert werden können.

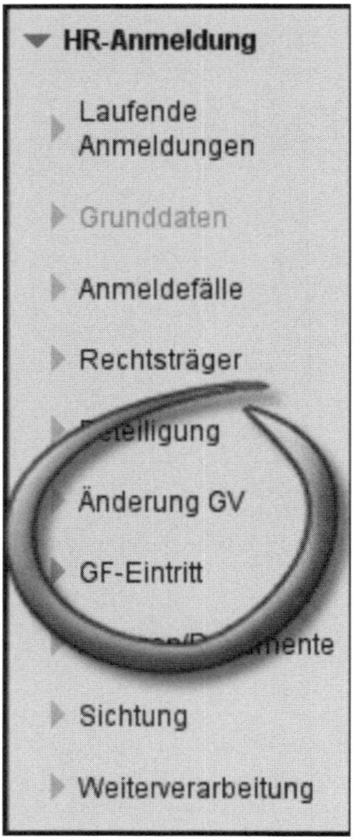

Hinweis: Tabellen als Maskenelement in XNotar

In verschiedenen XNotar-Masken befindet sich im oberen Teil der Maske ein sog. **Listenbereich**. Dieser Bereich wird immer dann benötigt, wenn eine Mehrzahl der im unteren Arbeitsbereich zu bearbeitenden Datenelemente in Betracht kommt. So kann eine Handelsregisteranmeldung mehrere Anmeldefälle, Beteiligte oder Anlagen enthalten. Ein Doppelklick auf einen der Listeneinträge öffnet diesen im unteren Teil des Arbeitsbereichs zur Bearbeitung. Um einen neuen Eintrag zu ergänzen, wählt man „Hinzufügen". Ist die Eingabe oder Bearbeitung abgeschlossen, klickt man auf „Übernehmen". „Abbrechen" beendet die aktuelle Bearbeitung und verwirft die bisher vorgenommenen Änderungen.

Kurzbezeichnung	Anmeldefall
Änderung Firma	Änderung der Firma
Errichtung Zweign.	Errichtung einer Zweigniederlassung
GF-Eintritt	Geschäftsführer(in) Eintritt
GF-Austritt	Geschäftsführer(in) Austritt

Einzelheiten zu den **Anmeldefällen** werden ab Rn. 192 ff. erläutert. 180

Wurden alle benötigten Anmeldefälle ausgewählt (zur Kontrolle dient ein Blick in die Liste), wird die Bearbeitung dieser Maske mit „**Weiter**" abgeschlossen.

4. Rechtsträger

In dieser Maske sind zunächst die **Daten des Registersubjekts** einzutragen. 181
Dies kann sowohl ein Einzelkaufmann als auch eine Personen- oder Kapitalgesellschaft sein, zu der Adress- und Kontaktdaten zu liefern sind.

Diese **Maske** ist **bei allen Anmeldefällen grds. identisch**. Ggf. ist auf die eingeblendeten Hinweise zu achten, wenn z.B. im Rahmen einer Umfirmierung die neue statt der alten Firma einzutragen ist.

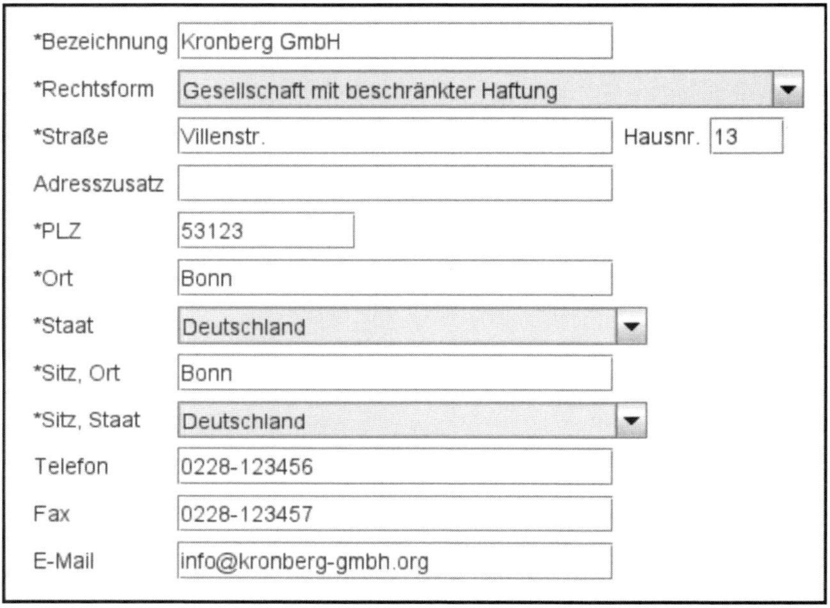

- Im Feld „**Bezeichnung**“ ist die Firma einschließlich Rechtsformzusatz so einzutragen, wie sie im Register eingetragen werden soll.
- Der Inhalt des Felds „**Rechtsform**“ wird automatisch befüllt, wenn der Rechtsformzusatz im Feld „Bezeichnung“ erkannt wird. Ansonsten kann die Rechtsform aus der Liste ausgewählt werden.
- In die Felder „**Straße**“, „**Hausnr.**“, „**Adresszusatz**“, „**PLZ**“, „**Ort**“ und „**Staat**“ werden die zutreffenden Angaben zur Postanschrift des Rechtsträgers eingetragen. Nach Eingabe der Postleitzahl wählt XNotar den Ort automatisch entsprechend einer aktuellen PLZ-Liste aus.
- Unterscheidet sich der **Sitz** (Ort/Staat) von der angegebenen Postanschrift, sind die abweichenden Angaben in die entsprechenden Felder einzutragen. Standardmäßig werden hier die Angaben aus der Postanschrift übernommen.
- Ob daneben Angaben zu den Kommunikationsdaten des Rechtsträgers (**Telefon**, **Fax**, **E-Mail**) gemacht werden, ist für den Handelsregisterverkehr freigestellt.

Nach der **GmbH-Reform 2008** sind die Adressdaten des Rechtsträgers mit noch größerer Sorgfalt zu behandeln. Das **MoMiG** hat eine **Anmeldepflicht** hinsichtlich der **aktuellen Geschäftsanschrift** eingeführt;[143] die zugehörigen XML-Daten sind die auf dieser Maske eingegebenen.

Über die Funktion „**Adressimport**" kann für die Eingabe auf bereits vorhandene Daten zurückgegriffen werden. 182

Hinweis: Adressimport in XNotar

Um die Arbeit mit XNotar zu erleichtern – indem der manuelle Erfassungsaufwand reduziert wird – bietet das Programm eine Hilfestellung für die Datenerfassung an, die auch von Anwendern genutzt werden kann, die keine Notariatssoftware verwenden, welche kompatible XML-Dateien exportiert.

Kurz gesagt handelt es sich beim Adressimport um eine Funktion, die es erlaubt, **Adressblöcke aus anderen elektronischen Dokumenten zu übernehmen**. XNotar analysiert diese Blöcke nach einem bestimmten Schema und versucht, aufgrund des Ergebnisses die einzelnen Elemente des Adressblocks in die richtigen Eingabefelder zu verteilen.

Diese Funktion steht immer dort zur Verfügung, wo Personen- oder Gesellschaftsdaten erhoben werden, also auf der Maske „**Rechtsträger**" und der Maske „**Beteiligte**".

Mit der Adressimport-Funktion können Adressen sowohl im **Adressblock-Format** (z.B. aus Briefen) als auch in der **Fließtextform** übernommen werden, die für die Beschreibung der Beteiligten im Urkundseingang üblich ist.

Die **Verarbeitungsregeln** für den Adressimport lauten wie folgt:

- Zunächst wird der gesamte Text anhand der Trennzeichen Zeilenumbruch (d.h. CR oder LF), Komma und Strichpunkt in einzelne Abschnitte zerlegt, die im Folgenden separat (als sog. **Zeilen**) behandelt werden. Innerhalb der Zeilen werden Leerzeichen als Trennzeichen interpretiert.

143 § 24 Abs. 2 HRV.

- Es wird geprüft, ob die letzte Zeile mit der PLZ beginnt (d.h. fünfstellige Zahl oder „D-"+ fünfstellige Zahl)
- Wenn die PLZ in der letzten Zeile gefunden wird, wird Staat mit „Deutschland" gefüllt und PLZ und Ort werden aus der letzten Zeile extrahiert, d.h. der Rest der Zeile nach der PLZ ergibt den Ort. Ansonsten wird Staat mit dem Inhalt der letzten Zeile gefüllt und die PLZ wird in der vorletzten Zeile gesucht. Wenn die PLZ in der vorletzten Zeile gefunden wird, wird PLZ und Ort aus der vorletzten Zeile extrahiert. Ansonsten bleiben PLZ und Ort leer.
- In der nun darüber liegenden Zeile wird nach Straße und Hausnummer gesucht. Wenn die Zeile mit dem Wort „wohnhaft" beginnt, wird dieses Wort abgetrennt. Wenn der Rest der Zeile aus mindestens zwei Worten besteht und das letzte Wort mit einer Ziffer beginnt, wird das letzte Wort als Hausnummer und der davor stehende Rest der Zeile als Straße interpretiert.
- Wenn im Adressimport-Fenster die Checkbox „Firmenanschrift" markiert ist, wird der Inhalt der ersten Zeile als Firmenbezeichnung verwendet und wenn die Zeile mit „AG", „GmbH", „KG" etc. endet, werden die dazugehörigen Langformen „Aktiengesellschaft", „Gesellschaft mit beschränkter Haftung", „Kommanditgesellschaft" usw. in das Datenfeld Rechtsform übertragen. Bei der Suche nach dem Rechtsform-Kürzel werden Leerzeichen und Groß-/Kleinschreibung nicht beachtet, und das Zeichen „+" ist gleichwertig mit dem Zeichen „&". Im Fall der Firmenanschrift endet hier die Adressinterpretation, ansonsten wird mit den folgenden Verarbeitungsschritten fortgefahren.
- In der ersten Zeile wird nach Anrede („Herr", „Hr.", „Frau", „Fr.") und Titeln („Prof.", „Dr." etc.) gesucht. Auch mehrfache Titel werden erkannt. Wenn der Rest der Zeile nach der evtl. vorhandenen Anrede oder den Titeln leer ist, wird in der zweiten Zeile nochmals nach Titeln gesucht und dann mit der Namensextraktion in der zweiten Zeile fortgesetzt, ansonsten erfolgt die Namensextraktion in der ersten Zeile.
- Namensextraktion: Zunächst wird ein evtl. vorhandener Namenszusatz (z.B. MdB) am Ende abgetrennt und übernommen. Nun ergibt das letzte Wort der Zeile den Nachnamen. Vom verbleibenden Rest

wird ein evtl. vorhandener Namensvorsatz (z.B. von) am Ende abgetrennt und übernommen. Der Rest ergibt den Vornamen.

- In den nun evtl. noch vorhandenen Zeilen zwischen Name und Straße wird zunächst nochmals nach Namenszusätzen und danach nach Geburtsname oder Geburtsdatum gesucht.
- Als Geburtsname werden alle Worte interpretiert, die den Texten „geborene“, „geborener“ oder „geb.“ folgen (Groß-/Kleinschreibung ist unerheblich) und kein Datum beinhalten.
- Als Geburtsdatum werden alle Worte interpretiert, die den Texten „geb.“, „geboren“, „geb. am“, oder „geboren am“ folgen (Groß-/Kleinschreibung ist unerheblich) und ein Datum in einem der folgenden Formate darstellen, wobei die Tages- und Monatszahlen auch einstellig sein können:
  - TT.MM.JJ,
  - TT.MM.JJJJ,
  - TT. Monat JJ,
  - TT. Monat JJJJ.
- Telefonnummern und andere Kommunikationsdaten können nicht mit der Adressimport-Funktion übernommen werden.

Die Funktion kann wie folgt genutzt werden: Auf der XNotar-Maske ist der **Button „Adressimport“** zu sehen. In der Rechtsträgermaske ist der Button stets eingeblendet. In der Beteiligtenmaske ist das erst der Fall, wenn manuell ein neuer Beteiligter hinzugefügt wurde. Zur besseren Übersicht sollte auch sofort die Rolle des Beteiligten eintragen werden.

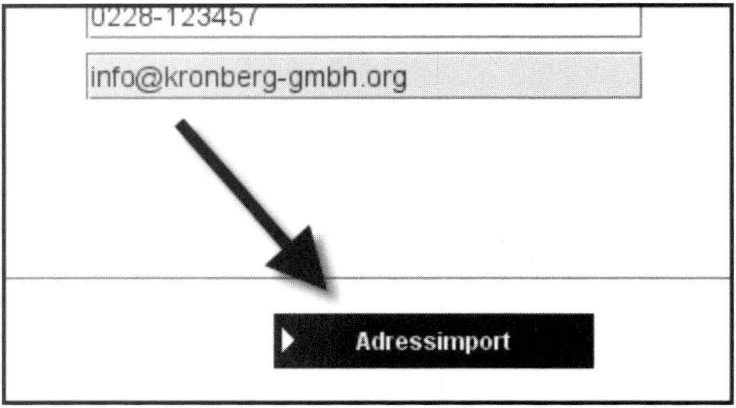

Dann muss das Dokument, aus dem die Daten übernommen werden sollen, aufgerufen werden, wobei zu beachten ist, dass das Format der oben beschriebenen Analysekonvention von XNotar entspricht, also insbes. die Reihenfolge von Straße, Hausnummer, Postleitzahl und Ort eingehalten wird. Die einzelnen Elemente sollten durch Kommata oder Zeilenumbrüche getrennt sein.

Danach den Adressblock mit der Maus markieren und ihn danach in die Zwischenablage kopieren. Wenn das Programm dazu keine Menüfunktion (i.d.R. „Bearbeiten/Kopieren") bietet, kann dazu das Tastaturkürzel Strg-C verwendet werden.

Anschließend in XNotar auf „**Adressimport**" klicken. Es öffnet sich ein eigenes Fenster, in dem der aktuelle Inhalt der Zwischenablage automatisch angezeigt wird. Nach der Prüfung des Inhalts auf „**Daten übernehmen**" klicken.

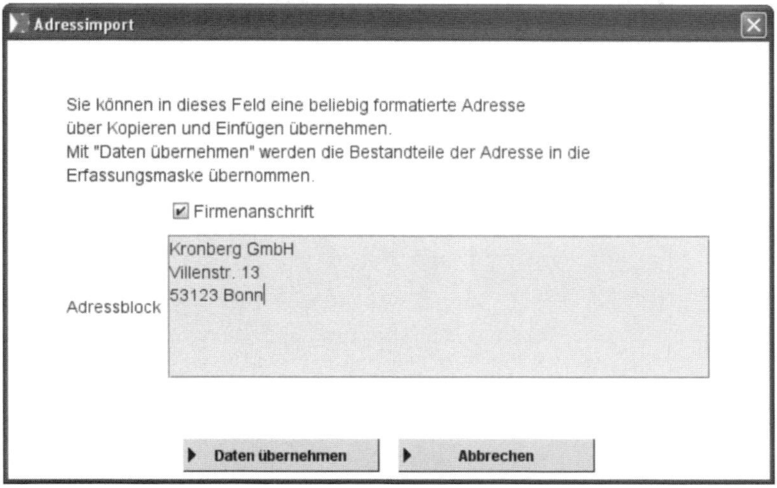

Die Daten sollten nunmehr in den richtig zugeordneten Feldern der Eingabemaske erscheinen.

5. Beteiligung

Auch diese Eingabemaske ist **für alle Anmeldefälle identisch**. Sie wird lediglich in den Fällen nicht angezeigt, in denen keine Personen zum Register angemeldet werden (sondern z.B. lediglich eine Änderung der Satzung). 183

184 Im **oberen Teil des Arbeitsbereichs** ist ein Listenfeld eingeblendet, in dem die bisher erfassten Beteiligten gezeigt werden. Bei Beginn der Fallbearbeitung ist es noch leer.

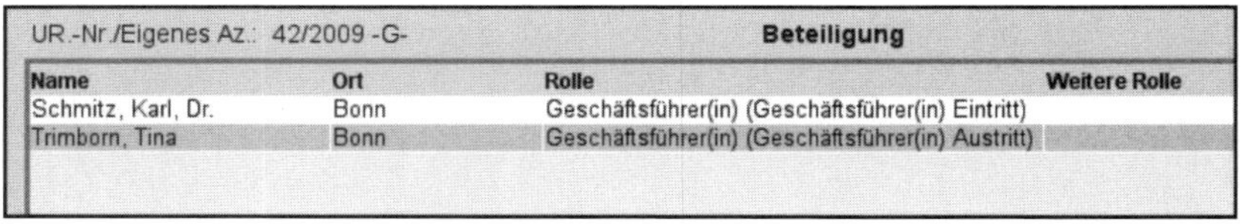

185 Im **unteren Teil des Arbeitsbereichs** erscheinen kurze Hinweise dazu, welche Beteiligten für die vorher gewählten Anmeldefälle erfasst werden sollten. Durch die Färbung der einzelnen Einträge (rot = fehlt noch, grün = vorhanden/erfüllt, blau = optional/nicht zwingend notwendig für gewählte Anmeldefälle) kann der Bearbeiter auf einen Blick sehen, ob die in der Fachlogik vorgesehenen Beteiligten vollständig erfasst sind.

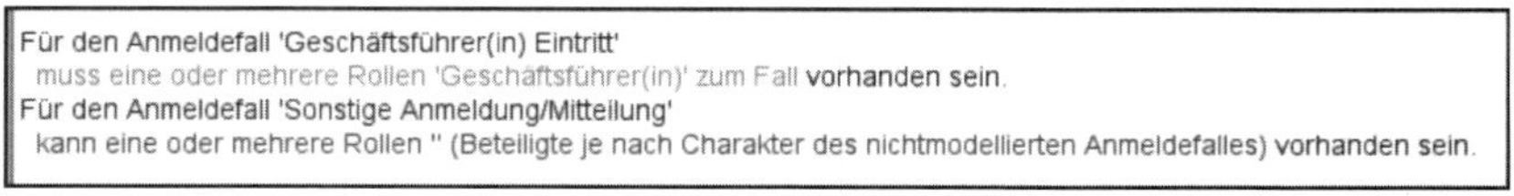

186 Um einen **Beteiligten anzulegen**, wählt man zunächst „Hinzufügen". Im Arbeitsbereich werden die Felder angezeigt, die für die Erfassung von Beteiligten benötigt werden. Von der Maske gibt es zwei Varianten, je nachdem ob der Beteiligte eine natürliche oder juristische Person ist.

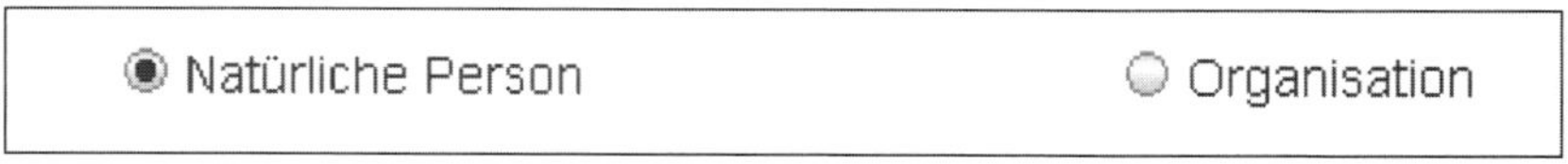

a) Hintergrund: Rollen

187 In beiden Varianten sind im oberen Bereich des Hauptfensters **Felder zu den Rollen des jeweiligen Beteiligten** vorhanden. „Rollen" dienen dazu, näher zu bestimmen, welche Funktion einer Person im Kontext der Handelsregisteranmeldung zukommt (z.B. Geschäftsführer, Prokurist, Insolvenzverwalter). Bei jedem Beteiligten sollte wenigstens im Feld „**Rolle 1**" eine Eintragung ausgewählt sein. In der Ausklappliste werden zunächst nur diejenigen Rollen angezeigt, die standardmäßig für den betreffenden Anmeldefall in Betracht kommen. Sollte ausnahmsweise eine andere Rolle in Betracht kommen, kann

die **Gesamtliste aller vordefinierten Rollen** des XJustiz.Register-Standards **über den Doppelpfeil** („>>“) aufgerufen werden. Sollte die gesuchte Rolle auch hier nicht dabei sein, kann sie in **absoluten Ausnahmefällen** auch als **Freitext** eingetragen werden. Da in diesem Fall Probleme bei der Weiterverarbeitung in den Handelsregistersystemen nicht ausgeschlossen werden können, sollte man dies jedoch möglichst vermeiden.

Wenn i.R.d. gewählten Anmeldung **mehrere Anmeldefälle** vorhanden sind, die die Eingabe von Beteiligtendaten vorsehen, werden zu den Rollen weitere Felder eingeblendet, die die Zuordnung zu einem der gewählten Anmeldefälle erlauben. So kann man dem Programm bspw. mitteilen, welche von drei erfassten Personen eintretender Geschäftsführer, welche austretender Geschäftsführer ist und bei wem sich lediglich die Vertretungsbefugnis geändert hat. Wird diese Information nicht mitgeliefert, bleiben die übersendeten Daten mehrdeutig und erschweren die Weiterverarbeitung. 188

Ein Beteiligter kann im Rahmen einer Handelsregisteranmeldung mehrere Rollen haben. XNotar erlaubt es, jedem **zwei Rollen zuzuordnen**. 189

Beispiele:

- *Der neue Kommanditist, der gleichzeitig zum Prokuristen der KG bestellt wird oder*
- *der ausscheidende persönlich haftende Gesellschafter, der nunmehr Kommanditist der Gesellschaft wird.*

Derartige Fälle bilden jedoch die Ausnahme. **In der Regel** hat **jeder Beteiligte** nur **eine Rolle**.

b) Weitere Felder des Beteiligtenbereichs

Die einzelnen Felder des Beteiligtenbereichs bedürfen im Wesentlichen keiner weiteren Erläuterung. Das Feld „**Titel**“ dient der Aufnahme von akademischen Titeln. Im Feld „**Namensvorsatz**“ können Elemente wie Adelstitel 190 eingetragen werden, im Feld „**Namenszusatz**“ nachgestellte Bestandteile wie LL.M.

191 Bei Wahl des **Typs „Organisation“** (= juristische Person) sind die Daten in ähnlicher Form wie beim Rechtsträger anzugeben. Dazu gehören die Firma (mit Rechtsformzusatz), die Rechtsform, Sitz, Registergericht und HR-Nummer. XNotar prüft **nicht abschließend**, ob für die angegebene Rolle überhaupt die Angabe einer juristischen bzw. natürlichen Person zulässig ist – darum ist an dieser Stelle besondere Aufmerksamkeit geboten, um fachliche Fehler zu vermeiden.

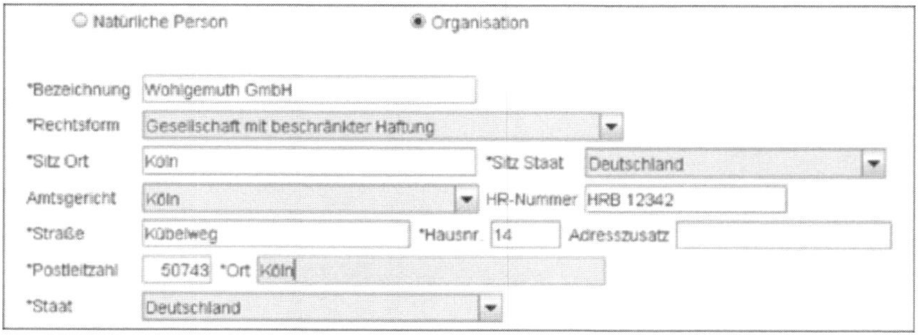

> **Hinweis:**
>
> In dieser Maske muss die Registernummer – anders als die des Rechtsträgers, welche auf der Maske „Grunddaten“ eingegeben wird – mit dem Registerkürzel (also bspw. „HRA“ oder „HRB“) versehen werden.

Wie auf den anderen Masken markieren auch hier Sternchen die Felder, die zwingend ausgefüllt werden müssen. Diese Ordnung kann sich verändern, je nachdem welcher Anmeldefall betroffen ist. So müssen bei Beteiligten, die aus dem Register gelöscht werden, keine Adressangaben gemacht werden.

In der Maske „Beteiligung“ kann die **Adressimport-Funktion**[144] verwendet werden.

144 Vgl. dazu oben Rn. 182.

6. Fachdatenmasken

Nach den Eingaben zu den Beteiligten des Falls sind die für jeden Fall spezi- 192
fischen Daten, die sog. **Fachdaten** zu bearbeiten. Je nach gewähltem Anmeldefall ist der Umfang der Fachdaten größer oder kleiner. Die benötigten Daten sind auf einer oder mehreren Maske(n) verteilt. Mehrere Masken innerhalb einer Fachdatenbearbeitung werden über sog. **Karteireiter** angezeigt. Ein Klick darauf wechselt zu der betreffenden Maske (genau wie der Klick auf den Eintrag im Navigationsbereich).

Im Folgenden werden die **Fachdatenmasken** zu den **einzelnen Anmeldefällen** (diese sind alphabetisch sortiert) kurz dargestellt und etwaige Besonderheiten der einzelnen Fälle angesprochen, darunter insbes. die zu erfassenden Beteiligten und die mitzuübersendenden Anlagen.

■ Änderung der Firma (rechtsformunabhängig) 193

Die einzige Information, die bei diesem Anmeldefall zu übergeben ist, ist die **Firma des Registersubjekts in der alten und neuen Fassung** – jeweils mit Rechtsformzusatz.

Da die Zuordnung der Firma zum (bestehenden) Registersubjekt durch die HR-Nummer erfolgt, muss bei den Daten zum Rechtsträger schon die neue Firma angegeben werden. Die zur Klarstellung mitzuübersendende alte Firma ist auf der einzigen Fachdatenmaske dieses Anmeldefalls einzutragen.

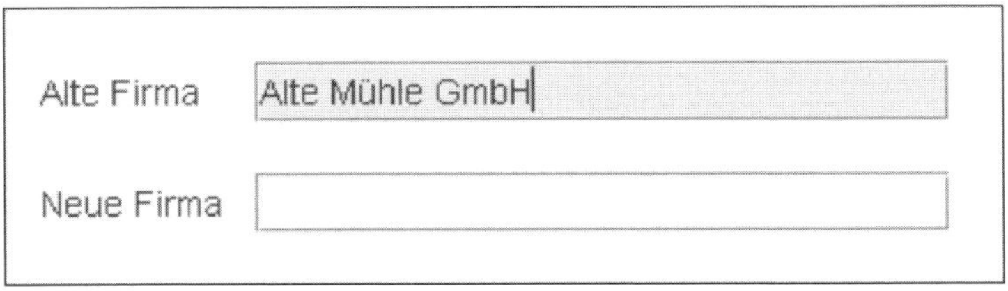

Hinweis:

Bei einer Firmenänderung müssen **keine Beteiligtendaten** übermittelt werden, allerdings regelmäßig verschiedene **Anlagen** (neben der Anmeldung noch der Gesellschafterbeschluss sowie ggf. eine neue Fassung der Satzung).

194 ■ **Änderung der Kommanditeinlage (nur KG)**

In diesem einfacher strukturierten Anmeldefall werden zunächst die relevanten **Kommanditisten** mit Vor- und Nachname erfasst.

In der Fachdatenmaske wird dann zu jedem Kommanditisten die **Höhe** der **neuen Hafteinlage** eingetragen.

Die Registeranmeldung ist als **Anlage** beizufügen.

195 ■ **Änderung des Gesellschaftsvertrages (nur Kapitalgesellschaften)**

Die Besonderheit bei diesem Anmeldefall ist, dass eine **Vielzahl von verschiedenen Änderungen** des Gesellschaftsvertrages in Betracht kommt, die grds. anmeldepflichtig sind. Nur eine kleinere Zahl dieser Änderungen ist auch relevant für die Eintragung in das Registerblatt, sodass eine Übermittlung als strukturierte Daten zweckmäßig ist.

Die **Eingabe von Beteiligten** ist bei diesem Anmeldefall **nicht vorgesehen**.

Die Fachdatenmasken sind umfangreicher, als es i.d.R. für die Aufnahme der konkret anzumeldenden Änderungen nötig wäre. Es sind nur in **diejenigen Felder** Daten einzutragen, in denen sich aus der konkreten Anmeldung **Änderungen zum Registerinhalt** ergeben.

Das betrifft grds. verschiedene Angaben zur allgemeinen Vertretungsbefugnis und zu im Gesellschaftsvertrag enthaltenen allgemeinen Befreiungen von den Beschränkungen des § 181 BGB.

Weitere Angaben auf der **zweiten Fachdatenmaske** beziehen sich auf den Gegenstand oder Geschäftszweck sowie das aktuelle Satzungsdatum.

Hinweis:

Bei umfangreich formulierten Gegenständen kann der betreffende Textabschnitt der Urkunde über das verwendete Textverarbeitungsprogramm in die Zwischenablage kopiert (Bearbeiten/Kopieren oder Strg+C) und in das betreffende Feld in XNotar eingefügt werden (Strg+V). Auf diese

Weise lassen sich auch Übertragungsfehler vermeiden. Mögliche Formulierungsfehler (wie übernommene Trennstriche etc.) müssen manuell korrigiert werden.

Als **Anlagen** sind regelmäßig die Anmeldung, der Änderungsbeschluss und die aktuelle Fassung des Gesellschaftsvertrages zu übersenden. Bei Änderung des Geschäftszwecks sind möglicherweise Genehmigungen beizufügen.

■ Änderung Personendaten (rechtsformunabhängig) 196

Wenn dem Register **geänderte Personendaten** – z.B. eine neue Anschrift des Geschäftsführers oder eine Namensänderung nach Heirat – übermittelt werden sollen, ist dazu dieser Anmeldefall zu verwenden.

Die Personendaten können unmittelbar in der **Beteiligtenmaske** der Person eingetragen werden, deren Daten sich geändert haben.

Eine **formale Registeranmeldung** ist in diesen Fällen **nicht notwendig**, wenn der Anmeldefall nicht mit weiteren Anmeldefällen zusammentrifft, die in dieser Form zum Register angemeldet werden müssen.

■ Auflösung auf Antrag (rechtsformunabhängig) 197

Mit diesem Anmeldefall (rechtsformunabhängig) wird die **Liquidation eines Rechtsträgers** (nicht dessen abschließende Löschung aus dem Register[145]) angemeldet. Hierbei sind als Beteiligte die Liquidatoren in der gleichen Form anzumelden wie die Geschäftsführer der „lebenden" Gesellschaft, also insbes. die Vertretungsregelungen (allgemein wie besonders).

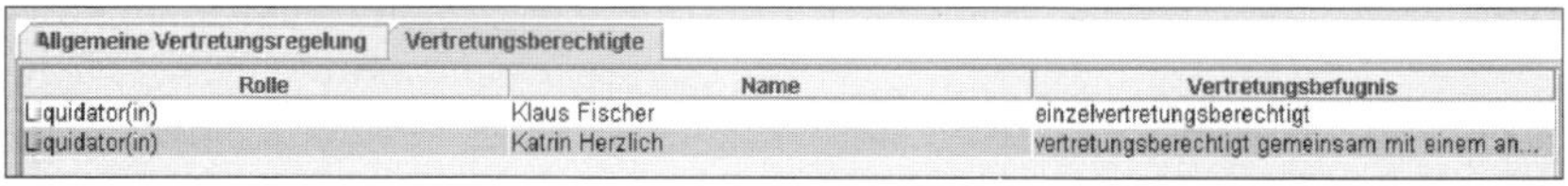

Rolle	Name	Vertretungsbefugnis
Liquidator(in)	Klaus Fischer	einzelvertretungsberechtigt
Liquidator(in)	Katrin Herzlich	vertretungsberechtigt gemeinsam mit einem an...

Als **Anlage** wird neben der Handelsregisteranmeldung der Gesellschafterbeschluss über die Auflösung und die Bestellung der Liquidatoren benötigt.

145 Vgl. dazu den Anmeldefall „Löschung des Rechtsträgers (rechtsformunabhängig)", unten Rn. 220.

198 **Ausscheiden eines(r) Prokuristen (Prokuristin) (rechtsformunabhängig)**

Beim Ausscheiden eines Prokuristen sind nur dessen **Personendaten** in der Maske „Beteiligung" anzugeben. Die Angabe von Vor- und Nachname ist ausreichend.

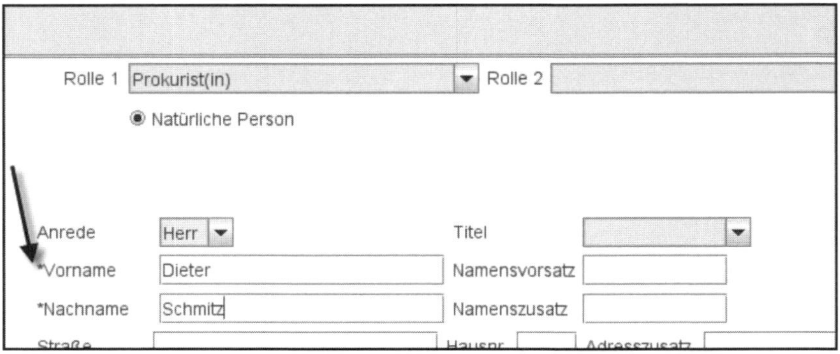

Als **Anlage** muss lediglich die Anmeldung beigefügt werden.

199 **Austritt eines(r) Kommanditisten (Kommanditistin) (nur KG)**

Dieser Anmeldefall ist zu verwenden, wenn ein nicht persönlich haftender Gesellschafter (Kommanditist) aus einer KG austritt. Mit dem Austritt eines Kommanditisten kann ein **Rechtsformwechsel** verbunden sein. Ist an der KG nur ein Kommanditist beteiligt, so führt sein Austreten dazu, dass sich die Rechtsform der KG in eine OHG bzw. einen Einzelkaufmann ändert. In diesem Fall muss der Anmeldefall „Rechtsformwechsel außerhalb des UmwG" zusätzlich hinzugefügt werden.

Zu erfassen sind nur die **reduzierten Personendaten** (Name und Vorname bei natürlichen Personen, Firma, Rechtsform und Sitz bei juristischen Personen).

Als **Anlage** ist lediglich die Registeranmeldung beizufügen.

200 **Austritt persönlich haftende(r) Gesellschafter(in) (OHG und KG)**

In diesem Fall müssen die weiter gehenden Rechtsfolgen beachtet werden, wenn der letzte persönlich haftende Gesellschafter aus einer KG oder einer von zwei verbleibenden OHG-Gesellschaftern ausscheidet. Ggf. ist hier als weiterer Anmeldefall „Rechtsformwechsel außerhalb des UmwG" hinzuzufügen.

Der oder die austretenden persönlich haftenden Gesellschafter sind mit den **reduzierten persönlichen Daten** zu erfassen.

Den Daten ist lediglich die Registeranmeldung als **Anlage** beizufügen.

■ Bedingtes Kapital (nur AG) 201

Dieser Anmeldefall ist in seiner aktuellen Form lediglich für die Verwendung bei AG vorgesehen.

> **Hinweis:**
>
> Die Möglichkeit, genehmigtes Kapital bei einer **GmbH** anzumelden, die seit dem **MoMiG** eröffnet ist, wird erst im Rahmen einer späteren Version von XNotar eingeführt. Bis dahin sollte diese Anmeldung über den Fall „**Sonstige Anmeldung/Mitteilung**" erfolgen.

Beteiligte müssen nicht erfasst werden.

Als **Fachdaten** sind das neue Satzungsdatum sowie der Betrag des (um das genehmigte Kapital erhöhten) neuen Stammkapitals anzugeben.

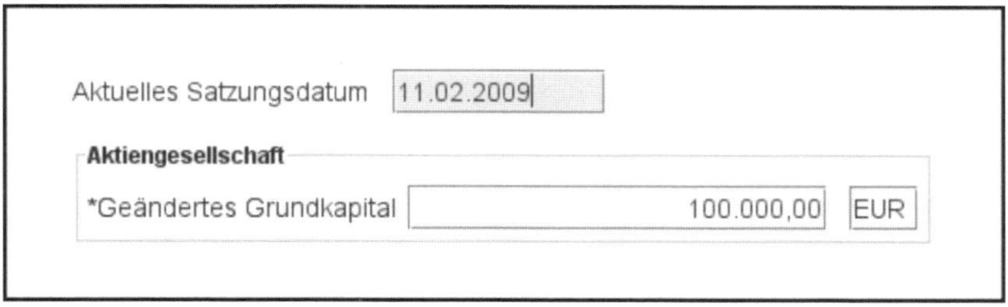

Als **Anlagen** sind neben den allgemein üblichen noch das Hauptversammlungsprotokoll mit Beschluss hinsichtlich der Kapitalerhöhung und der Satzungsänderung, die aktuelle Satzungsfassung sowie eine Kostenberechnung für die Ausgabe der Bezugsaktien beizufügen.

202 **■ Bestellung eines(r) Prokuristen (Prokuristin) (rechtsformunabhängig)**

In der Maske „Beteiligung" sind die **persönlichen Daten** der anzumeldenden Prokuristen einzutragen. Soll der neu bestellte Prokurist gleichzeitig mit einer neu errichteten Zweigniederlassung angemeldet werden, so können beide Anmeldungen über den Anmeldefall „**Errichtung einer Zweigniederlassung**"[146] erfolgen. Es bedarf dann nicht des separaten Anmeldefalls „Bestellung eines Prokuristen".

Die **Fachdatenmaske** zur Prokuristen-Neubestellung listet im oberen Bereich alle mit der Rolle „Prokurist" versehene Beteiligten auf. Mit einem Doppelklick auf eine der Tabellenzeilen (oder einem einfachen Klick auf die Zeile und einem Klick auf „Bearbeiten") werden die Eingabefelder zum jeweiligen Prokuristen eingeblendet. **Einzugeben sind**

- die konkrete Vertretungsbefugnis des Prokuristen,
- Angaben zu einer möglichen Befreiung von den Beschränkungen des § 181 BGB sowie
- Angaben zur sachlichen Erweiterung (Veräußerung und Belastung von Grundstücken, Listenauswahl) und
- örtliche Beschränkung der Prokura.

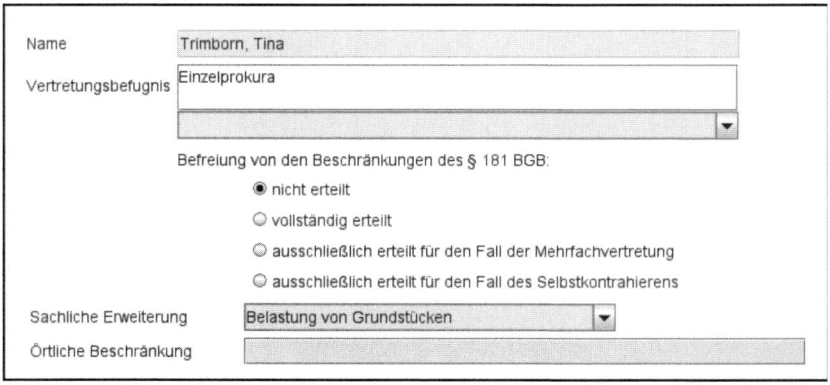

Als **Anlage** ist bei der Prokuristenbestellung regelmäßig nur die Registeranmeldung notwendig.

146 Vgl. unten Rn. 207.

■ Eintritt eines(r) Kommanditisten (Kommanditistin) (nur KG) 203

Mit diesem Fall wird der Eintritt eines Kommanditisten abgebildet, der nicht (Teil-)Rechtsnachfolger eines ausscheidenden Kommanditisten ist, sondern als neuer Gesellschafter mit einer neuen Hafteinlage in die Gesellschaft eintritt.

Es sind die eintretenden **Kommanditisten als Beteiligte** mit **vollen Personenangaben** zu erfassen. Auf der Fachdatenmaske wird jedem Kommanditisten eine Hafteinlage zugeordnet.

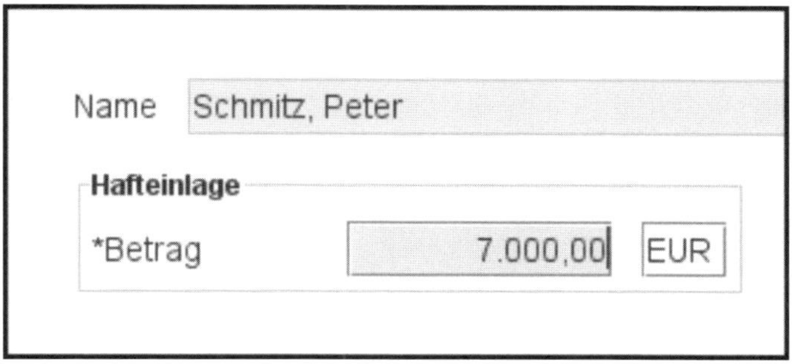

Hafteinlagen KG

Rolle	Name	Hafteinlage
Kommanditist(in)	Fritz Schmitz	10000,00
Kommanditist(in)	Ludwig Wilhelm Himbichler	10000,00
Kommanditist(in)	Annette Sieben	10000,00
Kommanditist(in)	Greedy Investment GmbH	10000,00
Kommanditist(in)	Peter Hemmer	10000,00
Kommanditist(in)	Marita Jensen geb. Zons	10000,00

Lediglich die Registeranmeldung ist als **Anlage** beizufügen.

■ Eintritt eines(r) neuen Inhabers (Inhaberin) (nur e.K.) 204

Dieser Anmeldefall betrifft – terminologisch etwas ungenau – den **Wechsel des Inhabers** eines **einzelkaufmännischen Unternehmens** (bei Austritt des bisherigen Unternehmers). Er ist damit abzugrenzen von der Anmeldung des Eintritts eines persönlich haftenden Gesellschafters in ein einzelkaufmännisches Unternehmen (aus dem damit qua Gesetz eine OHG wird). Letzterer Fall ist je nach Lage des Falls als Neugründung der OHG oder als Rechtsformwechsel außerhalb des UmwG zu behandeln.

Bei diesem Anmeldefall ist **zu unterscheiden** zwischen den Varianten des Eintritts unter **Fortführung der alten Firma** oder unter **Änderung der Firma**.

Bei den Rechtsträgerdaten ist im Fall der **Fortführung** die bestehende Firma anzugeben. Änderungen können sich ergeben aus einem einzutragenden Nachfolgevermerk (dieser ist in die Bezeichnung einzutragen) sowie bei einer Veränderung der Geschäftsanschrift.

Als Beteiligter ist in jedem Fall der neue Inhaber mit der entsprechenden Rolle aufzunehmen.

Wird die **Firma** nach dem Wechsel des Inhabers **nicht fortgeführt**, ist die neue Firma (unter Angabe der bestehenden Registernummer) bei den Rechtsträgerdaten einzugeben. In der Fachdatenmaske kann dazu noch die alte Firma angegeben werden. Bei Fortführung können diese Felder leer bleiben.

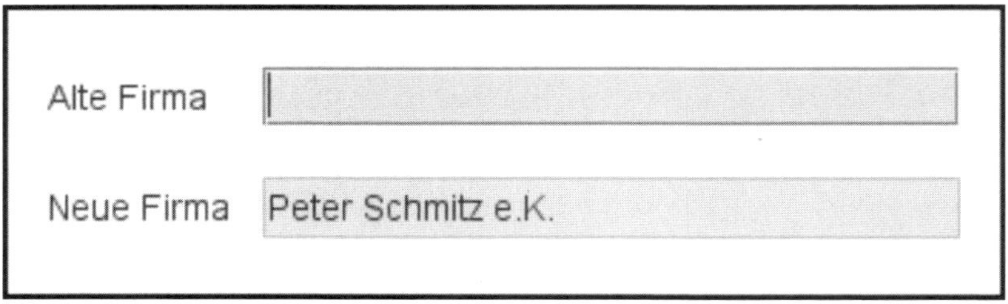

In beiden Fällen ist die Registeranmeldung als **Anlage** beizufügen.

205 **Eintritt eines(r) neuen Inhabers (Inhaberin) mit Haftungsausschluss (nur e.K.)**

Dieser Fall ist genauso zu behandeln wie der Vorausgehende. Die Wahl des anderen Anmeldefalls hat lediglich zur Folge, dass die **Haftungsbeschränkung** nach § 25 Abs. 2 HGB richtig im Handelsregister eingetragen wird.

206 **Eintritt persönlich haftende(r) Gesellschafter(in) (KG und OHG)**

Der oder die eintretenden Gesellschafter werden als Beteiligte mit der Rolle „persönlich haftende(r) Gesellschafter(in)“ angelegt.

In der einzigen **Fachdatenmaske** ist jedem Komplementär eine **Vertretungsregelung** zuzuordnen.

Als **Anlage** ist i.d.R. lediglich die Registeranmeldung beizufügen.

> **Hinweis:**
>
> Beim Wechsel von persönlich haftenden Gesellschaftern in einer KG ist auf die Vorschrift des § 19 Abs. 2 HGB (Rechtsformzusatz) zu achten, wenn der einzige persönlich haftende Gesellschafter keine natürliche Person ist (GmbH & Co. KG).[147]

- **Errichtung einer Zweigniederlassung für ein inländisches Unternehmen (rechtsformunabhängig)** 207

> **Hinweis:**
>
> Der Anmeldefall ist **nicht** für die Anmeldung von **Zweigniederlassung ausländischer Gesellschaften** (z.B. brit. „Limited") vorgesehen. Diese sind mit dem Anmeldefall „Sonstige Anmeldung/Mitteilung" anzumelden.

Dieser Anmeldefall weist mehrere Besonderheiten auf. Die neue Zweigniederlassung ist als **eigener Beteiligter** mit der entsprechenden Rolle aufzunehmen (**Typ „Organisation"**).

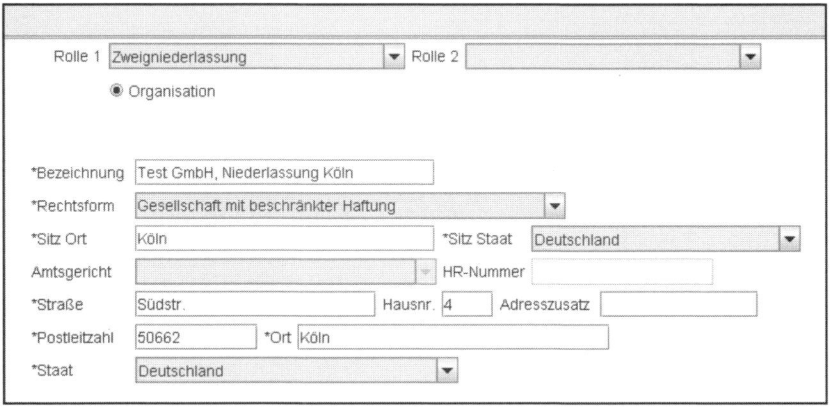

147 Vgl. dazu auch den Übungsfall 7 (Rn. 602).

Als Bezeichnung ist die im Rechtsverkehr verwendete Bezeichnung der Niederlassung anzugeben. Die Angabe von Amtsgericht und HR-Nummer ist entbehrlich, da die Zweigniederlassung am Sitz der Hauptniederlassung im Register geführt wird (§ 13 Abs. 1 HGB, § 40 Abs. 2 Buchst. b) HRV).

Im Rahmen einer Anmeldung können **mehrere Zweigniederlassungen** angegeben werden. In diesem Fall muss für jede Zweigniederlassung ein eigener Beteiligter angelegt werden.

Als weitere Beteiligte kommen noch **Prokuristen in Betracht**, da diese sinnvollerweise i.R.d. Errichtung einer Zeigniederlassung benannt und bei Bedarf örtlich auf bestimmte Niederlassungen beschränkt werden können. Es ist nicht nötig, bei der Anmeldung einer Zweigniederlassung einen weiteren Anmeldefall „Bestellung eines(r) Prokuristen (Prokuristin)“ beizufügen, da die notwendigen Angaben (z.B. zu besonderen Vertretungsregelungen) auch in den Fachdaten dieses Falls gemacht werden können.[148]

Name	Ort	Rolle
Test GmbH, Niederlassun...	Köln	Zweigniederlassung (Errichtung einer Zweigniederlassung)
Test GmbH, Niederlassun...	Leverkusen	Zweigniederlassung (Errichtung einer Zweigniederlassung)
Test, Tobias	Bonn	Prokurist(in) (Errichtung einer Zweigniederlassung)
Müller, Inga	Leverkusen	Prokurist(in) (Errichtung einer Zweigniederlassung)

Zu diesem Anmeldefall gibt es **zwei Fachdatenmasken**.

In der Maske „**Beteiligtenbeziehungen**“ können Prokuristen einer oder mehreren Zweigniederlassungen zugeordnet werden. Dazu ist aus der im oberen Teil des Arbeitsbereichs angezeigten Liste aller Beteiligten mit der Rolle „Prokurist(in)“ der zu bearbeitende Beteiligte auszuwählen (Doppelklick). Sein Name erscheint im darunterliegenden Feld. Im unteren Teil des Bereichs werden der Name des aktuell bearbeiteten Beteiligten sowie eine Liste der erfassten Zweigniederlassungen (unter „Alle Zweigniederlassungen“, die Abkürzung „NL“ steht für Niederlassung) angezeigt. Das rechte Fenster („**Ausgewählte Zweigniederlassungen**“) ist zunächst leer. Um dem Prokuristen eine oder mehrere Zeigniederlassungen zuzuordnen, sind diese vom linken in das rechte Fenster zu übernehmen (mittels Doppelklick oder Klick auf den Pfeil). In gleicher Weise können irrtümlich zugeordnete Zweigniederlas-

148 Ähnlich ist auch die Anmeldung von Geschäftsführen und Vorstandsmitgliedern i.R.d. Anmeldefälle „Neugründung GmbH“ und „Neugründung AG“ geregelt.

sungen auch wieder vom rechten in das linke Fenster übertragen werden. Zum Abschluss auf „**Übernehmen**" klicken. Die Zuordnung wird dann in der Liste im oberen Teil angezeigt. Nach Bedarf wiederholt man den Vorgang für die anderen Prokuristen.[149]

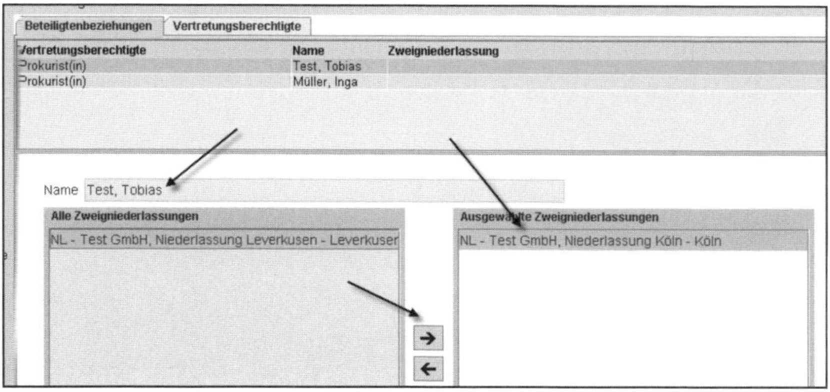

In der **Maske „Vertretungsberechtigte"** ist den neuangemeldeten Prokuristen deren besondere **Vertretungsbefugnis** zuzuordnen. Die Bearbeitung gleicht insoweit der zum Anmeldefall „Bestellung eines(r) Prokuristen (Prokuristin)". Das Feld „Örtliche Beschränkung" sollte frei bleiben, soweit sich die Beschränkung aus der oben geschilderten Zuordnung von Prokuristen zu Zweigniederlassungen ergibt.[150]

Als **Anlage** ist für diesen Anmeldefall lediglich die Registeranmeldung beizufügen.

Ersteintragung einer AG 208

Die Bearbeitung der Ersteintragung einer AG ähnelt der GmbH-Ersteintragung. Als **Beteiligte** sind lediglich der oder die **Vorstände** zu erfassen.

UR.-Nr.: 1666/06	Beteiligung	Notar: Dr
Name	**Ort**	**Rolle(n)**
Philipp von Herenween	Nümbrecht	Vorstand
Carla Fiori	Köln	Vorstand
William Knightsbury	Mönchengladbach	Vorstand

149 Diese Zuordnungsfunktion entfällt ggf. in einer der kommenden Versionen von XNotar.

150 Soweit die Zuordnungsfunktion entfallen ist (s. vorherige Fn.), ist die örtliche Beschränkung hier händisch einzutragen.

Zu den **Fachdaten** gehört zunächst die **allgemeine Vertretungsregelung**.

Den Vorständen ist in der folgenden Maske die zutreffende **besondere Vertretungsbefugnis** zuzuordnen. Eine Befreiung von den Beschränkungen des § 181 BGB kommt nur hinsichtlich der Mehrfachvertretung in Betracht.

Zuletzt sind noch der **Geschäftszweck und das Grundkapital** anzugeben.

Die beizufügenden **Anlagen** sind umfangreich:

- Registeranmeldung,
- Gründungsurkunde mit Satzung,
- Protokoll des Beschlusses des Aufsichtsrats über die Bestellung des Vorstands,
- Gründungsbericht der Gründer,
- Gründungsprüfungsbericht von Vorstand und Aufsichtsrat,
- Berechnung des Gründungsaufwands,
- ggf. Verträge betr. Sondervorteile, Gründungsaufwand und Sacheinlagen und
- ggf. Genehmigungen, Einzahlungsnachweise über Einlagen, Nachweise der Zahlung von Steuern und Gebühren.

209 ■ **Ersteintragung einer Genossenschaft**

Bei der Ersteintragung einer Genossenschaft sind als Beteiligte **mindestens zwei Vorstände** zu erfassen.

Bei den **Fachdaten** sind – wie üblich bei Erstanmeldungen – die allgemeine Vertretungsregelung, die Vertretungsbefugnis der einzelnen Vorstandsmitglieder sowie der Geschäftszweck der Genossenschaft anzugeben.

Notwendige **Anlagen** sind:

- Registeranmeldung,
- Urkunden über die Bestellung des Vorstands und des Aufsichtsrats,
- Bescheinigung eines Prüfungsverbands, dass die Genossenschaft zum Beitritt zugelassen ist,

- gutachtliche Äußerung des Prüfungsverbands, ob nach den persönlichen oder wirtschaftlichen Verhältnissen eine Gefährdung der Belange der Mitglieder oder der Gläubiger der Genossenschaft zu besorgen ist,
- ggf. benötigte gewerberechtliche Genehmigungen.

Ersteintragung einer GmbH 210

In diesem Anmeldefall ist neben der eigentlichen Ersteintragung auch die **Bestellung des oder der ersten Geschäftsführer** integriert, obwohl es sich dabei prinzipiell um einen abtrennbaren zweiten Anmeldefall handelt.

Als Beteiligte sind **lediglich die Geschäftsführer der GmbH** zu erfassen, nicht die Gesellschafter, da letztere nicht in das Registerblatt eingetragen werden. Die Gesellschafterliste ist zwar als Anlage beizufügen, jedoch nicht in strukturierter Form zu übermitteln.

Bei den **Fachdaten** sind zunächst Angaben zur **allgemeinen Vertretungsregelung** zu machen. Die Auswahlliste zeigt nur die Vertretungsregelungen an, die regelmäßig für eine GmbH in Betracht kommen.

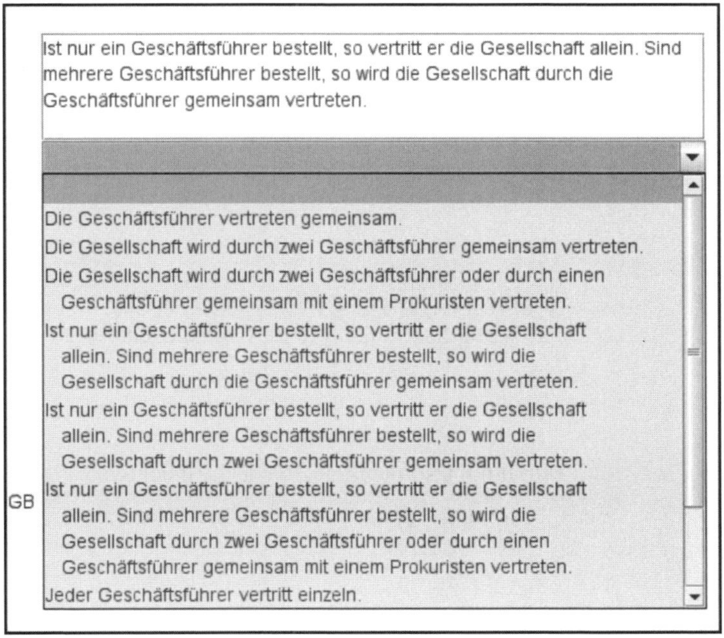

> **Hinweis:**
>
> Die Auswahl zu „Generelle Befreiung von den Beschränkungen des § 181 BGB“ sollte nur in den seltenen Fällen gewählt werden, in denen eine solche Befreiung in der Satzung generell erteilt ist. Befreiungen einzelner Geschäftsführer durch Gesellschafterbeschluss sind in der Maske „Vertretungsberechtigte“ einzutragen.

Im **Feld „Besonderheiten zu § 181 BGB“** können Gestaltungen gewählt werden, die eine Befreiung für den Fall vorsehen, dass nur ein Geschäftsführer bestellt ist. Natürlich ist in diesem wie in allen anderen Fällen Voraussetzung für die Angaben in XNotar, dass bei der materiellen Gestaltung der Satzung tatsächlich auch eine entsprechende Regelung vereinbart wurde.

In der **Maske „Vertretungsberechtigte“** ist jedem Geschäftsführer die zutreffende besondere Vertretungsbefugnis zuzuordnen sowie ggf. Angaben zur Befreiung von den Beschränkungen des § 181 BGB zu machen.

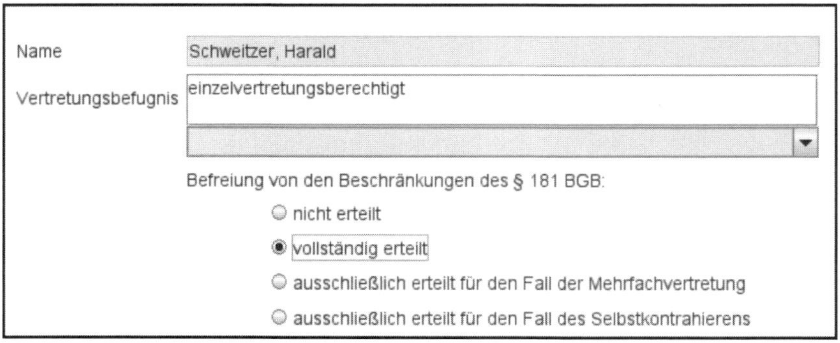

Als weitere Gesellschaftsdaten sind auf der letzten Maske noch der **Unternehmensgegenstand** sowie das **Stammkapital** einzutragen. Nähere Angaben zu den gebildeten Geschäftsanteilen und deren Zuordnung zu bestimmten Gesellschaftern sind entbehrlich, da diese nicht im Registerblatt eingetragen werden.

Als **Anlagen** werden jedenfalls die Handelsregisteranmeldung, der Gesellschaftsvertrag (bzw. die Gründungsurkunde) und der Beschluss über die Bestellung der Geschäftsführer benötigt. Die Gesellschafterliste sollte beigefügt werden, soweit die Beteiligten diese nicht selbst (elektronisch) an das Gericht senden wollen. Je nach Geschäftszweck ist es zweckmäßig, etwa benötigte gewerberechtliche Genehmigungen mitzuübersenden. Ob es darüber hinaus sinnvoll ist, die Firmenunbedenklichkeitsbescheinigung der IHK oder einen Einzahlungsnachweis hinsichtlich des Stammkapitals beizufügen, ist nicht einheitlich zu beantworten. Nach der Reform des GmbH-Rechts durch das MoMiG sind diese Nachweise grds. keine notwendige Voraussetzung für die Eintragung mehr. In der Praxis der Registergerichte werden sie dennoch oft angefordert, sodass eine frühe Bereitstellung die Eintragung jedenfalls beschleunigen kann.

Ersteintragung einer KGaA 211

Hier sind als Beteiligte die **persönlich haftenden Gesellschafter** zu erfassen.

Die **Fachdaten** folgen dem Grundmuster der Neueintragung von Kapitalgesellschaften: Allgemeine Vertretungsregelung, besondere Vertretungsregelungen der persönlich haftenden Gesellschafter, Unternehmensgegenstand und Grundkapital sind einzugeben.

Ähnlich wie bei der Gründung einer AG sind der KGaA-Gründung zahlreiche **Anlagen** beizufügen:

- Registeranmeldung,
- Gründungsurkunde mit Satzung,
- Gründungsbericht der Gründer,
- Gründungsprüfungsbericht von persönlich haftenden Gesellschaftern und Aufsichtsrat,
- Berechnung des Gründungsaufwands,
- ggf. Verträge betr. Sondervorteile, Gründungsaufwand und Sacheinlagen und
- ggf. Genehmigungen, Einzahlungsnachweise über Einlagen, Nachweise der Zahlung von Steuern und Gebühren.

Ersteintragung einer KG 212

Im Zusammenhang mit der KG-Gründung sind mindestens ein persönlich haftender Gesellschafter (**Komplementär**) und ein **Kommanditist** als Beteiligte einzugeben.

Als **Fachdaten** werden benötigt:

- Allgemeine Vertretungsregelung,
- konkrete Vertretungsregelung jedes Komplementärs,
- Geschäftszweck und
- Höhe der Hafteinlage/Kommanditbeteiligung jedes Kommanditisten.

Als **Anlage** ist zwingend lediglich die Registeranmeldung beizufügen.

Kleinere Besonderheiten sind bei der **Gründung** einer **GmbH & Co. KG** zu beachten. Datentechnisch sind die GmbH-Gründung und die KG-Gründung als zwei separate XML-Dateien getrennt anzulegen und zu übersenden. Bei der KG sind die rechtlichen Abweichungen z.B. bei der Rechtsformbezeichnung in der Firma sowie möglicher erweiterter Befreiungen von § 181 BGB im Verhältnis zwischen Komplementär-GmbH und KG zu beachten.[151]

213 **Ersteintragung einer OHG**

Die elektronische Anmeldung einer OHG unterscheidet sich nicht wesentlich von der einer KG.

Als Beteiligte sind lediglich **mindestens zwei persönlich haftende Gesellschafter** aufzunehmen.

Die **Fachdaten** folgen dem Grundmuster der Neueintragung von Gesellschaften: Allgemeine Vertretungsregelung, besondere Vertretungsregelungen der persönlich haftenden Gesellschafter, Unternehmensgegenstand und Grundkapital sind einzugeben.

Als **Anlage** wird zwingend lediglich die Registeranmeldung verlangt. Andere der Eintragung förderliche Unterlagen (z.B. Genehmigungen) können beigefügt werden, soweit vorhanden.

214 **Ersteintragung einer Partnerschaftsgesellschaft**

Zur Anmeldung der Gründung einer Partnerschaftsgesellschaft sind alle **Gründungspartner** mit **vollständigen Daten** zu erfassen. Bei den Personen-

151 Vgl. zur Ersteintragung der GmbH & Co. KG den Übungsfall 7 (Rn. 602).

daten ist ausnahmsweise der **Beruf des Partners** aus der Liste der partnerschaftsfähigen Tätigkeiten anzugeben.

Als **Fachdaten** sind die allgemeine Vertretungsregelung, die besonderen Vertretungsregelungen der Partner sowie der Geschäftszweck anzugeben.

Als **Anlage** ist lediglich die Registeranmeldung beizufügen.

■ Ersteintragung eines(r) Einzelkaufmanns (Einzelkauffrau) 215

Die Daten des neu einzutragenden Kaufmanns sind in der Maske „**Rechtsträger**" zu erfassen, da der **Kaufmann selbst** das **Registersubjekt** ist. Bei allen Anmeldungen zum Einzelkaufmann sollen daneben auch die Daten des Inhabers als weiterer Beteiligter angegeben werden. Auch bei Personenidentität ist das zweckmäßig, weil nur so das Geburtsdatum des Inhabers übergeben werden kann.

Bei den **Fachdaten** muss lediglich der **Geschäftszweck** angegeben werden.

Beizufügen ist als **Anlage** i.d.R. lediglich die Anmeldung, im Fall der Angabe eines genehmigungspflichtigen Geschäftszwecks zweckmäßigerweise die benötigten Genehmigungen.

■ Genehmigtes Kapital (AG, zukünftig auch GmbH) 216

Dieser Anmeldefall war bisher nur für AG relevant, bei denen genehmigtes Kapital schon immer zum Instrumentarium der Kapitalmaßnahmen gehörte. Seit der GmbHG-Reform von 2008 (**MoMiG**) gibt es auch bei der GmbH die Möglichkeit, genehmigtes Kapital zu schaffen, mit dem die Geschäftsführung das Stammkapital gegen Ausgabe neuer Geschäftsanteile erhöhen kann (§ 55a GmbHG).

Beteiligte sind für diesen Anmeldefall **nicht zu erfassen**.

Als **Fachdaten** müssen das aktuelle Satzungsdatum sowie der Höchstbetrag des genehmigten Kapitals angegeben werden.

Notwendige **Anlagen** sind die Registeranmeldung, der Hauptversammlungs-(oder Gesellschafterversammlungs-)Beschluss über das genehmigte Kapital sowie eine aktuelle Satzung mit Notarbescheinigung.

Hinweis:

Kein separater Anmeldefall ist bislang vorgesehen für die **Ausnutzung des genehmigten Kapitals** durch Vorstand oder Aufsichtsrat. Hier sollte man mit dem Anmeldefall „**Kapitalerhöhung oder -herabsetzung**" arbeiten, im Anschreiben an das Gericht jedoch deutlich auf die speziellen Umstände der Erhöhung hinweisen. Die beizufügenden Anlagen ändern sich entsprechend, insbes. ist der Beschluss/die Erklärung der Geschäftsführung über die Ausnutzung des genehmigten Kapitals beizufügen.

217 **Geschäftsführer(in) Änderung der Vertretungsbefugnis (GmbH)**

Nachdem die betreffenden Geschäftsführer als Beteiligte angelegt wurden (es reichen die Angabe von Vor- und Nachname, da der Beteiligte bereits im Register eingetragen ist), wird die **neue Vertretungsregelung** in der Fachdatenmaske ergänzt.

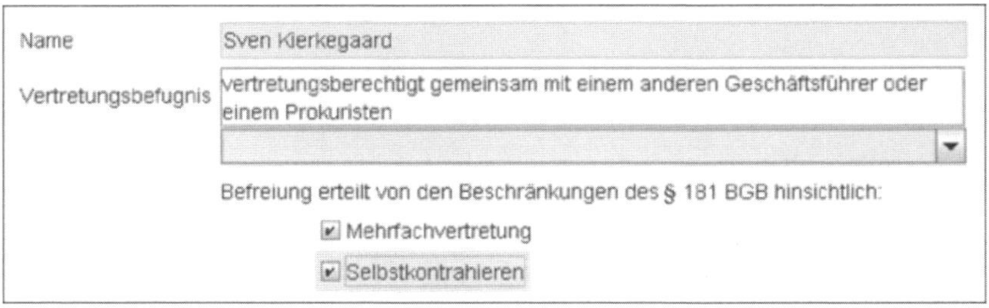

Anlagen sind die Handelsregisteranmeldung sowie der Gesellschafterbeschluss über die Änderung der Vertretungsbefugnis.

218 **Geschäftsführer(in) Austritt (GmbH)**

Beim Austritt eines Geschäftsführers sind dessen **reduzierte Beteiligtendaten** einzugeben. Wird dieser Anmeldefall mit anderen kombiniert, ist darauf zu achten, dass neben der Rolle „Geschäftsführer/in" auch der richtige Anmeldefall zugeordnet wird. Dies ist besonders wichtig, wenn z.B. gleichzeitig ein neuer Geschäftsführer angemeldet wird.

Weitere Fachdaten sind nicht anzugeben.

Anlagen sind die Handelsregisteranmeldung sowie der Gesellschafterbeschluss über die Abberufung des(r) Geschäftsführer(in). Letzter kann je nach Falllage auch ersetzt werden durch das Niederlegungsschreiben des Geschäftsführers oder die Sterbeurkunde.

Geschäftsführer(in) Eintritt (GmbH) 219

Bei diesem einfachen Anmeldefall sind die **vollständigen Personendaten** des(r) neuen Geschäftsführer(in) als Beteiligte zu erfassen und auf der Fachdatenmaske mit der korrespondierenden besonderen Vertretungsbefugnis zu vervollständigen. Aus der Liste ist weiterhin die einschlägige Variante der Befreiung von den Beschränkungen des § 181 BGB zu wählen.

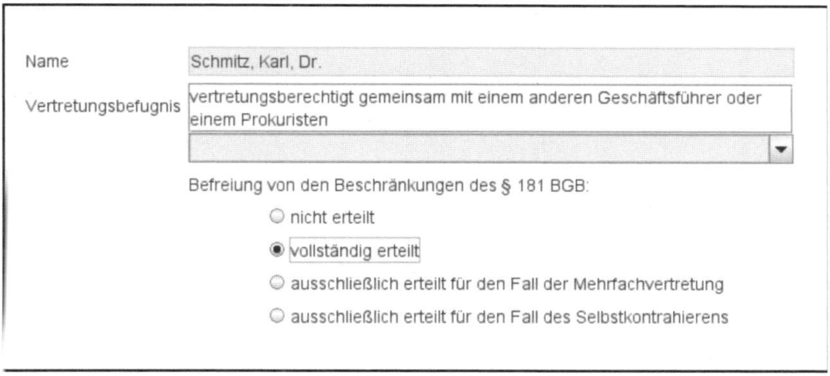

Anlagen sind die Handelsregisteranmeldung sowie der Gesellschafterbeschluss über die Bestellung des(r) Geschäftsführer(in).

Löschung des Rechtsträgers (rechtsformunabhängig) 220

Soll der gesamte Registereintrag bzgl. eines Rechtsträgers gelöscht werden, reicht es, wenn nur dessen Daten innerhalb des Anmeldefalls übergeben werden.

Als **Anlage** ist neben der Registeranmeldung auch der Veröffentlichungsnachweis über die Liquidation beizufügen (z.B. entsprechende Belege des elektronischen Bundesanzeigers).

221 ■ **Prokurist(in) Änderung der Vertretungsbefugnis (rechtsformunabhängig)**

Die Anmeldung der Änderung der Vertretungsbefugnis eines Prokuristen ist technisch etwas einfacher als die eines Geschäftsführers.

Auch hier sind bei den Beteiligtendaten lediglich Vor- und Nachname des bereits im Register eingetragenen Prokuristen anzugeben. Bei der **Kombination mehrerer Anmeldefälle** ist neben der Rolle auch der passende Anmeldefall einzugeben.

Die neue Vertretungsbefugnis ist in der zugehörigen Fachdatenmaske in üblicher Weise anzugeben.

Außer der Registeranmeldung sind keine weiteren **Anlagen** notwendig.

222 ■ **Rechtsformwechsel außerhalb des UmwG (nur Personengesellschaften)**

Dieser Fall wird verwendet, wenn sich die **Rechtsform des Rechtsträgers** ändert, ohne dass es sich um einen der Fälle des UmwG handelt.

Beispiele

- *Austritt eines von zwei persönlich haftenden Gesellschaftern einer OHG*
- *Austritt des letzten Kommanditisten aus einer KG*

Dieser Anmeldefall sollte **stets kombiniert** werden mit dem Vorgang, der den Rechtsformwechsel auslöst, also bspw. mit dem Austritt des Kommanditisten. Es ist sehr zweckmäßig, im Registeranschreiben auf die Besonderheit des Falls hinzuweisen.

Für diesen Anmeldefall sind **keine separaten Fachdaten** oder **Anlagen** zu erfassen.

223 ■ **Sitzverlegung innerhalb des Bezirks (rechtsformunabhängig)**

Dieser Anmeldefall ist zu verwenden, wenn der Sitz der Gesellschaft lediglich **innerhalb des Bezirks** des betreffenden **Registergerichts** verlegt wird.

Hier ist die neue Geschäftsanschrift unmittelbar bei den Rechtsträgerdaten einzugeben.

Das aktuelle Satzungsdatum ist anzugeben.

Als **Anlagen** müssen die Neufassung der Satzung samt Notarbestätigung sowie der Gesellschafterbeschluss über die Sitzverlegung beigefügt werden.

■ Sitzverlegung in einen anderen Bezirk (rechtsformunabhängig) 224

Dieser Fall ist zu verwenden, um die Sitzverlegung anzumelden, wenn diese in den **Bezirk** eines **anderen Registergerichts** erfolgt.

■ Sonderrechtsnachfolge eines(r) Kommanditisten (Kommanditistin) (nur KG) 225

Wenn ein Kommanditist als Rechtsnachfolger eines anderen (austretenden) Kommanditisten in eine KG eintritt, unterscheiden sich – insbes. im Haftungsbereich – die Rechtsfolgen von dem einfacheren Fall, bei dem ein Kommanditist austritt und unabhängig davon ein anderer Kommanditist neu in die Gesellschaft eintritt. Darum bedarf es für diese Fallgruppe eines **eigenen Anmeldefalls**. Innerhalb von diesem können auch eine Mehrzahl von Rechtsnachfolgeverhältnissen abgebildet werden.

Aus datentechnischer Sicht ist es notwendig, die **Beziehung zwischen jedem** ausscheidenden Kommanditisten und dessen Rechtsnachfolger **eindeutig klarzustellen**. Aus diesem Grund ist die Bearbeitung dieses Anmeldefalls etwas komplizierter als die der meisten anderen.

Zunächst sind **sämtliche Beteiligten** (ein- und austretend) als Kommanditisten zu erfassen. Allen ist neben der Rolle als Kommanditist auch der passende Anmeldefall zuzuordnen, wenn noch andere Tatsachen mitangemeldet werden.

Beim **austretenden Kommanditisten** reicht die Eingabe von Vor- und Nachname.

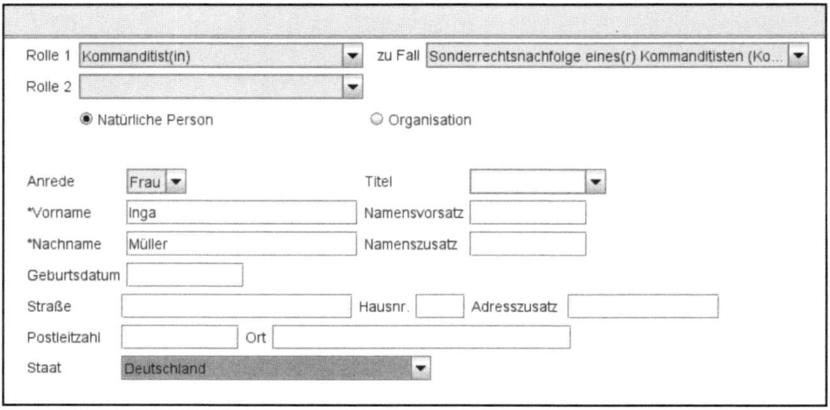

Die **eintretenden Kommanditisten** erhalten als weitere Rolle „Rechtsnachfolger". Dies ist zweckmäßigerweise im Feld „Rolle 2" einzutragen. Hierbei handelt es sich um einen der wenigen Fälle in der Handelsregisterpraxis, in dem ein Beteiligter **zwingend zwei Rollen** haben muss.[152]

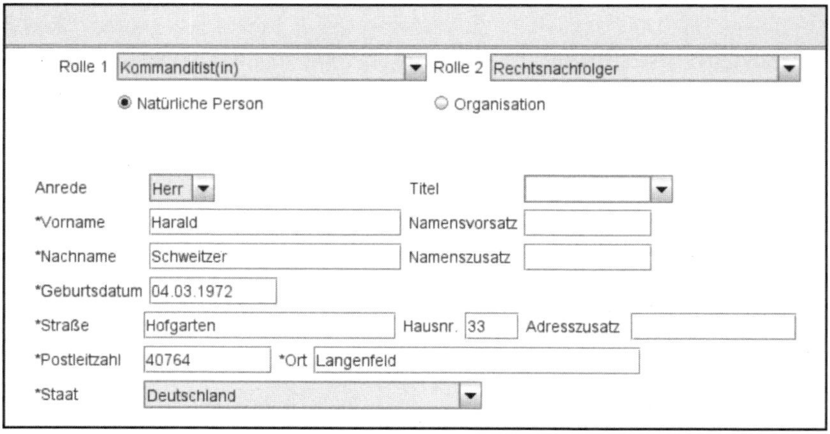

152 Ansonsten kann sich eine Mehrzahl von Rollen ggf. aus der Kombination mehrerer Anmeldefälle ergeben (z.B. Kommanditist, der auch zum Prokuristen berufen wird).

Auf der Fachdatenmaske „**Beteiligtenbeziehungen**“ ist nunmehr jedem ausscheidenden Kommanditisten sein Rechtsnachfolger zuzuordnen. Mit einem Doppelklick auf die Liste der eintretenden Kommanditisten im oberen Teil des Arbeitsbereichs wird der Beteiligte zum Bearbeiten geöffnet. Im linken unteren Fenster wird die Liste der ausscheidenden Kommanditisten eingeblendet. Dort können dem Rechtsnachfolger ein oder mehrere Vorgänger zugeordnet werden. „Übernehmen“ schließt den Vorgang ab.

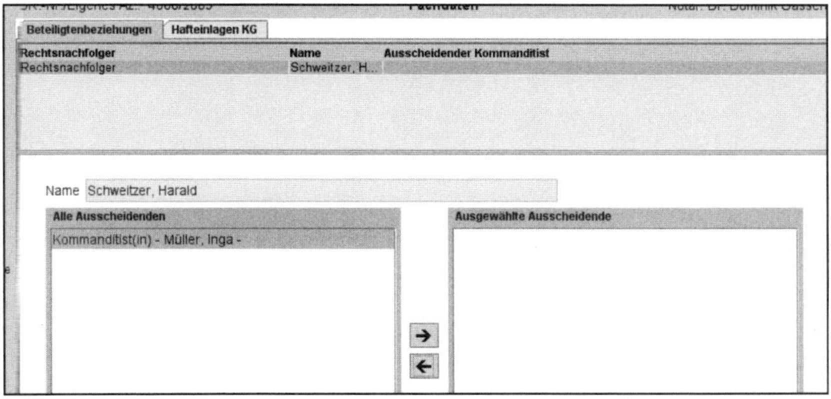

Auf der zweiten Fachdatenmaske wird jedem Rechtsnachfolger eine **Hafteinlage in bestimmter Höhe zugeordnet** – oft der Gesamtbetrag der Einlage des Vorgängers. Hier sind jedoch auch abweichende Gestaltungen möglich, wenn z.B. nur ein Teil einer Hafteinlage übernommen wird und der Übertragende i.Ü. weiter als Kommanditist in der Gesellschaft verbleibt oder wenn ein Kommanditanteil an mehrere Personen übertragen wird.

Hinweis:

Bei solchen komplexeren Gestaltungen empfiehlt es sich, im Bemerkungsfeld der Grunddaten weitere Erläuterungen zu ergänzen.

Wie bei den meisten Anmeldefällen zu Personengesellschaften ist auch hier regelmäßig nur die Registeranmeldung als **Anlage** zu übergeben.

226 **Sonstige Anmeldung/Mitteilung (rechtsformunabhängig)**

Diesem Anmeldefall kommt **große praktische Bedeutung** zu, da niemals sämtliche möglichen Anmeldefälle in XJustiz.Register datentechnisch beschrieben sind. Als Faustregel sollte er überall dort verwendet werden, wo die Anmeldung **nicht in das Schema der übrigen Anmeldefälle einzupassen ist**.

Beispiele:

- *Nachreichen von Unterlagen zu einer bereits bestehenden Anmeldung*
- *Anmeldungen zu Gesellschaftsformen, die bislang in der Fallliste fehlen*
- *Anmeldungen von Zweigniederlassungen ausländischer Gesellschaften (z.B. „Limited")*

> **Hinweis:**
>
> Es sollte nicht versucht werden, ähnliche Anmeldefälle in ein Schema einzupassen, das nicht ausdrücklich für die entsprechende Kombination (Gesellschaftsform und Anmeldefall) vorgesehen ist. Dies führt nur dazu, dass die automatische Fallsteuerung der Registersoftware nicht funktioniert und bedeutet für den Registerrichter oder -rechtspfleger i.d.R. Mehrarbeit.

Bei diesem Anmeldefall wird darauf **verzichtet**, **umfangreiche Fachdaten zu übermitteln**. Da die Verwendung grds. völlig offen ist, könnten nur alle verfügbaren Datenfelder angeboten werden, wobei dem Bearbeiter die Entscheidung zufiele, die „richtigen" Daten an der passenden Stelle einzutragen. Dies würde nicht nur fachlich erheblich höhere Ansprüche stellen, sondern auch bei der Verarbeitung und Zuordnung der Daten erhebliche Probleme auf Justizseite aufwerfen.

Aus diesem Grund sind zu diesem Anmeldefall **ausschließlich die (registerrelevanten) Daten der Beteiligten** zu übergeben sowie etwaige benötigte **Anlagen** – zumindest also die Registeranmeldung selbst. Als Besonderheit ist insoweit zu beachten, dass sowohl hinsichtlich der möglichen Beteiligtenrollen als auch der Anlagentypen von XNotar keine Vorgaben gemacht werden – wegen der offenen Struktur des Falls ist **grds. alles zulässig**. Es kann an dieser Stelle – falls notwendig – auch **Freitext** in die Felder eingeben werden, soweit ein passender Listeneintrag nicht vorhanden ist.

Anmerkung zu allen Anmeldefällen mit Bezug zum UmwG:

Sämtliche Anmeldefälle sind verhältnismäßig schlicht konzipiert, da Umwandlungsfälle regelmäßig zu komplex sind, als dass sinnvoll spezifische Fachdaten übermittelt werden könnten. Um eine optimierte Bearbeitung beim Registergericht zu gewährleisten, sollen darum lediglich die Daten der Rechtsträger erfasst werden sowie – im Fall einer Neugründung beim übernehmenden Rechtsträger – dessen Neugründungs-Fachdaten.

Für den Anwender auf Notarseite sind darüber hinaus die Hinweise zu den benötigten Anlagen zweckmäßig.

UmwG: Abspaltung; Übernehmender Rechtsträger (rechtsformunabhängig) 227

Als Beteiligter ist der **aufnehmende Rechtsträger** zu erfassen. Wenn eine Abspaltung zur Neugründung gewählt ist, muss bei dessen Registernummer „RegNeu" eingetragen werden.

Als **Anlagen** sind beizufügen:

- Registeranmeldung,
- Abspaltungsplan/-vertrag,
- Abspaltungsbeschlüsse der Rechtsträger,
- ggf. notwendige Zustimmungen,
- ggf. Abspaltungsbericht oder Verzichtserklärungen,
- ggf. Zuleitungsnachweis(e) Betriebsrat.

UmwG: Abspaltung; Übertragender Rechtsträger (rechtsformunabhängig) 228

Die **aufnehmende Gesellschaft** ist als Beteiligter zu erfassen. Wenn eine Ausgliederung zur Neugründung gewählt ist, ist bei der Registernummer „RegNeu" einzutragen.

Als **Anlagen** sind beizufügen:

- Registeranmeldung,
- Abspaltungsplan/-vertrag,

- Abspaltungsbeschlüsse der Rechtsträger,
- ggf. notwendige Zustimmungen,
- ggf. Abspaltungsbericht oder Verzichtserklärungen,
- ggf. Zuleitungsnachweis(e) Betriebsrat.

229 ■ **UmwG: Ausgliederung; Übernehmender Rechtsträger (rechtsformunabhängig)**

Bei Ausgliederungen zur Neugründung ist stets auch der Anmeldefall „**Neueintragung** ...“ des entsprechenden Rechtsträgers auszuwählen.[153]

Als Beteiligter ist der **übertragende Rechtsträger** zu erfassen.

Als **Anlagen** sind beizufügen:

- Registeranmeldung,
- Ausgliederungsplan/-vertrag,
- Ausgliederungsbeschlüsse der Rechtsträger,
- ggf. notwendige Zustimmungen,
- ggf. Abspaltungsbericht oder Verzichtserklärungen,
- ggf. Zuleitungsnachweis(e) Betriebsrat.

230 ■ **UmwG: Ausgliederung; Übertragender Rechtsträger (rechtsformunabhängig)**

Die **aufnehmende Gesellschaft** ist als Beteiligter zu erfassen. Wenn eine Ausgliederung zur Neugründung gewählt ist, ist bei der Registernummer „RegNeu“ einzutragen.

Als **Anlagen** sind beizufügen:

- Registeranmeldung,
- Ausgliederungsplan/-vertrag,
- Ausgliederungsbeschlüsse der Rechtsträger,
- ggf. notwendige Zustimmungen,
- ggf. Ausgliederungsbericht oder Verzichtserklärungen,

153 In der Version 3.0.22 von XNotar ist diese Kombination noch nicht möglich. Der Programmfehler wird in einer der nächsten Versionen behoben.

• ggf. Zuleitungsnachweis(e) Betriebsrat.

UmwG: Formwechsel (rechtsformunabhängig) 231

In der Maske zu den Daten des Rechtsträgers sind dessen **Firma** und **Registernummer vor** der **Umwandlung** einzugeben. Dies erlaubt dem Registergericht die korrekte Zuordnung des Vorgangs. Daten, die sich auf den Rechtsträger nach der Umwandlung beziehen (z.B. Kapital und Geschäftsführer bei einer zu einer GmbH umgewandelten KG) sind zu erfassen, soweit dies in den entsprechenden Masken angeboten wird.[154] I.Ü. ergeben sich die Details des Formwechsels aus der Anmeldung sowie den **Anlagen** dazu. Diese sind wie in Umwandlungsfällen üblich:

• Registeranmeldung,
• Umwandlungsplan/-vertrag,
• Umwandlungsbeschluss (soweit separat gefasst),
• ggf. notwendige Zustimmungen,
• ggf. Umwandlungsbericht oder Verzichtserklärungen,
• ggf. Zuleitungsnachweis(e) Betriebsrat.

UmwG: Vermögensübertragung; Übernehmender Rechtsträger (rechtsformunabhängig) 232

Wie in den anderen UmwG-Fällen sind die Daten **beider Rechtsträger** zu erfassen – das Fallsubjekt als „Rechtsträger“, der Gegenpart als „Beteiligter“.

Anlagen sind:

• Registeranmeldung,
• Übertragungsplan/-vertrag,
• Übertragungsbeschluss (soweit separat gefasst),
• ggf. notwendige Zustimmungen,
• ggf. Übertragungsbericht oder Verzichtserklärungen,
• ggf. Zuleitungsnachweis(e) Betriebsrat.

154 XNotar 3.0.22 erlaubt hier noch keine weiter gehende Eingabe von Daten. Dies wird ggf. noch in zukünftigen Versionen angepasst.

233 UmwG: Vermögensübertragung; Übertragender Rechtsträger (rechtsformunabhängig)

In diesem Anmeldefall sind ebenfalls, wie in den anderen UmwG-Fällen, die Daten **beider Rechtsträger** zu erfassen – das Fallsubjekt als „Rechtsträger", der Gegenpart als „Beteiligter".

Anlagen sind:

- Registeranmeldung,
- Übertragungsplan/-vertrag,
- Übertragungsbeschluss (soweit separat gefasst),
- ggf. notwendige Zustimmungen,
- ggf. Übertragungsbericht oder Verzichtserklärungen,
- ggf. Zuleitungsnachweis(e) Betriebsrat.

234 UmwG: Verschmelzung; Übernehmender Rechtsträger (rechtsformunabhängig)

Auch dieser Anmeldefall weist keine strukturellen Unterschiede zu den anderen Fällen nach dem UmwG auf. Es sind ebenfalls **beide Rechtsträger** – das Fallsubjekt als „Rechtsträger", der Gegenpart als „Beteiligter" zu erfassen.

Als **Anlagen** sind beizufügen:

- Registeranmeldung,
- Verschmelzungsplan/-vertrag,
- Verschmelzungsbeschluss (soweit separat gefasst),
- ggf. notwendige Zustimmungen,
- ggf. Verschmelzungsbericht oder Verzichtserklärungen,
- ggf. Zuleitungsnachweis(e) Betriebsrat.

235 UmwG: Verschmelzung; Übertragender Rechtsträger (rechtsformunabhängig)

Die Behandlung dieses Anmeldefalls entspricht spiegelbildlich dem vorausgehenden – lediglich die beteiligten Rechtsträger sind an der jeweils anderen Stelle zu erfassen.

Unternehmensvertrag (Gewinnabführung etc.) (rechtsformunabhängig) 236

Weil die anzumeldenden Gestaltungen in diesem Bereich sehr unterschiedlich sind, werden im Rahmen dieses Anmeldefalls lediglich die **Daten des Rechtsträgers** sowie die **Anlagen** (neben der Anmeldung der anzumeldende Vertrag sowie die Zustimmungsbeschlüsse der herrschenden und beherrschten Gesellschaft) übergeben.

Vorstand Änderung der Vertretungsbefugnis (nur AG) 237

In diesem Fall muss für **jeden betroffenen Vorstand** neben dessen Vor- und Nachname auch die geänderte Vertretungsbefugnis angegeben werden.

Als **Anlage** wird außer der Registeranmeldung das Protokoll des Aufsichtsratsbeschlusses über die Änderung der Vertretungsbefugnis benötigt.

Vorstand Austritt (nur AG) 238

Wie im Parallelfall bei der GmbH sind die **austretenden Vorstände** mit Vor- und Nachname zu erfassen. Ggf. ist die gewählte Rolle „Vorstand“ noch dem Anmeldefall zuzuordnen.

Zusätzlich zur Registeranmeldung sollte als **Anlage** entweder der Abberufungsbeschluss des Aufsichtsrats oder eine andere Dokumentation des Grundes des Ausscheidens (Niederlegungsschreiben, Kündigung, Sterbeurkunde) beigefügt werden.

Vorstand Eintritt (nur AG) 239

Dieser Anmeldefall ist ähnlich angelegt wie die Anmeldung neuer Geschäftsführer bei einer GmbH.

Die **neuen Vorstände** sind mit vollen Beteiligtendaten als Beteiligte zu erfassen und mit ihrer Vertretungsbefugnis zu versehen.

Als **Anlage** ist neben der Registeranmeldung der Beschluss des Aufsichtsrats über die Bestellung hinzuzufügen.

7. Anlegen des Anschreibens

240 Einer der Hauptunterschiede zum früheren Verfahren ist die **standardmäßige Verwendung** eines (**zu signierenden**) **Anschreibens** an das **Registergericht**, in dem bestimmte Erklärungen und Anträge gegenüber dem Registergericht zusammengefasst werden.

241 Der textliche Inhalt des Anschreibens wird dem entsprechenden Feld in der Maske „**Grunddaten**" entnommen. Wurden in diesem Feld keine Daten eingetragen, wird dieser Schritt übersprungen. Weitere Informationen sind Name und Anschrift des Notars, die Registernummer und die Firma des Rechtsträgers sowie das Gericht, an das die Anmeldung gerichtet ist.

I.R.d. Arbeitsablaufs öffnet sich bei diesem Schritt ein neues Fenster, das zum Programm SigNotar gehört. Dies ist notwendig, da die Funktion, mit der der Text aus dem Maskenfeld in eine signaturfähige Datei umgewandelt wird von diesem Programm bereitgestellt wird.[155]

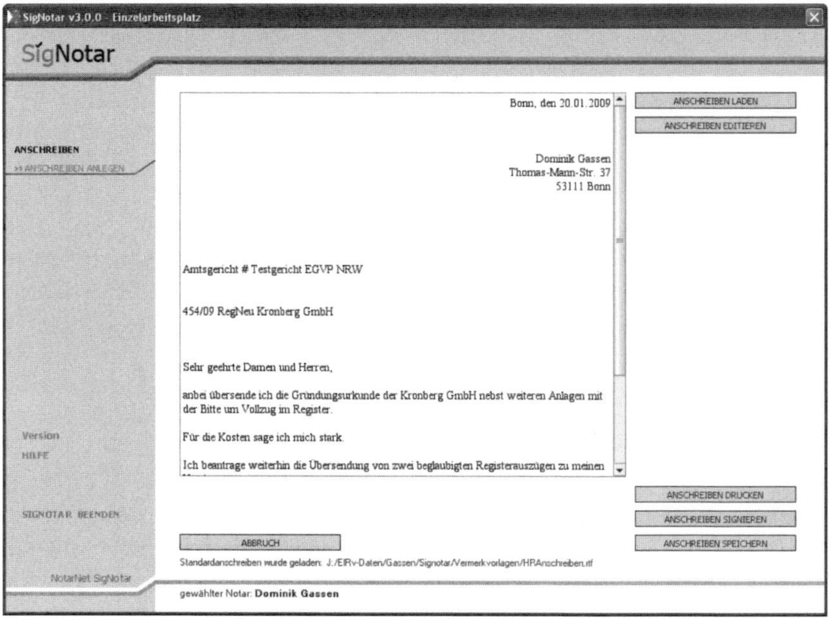

155 Die Funktion ist technisch identisch zur Generierung des Beglaubigungsvermerks als Annex zu eingescannten Anlagen.

In der Fenstermitte kann der Inhalt des Anschreibens überprüft werden. Bei Bedarf kann der Anwender über die entsprechenden Bedienelemente ein alternatives Anschreiben laden,[156] den Text des Anschreibens manuell anpassen (editieren),[157] das Anschreiben ausdrucken oder unmittelbar signieren. I.d.R. wird es an dieser Stelle nur notwendig sein, nach der Prüfung das Anschreiben zu speichern. Die Signatur wird dann in einem Zug mit den übrigen Anlagen vorgenommen.

Um das Anschreiben **optimal zu gestalten**, sollten die in SigNotar vorgesehenen Angaben zum Notar (Titel, Anschrift etc.) vollständig ausgefüllt sein, damit das Programm auf die Informationen zurückgreifen kann.

Die **Vorlage** für das **Registeranschreiben** findet sich im Verzeichnis „...\ElRv-Daten\[Notarname]\Signotar\Vermerkvorlagen". Die üblicherweise für das Registeranschreiben genutzte Vorlage heißt „HRAnschreiben.rtf".[158] 242

Diese Datei kann mit **jeder handelsüblichen Textverarbeitung** (z.B. MS Word) geöffnet und bearbeitet werden. Dabei kann die Gestaltung der Sei-

156 Dies muss im RTF-Format vorliegen und kann Variablen/Platzhalter enthalten (zu den Möglichkeiten vgl. Rn. 339 ff.).

157 Wenn Änderungen an dieser Stelle vorgenommen werden, werden diese allerdings nicht in den XML-Daten übernommen und gespeichert. Es empfiehlt sich darum, bei Bedarf die Korrekturen unmittelbar im entsprechenden Feld der XNotar-Grunddatenmaske einzugeben.

158 Daneben gibt es noch Versionen des Anschreiben-Musters für Notarvertreter und –verwalter (HRAnschreiben_Vertretung.rtf und HRAnschreiben_Verwaltung.rtf).

te auch nach **individuellen Wünschen** angepasst werden (z.B. Schrifttype, Schriftschnitt oder Schriftgröße). SigNotar setzt solchen Gestaltungsmöglichkeiten allerdings Grenzen. Grafiken oder aufwendige Elemente in Briefköpfen können nicht nachgebildet werden. Es empfiehlt sich, im Einzelfall verschiedene Gestaltungen auszuprobieren und zu prüfen, womit in SigNotar die besten Ergebnisse erzielt werden können.

Beispiel für ein umgestaltetes Anschreiben:

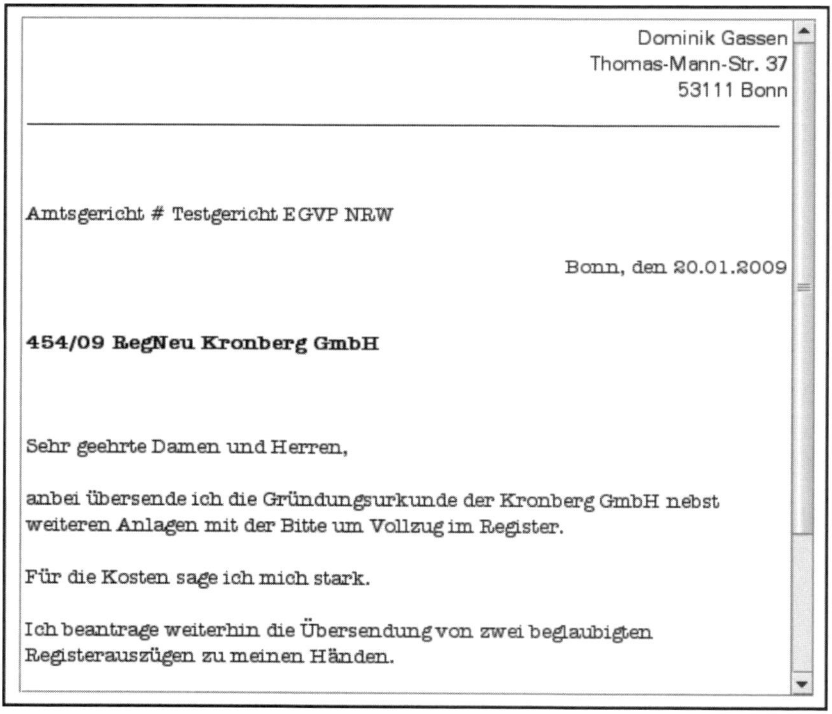

Dominik Gassen
Thomas-Mann-Str. 37
53111 Bonn

Amtsgericht # Testgericht EGVP NRW

Bonn, den 20.01.2009

454/09 RegNeu Kronberg GmbH

Sehr geehrte Damen und Herren,

anbei übersende ich die Gründungsurkunde der Kronberg GmbH nebst weiteren Anlagen mit der Bitte um Vollzug im Register.

Für die Kosten sage ich mich stark.

Ich beantrage weiterhin die Übersendung von zwei beglaubigten Registerauszügen zu meinen Händen.

243 Wird der Text im „**Anschreibenfeld**" auf der Grunddatenmaske abgeändert, wird ein neues Anschreiben nach dem vorgegebenen Muster mit dem geänderten Text generiert. Vorherige manuelle Änderungen gehen dabei verloren.

Wählt man „**Anschreiben speichern**", erscheint ein Dateidialog, mit dem man **Dateiname** und **Speicherort** bestimmen kann. Regelmäßig können die Programmvorgaben verwendet werden (Dateiname: „[UR-Nr.]_]HR.Nr.]_

Anschreiben.tiff", speichern in „Zwischenablage" (zur Signatur)). Die Speicherung erfolgt im Tiff-Format. Klickt man auf „Speichern", erhält man eine Bestätigung über den Speichervorgang.

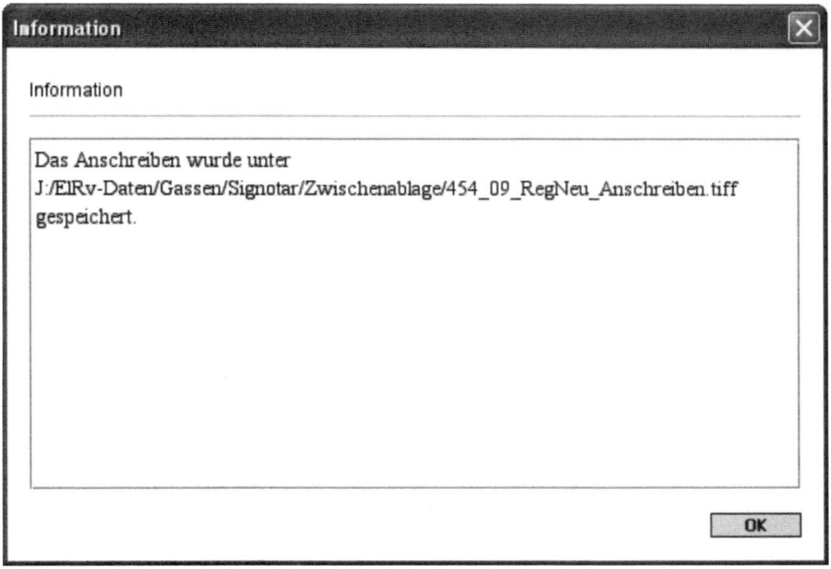

8. Anlagen/Dokumente

Mit den Angaben auf dieser Maske wird die **Verbindung** zwischen den **XML-** 244
Daten und den zur Anmeldung benötigten **elektronischen Dokumenten** hergestellt.[159] Die Daten haben im Verfahren zwei Funktionen:

- Bei der **Weiterverarbeitung innerhalb der Registersoftware** erlauben sie dem Sachbearbeiter eine schnelle Übersicht über den Inhalt der übersendeten Anlagen. Daneben werden die enthaltenen Klassifizierungen genutzt, um bei der späteren Online-Beauskunftung der Dokumente (Internet-Abruf des Sonderbandes) eine nachvollziehbare Ordnung herzustellen.
- **Innerhalb von XNotar** werden insbes. die Angaben zum Speicherort der Dateien verwendet, um bei der anschließenden Signatur und dem abschließenden Export der Daten sämtliche Anlagen einbeziehen zu können. Beim Export für den EGVP-Client werden bspw. sämtliche Dateien in ein Aus-

159 Zum rechtlichen Verhältnis zwischen XML-Daten und Anlagen vgl. Rn. 494.

tauschverzeichnis kopiert, von dem aus sie als Nachricht in den EGVP-Postausgang übernommen werden.

245 Die Maske teilt sich in bekannter Weise in eine **Listenansicht** im oberen Teil und einen **Arbeitsbereich** im unteren Teil auf. Beim Öffnen ist in der Tabelle i.d.R. als erste Anlage das soeben generierte Anschreiben enthalten. Im Arbeitsbereich sind zunächst anmeldefallspezifisch die benötigten und empfohlenen Anlagen aufgelistet. Diese sind **je nach Status farbcodiert**:

- **Rot**: Notwendige Anlage, die noch hinzugefügt werden muss.
- **Blau**: Optional beizufügende Anlage, noch nicht hinzugefügt.
- **Grün**: Anlage wurde hinzugefügt und liegt im vorgesehenen Status (signiert/unsigniert) vor.
- **Gelb**: Anlage wurde hinzugefügt, muss aber noch signiert werden.[160]

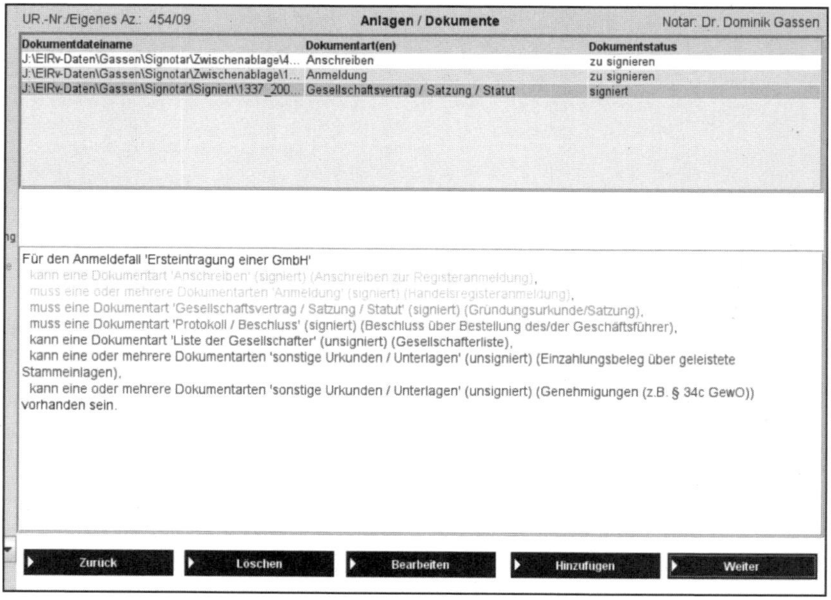

160 Die Farbgebung ist hier abhängig von dem gewählten Modus: Zu signierende Dokumente erscheinen im Modus „Mitarbeiter“ grün, da außer dem Hinzufügen keine weiteren Schritte vorgesehen sind. Im Modus „Einzelarbeitsplatz“ erscheinen sie hingegen gelb, da an demselben Arbeitsplatz die Signatur der Dateien erfolgen soll.

Anlagen können mit einem Klick auf „**Hinzufügen**" erfasst werden. Im Ar- 246
beitsbereich erscheinen die benötigten Felder.

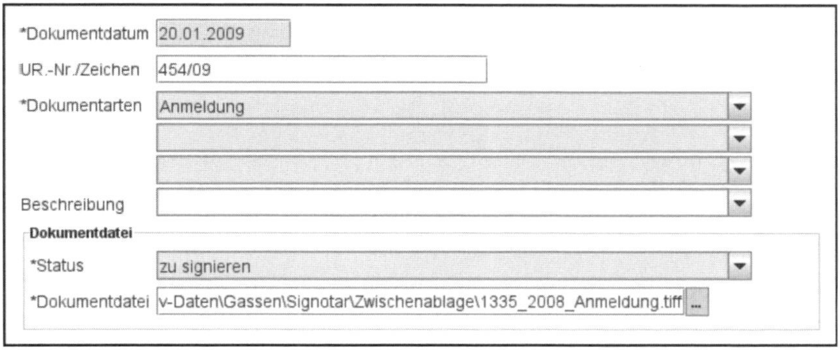

In das Feld „**Dokumentdatum**" ist zwingend das Datum des Dokuments ein- 247
zutragen.

In dem Feld „**UR.-Nr./Zeichen**" ist die Urkundenrollennummer oder ein sonstiges Aktenzeichen (wenn es sich bei dem Dokument nicht um eine notarielle Urkunde handelt) anzugeben. Ist kein geeignetes Aktenzeichen vorhanden (z.B. bei einer einzureichenden Gesellschafterliste), kann das Feld leer bleiben.

Zwingend anzugeben ist die **Dokumentart**, da der Inhalt für die Weiterverarbeitung der Anlage beim Registergericht wichtig ist. Dazu sollte aus der Aufklappliste die Klassifizierung gewählt werden, die dem Dokumentinhalt am nächsten kommt. In diesem Zusammenhang auch auf die Vorschläge, die XNotar zu Beginn der Anlagenbearbeitung macht, achten. Wenn keine Entsprechung gefunden wird, „Sonstige Urkunden/Unterlagen" wählen.

Hinweis:

In der notariellen Praxis ist es üblich, mehrere in der XNotar-Liste getrennt aufgeführte Dokumentarten **in einer Urkunde zusammenzufassen**. So enthalten GmbH-Gründungsurkunden neben dem Gesellschaftsvertrag oft auch den Beschluss über die Bestellung der Geschäftsführer, manchmal auch die Registeranmeldung selbst. In diesem Fall bietet XNotar die Möglichkeit, **bis zu drei Dokumentarten** auszuwählen, die in der Urkunde enthalten sind.

„**Beschreibung**" soll zusätzliche Informationen zum Dokument aufnehmen, wenn die Klassifizierung in „Dokumentart" nicht ausreicht. Das wird vielfach bei den Dokumentarten „Protokoll/Beschluss", „Sonstige Urkunden/Unterlagen" und „Unternehmensvertrag/Umwandlungsvertrag/sonstiger Vertrag" der Fall sein.[161]

In das Feld „**Stichtag**" soll nur dann ein Datum eingetragen werden, wenn die betreffende Anlage eine insoweit relevante Eigenschaft aufweist. Das dürfte insbes. bei der Übersendung von Bilanzen der Fall sein.

248 Etwas schwieriger ist der Umgang mit den Feldern, die unter „**Dokumentdatei**" zusammengefasst sind. Hier gibt es eine ganze Reihe von Optionen, die die verschiedenen Arbeitsabläufe in unterschiedlich strukturierten Notariaten unterstützen. An dieser Stelle soll zunächst die Methodik erläutert werden, welche üblicherweise am effizientesten in einem **Büro mit Aufgabenteilung** zwischen **Notar** und **Mitarbeiter** verwendet werden kann und sich am engsten an der bisherigen Arbeitsweise anlehnt.[162]

Im Feld „**Status**" wird aus der Liste ausgewählt, wie mit der Anlage umgegangen werden soll:

- „**Unsigniert**" bedeutet, dass diese Anlage keine wirksame elektronische Signatur benötigt. Dies kann der Fall sein, wenn Dokumente, die keiner besonderen Form bedürfen, an das Register übermittelt werden, z.B. Gesellschafterlisten (ohne Notarbestätigung), Einzahlungsnachweise etc. Solche Daten werden beim späteren Signaturvorgang durch den Notar nicht einbezogen. **Im Zweifel** sollte man sich an dieser Stelle lieber für die Signatur entscheiden, weil deren Fehlen im Bedarfsfall schlimmere Folgen hätte als eine zuviel vorhandene Signaturdatei.
- „**Zu signieren**" bedeutet, dass diese Datei (samt evtl. benötigtem Beglaubigungsvermerk) so vorbereitet ist, dass sie durch den Notar signiert werden kann. Sie erscheinen in der Übersicht für den Notar als zu signierende Dokumente.
- „**Signiert**" bedeutet, dass diese Datei bereits signiert ist und keiner nochmaligen Signatur bedarf. Sie wird nicht in den Signaturvorgang einbezogen, XNotar erwartet jedoch, dass eine mit den eingescannten Daten

161 In den Ländern Berlin, Brandenburg, Bremen und Schleswig-Holstein wird die Beschreibung der Dokumente dem Bearbeiter im Registergericht nicht angezeigt.

162 Vgl. zu weiteren Optionen z.B. Rn. 281 ff.

korrespondierende Signaturdatei im gleichen Verzeichnis liegt. Ist das nicht der Fall, gibt es eine Fehlermeldung. Beim üblichen Arbeitsablauf dürfte es eher selten vorkommen, dass in diesem Stadium bereits signierte Dateien vorliegen. Denkbar ist dieses Szenario, wenn aus irgendwelchen Gründen eine bereits verwendete (und darum schon signierte) Datei nochmals verwendet oder bloß nochmals übersendet werden soll.

An dieser Stelle wird zunächst unterstellt, dass die **Anlagen** bereits vor der Bearbeitung mit XNotar anderweitig **eingescannt** und etwa benötigte Beglaubigungsvermerke bereits hinzugefügt wurden, z.B. bei Verwendung eines separaten „Scan-Arbeitsplatzes". Kann der **Sachbearbeiter** hier darum auf **vorbereitete Daten** zurückgreifen, wählt er bei Status typischerweise **„Zu signieren"** (und ausnahmsweise „Unsigniert"). Danach klickt er auf die **Schaltfläche** mit den **drei Punkten**. 249

Es öffnet sich ein **Auswahlfenster**, in dem die zugehörige Datei in der Dateiablage angegeben werden kann. Sie wird sich typischerweise im Verzeichnis „...\ElRv-Daten\[Notarname]\Signotar\Zwischenablage" befinden.[163] Wenn die entsprechende Datei ausgewählt wurde, werden Dateipfad und -name von XNotar in das Feld „Dokumentendatei" übernommen.

Bei Bedarf kann der Sachbearbeiter an dieser Stelle auch den **Inhalt** der ausgewählten Tiff-Datei **überprüfen**, in dem er die Schaltfläche **„Anzeigen/Bearbeiten"** wählt. Das Dokument öffnet sich in einem separaten SigNotar-Fenster zur Ansicht. Die Bearbeitungsmöglichkeiten beschränken sich bei dieser Funktion allerdings auf das **Löschen einzelner Seiten**.

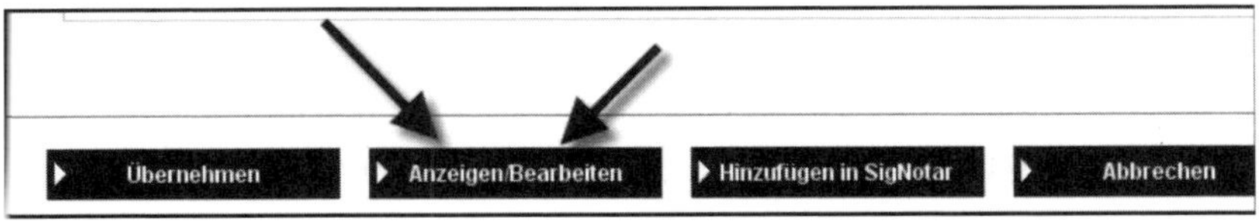

163 Dateien, die keine Signatur erfordern, sind üblicherweise im Verzeichnis „...\ElRv-Daten\[Notarname]\Signotar\Unsigniert" abgelegt.

250 Wenn die **Anlage nicht** bereits in einem vorbereiteten Schritt **eingescannt** wurde, kann der Sachbearbeiter dies auch an dieser Stelle erledigen. Voraussetzung dafür ist natürlich, dass am betreffenden Arbeitsplatz ein Scanner vorhanden ist, oder die benötigte Tiff-Datei auf anderem Weg erzeugt werden kann.[164]

Die **Strukturdaten** zu dem Dokument (Datum, Aktenzeichen, Dokumentart) sollten möglichst bereits **vor** dem **Hinzufügen des Dokuments eingegeben** werden, damit in der Folge diese Daten für den Vorschlag eines aussagekräftigen Dateinamens verwendet werden können.

Dazu wählt man die Schaltfläche „**Hinzufügen in SigNotar**". Es öffnet sich die Datenerfassungsmaske von SigNotar. Hier kann man Dokumente einscannen und zusammenführen, auf bereits im richtigen Format (Tiff) vorliegende Daten zurückgreifen und einen Beglaubigungsvermerk hinzufügen.[165]

Ist die Anlage samt Beglaubigungsvermerk fertiggestellt, wählt man die Schaltfläche „**Speichern**". Hier sollte für die Anlage ein sinnvoller Dateiname für die Speicherung im Verzeichnis „Zwischenablage" gewählt werden. Dann wählt man „**SigNotar schließen**".

Nach diesen Schritten sollten alle Daten für die betreffende Anlage vollständig vorhanden sein. Dann klickt man auf die Schaltfläche „**Übernehmen**". Die Tabelle im oberen Teil sowie die farbcodierten Anlagenanforderungen werden angepasst. Wenn alle benötigten Anlagen in dieser Weise abgearbeitet wurden, wählt man „Weiter".

9. Sichtung

251 Diese **Maske** wurde gleichfalls gegenüber der Vorversion **deutlich erweitert**. Zunächst erlaubt sie dem Bearbeiter eine **vollständige Übersicht** über die erfassten **Daten** und deren **Zuordnung**.

Auch die **angehängten Dokumente** werden aufgezählt. **Neu** sind die hinzugekommenen **Links** (blau unterstrichene Textteile). Mit diesen lässt sich – je nach Charakter der angeklickten Daten – Unterschiedliches bewirken:

---

164 Vgl. dazu Übungsfall 1 (Rn. 596), insbes. S. 384 f. zum Generieren von Tiff-Dokumenten aus elektronischen Vorlagen (wie Reinschriften in einer Textverarbeitung).

165 Vgl. zur vertieften Darstellung dieser Arbeitsschritte unten Rn. 317 ff.

- Ein Klick auf den **Dateinamen einer Anlage** öffnet das jeweilige Dokument in SigNotar zur Bearbeitung.
- Klickt man auf ein **Datenelement** (z.B. eine Adressangabe oder einen Namen), gelangt man unmittelbar zu den jeweiligen Bearbeitungsmasken und kann auf diesem Weg festgestellte Fehler schnell und unkompliziert korrigieren. Ggf. wird XNotar dazu vorschlagen, in den Einzelplatzmodus zu wechseln.

Sind alle Angaben korrekt, so bestätigt man mit „**Weiter**“ und gelangt dann zur **Maske „Weiterverarbeitung**“.

10. Weiterverarbeitung

Aufgrund der bislang erledigten Arbeitsschritte kommen als Optionen zur Weiterverarbeitung lediglich die beiden Folgenden in Betracht: 252

- Mit der Funktion „**Validieren**“ prüft man, ob die Daten gültig sind, d.h. ob sie den in XNotar integrierten Vorgaben für eine solche Anmeldung entsprechen.

- Mit „**Weitergabe an den Notar**" wird die Vorbereitung der Anmeldung abgeschlossen und die Daten werden an den Notar zur Prüfung und Signatur gegeben.

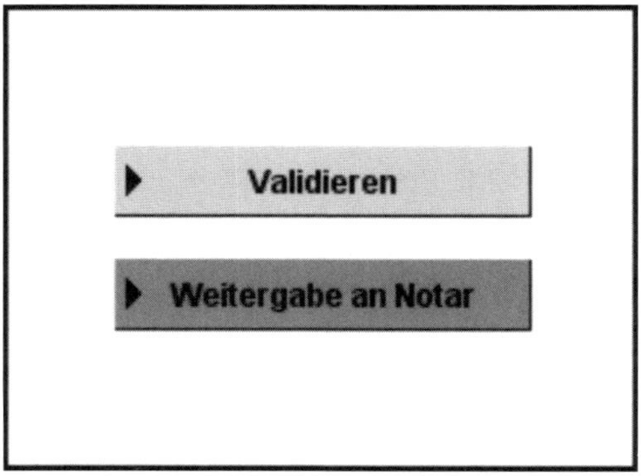

253 Wird „Weitergabe an Notar" gewählt, erhält man eine Rückmeldung, die idealerweise die **erfolgreiche Übergabe** bestätigen sollte. Das Programm wechselt zur Anmeldungsübersicht.

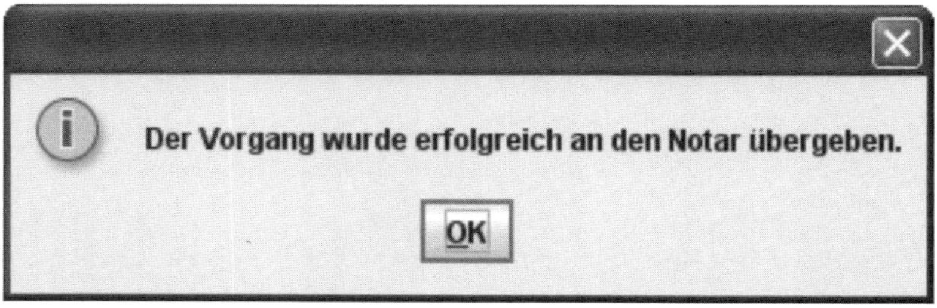

Sollten die **Daten noch nicht vollständig** sein, erscheint eine **Fehlermeldung** mit näheren Angaben zum konkreten Problem, die auch den unmittelbaren Aufruf der entsprechenden Maske erlaubt.

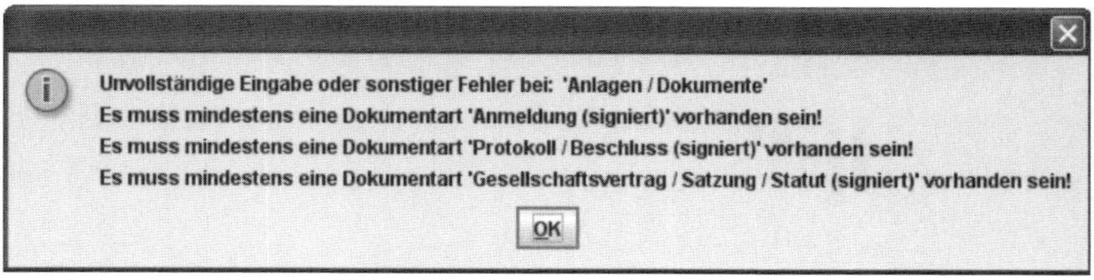

Hinweis:

Wenn ein Problem auftritt, XNotar also aufgrund der integrierten fachlichen Vorgaben die Anmeldung nicht für vollständig hält, wird das Programm nur in den seltensten Fällen eine Weitergabe (oder in der Folge den Versand) der Daten technisch unterbinden. Der Anwender hat i.d.R. die Möglichkeit, aufgrund eigener Entscheidung entgegen der Programmvorgabe die Daten weiterzugeben. Von dieser Möglichkeit sollte allerdings nur mit Vorsicht Gebrauch gemacht werden, da sich die fachlichen Vorgaben an den üblichen Regelanmeldungen orientieren und üblicherweise zutreffen. In Ausnahmefälle können Abweichungen jedoch zweckdienlich und geboten sein.

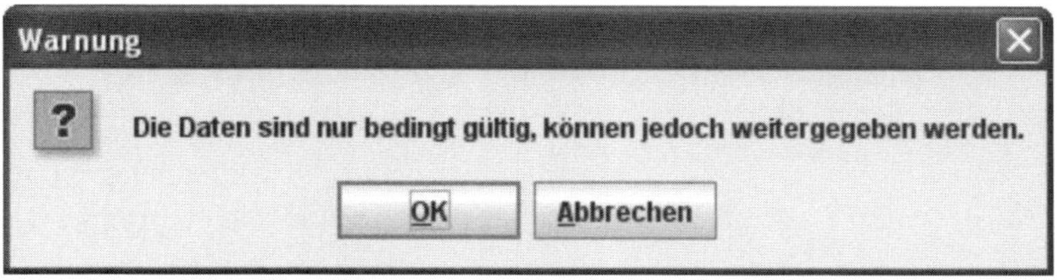

11. Bearbeitung im Notarmodus

Nachdem die Vorbereitung der Daten durch den Mitarbeiter vollständig abgeschlossen ist, kann nunmehr der Notar den Fall übernehmen und die ihm i.R.d. Verfahrens zugeordneten Aufgaben wahrnehmen. 254

Der Notar verwendet XNotar im arbeitsteiligen Verfahren grds. im Notarmodus. Dieser kann über die Aufklappliste in der linken unteren Ecke der Navigationsleiste angewählt werden.

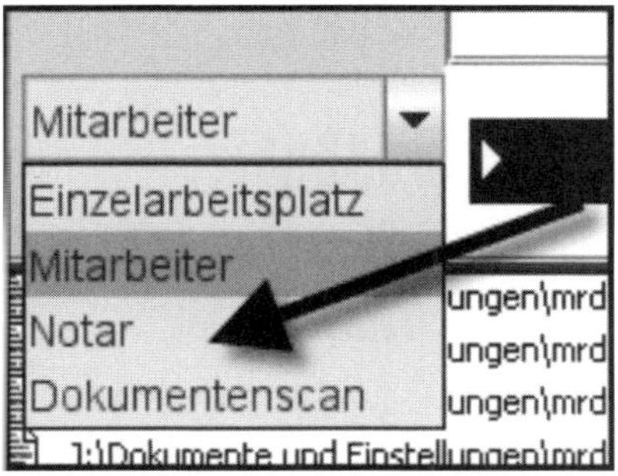

255 Die **Startmaske** des Notarmodus erlaubt im Bereich „**Handelsregister**“ ausschließlich die Auswahl der Anmeldungsübersicht.

256 Auf der **folgenden Maske** werden dem Notar **alle Vorgänge angezeigt**, die von seinen Mitarbeitern über die Funktion „Weitergabe an den Notar“ an ihn verwiesen wurden. Sie haben den Status „Vorbereitung abgeschlossen“. In der letzten Spalte der Liste weist ein **Notizblock-Symbol** darauf hin, dass der Sachbearbeiter bei dieser Anmeldung eine Notiz für den Notar hinterlegt hat. Diese kann durch Doppelklick auf das Symbol aufgerufen werden.

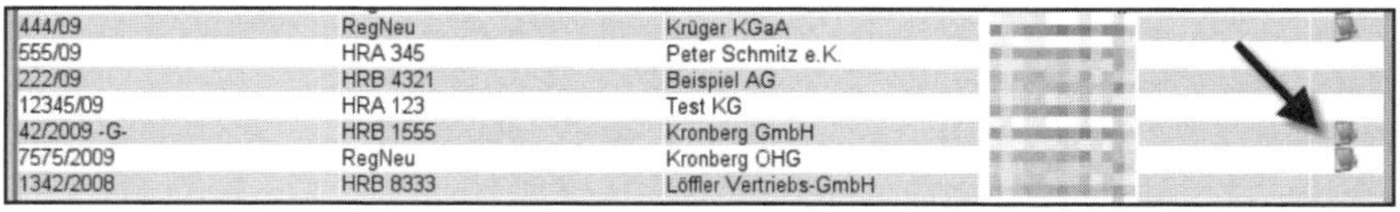

444/09	RegNeu	Krüger KGaA
555/09	HRA 345	Peter Schmitz e.K.
222/09	HRB 4321	Beispiel AG
12345/09	HRA 123	Test KG
42/2009 -G-	HRB 1555	Kronberg GmbH
7575/2009	RegNeu	Kronberg OHG
1342/2008	HRB 8333	Löffler Vertriebs-GmbH

257 Den jeweiligen Anmeldevorgang öffnet der Notar mit Doppelklick auf die betreffende Tabellenzeile oder mit der Schaltfläche „**Anmeldung öffnen**“.

Er gelangt zunächst zum **Sichtungsbildschirm**, der inhaltlich dem des Mitarbeiters entspricht. Er erlaubt es dem Notar, die ihm vorgelegte Anmeldung vollinhaltlich zu überprüfen, bevor er sie für den Versand freigibt. Dazu verwendet er neben der Übersicht auch die blau markierten und unterstrichenen Links zu den jeweiligen Elementen der Registeranmeldung.

Beim Klick auf ein über eine Eingabemaske erfasstes Datenelement bietet XNotar die Möglichkeit, in den **Einzelplatzmodus** zu wechseln, um einen **Fehler selbst zu korrigieren**. Dies ist im Notarmodus selbst nicht möglich, da hier die Daten nur kontrolliert und signiert werden sollen. Alternativ kann er (auf der folgenden Maske) die Anmeldung auch an den Mitarbeiter zurückgeben (mit der Bitte, den Fehler zu beheben).

Nach Abschluss seiner Kontrolle klickt der Notar auf „**Weiter**". Der nunmehr erscheinende **Auswahlbildschirm** gibt ihm ein breiter gefächertes Spektrum von Bearbeitungsmöglichkeiten.

- „**Signieren**" ist die typische Auswahl in den meisten Fällen; die anschließenden Arbeitsschritte sind im Folgenden noch detaillierter beschrieben.
- „**Export**" erlaubt es, die Daten als Gesamtheit bereitzustellen, damit sie z.B. auf CD gebrannt und im Wege der Ersatzeinreichung an das Registergericht übergeben werden können. Für die Sicherung der Daten ist diese

Funktion regelmäßig nicht notwendig, da eine Speicherung während der Bearbeitung kontinuierlich erfolgt.

- „**Validieren**" ruft eine Funktion auf, die überprüft ob die eingegebenen Daten konform zu den im Programm vorgegebenen fachlichen Vorgaben sind, d.h. ob alle nach der Programmlogik notwendigen Eingaben und Anlagen vorhanden sind.

> **Hinweis:**
>
> Diese Prüfung kann lediglich eine Orientierung über die Vollständigkeit der Anmeldungsdaten geben. Sie ist nicht geeignet, abschließend über die technische und vor allem rechtliche Richtigkeit der Anmeldung zu urteilen.

- „**Zurück an Mitarbeiter**" ändert den Status der Anmeldung auf „In Bearbeitung". Diese Funktion ist sinnvoll für den Fall, dass der Notar aufgrund eines Fehlers oder eines anderen Problems mit der Anmeldung bei der Prüfung feststellt, dass Signatur und Versand noch nicht gewünscht sind. Will oder kann er das Problem nicht selbst beheben, ist auf diese Weise die Rückgabe an den Sachbearbeiter möglich. Sinnvollerweise sollte der Notar die Rückgabe mit einem **Kommentar** versehen, um die Behebung zu erleichtern. XNotar bietet dafür nach Auswahl dieser Funktion ein entsprechendes Eingabefeld an.

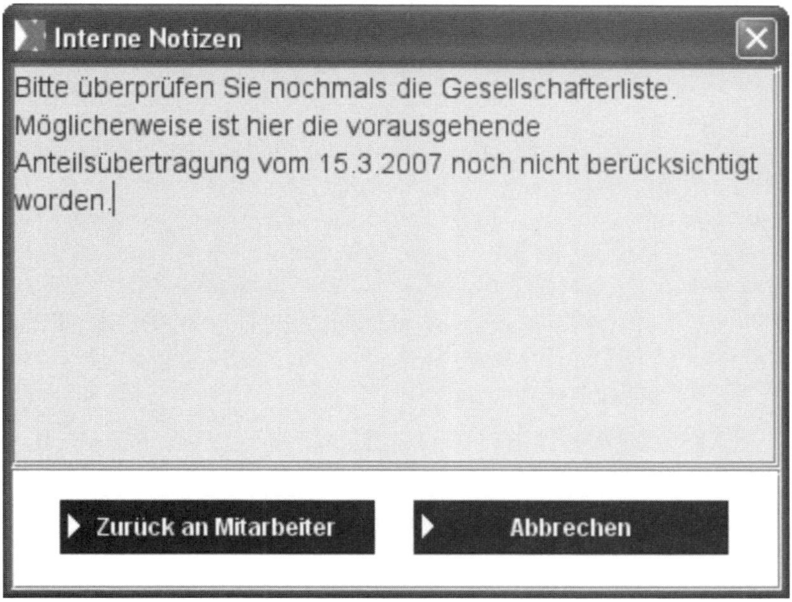

Hinweis:

XNotar unterscheidet derzeit noch nicht nach den Mitarbeitern, die die einzelnen Anmeldungen bearbeiten, sodass bei Nutzung dieser Funktion die Anmeldung zunächst in den allgemeinen „Anmeldungspool" nicht abgeschlossener Vorgänge zurückwandert. Es ist darum normalerweise notwendig, den betreffenden Mitarbeiter nochmals darauf hinzuweisen, dass die Anmeldung der nochmaligen Überarbeitung bedarf.

- Mit „**Vorgang bearbeiten**" wechselt das Programm in den Einzelplatzmodus, der für den Notar selbst alle Bearbeitungsmöglichkeiten bereitstellt. Die Masken und die Navigation entsprechen denen im Mitarbeitermodus. Auf diesem Weg können insbes. kleinere Fehler schnell und unkompliziert behoben werden.
- Die Funktion „**Übergabe an EGVP**" ist der letzte Schritt in der Bearbeitung durch den Notar. Er sollte erst vorgenommen werden, wenn die Anmeldung abschließend bearbeitet ist, d.h. insbes. alle notwendigen Si-

gnaturen angebracht wurden. Sie wird im Folgenden noch ausführlicher angesprochen.

258 Für den Notar sind die **Schaltflächen**, die üblicherweise den **nächsten Schritt** in der Bearbeitung aufrufen **farblich hervorgehoben**. Wenn noch Dokumente im Status „zu signieren" vorliegen, ist dies die Funktion **„Signatur"**.

Wählt man diese, öffnet sich im Vordergrund ein neues Fenster der Signaturkomponente „SigNotar". Angezeigt wird eine Liste der Dokumente, die dem Anmeldefall zugeordnet sind und die für die Signatur des Notars vorgemerkt wurden. Die Dokumente sind mit **farbigen Häkchen** markiert, die den **aktuellen Status jeder Datei** markieren:

- **Gelb**: zur Signatur vorgesehen
- **Grün**: Dokument wurde signiert
- **Grau**: Dokument wird nicht signiert
- **Blau**: Dokument liegt in Unsigniert
- **Rot**: Dokument ist fehlerhaft

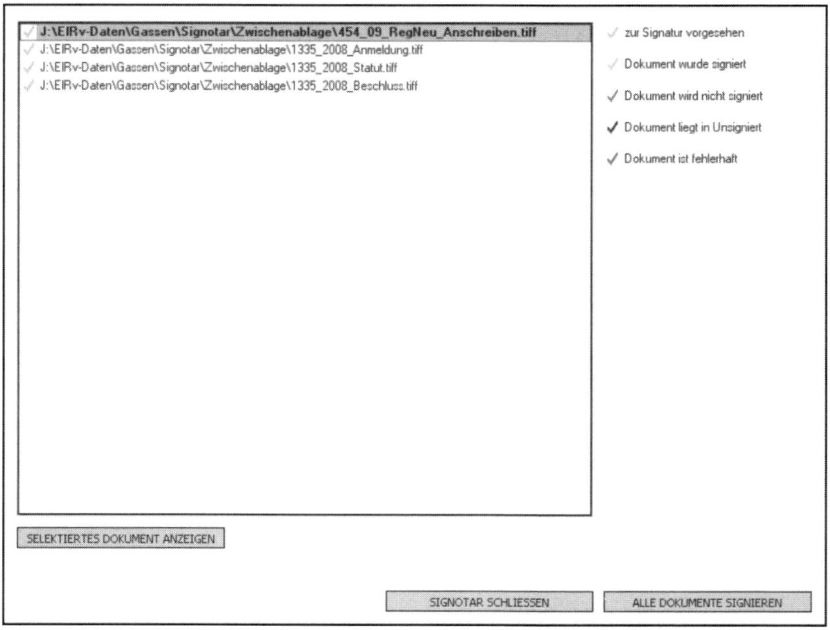

Über die Schaltfläche unterhalb der Liste kann man sich bereits an dieser Stelle das betreffende Dokument anzeigen lassen. Dies ist regelmäßig entbehrlich, weil die Anzeige automatisch in dem folgenden Schritt integriert ist. Umfangreichere Bearbeitungsmöglichkeiten der Liste und der enthaltenen Dokumente sind für den Notar an dieser Stelle nicht vorgesehen. Änderungen sollten – soweit notwendig – in XNotar durchgeführt werden – also i.R.d. vorausgehenden Arbeitsschrittes.

Üblicherweise wird der Notar an dieser Stelle „**Alle Dokumente signieren**" wählen.[166] Es werden sodann **Kartenlesegerät** und **Signaturkarte** gesucht. Steckt die Karte bereits, werden die notwendigen Informationen sofort eingelesen. Mit „**Weiter**" wird der Signaturvorgang fortgesetzt.

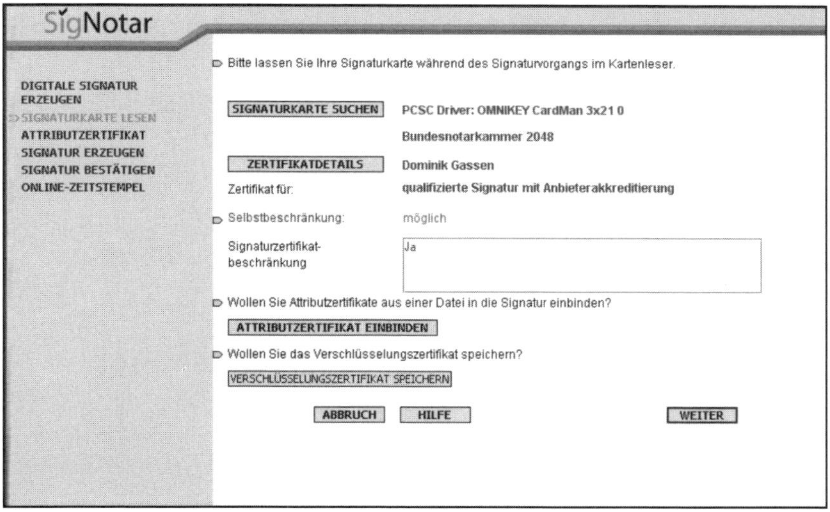

Die folgende **Maske** ist der letzte Schritt vor der eigentlichen Signatur. Im 259
zentralen Teil des Fensters wird das erste zu signierende Dokument dargestellt (signaturtechnisch die sog. **Visualisierung**).

> **Hinweis:**
>
> Der Visualisierung kommt im Signaturrecht hervorgehobene Bedeutung zu. Da die elektronische Signatur ein erheblich technischerer Vorgang

166 Alternativ ist es möglich, bei festgehaltener Strg-Taste einzelne Dateien per Mausklick auszuwählen und nur diese als „Ausgewählte Dokumente" zu signieren.

als die Unterschrift unter ein Papierdokument ist, sind auch die Möglichkeiten zur Automatisierung erheblich größer. Es gehört jedoch zum Grundverständnis der elektronischen Signatur, dass der Signierende sich des Inhalts der ihm über die Signatur zugeordneten Daten und ihrer Bedeutung eindeutig klar sein sollte. Dies ist nur dann gewährleistet, wenn er a) die Daten vor der Signatur angesehen hat und b) eine solche Ansicht beim gewählten Datentyp überhaupt sinnvoll möglich ist. Insoweit kommt an dieser Stelle dem Verwender der Signaturkarte eine erhebliche Verantwortung zu. Als Faustregel sollte man **nur solche Daten signieren**, die **eindeutig erkennbar** und **lesbar** im Fenster von SigNotar angezeigt werden.[167]

a) Visualisierung

260 Grds. ist der Notar dafür verantwortlich, dass nur solche Urkunden signiert werden, die er inhaltlich zur Kenntnis genommen hat und darum die Gewähr für die Richtigkeit übernimmt. Idealerweise kommt er dieser Verpflichtung nach, indem er jede einzelne Datei ansieht und ihre Plausibilität prüft.

Dies ist im Tagesbetrieb eines Notariats – insbes. mit gesellschaftrechtlichem Schwerpunkt – manchmal selbst bei gutem Willen schwer zu realisieren. Auch die gesetzlichen Vorgaben sind in diesem Punkt nicht so eindeutig, dass ein Auslassen dieses Schrittes zwingend zu einer unwirksamen Signatur führen würde. Diesem Umstand trägt SigNotar in der neuen Version dadurch Rechnung, dass auf den technischen Zwang, vor der Signatur zumindest die erste Seite eines jeden Dokuments einzublenden, verzichtet wurde. **Angezeigt** wird zunächst **nur die erste Seite des ersten Dokuments** – bei Bedarf kann der Notar die gesamten mit dem Vorgang verbundenen Signaturen an dieser Stelle in einem Zug durchführen.

167 Zu in Betracht kommenden Dateitypen vgl. Rn. 494 ff.

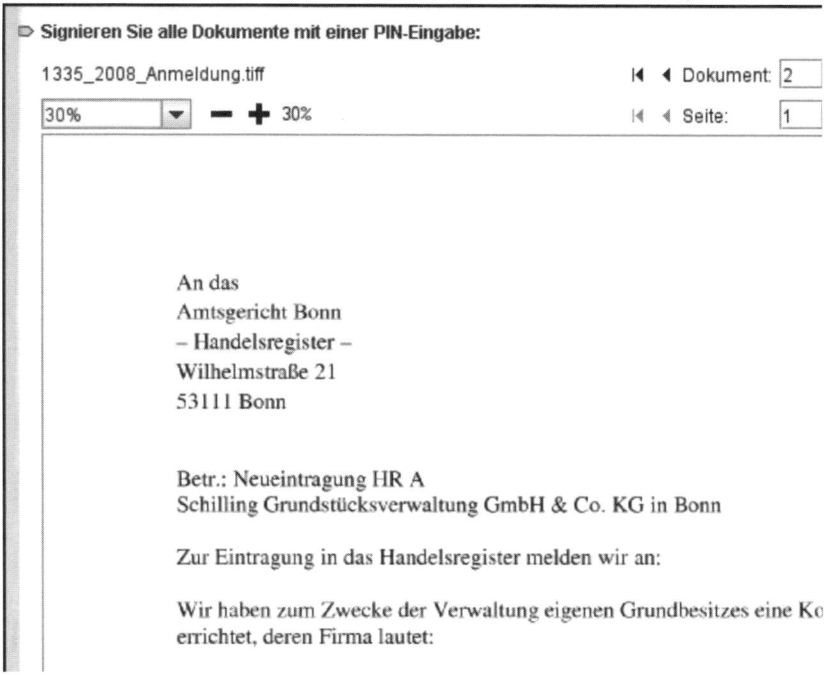

Allerdings weicht diese Handhabung deutlich von der gleichfalls oben geschilderten empfohlenen Bearbeitung ab. Will der **Notar** die **einzelnen Dokumente aufrufen** und zumindest stichpunktartig prüfen, verwendet er dazu die **Bedienelemente rechts** über der Dokumentenanzeige.

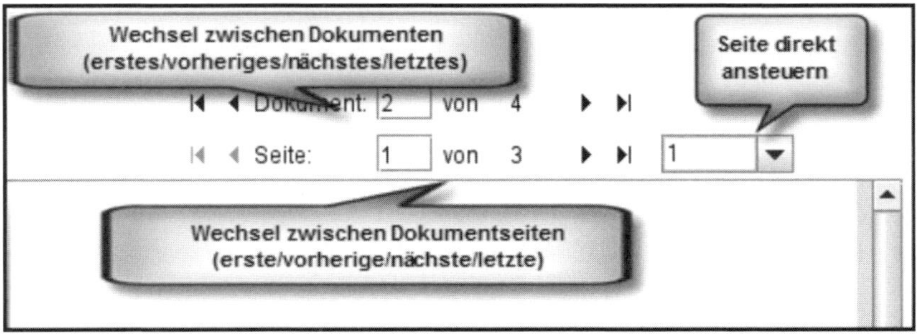

Die Bedienelemente „**Zurück**" und „**Abbruch**" beenden den Signaturvorgang zunächst an dieser Stelle. „**Hilfe**" öffnet ein elektronisches Dokument mit der Bedienungsanleitung von SigNotar.

Mit „**Anzeigen**" wird das Dokument in dem externen Programm angezeigt, das auf dem verwendeten Computer dieser Art Daten standardmäßig zugeordnet ist.[168]

b) Signatur

261 Der kleinere Funktionsblock ungefähr in der Mitte des unteren Fensterteils fasst die Signaturfunktionen im engeren Sinne zusammen.

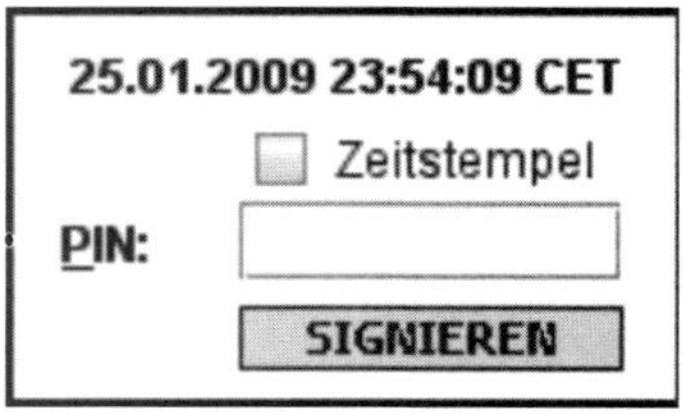

Oben werden die Zeit und das Datum angezeigt, die als **Signaturzeit** eingebunden werden. Diese Angaben werden von der internen Uhr des Signaturrechners übernommen.[169] Ein Häkchen im Feld „**Zeitstempel**" hat zur Folge, dass ein qualifizierter Zeitstempel zur Signatur eingeholt wird. Für diese Funktion muss eine Internet-Verbindung aktiv sein. Üblicherweise kommen Zeitstempel derzeit im elektronischen Rechtsverkehr noch nicht zum Einsatz.

262 Ob an dieser Stelle ein **Feld** für die **Eingabe der Signatur-PIN** angezeigt wird, hängt vom **verwendeten Kartenlesegerät** ab. Eine Eingabe ist an dieser Stelle nur möglich, wenn das Lesegerät keine separate Zahlentastatur hat (nicht mehr empfohlen). Hat es eine **eigene Tastatur**, kann man unmittelbar auf „**Signieren**" klicken und wird dann zur separaten Eingabe der PIN am Lesegerät aufgefordert.

168 Für Tiff-Dateien oftmals „Microsoft Document Imaging" oder die „Windows Bild- und Faxanzeige".

169 Zu den rechtlichen Problemen, die hieraus folgen sowie zu Zeitstempeln im Allgemeinen vgl. Rn. 461 ff.

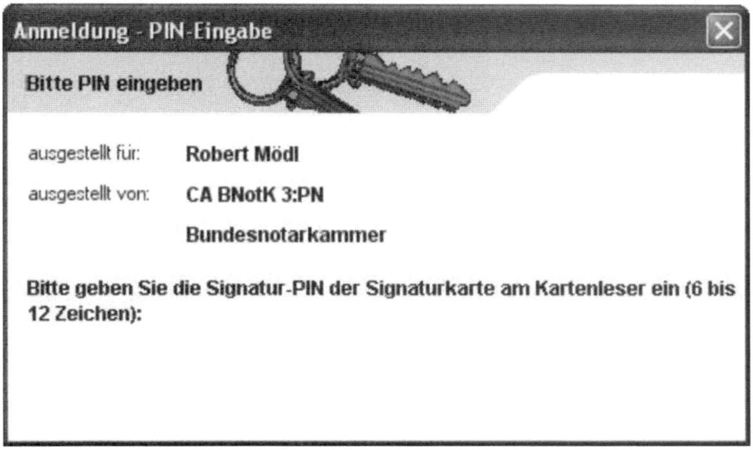

Ist die **richtige PIN** eingegeben worden, erscheint ein weiteres Fenster, in dem sich der Signaturfortschritt verfolgen lässt. 263

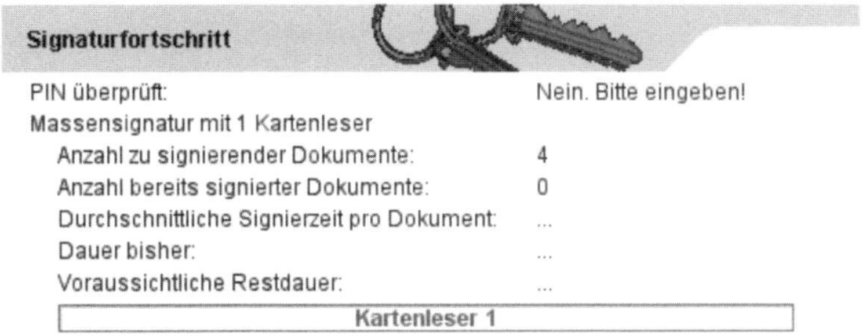

Ist die **Signatur abgeschlossen**, muss der Anwender entscheiden, was mit den für die Signatur verwendeten Ausgangsdateien geschehen soll. Regelmäßig ist es sinnvoll, auf die Frage „Sollen die Orginaldateien nach TiffVorlagen verschoben werden" mit „Ja" zu antworten. Die unsignierten Vorlagen werden 264 dann in das Verzeichnis „.../SigNotar/TiffVorlagen" kopiert. Dort kann man bei Bedarf wieder auf sie zugreifen.[170]

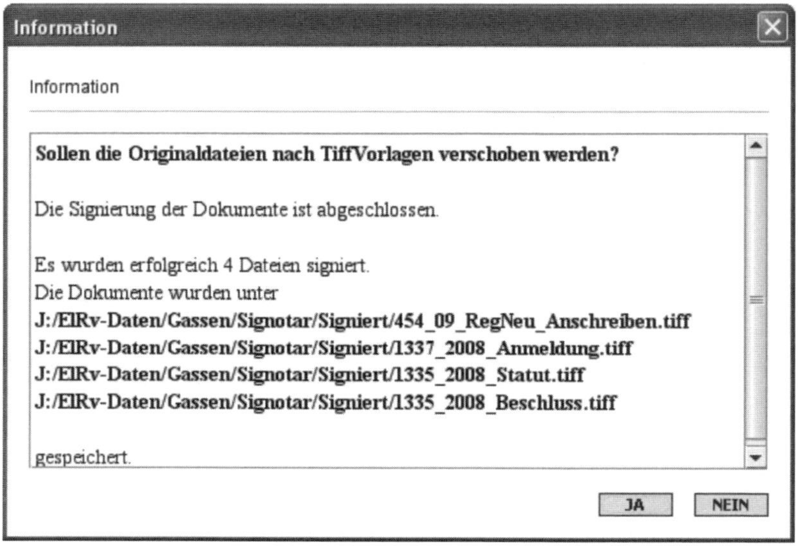

265 Abschließend erscheint nochmals die **Übersicht** der in diesen Vorgang **einbezogenen Dateien**. Alle **signierten Dateien** haben nunmehr ein **grünes Häkchen**. SigNotar wird über die Schaltfläche „**SigNotar schließen**" verlassen.

266 Zurück in **XNotar** hat das Programm erkannt, dass zwischenzeitlich die notwendigen Signaturen angebracht worden sind. Darum ist jetzt die Schaltfläche „**Übergabe an EGVP**" farblich hervorgehoben. Sie ist nunmehr die logisch nächste Wahl. Mit einem Klick gibt man die Dokumente zum Versand weiter an die hierfür vorgesehene Versandkomponente. Die erfolgreiche Übergabe wird durch eine Nachricht bestätigt. Damit ist der Verfahrensteil des Notars im arbeitsteiligen Verfahren abgeschlossen.

170 Die Dateien werden auch von XNotar archiviert, typischerweise im Verzeichnis „ElRv-Daten\[Notarname]\XNotar\HR" (und den dortigen Unterverzeichnissen) bzw. nach Übergabe an den EGVP-Client im Verzeichnis „AbgegebeneNachrichten".

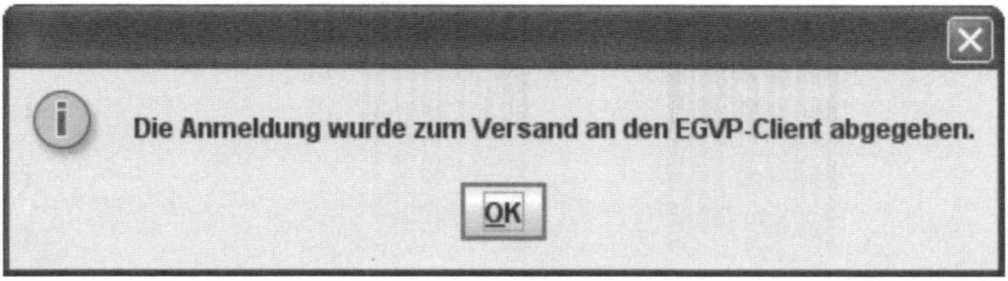

Hinweis:

Bis die Anmeldung im EGVP-Client versendet wurde (und in dieser Anwendung im Verzeichnis „gesendete Nachrichten“ liegt), ist es immer möglich, den Versand noch abzubrechen, um Ergänzungen und Änderungen aufzunehmen. So kann im EGVP-Client z.B. die problematische Nachricht aus dem Postausgang gelöscht werden.

12. Versand im EGVP-Client

Der **Mitarbeiter** kann nunmehr den EGVP-Client öffnen, um dort die fertig- 267
gestellten Nachrichten zu versenden.

268 Innerhalb des Programms muss zunächst das **Postfach des** betreffenden **Notars** geöffnet und die zugehörige **PIN** eingegeben werden.

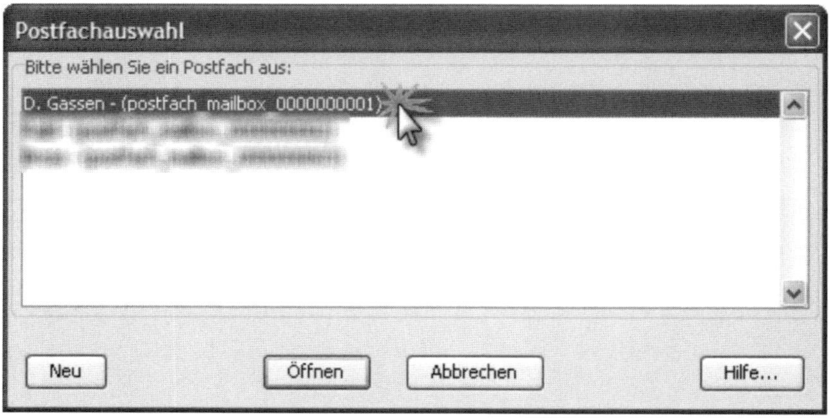

Im EGVP-Client sind auf der rechten Seite **drei Nachrichtenablagen** vorgesehen: 269

- „**Eingang**" enthält die Nachrichten, die von den Kommunikationspartnern, insbes. den AG an den Notar gerichtet werden. Dies sind i.d.R. Eintragungsmitteilungen.[171]
- „**Ausgang**" nimmt die zu versendenden Nachrichten auf.
- „**Gesendete**" dient zur Ablage von abgeschickten Nachrichten.

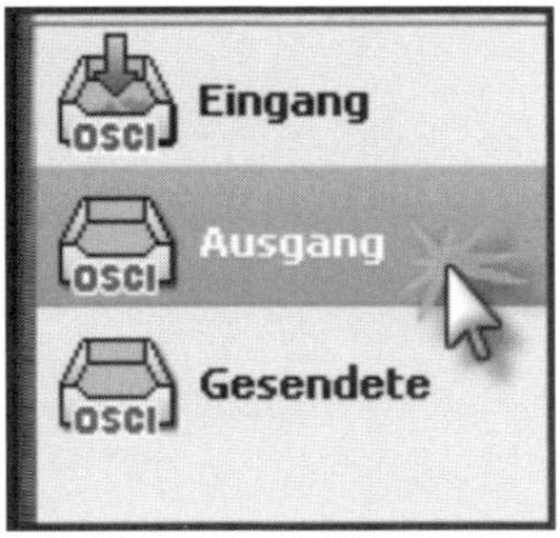

Für den **Nachrichtenversand** ist die Ablage „**Ausgang**" zu wählen. In dieser Ablage erscheinen die von XNotar übergebenen Nachrichten. Die Nachrichten müssen in den EGVP-Client importiert werden. Dazu gibt es zwei Vorgehensweisen:

- **Manuell** über die Schaltfläche „**Fachdaten übernehmen**" (alternativ im Menü „Nachricht/Fachdaten übernehmen" oder die Taste F9).

- **Automatisch** beim **Programmstart** und in **regelmäßigen Intervallen**. Dies muss man **einmal voreinstellen** durch Auswahl von „**Optionen/Importverzeichnis Fachdaten**". In dem erscheinenden Dialogfeld muss ein Häkchen bei der oberen Option „**Automatischer Import**" gesetzt werden. Das Zeitintervall kann man im darunterliegenden Feld bestimmen.

171 Vertiefte Informationen zum Nachrichteneingang im EGVP unter Rn. 418 ff.

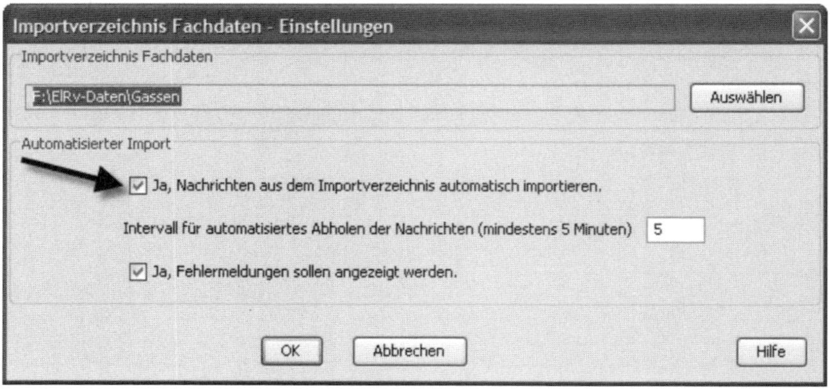

Nach dem Import erscheint die **Anmeldung** in der **Nachrichtenliste** des EGVP-Clients (Ausgang).

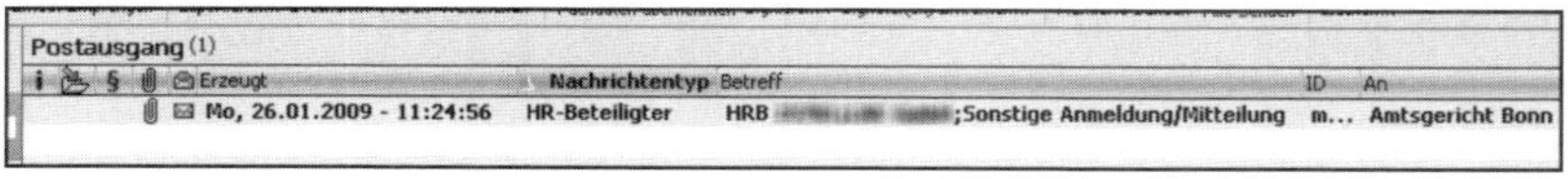

270 Bei Bedarf kann der Sachbearbeiter den **Inhalt** der zu versendenden Nachricht über die Karteireiter im unteren Teil des Fensters **überprüfen**. Interessant sind dabei im Wesentlichen die Punkte „**Nachricht**" und „**Anhänge**".

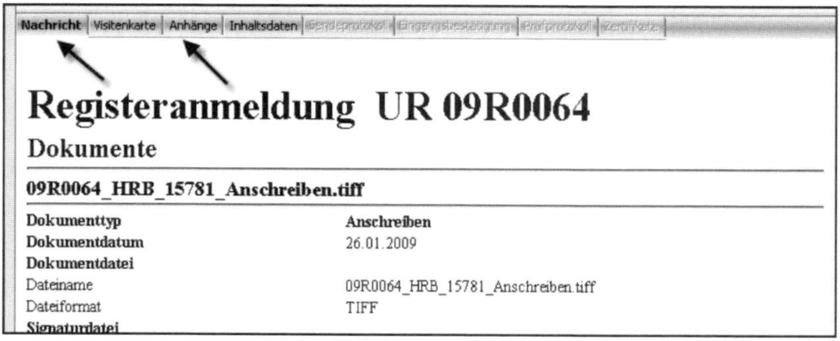

Mit den Schaltflächen „**Markierte Senden**" oder „**Alle Senden**" kann der eigentliche **elektronische Versand** ausgelöst werden. 271

> **Hinweis:**
>
> **Wie** der **Versand vorgenommen** wird, ist i.R.d. **Büroorganisation** zu entscheiden. Eine schnellere Bearbeitung ist zu erreichen, wenn jeder Sachbearbeiter unmittelbar nach der Abgabe durch den Notar die ihm zugeordneten Anmeldungen versendet. Genauso ist es möglich, den Versand (und damit die vollständige Bedienung des EGVP-Clients) auf einen Arbeitsplatz zu konzentrieren. Der betreffende Mitarbeiter kann dann einmal oder mehrmals am Tag die aufgelaufenen Anmeldungen sichten und versenden. I.d.R. dürfte die letztere Variante auch organisatorische Vorteile haben: Ein Postfach kann im EGVP-Client jeweils nur von einem Arbeitsplatz aus geöffnet werden und ist dann für weitere Zugriffe gesperrt. Dies kann bei einer Verteilung dieser Zuständigkeit auf mehrere Mitarbeiter zu Verzögerungen führen.

Hat man den **Versand ausgelöst**, erscheint am unteren Rand des Fensters ein **Fortschrittsbalken**.

Der **erfolgreiche Versand** wird nicht nochmals durch einen Hinweis bestätigt, sondern dadurch, dass die Nachricht im **Verzeichnis „Gesendete"** angezeigt wird. 272

Zur **Kontrolle** sollte man dieses **Verzeichnis regelmäßig aufrufen.**[172] Im oberen Teil des Fensters werden sämtliche über dieses Postfach versendeten Nachrichten angezeigt. Klickt man auf eine Nachricht, werden zu dieser im unteren Teil des Fensters weitere Informationen angezeigt. Diese decken sich z.T. mit denen, die auch in den anderen Ablagen einzusehen sind.

Im Zusammenhang mit dem erfolgten Versand sind jedoch die Karteireiter „**Sendeprotokoll**" und „**Eingangsbestätigung**" von besonderer Bedeutung.

- Das **Sendeprotokoll** fasst nochmals alle Informationen der Nachricht übersichtlich zusammen.
- Die **Eingangsbestätigung** enthält insbes. das **Nachrichtenkennzeichen**, mit dem bei Rückfragen über den Zugang die Nachricht verfolgt werden kann.

V. Weiterverarbeitung der Daten beim Registergericht

273 Im folgenden Abschnitt wird beispielhaft geschildert, in welchen Schritten die Weiterverarbeitung der übersendeten Nachrichten in den Systemen der Registergerichte geschieht. Deutschlandweit sind derzeit **zwei** verschiedene **Fachprogramme zur Führung elektronischen Handelsregisters** im Einsatz, **RegisSTAR** und **AUREG**. Die Beschreibung basiert auf der technischen Situation im Land NRW, wo RegisSTAR im Zusammenspiel mit dem EGVP-Backend zum Einsatz kommt.

172 Weitere Informationen zum Umgang mit dieser Ablage unter Rn. 421 ff.

1. Nachrichteneingang

Auch auf Gerichtsseite wird eine **leicht modifizierte Fassung des EGVP-Clients** verwendet. Sie wird eingesetzt, um die für ein bestimmtes Gericht bestimmten Nachrichten vom EGVP-Server (Intermediär) abzurufen. Nachrichten werden zentral für das gesamte Gericht abgerufen – nur diese sind auch als Adressaten in EGVP vorgesehen. Dies ist für den Rechtssuchenden vorteilhaft im Gegensatz zu einer Lösung mit einzelnen Postfächern für verschiedene Abteilungen des Gerichts (Handelsregister, Zivilabteilung, Zwangsvollstreckungsabteilung etc.), da dieser sich keine weiteren Gedanken um die gerichtsinterne Zuständigkeit machen muss. 274

Als Konsequenz müssen die über EGVP eingehenden Nachrichten innerhalb der Gerichts-EDV **zunächst für die verschiedenen Abteilungen vorsortiert werden** – eine Aufgabe, die vergleichbar ist mit der der Wachtmeisterei im papiergebundenen Verfahren.

Beim Empfang wird die Nachricht mit dem Postfachschlüssel des Gerichts entschlüsselt. EGVP prüft die Signaturen der eingehenden Nachrichten sowohl auf die mathematische Unversehrtheit als auch auf die Gültigkeit des Zertifikats. **Im Zertifikat enthaltene Attribute** wie die Bestätigung der Notareigenschaft werden an dieser Stelle ausgewertet. Über das Ergebnis der Prüfung wird ein Protokoll angefertigt, das dem Bearbeiter mit der Nachricht zugeleitet wird.

Nach der Prüfung wird die Nachricht zur Übernahme in das Fachprogramm in ein Verzeichnis abgelegt.

2. Import in die Fachsoftware (RegisSTAR)

Für die Übernahme der übersendeten Strukturdaten in das Registerprogramm gibt es ein eigenes **Programmmodul „RegisPost"**. Dieser Programmteil analysiert den Inhalt des Austauschverzeichnisses und übernimmt technisch geeignete Eingänge in die Eingangsliste. 275

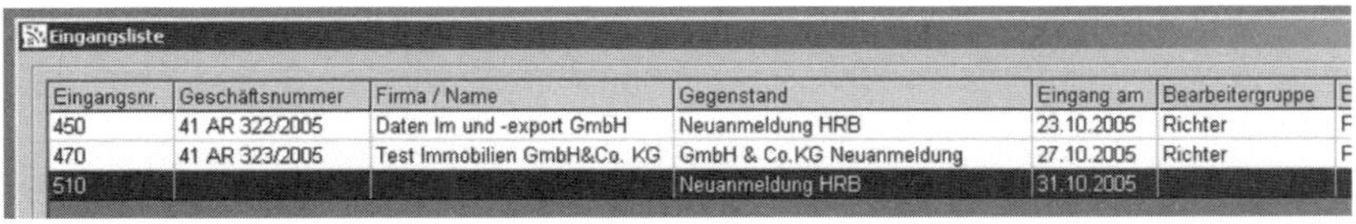
Eingangsliste

Eingangsnr.	Geschäftsnummer	Firma / Name	Gegenstand	Eingang am	Bearbeitergruppe	E
450	41 AR 322/2005	Daten Im und -export GmbH	Neuanmeldung HRB	23.10.2005	Richter	F
470	41 AR 323/2005	Test Immobilien GmbH&Co. KG	GmbH & Co.KG Neuanmeldung	27.10.2005	Richter	F
510			Neuanmeldung HRB	31.10.2005		

276 Über die **Eingangsmaske** kann der Bearbeiter sowohl den **Inhalt der übersendeten XML-Daten** als auch die **Anlagen** ansehen. Dies ist wichtig, um den für die Anmeldung entscheidenden Inhalt der übergebenen Urkunden zu prüfen.

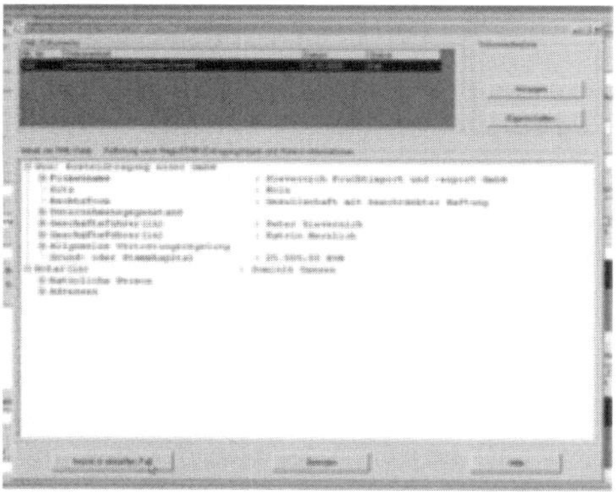

Nach dieser Kontrolle werden die Daten zur Weiterverarbeitung in einen **Anmeldefall der Registersoftware übernommen**. An dieser Stelle verringert sich beim Registergericht der Arbeitsaufwand, weil vor der Einführung des elektronischen Verfahrens die Daten durch die Mitarbeiter der Serviceeinheit manuell aus der Registeranmeldung des Notars eingegeben werden mussten. 277

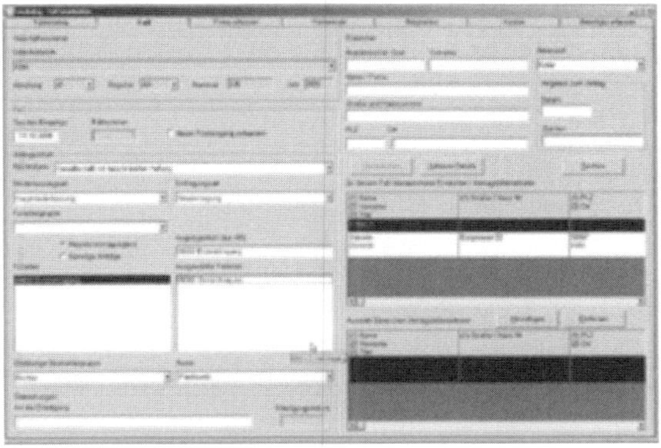

In den folgenden Masken werden Schritt für Schritt die mit der Anmeldung übergebenen **Strukturdaten** in den **Anmeldefall eingearbeitet** und dabei auf ihre **Vollständigkeit** und **Richtigkeit geprüft**. 278

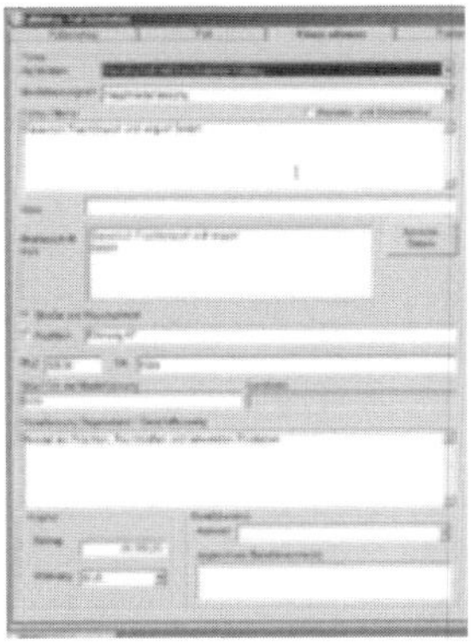

Daten des Rechtsträgers

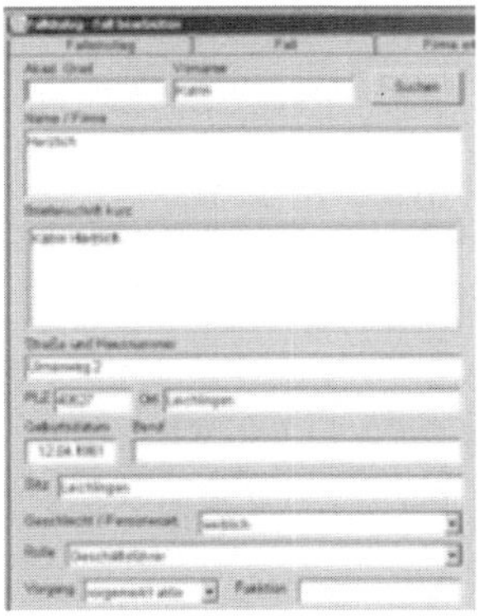

Beteiligtendaten

279 Im Rahmen der Eintragungsbearbeitung kann der Bearbeiter über eine bundesweite **Abfrage des Registers** prüfen, ob der Eintragung einer Firma aus Gründen der Verwechslungsgefahr Hindernisse entgegenstehen. Die Suche ist sehr leistungsfähig und findet nicht nur buchstabengenaue Übereinstimmungen sondern auch phonetisch ähnliche und andere nahe liegende Bezeichnungen.

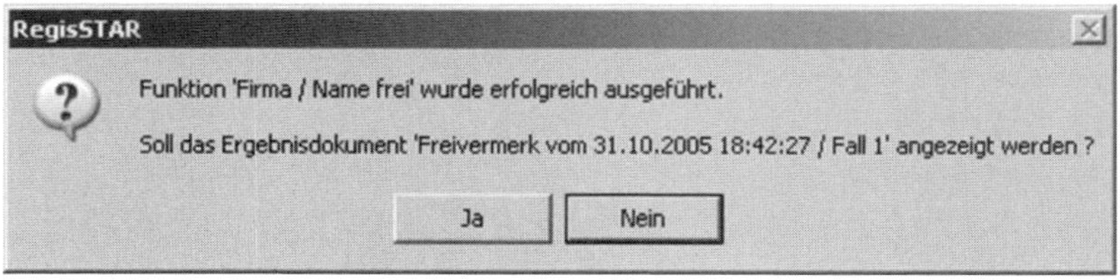

280 Auf der Grundlage der eingearbeiteten Daten generiert das Registerprogramm für den Bearbeiter einen **Eintragungsentwurf**, der noch bearbeitet werden kann.

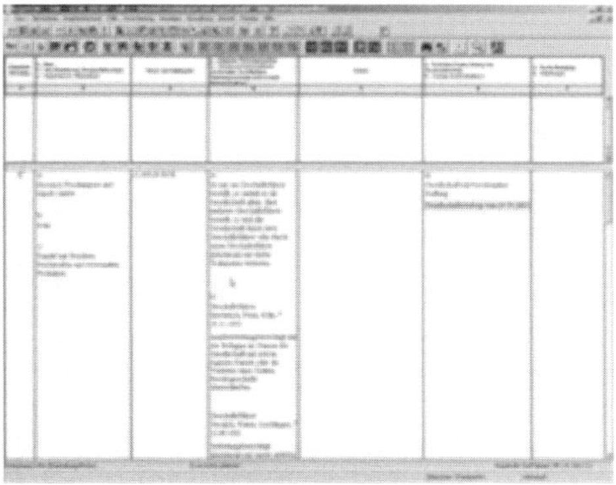

Der Bearbeiter **signiert** den **endgültigen Eintrag elektronisch** (zum Einsatz kommt hier eine gerichtsinterne fortgeschrittene Signatur). Damit gibt er den neuen Handelsregisterinhalt zur **Speicherung in der Registerdatenbank** frei.

VI. Weitere Hinweise zu den Programmen

1. XNotar

a) Dokumentenscan

Diese Betriebsart von XNotar wurde eingeführt, um die Arbeit in Büros effizienter zu gestalten, die das Einscannen von Dokumenten für die Verwendung im elektronischen Medium an einen **zentralen „Scanarbeitsplatz“** ausgelagert haben. Diese Aufgabe kann – insbes. wenn große Mengen an einzuscannenden Dokumenten anfallen – auch auf geringer qualifizierte Mitarbeiter delegiert werden. 281

Die Erfahrung in der Arbeit mit XNotar hat gezeigt, dass es für den qualifizierten Sachbearbeiter eine Erleichterung wäre, wenn er sich die notwendigen Anlagen für seine Anmeldung nicht erst durch Stöbern im Dateisystem zusammensuchen muss, sondern diese nach dem Scan schon in geordneter Form übernehmen kann. Dies soll am Scanarbeitsplatz ermöglicht werden.

Der **Bearbeiter** hat nach der Wahl dieser Betriebsart lediglich **zwei Optionen** zur Auswahl:

- Üblicherweise wird „**Neue Anmeldung**" auszuwählen sein, um die Anlagen zu einem neuen Vorgang vollständig zu erfassen.
- „**Anmeldungsübersicht**" sollte gewählt werden, wenn noch weitere Dokumente zu einem bereits angelegten Vorgang vorbereitet werden müssen.

282 Bei der **Neuerfassung** eines Vorgangs sind zunächst – ähnlich wie bei der Bearbeitung im Mitarbeitermodus – bestimmte Grunddaten zu erfassen. Dies ist unerlässlich, da nur auf diesem Weg die einzuscannenden Dokumente zu einer Einheit – einer rudimentären elektronischen Akte – gebündelt werden können. Als **eigenes Aktenzeichen** sollte – wie üblich – die **UR.-Nr. der Registeranmeldung** verwendet werden.

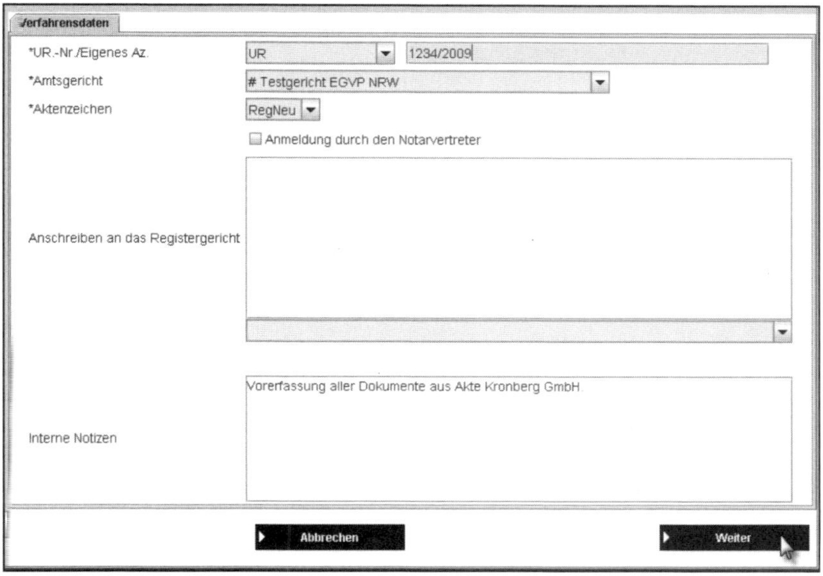

Unmittelbar darauf wechselt das Programm zur Maske „**Anlagen/Dokumente**“. Es ist also weder notwendig, an dieser Stelle den Rechtsträger zu erfassen noch dem Vorgang einen bestimmten Anmeldefall zuzuordnen. Da dies unterbleibt, können an dieser Stelle auch keine fachlichen Vorgaben gemacht werden, welche Anlagen im Rahmen der Anmeldung tatsächlich benötigt werden. Dies ist die Aufgabe des Sachbearbeiters, der die spätere Weiterbearbeitung übernimmt. 283

Der Bearbeiter hat nun am Scanarbeitsplatz die gleichen Schritte bei der Dokumentenerfassung auszuführen wie der Bearbeiter, der Anlagen und Dokumente ohne Vorerfassung bearbeitet.[173] Insbes. sollte er fachlich richtig den **Inhalt** des **einzuscannenden Dokuments** im Feld „**Dokumentarten**“ erfassen und zuordnen, ob das Dokument einer Signatur durch den Notar bedarf. Ist er fachlich dazu nicht in der Lage, muss organisatorisch sichergestellt werden, dass der Bearbeiter, der die Anmeldung fertigstellt, diesen Bereich nochmals sorgfältig kontrolliert und fehlende Angaben ergänzt.

173 Vgl. Rn. 244 ff.

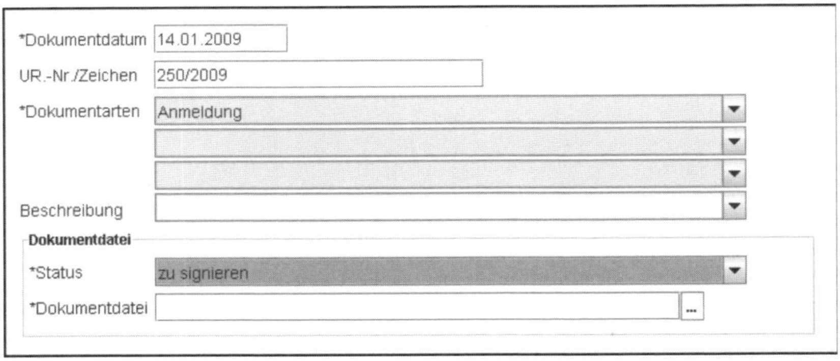

Hinweis:

Ggf. ist es sinnvoll, bereits bei der Vorbereitung der Urkunden oder bei der Registrierung für die Urkundenrolle diese Inhalte zu vermerken, damit sie an dieser Stelle nur noch übernommen werden müssen.

284 Im Dokumentenscan-Modus ist es nunmehr notwendig, das **Papierdokument** über die Schaltfläche „**Hinzufügen in SigNotar**" zu erfassen. Die einzelnen Arbeitsschritte dazu sind im Folgenden ausführlich beschrieben.[174]

285 Nachdem das Dokument eingescannt und ggf. mit einem Beglaubigungsvermerk versehen wurde, muss es mit der Schaltfläche „**Übernehmen**" zur Anmeldung gespeichert werden. Der Vorgang ist mit jedem weiteren Dokument zu wiederholen.

Sind alle **Dokumente eingescannt** und die **nötigen Daten erfasst**, wechselt man mit „**Weiter**" zur **Maske „Weiterverarbeitung"**. Hier sind keine der Schaltflächen aus den anderen Betriebsmodi zu sehen, da sie für den Dokumentenscan nicht benötigt werden. XNotar übernimmt automatisch die Speicherung der Daten, die in der Liste der Anmeldungen unter der betreffenden

174 Vgl. Übungsfall 4 (Rn. 599).

UR.-Nr. gefunden werden können. Der Bearbeiter muss nur noch wählen, ob er weitere Dokumente erfassen will („Neue HR-Anmeldung“) oder das Programm beendet werden soll.

b) Einzelplatzmodus

Der **Einzelplatzmodus** ist grds. konzipiert für Büros, in denen **sämtliche Arbeitsschritte** im Zusammenhang mit dem elektronischen Rechtsverkehr **an einem Rechner** durchgeführt werden. 286

Der Unterschied zur Bearbeitung im verteilten Modus ist hauptsächlich, dass der Arbeitsschritt der Übergabe an den Notar und der folgenden Bearbeitung im Notarmodus wegfällt. Entsprechend sind die **Auswahlmöglichkeiten** bei der **Weiterverarbeitung eingeschränkt**. Wenn die Vorbereitung bis zu diesem Punkt erfolgt ist, schließt sich sinnvollerweise unmittelbar die Signatur am gleichen Rechnerarbeitsplatz an – und danach die Übergabe an den EGVP-Client.

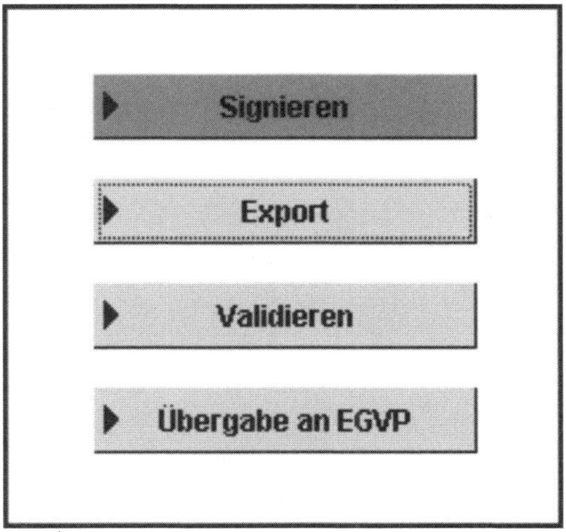

c) Datenimport

287 Wenn **anderweitig vorerfasste Daten übernommen** werden sollen, wählt der Anwender auf dem Startbildschirm „**Anmeldungsdaten importieren**" und klickt auf „**Weiter**".

Hinweis:

XNotar unterscheidet nicht zwischen dem Einlesen von Daten, die mit einem anderen Programm vorbereitet und solchen, die mit XNotar selbst generiert wurden. Soll also eine Datei wieder eingelesen werden, die von SigNotar zwischengespeichert oder archiviert wurde, muss der gleiche Weg gewählt werden – der Import sollte keine Probleme bereiten. Schwieriger ist dagegen der Rückgriff auf eine XML-Datei, die bereits zum Versand übergeben wurde (z.B. an den EGVP-Client). Im Zusammenhang mit dieser Übergabe werden mehrere Datenelemente umgestellt (Empfängeradresse, Ablagepfad der Anlagen), die beim Rückgriff nochmals überprüft bzw. erneut eingegeben werden müssten. Der bessere Weg ist in diesem Fall meistens, auf die von XNotar angelegten Sicherheitskopien zurückzugreifen.

Für die Übernahme von Daten, die mit einem anderen Programm (z.B. Notariatssoftware) vorbereitet wurden, steht mittlerweile mit der sog. **API-Schnittstelle** ein eleganterer Weg zur Verfügung, über den XNotar auch in die Abläufe solcher Programme eingebettet werden kann, ohne dass der etwas umständliche Weg über die Ablage im Dateisystem und den Import in XNotar gegangen werden muss.[175]

Im nächsten Schritt ist in einem Dateidialog auszuwählen, **wo** die **zu importierenden Daten abgelegt wurden**. Angezeigt zum Import werden ausschließlich Dateien mit den Endungen **.xml** und **.csv**. Die ausgewählte Datei wird mit einem Klick auf „**Öffnen**" geladen. 288

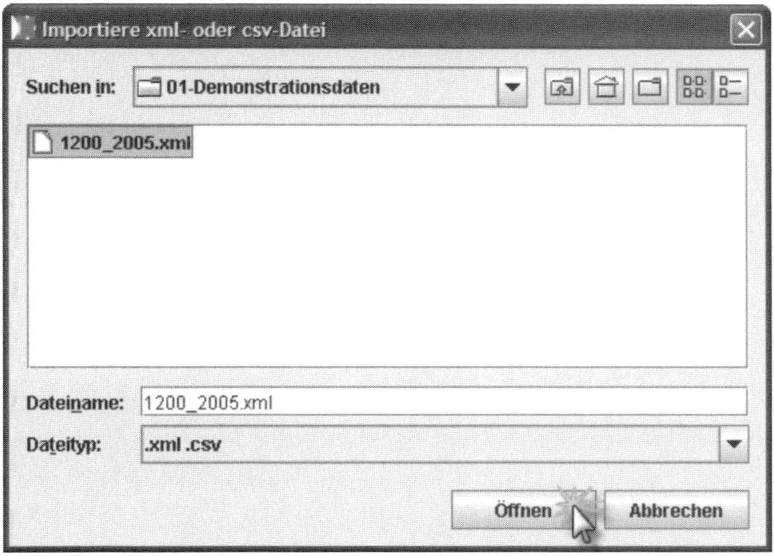

Übergeben werden können an dieser Stelle sowohl **XML-Dateien**, die entsprechend dem aktuellen XJustiz.Register-Standard aufgebaut sind[176] als auch sog. **.csv-Dateien**[177]. Letzteres Format ist eine vereinfachte Variante von Tabellendateien wie Excel und dient dazu, z.B. bei Anmeldungen zu Publikums-KG eine große Anzahl tabellarisch vorerfasster Beteiligter in den Anmeldefall zu integrieren.[178]

175 Vgl. Rn. 297.

176 Vgl. Rn. 506.

177 „Comma separated Values", kommagetrennte Werte.

178 Genauere Angaben, wie eine solche Datei auszusehen hat, kann dem ElRv-Anwenderhandbuch (Abschnitt 18.4, S. 161) entnommen werden.

> **Hinweis:**
>
> Es ist auch möglich, XNotar zu öffnen und dabei die zu importierende Datei zu übergeben, sodass das Programm unmittelbar mit dem Importvorgang startet, ohne dass die Importdatei „per Hand" ausgewählt werden muss. Die Syntax für diesen Aufruf ist „C:\Programme\ElRv\XNotar\XNotar.exe C:\1200_2005.xml" (der erste Teil gibt den Speicherort des Programms XNotar.exe an, der zweite Teil den Speicherort der Importdatei). Dabei ist darauf zu achten, dass der Pfadname keine Leerzeichen enthält. Eine Datei kann auch dadurch zum Import übergeben werden, dass man sie mit der Maus auf das XNotar-Symbol zieht, das meist auf dem Desktop zu finden ist (sog. Drag & Drop).

289 XNotar versucht nunmehr, die **übergebenen Daten zu interpretieren** und führt dabei verschiedene Bearbeitungsschritte aus. Diese Prüfung kann je nach verwendetem Rechner etwas dauern, sodass nach dem Aufruf der Importfunktion einige Sekunden Geduld geboten sind.

Zunächst wird in einer Vorprüfung die grds. Verwendbarkeit der Importdatei geprüft (Lesbarkeit der Datei, korrekte XML-Syntax, Vorhandensein von „XJustiz_Daten" als Wurzelelement). Gelingt die Prüfung, analysiert XNotar weiter den Inhalt der Importdatei.

aa) Flexibler Datenimport

290 Eines der **Grundprobleme im Zusammenspiel** zwischen Notarfachanwendungen und XNotar bzw. den Verarbeitungssystemen auf Justizseite ist, dass der Datenumfang, der mit der elektronischen Handelsregisteranmeldung übermittelt werden soll, nicht vollständig in verwertbarer (= exportfähiger) Form in der Fachanwendung vorliegt. So speichern fast alle Programme die Daten der Beteiligten und des Registersubjekts in internen Datenbanken – in exportfähiger Form. Nur wenige Programme legen aber auch die anderen anmeldungsrelevanten Daten in gleicher Form ab. So werden Aspekte wie der Geschäftszweck oder die allgemeinen Vertretungsregelungen zumeist **nur als Textbausteine im Prozess** des Urkundsentwurfs eingefügt – ohne dass diese Information in geeigneter Weise abgelegt würde.

Auf der anderen Seite gehört der **Datenimport** zu den Funktionen, die entscheidend für die Anwenderfreundlichkeit der Anwendung und damit deren

Akzeptanz sind. Bei allen Daten, die in gleicher Form bereits an anderer Stelle erhoben wurden, ist es **überflüssiger Aufwand**, wenn sie für die elektronische Handelsregisteranmeldung nochmals eingetippt werden müssen. Zudem gehört es zum Grundansatz elektronischer Verfahren, effizient zu arbeiten, nicht zusätzliche Arbeit zu erzeugen.

Aufgrund dessen erwartet XNotar keine vollständigen Importdateien, sondern versucht **auch vorhandene rudimentäre Daten** soweit wie möglich sinnvoll zu verwenden: Das Programm nimmt grds. alle Daten auf, die die Notarfachanwendung in geeigneter Form liefert. Bei diesem **Interpretations-** und **Analyseprozess** sind **vier Fälle** zu unterscheiden:

- Angabe zum Notar fehlt,
- Angabe zum Rechtsträger fehlt oder Rechtsträger ist aus den angegebenen Beteiligten nicht eindeutig identifizierbar,
- Angabe des Anmeldefalls bzw. der Anmeldefälle fehlt,
- andere Daten fehlen oder haben nicht das richtige Format.

bb) Umgang mit fehlerhaften Importdateien

Die Fälle werden **beim Importprozess** wie folgt behandelt: 291

(1) Notarangaben

- Wenn **keine Angaben** zum Notar in der Importdatei vorhanden sind, wird der importierte Fall dem **in XNotar aktiven Notar** zugeordnet. 292
- Sind in der Importdatei Notardaten enthalten, werden die Importdaten dem angegebenen Notar zugeordnet, wenn die Daten mit einem der in XNotar registrierten Notare übereinstimmen. Geprüft werden Vorname, Nachname und akademischer Titel.
- Sind Notardaten vorhanden, die aber keinem in XNotar registrierten Notaranwender entsprechen, wird der Import abgebrochen und die Daten zurückgewiesen.

(2) Angaben zum Rechtsträger

Fehlt bei den in der Importdatei enthaltenen Beteiligten eine Angabe zum Rechtsträger (= **Registersubjekt**), wird eine **Liste der enthaltenen Beteiligten** angezeigt, aus denen der Rechtsträger ausgewählt werden kann. 293

(3) Angaben zu den Anmeldefällen

294 Enthält die Importdatei keine Angaben zum Anmeldefall, können **ein oder mehrere** Anmeldefälle den Daten zugeordnet werden.

(4) Weitere fehlende oder falsche Daten

295
- Wenn Daten ein **falsches Format** aufweisen, sodass sie nicht standardkonform eingelesen und zugeordnet werden können, werden diese **beim Import zurückgewiesen**. Im Ergebnisfenster erscheint ein Hinweis darauf, welche Daten betroffen sind.
- Gibt es zum Inhalt eines Datenfeldes eine **offizielle XJustiz-Werteliste**, zu der keine Freitexteingabe zulässig ist, werden die Daten in gleicher Weise zurückgewiesen, wenn sie nicht zur Werteliste gehören.
- Wenn **andere Daten fehlen**, wird die Importdatei von XNotar **ohne Fehlermeldung verarbeitet**. Die enthaltenen Daten werden in den entsprechenden Masken angezeigt, fehlende Felder bleiben zunächst offen. Sowohl in diesem Fall als auch in den übrigen Importfällen empfiehlt es sich, die Vollständigkeit und Richtigkeit der Daten in sämtlichen Masken nochmals zu überprüfen.
- Wenn in der Importdatei Daten enthalten sind, **die nicht zum Anmeldefall passen** (z.B. wird in einer Datei mit dem Anmeldefall „Eintritt eines Geschäftsführers" ein Geschäftszweck übermittelt), werden diese Daten **beim Import ignoriert**. Die betreffenden Daten werden im Ergebnisfenster aufgeführt.

d) Notarvertreter

296 Wird anstelle des zum Programm registrierten Notars ein Notarvertreter tätig, ist dieser Umstand in erster Linie **relevant für** die **Signaturkomponente** „SigNotar". Dort muss eine andere Form des Beglaubigungsvermerks gewählt werden, die auf die Person des Notarvertreters hinweist. Außerdem werden die Daten in anderer Form gespeichert und an das Registergericht übergeben, da der Nachweis der Amtsträgereigenschaft des Vertreters durch eine beglaubigte Abschrift seiner Bestellungsurkunde geführt werden muss.[179]

179 Vgl. hierzu die ausführlichere Darstellung ab Rn. 379 ff.

Im neuen Bearbeitungsverfahren nach XNotar 3.0 muss aufgrund der engeren Verzahnung zwischen XNotar und SigNotar bereits **zu Beginn der Bearbeitung** die Information aufgenommen werden, dass ein Notarvertreter den notariellen Part der Registeranmeldung übernimmt. Dazu ist in XNotar in der **Maske „Grunddaten"** ein **neues Markierungsfeld** vorgesehen, das in diesem Fall anzuklicken ist.

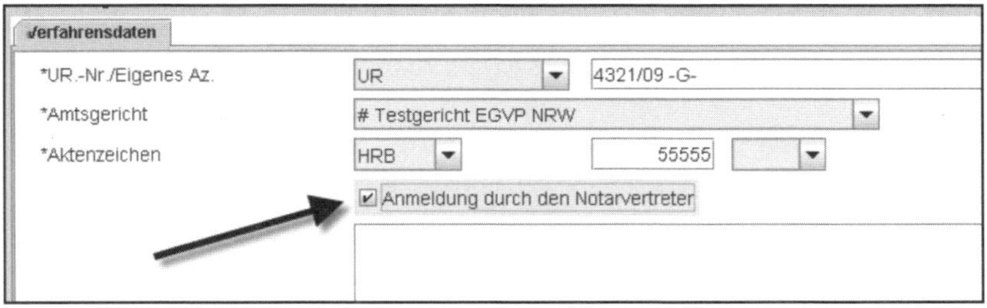

Hinweis:

Die Einbindung des Notarvertreters funktioniert nur, wenn in SigNotar (Vertreterverwaltung) vorher ein **Notarvertreter** für den **betreffenden Zeitraum angelegt** wurde.[180] Ist dies nicht geschehen, erscheint eine Fehlermeldung.

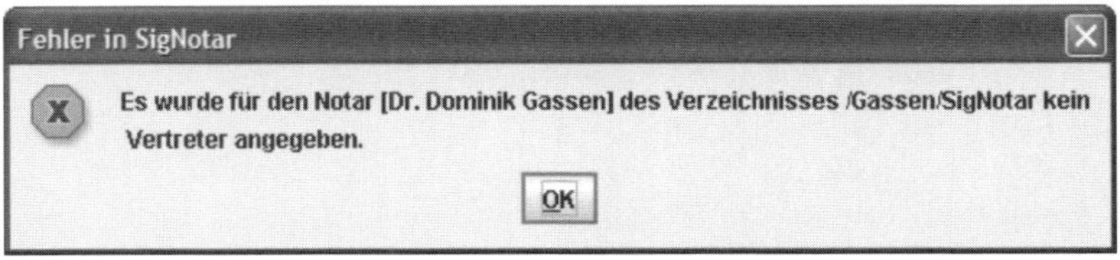

e) Schnittstelle Notariatssoftware

XNotar und SigNotar verfügen ab der Version 3.0 über eine zusätzliche Schnittstelle (sog. **API[181]-Schnittstelle**). Diese Einrichtung ermöglicht es, Programmteile und Funktionen aufzurufen, ohne dass die Benutzeroberfläche und die ansonsten benötigten manuellen Elemente bedient werden müssen. 297

180 Vgl. Rn. 382 ff.

181 Für „Advanced Programming Interface".

Man kann sozusagen XNotar und SigNotar „fernsteuern“ oder als Hintergrundfunktionen zu eigenen Programmen einsetzen.

Dies erlaubt grds. eine erheblich **effizientere Eingliederung** der angebotenen Programmfunktionen in Notariatsanwendungen, die sämtliche Aspekte des Arbeitsablaufs im Notariat integrieren, z.B. die Namenskartei, die Abrechnung oder die Urkundengenerierung bis hin zur vollständig elektronischen Akte. Wenn die verwendete Notariatsanwendung diese Funktionen unterstützt, kann den jeweiligen Handbüchern entnommen werden, wie die hier beschriebenen Funktionen von XNotar und SigNotar im Zusammenhang mit dem übergreifenden Programm umgesetzt werden.

Entwickler können eine Dokumentation der Schnittstelle bei der NotarNet GmbH anfordern.

f) Programmoptionen

298 Die Programmoptionen von XNotar können über den Eintrag „**Verwaltung**“ in der Navigationsleiste erreicht werden. Sie gliedern sich in die Bereiche „**Allgemein**“ und „**Notar**“.

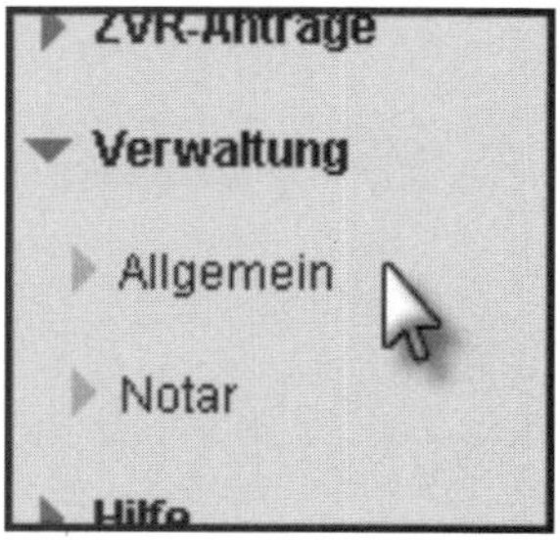

aa) Allgemein

299 Der Karteireiter „Allgemein“ enthält die folgenden Auswahloptionen:

(1) ElRv-Datenordner

300 Der ElRv-Datenordner ist der **(Netzwerk-)Ordner**, in dem die System- und Datendateien für XNotar, SigNotar und die an EGVP zu übergebende Nachrichten liegen. Der ElRv-Datenordner wird bereits **bei** der **Installation** von

XNotar und SigNotar **festgelegt** und sollte i.d.R. nicht geändert werden. Typischerweise liegt dieses Verzeichnis auf einem Netzlaufwerk, z.B. „X:/ElRv-Daten/“.

Manchmal ist es unausweichlich, diese Einstellungen zu verändern, z.B. bei der Umstrukturierung des Netzwerkes. Dies ist über diese Option in XNotar möglich, sollte jedoch stets von den damit befassten Fachleuten vorgenommen werden. In einem Netzwerk muss diese Einstellung einheitlich an **sämtlichen Arbeitsplätzen** geändert werden. Bei der Änderung des Wertes werden keine Dateien verschoben. Die Dateistruktur und die bestehenden Daten aus dem alten Verzeichnis müssen danach manuell kopiert oder neu angelegt werden.

Hinweis:

Der Dateipfad muss (windows-untypisch) **mit Querstrichen** („Slash“, Umschalt-7) eingegeben werden.

Für ein reibungsloses Zusammenspiel zwischen XNotar und SigNotar ist es wichtig, dass die ElRv-Datenordner **in beiden Programmen identisch** gewählt sind.

(2) Aktive Module

Mit dieser Einstellung kann gewählt werden, **welche Module** von XNotar auf 301
der **Startseite** angezeigt werden sollen. Verfügbar sind derzeit zwei, nämlich das **Handelsregister** (HR) und das **Zentrale Vorsorgeregister der BNotK** (ZVR). Wenn eines der Module für die Arbeit nicht benötigt wird, empfiehlt es sich, das gesetzte Häkchen zu entfernen. Im Startbildschirm werden die betreffenden Funktionen dann nicht mehr angezeigt.

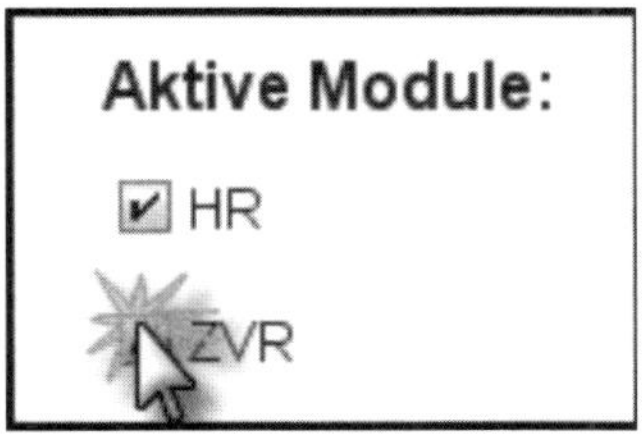

(3) „Auch auf Pilotversionen aktualisieren“

302 Sowohl XNotar als auch SigNotar befinden sich in einem **stetigen Entwicklungsprozess**. Neue Programmfunktionen kommen hinzu, Fehler werden behoben und andere Wartungsmaßnahmen unternommen. In diesem Zusammenhang gibt es i.d.R. neben der sog. **stabilen Version**, die für alle Anwender freigegeben ist auch eine **Pilotversion**, die bereits weitere Änderungen enthält.

Wird das Häkchen an dieser Stelle gesetzt, **aktualisiert XNotar auf die Pilotversion**. Dies ist nicht ohne Weiteres allen Anwendern zu empfehlen – mitunter enthalten Pilotversionen Fehler, die erst im Betrieb auffallen und dann zu Problemen führen können. Gedacht ist diese Funktion für Notare, die früh am Test neuer Versionen mitwirken wollen, um solche Fehler aufzufinden und damit zur Qualitätsverbesserung beizutragen.

Wenn (versehentlich oder mit Vorbedacht) diese Option gewählt wurde, kann i.d.R. wieder zur stabilen Version zurückgekehrt werden, indem das Häkchen gelöscht und nochmals die Update-Funktion aufgerufen wird.

Hinweis:

Mitunter sind Updates mit Änderungen an der Struktur bestimmter Dateien verbunden, die bei einer Rückkehr zur Vorversion nicht mehr ohne Weiteres rückgängig gemacht werden können. In diesem Fall sollte der Support kontaktiert werden.

(4) „SigNotar für die Ansicht von Tiff-Dateien verwenden“

303 Mit dieser Option kann gewählt werden, **ob** – unabhängig von den sonstigen Systemeinstellungen – **Tiff-Dateien** mit dem Signaturprogramm SigNotar **angezeigt werden** sollen.

Die Anzeige in SigNotar erfolgt i.R.d. Signaturvorgangs in jedem Fall mit diesem Programm, allerdings können die Dateien (meist die Anlagendaten) auch an anderer Stelle zur Ansicht aufgerufen werden (z.B. aus der Datenübersicht[182]). Dazu kann der Anwender auch auf ein anderes auf seinem Rechner

182 Vgl. Rn. 251.

installiertes Ansichtsprogramm[183] zurückgreifen, wenn ihm dies zweckmäßig erscheint. Solche externen Programme bieten mitunter eine schnellere oder elegantere Ansichtsfunktion.

(5) Verbindung

Die **Updatefunktion** von XNotar[184] greift auf das **Internet** zu, um zu prüfen, ob neue Programmversionen vorhanden sind und diese bei Bedarf herunterzuladen. Je nach Netzwerkanbindung am betreffenden Arbeitsplatz kann es notwendig sein, hier einen sog. **Proxy-Server** einzutragen, über den sämtliche Internetverbindungen vermittelt werden (z.B. bei Anbindungen über das Notarnetz). In diesem Fall ist der Systemadministrator nach den hier einzutragenden Werten zu fragen.[185] 304

bb) Notar

Über diesen Menüpunkt lassen sich die für den **jeweiligen Notar spezifischen Angaben** und **Präferenzen** bearbeiten. 305

(1) Auswahl Notar

Auf dieser Maske wird ausgewählt, zu welchem Notar die Einstellungen bearbeitet werden sollen. Es ist auch möglich, über die Schaltfläche „**Hinzufügen**" Daten für einen **neuen Notar** anzulegen. 306

> **Hinweis:**
>
> Da die Daten zum jeweiligen Notar im zentralen Verzeichnis „ElRv-Daten" hinterlegt werden, wirken sich Änderungen auf **alle Anwender** aus, die über diesen Server arbeiten (also i.d.R. alle Arbeitsplätze im gesamten Büro). Aus diesem Grund müssen die Notardaten bei Verwendung einer Serverlösung auch nicht für jeden Arbeitsplatz neu eingegeben werden, sondern sollten automatisch erscheinen, wenn bei der Installation am betreffenden Arbeitsplatz auf das zentrale Verzeichnis verwiesen wird.

183 Z.B. IrfanView, Google Picasa oder die in Windows integrierte Vorschaufunktion.

184 Vgl. Rn. 444 ff.

185 Weitere Informationen finden sich im Anwender-Handbuch von XNotar unter 3.2.3.

(2) Adresse

307 Auf dieser Maske sind in üblicher Art und Weise die **gängigen Notardaten** einzugeben. Die Daten werden in jede XML-Datei übernommen, die für den gewählten Notar vorbereitet wird.

(3) Allgemein

308 Unter dieser Registerkarte finden sich verschiedene Informationen, insbes. weitere Pfaddaten, die an anderer Stelle von Bedeutung sind.

Zunächst werden die **Registriernummern** für XNotar und SigNotar angezeigt. Lediglich die Nummer für XNotar kann bearbeitet werden. Dies ist im Regelfall nicht nötig, wenn das Programm problemlos arbeitet.

Als nächstes erscheinen die für diesen Notar gültigen **Fachdatenordner** (XNotar und das Importverzeichnis für die an den EGVP-Client zu übergebenden Fachdaten). Insbes. letzterer ist wichtig, da dieser im EGVP-Client als Importverzeichnis eingegeben werden muss.[186]

Zuletzt gibt es eine Option, die XNotar anweist, wie im Zusammenhang mit der jeweiligen Installation mit der **elektronischen Signatur** umzugehen ist. Die Option wurde eingeführt, um auch ein Zusammenspiel mit anderen Signaturanwendungen als SigNotar zu erleichtern. Wenn SigNotar verwendet wird, sollte stets die **zweite Option markiert** sein. In anderen Fällen sollte geprüft werden, wie die jeweilige bevorzugte Signaturanwendung technisch mit Signaturen umgeht.

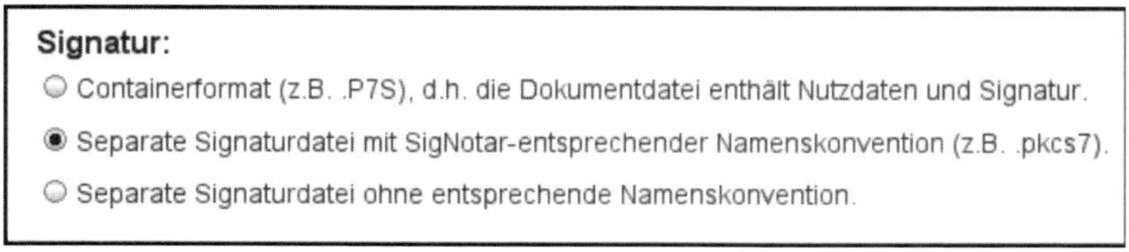

Hinweis:

Vor der **Verwendung abweichender Signaturformate** (z.B. in PDF-Dokumenten integrierte Signaturen des Anbieters Adobe/Signcubes) sollte

186 Im Menü „Optionen/Importverzeichnis Fachdaten“.

geprüft werden, ob es ggf. auf Gerichtsseite Probleme mit der Verarbeitung dieses Formats gibt.

(4) HR

Diese Maske enthält einige Optionen zum Handelsregister-Modul von XNotar. Als Voreinstellung kann gewählt werden, **aus welchem Verzeichnis standardmäßig** in XNotar **importiert** werden soll. Dies kann je nach technischer Umsetzung für das Zusammenspiel mit Notariatssoftware von Bedeutung sein, wenn dort Daten für XNotar vorbereitet werden. 309

Mit dem Markierungsfeld „**Externes Anschreiben verwenden**" ist es möglich, die neue **Anschreiben-Funktion** von XNotar **zu deaktivieren**. Dies ist sinnvoll wenn a) das Anschreiben immer als externes Dokument erstellt und eingescannt wird oder b) eine andere Signaturapplikation als SigNotar Verwendung findet, die die XNotar-Schnittstelle zur Generierung eines Anschreibens nicht unterstützt.

(5) ZVR

Auf dieser Maske kann lediglich als Voreinstellung gewählt werden, ob die **ZVR-Gebührenerhebung über** den **Notar** oder **unmittelbar beim Vollmachtgeber** erfolgen soll. Dies wird beim Hochladen der Daten über die Register-Webseite entsprechend mitübermittelt. 310

(6) Favoriten

Diese Maske dient dazu, bestimmte Voreinstellungen von XNotar an die Bedürfnisse des jeweiligen Notars anzupassen. 311

An anderer Stelle wurde bereits ausgeführt, dass in XNotar an vielen Stellen mit Wertelisten gearbeitet wird, die dem Anwender die Dateneingabe erleichtern und zugleich Eingabefehler vermeiden helfen sollen. I.d.R. folgen diese **Wertelisten fachlichen Vorgaben** (z.B. eine Beschränkung der sinnvollen Vertretungsregelungen für den GmbH-Geschäftsführer), bei manchen ist es jedoch sinnvoll, sie nach den **lokalen Gegebenheiten anzupassen**. Dies sind insbes. die Auswahlliste für die **bevorzugten Registergerichte** sowie die **Textbausteine für das Anschreiben** an das Registergericht.

Um hierfür eine persönliche Auswahl zu treffen, sollten die Eingaben der folgenden Abbildung ähneln.

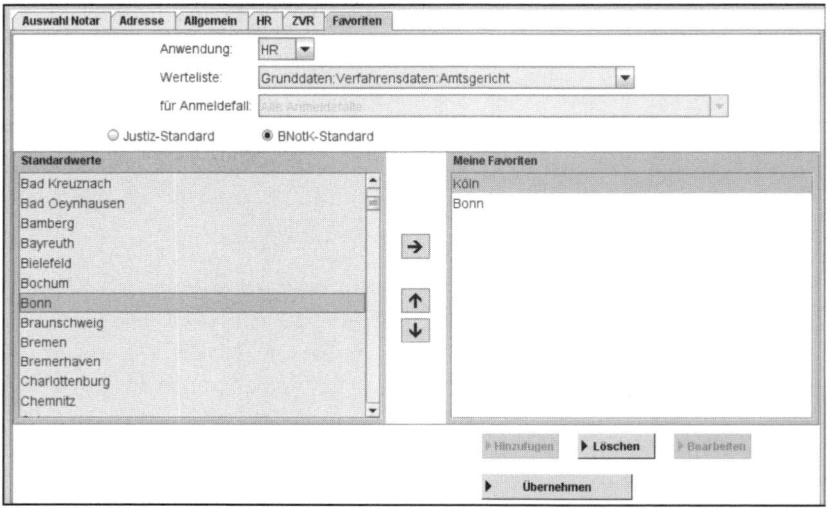

Insbesondere im Feld „Werteliste“ sollten die Einträge „**Grunddaten: Verfahrensdaten: Amtsgericht**“ oder „**Grunddaten: Verfahrensdaten: Bemerkung**“ gewählt werden.

Aus der auf der rechten Seite angezeigten Gesamtliste können die für den Notar relevanten Gerichte in das Fenster „Meine Favoriten“ übertragen werden. Will man einen **neuen Textbaustein** für das Anschreibenfeld anlegen, wählt man „Hinzufügen“.

2. SigNotar

312 SigNotar ist eine **spezialisierte Signaturapplikation**, die es dem Notar erlaubt, orientiert an den Anforderungen der §§ 39a und 42 Abs. 4 BeurkG **gesetzeskonforme Urkunden** im **elektronischen Umfeld** zu erzeugen. Dabei stehen die Urkundsformen der **beglaubigten elektronischen Abschrift** und der **beglaubigten Papierabschrift eines qualifiziert signierten elektronischen Dokuments** eindeutig im Mittelpunkt der Anwendung. Sie ist jedoch auch so flexibel, dass es mit ihr möglich ist, auch andere i.R.d. § 39a BeurkG denkbare elektronische Urkundsformen zu generieren.

Die Besonderheit von SigNotar gegenüber anderen Signaturprogrammen besteht vor allem darin, dass es **genau** auf die **Bedürfnisse** und die **Arbeitsabläufe im Notarbüro zugeschnitten** ist: Die Aufgaben können in traditioneller Form zwischen dem Notar und seinen Mitarbeitern aufgeteilt werden, sodass sich der Notar auf die ihm zukommende Rolle der Verfahrensleitung, Kontrolle und Richtigkeitsgewähr konzentrieren kann, während die Vor- und Nachbereitungsarbeiten von entsprechend fachkundigen Mitarbeitern übernommen werden. Dies wird in der überarbeiteten Programmversion (ab 3.0) dadurch erreicht, dass SigNotar weitgehend in den Ablauf und die Benutzeroberfläche von XNotar eingebunden ist. Das **Programm** sollte darum – auch wenn Funktionen gefragt sind, die nicht in unmittelbarem Zusammenhang mit einer in XNotar bearbeiteten Registeranmeldung stehen – **aus XNotar** heraus **gestartet** werden. 313

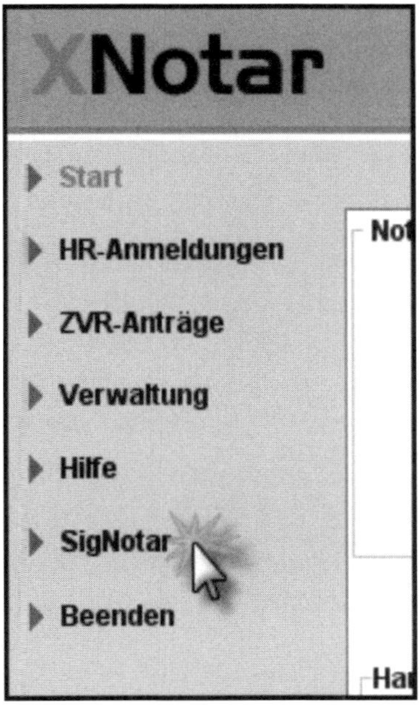

SigNotar versucht nicht, eine umfassende Lösung für alle denkbaren Signaturumfelder zu sein, sondern konzentriert sich ausschließlich auf die für den Notar relevanten Funktionen und bietet diese in einer auf das Wesentliche reduzierten Bedienungsoberfläche an. Zu diesem Konzept gehört es auch, hinsichtlich der verarbeitbaren Formate nicht beliebige Varianten zuzulassen, sondern vorrangig das Dokumentformat anzubieten, das kompatibel zu den verarbeitenden Systemen bei der Justiz ist („Multipage-TIFF").[187]

314 In technischer Hinsicht gehörte es zu den Gestaltungszielen, keine überzogenen Anforderungen an die einzusetzende Infrastruktur zu stellen. SigNotar sollte mit den in den meisten Büros anzutreffenden Systemumfeldern zusammenarbeiten. Selbst wenn die im Büro vorzufindenden Rechner zu alt sind, kann SigNotar grds. auf jedem preisgünstigen handelsüblichen Windows-PC betrieben werden.[188] Lediglich hinsichtlich des **Arbeitsspeichers** (RAM) empfiehlt sich eine **überdurchschnittliche Ausstattung**, da die Erfassung und Verarbeitung von Bildern sowie deren etwa notwendige Konvertierung den Arbeitsspeicher intensiv beanspruchen und eine zu kleine Ausstattung zu einer langsamen Verarbeitungsgeschwindigkeit führen kann.

315 SigNotar ist ein Programm, das **vollständig auf einem einzelnen Computer** ausgeführt werden kann, ohne dass zwingend ein Server oder sonstige Netzeinrichtungen vorhanden sein müssen. Steht ein Netzwerk zur Verfügung, kann es genutzt werden, um im Zusammenspiel mit XNotar eine bessere Arbeitsaufteilung zwischen dem Notar und seinen Mitarbeitern zu ermöglichen. Auch dabei wird grds. nur eine für alle Beteiligten zugängliche Datenablage benötigt, ein Server wird i.Ü. vom Programm nicht angesprochen.

316 Als Systemgrundlage verwendet SigNotar wie auch XNotar die Programmiersprache Java und die dazugehörige „Java-Laufzeitumgebung" (Java Runtime Environment [JRE]).[189] Um SigNotar einsetzen zu können, muss die **Java-Software**[190] auf dem Rechner **installiert** sein. Sie wird vom Installationspaket „Elektronischer Rechtsverkehr" automatisch eingerichtet, kann aber auch von der Internetseite www.java.com kostenlos heruntergeladen werden.[191]

Obwohl der Einsatz von Java im Prinzip dazu führt, dass die damit lauffähigen Programme potenziell auf verschiedenen Systemplattformen eingesetzt wer-

187 Vgl. Rn. 494 ff.

188 Vgl. zu den genaueren Anforderungen http://www.elrv.info/de/software/technische-anforderungen.php.

189 Hintergründe zu Java unter http://www.java.com/de/about/ und http://de.wikipedia.org/wiki/Java_%28Technologie%29.

190 Version 1.4 oder höher, JRE 5.0.

191 Auch XNotar und der EGVP-Client verwenden derzeit Java als Systembasis. Beachtet werden muss, dass auch die anderen Programme die installierte Java-Version verwenden können. Ältere Versionen des EGVP-Clients lösten Probleme mit der Version 1.5 aus.

den können, gilt dies für SigNotar nur in eingeschränktem Umfang. Da das Programm sehr eng mit Hardwareelementen wie Kartenlesegerät und Scanner arbeitet, kann es nach bisherigen Erfahrungen **nicht ohne Anpassungen am Programmcode** auf **MacOS-**,[192] **Unix-** und **Linux-Rechnern** eingesetzt werden. Ältere Windows-Versionen (95, 98, ME) bieten gleichfalls keine ausreichende Unterstützung für die von SigNotar benötigten Ressourcen. Der Einsatz in einer Windows-Client-Server-Umgebung ist ebenfalls nicht problemfrei, kann aber mit einigen Umstellungen bewerkstelligt werden.

a) Vorbereitung von Dokumenten

Eine der beiden zentralen Aufgaben von SigNotar im neuen Arbeitsablauf von XNotar 3.0 ist die **Vorbereitung von Papierdokumenten** für die **spätere Signatur**. Dieser Vorgang kann an unterschiedlichen Stellen im Arbeitsablauf relevant werden, z.B. im Modus „Dokumentenscan" oder im Mitarbeitermodus bei der Dokumentvorbereitung. Der Ablauf ist insoweit stets vergleichbar. 317

Ruft man SigNotar aus der XNotar-Oberfläche auf, erscheint zunächst das **Hauptmenü**, in dem man zwischen den verschiedenen Funktionen des Programms wählen kann. Die benötigte Schaltfläche ist „**Dokumente Anlegen**". 318

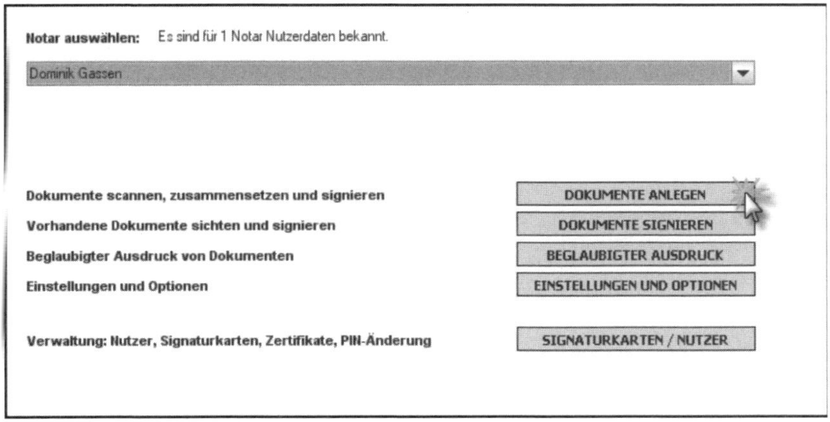

192 Eine Lösung für den Einsatz von SigNotar auf Apple-Rechnern der letzten Generation (Intel-Prozessoren) kann die Verwendung der von Apple bereitgestellten Software „Boot-Camp" sein, mit dem sich Windows auf dem MAC-OS-Computer einrichten lässt, vgl. http://de.wikipedia.org/wiki/Boot_Camp_(Software).

319 Die folgende Maske „**Dokumente anlegen**“ umfasst sämtliche Elemente, die der Bearbeiter benötigt, um aus einer oder mehreren Papiervorlagen sinnvolle elektronische Dokumente zusammenzustellen. Steigt man über die Funktion „**Hinzufügen in SigNotar**“ (aus der Maske „Anlagen/Dokumente“ in XNotar) in die Bearbeitung ein, wird **diese Maske als erste angezeigt**. Beim Start kann der Bearbeiter lediglich zwischen den Optionen „Anfügen“ und „Einscannen“ wählen:

- „**Einscannen**“ öffnet das Dialogfeld, mit dem der Scanner angesteuert wird.
- „**Anfügen**“ öffnet ein Dateiauswahl-Fenster mit dem der Bearbeiter in der Ablage nach einem anderweitig vorerfassten Dokument suchen kann. Diese Option ist nur sinnvoll, wenn Dokumente bereits von anderer Stelle eingescannt wurden oder wenn nochmals auf bereits eingescannte Daten zurückgegriffen werden soll, z.B. um zusätzliche Dokumentseiten einzubinden oder zu löschen.

aa) Einscannen

320 Aus dem Programm heraus können nur Scanner angesprochen werden, die über die sog. TWAIN-Schnittstelle unmittelbar an das System angebunden sind. Dies sind i.d.R. „**Arbeitsplatzscanner**“.[193]

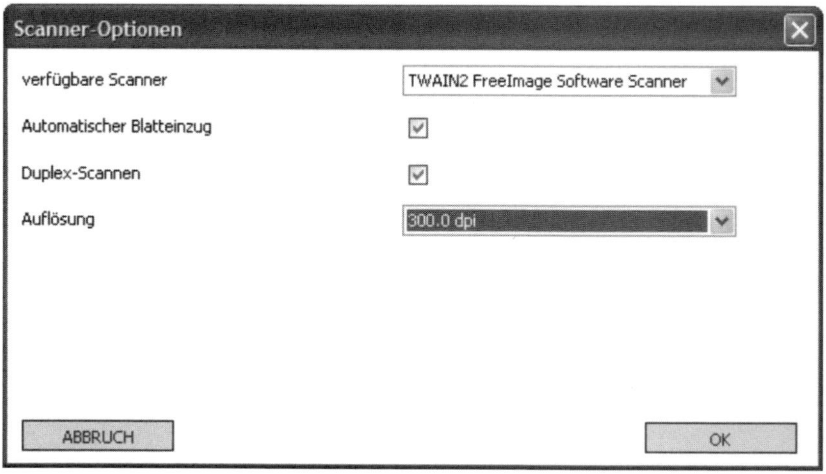

193 Vgl. dazu Rn. 483.

Angezeigt werden die **im System registrierten Scanner**, die SigNotar ansprechen kann. Der Benutzer kann auswählen, ob mehrere Dokumentseiten über einen automatischen Blatteinzug eingelesen werden sollen und ob das Papierdokument einseitig oder doppelseitig erfasst werden soll. Diese Optionen sollten natürlich nur gewählt werden, **wenn der verwendete Scanner sie technisch unterstützt**. SigNotar kann dies nicht automatisch erkennen. Wird irrtümlich eine nicht vorhandene Funktion ausgewählt, wird im Standardmodus des Scanners gescannt (i.d.R. ein einzelner einseitiger Scan). Weiterhin kann der Anwender über die Auswahl der Auflösung die Qualität bestimmen.

> **Hinweis:**
>
> **Sinnvolle Auflösungen** für die aktuellen Anwendungen im elektronischen Rechtsverkehr sind **200 × 200** und **300 × 300 dpi**.

Das Scanner-Dialogfeld ist bewusst einfach gehalten, um nur die Optionen anzubieten, die regelmäßig in der täglichen Praxis des Notars benötigt werden. **Über die Programmoptionen**[194] kann man wählen, dass das Dialogfeld gar nicht angezeigt wird (wenn man stets mit derselben Standardeinstellung scannen möchte) oder dass anstelle des SigNotar-Scannerdialogs (Abb. oben) der Dialog des Scannerherstellers angezeigt wird (wenn man ggf. noch zusätzliche Optionen/Bearbeitungsmöglichkeiten wünscht).

Der Scanvorgang wird durch Anklicken von „**OK**“ gestartet. Der Beginn des Einscannens kann sich je nach Gerätetyp wegen einer benötigten Aufwärmphase verzögern. Die eigentliche Verarbeitungsgeschwindigkeit hängt von Scannermodell, Anschlusstyp (z.B. USB, Parallelschnittstelle, SCSI) und der Leistungsfähigkeit des Computers ab. Je nach Gerätetyp kann ein Dialogfeld über den Scanfortschritt eingeblendet werden.

Nach Abschluss des Scanvorgangs wird der Anwender über ein Dialogfeld gefragt, ob er dem aktuellen Dokument **weitere Seiten hinzufügen** möchte. Das ist insbes. bei Verwendung eines Geräts, das keinen automatischen Blatteinzug unterstützt wichtig sowie in dem Fall, dass dieser Einzug (z.B. bei einer genähten Urkunde) nicht möglich ist.

---

194 Vgl. dazu unten Rn. 399 ff.

bb) Anfügen von bestehenden (Grafik-)Dateien

321 Alternativ zum Einscannen einer Papiervorlage am Arbeitsplatz kann auch auf bereits vorbereitete elektronische Daten zurückgegriffen werden. SigNotar verarbeitet Daten im sog. Multipage-TIFF-Format, einem Grafikformat in dem mehrere Dokumentseiten in einer Datei zusammengefasst werden. Solche Daten können grds. zwei Quellen haben:

- Ein **Papierdokument** wurde über einen **Netzwerkscanner/Digitalkopierer vorerfasst** und zur weiteren Verarbeitung abgelegt.
- Die **TIFF-Datei** wurde **unmittelbar** aus einer **elektronischen Vorlage erzeugt**. Typischerweise ist dies bei eigenen Urkunden des Notars der Fall, die als Textverarbeitungsdokumente vorliegen. Probleme und Methodik dieses Ansatzes werden ab Rn. 487 ff. und im Übungsfall 4 (Rn. 599) näher beleuchtet.

322 Wählt der Anwender die Option „**Dokument anfügen**", muss er über ein Dateidialogfeld angeben, wo die vorbereitete **Datei gespeichert** ist. Im Dialogfeld werden ausschließlich TIFF-Dateien angezeigt, damit nicht irrtümlich versucht wird, auf eine nichtkompatible Datenquelle zu verweisen.

> **Hinweis:**
>
> Obwohl SigNotar nach der Spezifikation ausschließlich TIFF-Dateien verarbeiten kann, ist es auch möglich, **Daten in anderen Grafikformaten** einzulesen und weiterzuverarbeiten. Dazu muss man im Dateiauswahlfenster „Dokument laden" zunächst als Dateityp „Alle Dateien" statt „*.tif" oder „*.tiff" auswählen. Dann in ein Verzeichnis navigieren, das Dateien in einem anderen Grafikformat enthält. **„JPEG"-Dateien** (Dateiendung „.jpg") funktionieren regelmäßig gut.

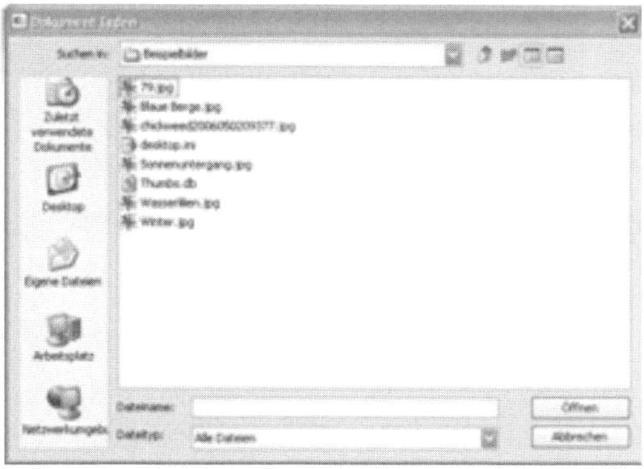

SigNotar wandelt die eingelesenen Daten ohne Rücksicht auf das Ausgangsformat in eine Schwarz-Weiß-TIFF-Datei um, die wie unten beschrieben weiterverarbeitet werden kann.

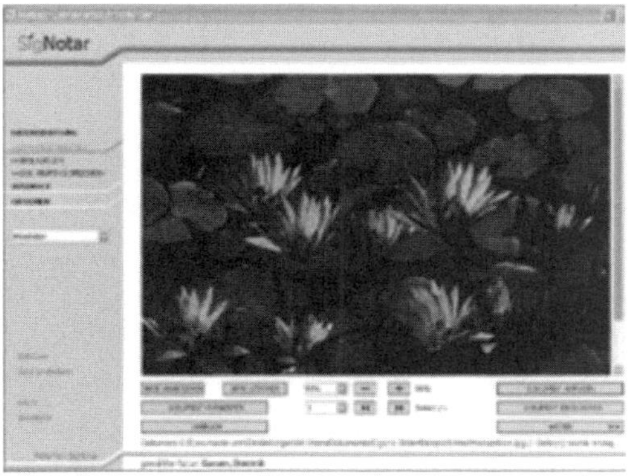

Beim **Import anderer Grafikformate** handelt es sich um eine undokumentierte prototypische Implementation, sodass man sich im Zweifel nicht auf die problemlose Funktion verlassen sollte.

cc) Bearbeitung des erfassten Dokuments

323 Egal ob die Vorlage eingescannt wurde oder ob auf vorbereitete Daten zurückgegriffen wird – das **Ergebnis** wird **im Visualisierungsfenster des Arbeitsbereichs** angezeigt.

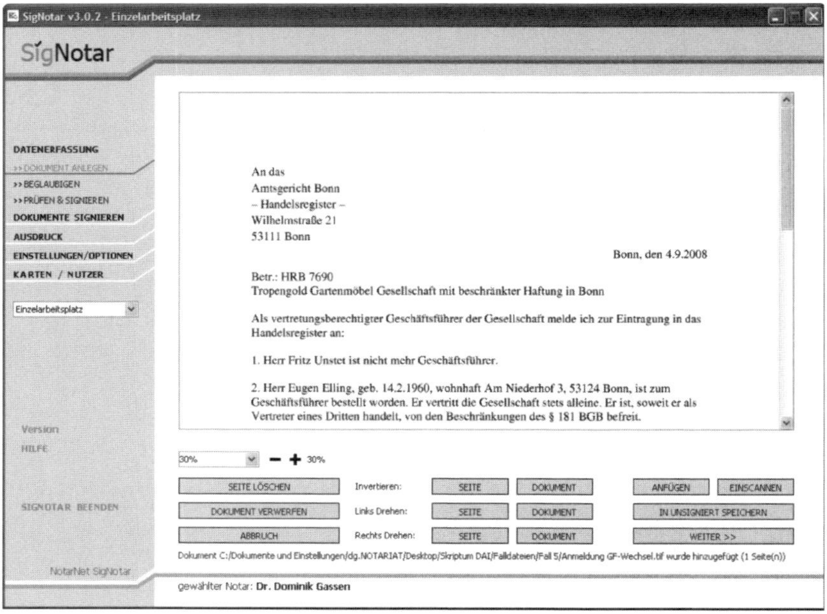

324 Die Größe des Dokuments wird **automatisch der sichtbaren Seitenbreite angepasst**. Der Bearbeiter hat in der unteren Hälfte des Arbeitsbereichs verschiedene Möglichkeiten, den **Dokumentinhalt zu kontrollieren**.

Über ein Auswahlfeld sowie die Tasten „+" und „–" kann die **Größe der Anzeige** variiert werden, z.B. um eine Gesamtansicht der Seite zu erhalten oder um zu prüfen, ob feine Details der Vorlage in ausreichender Qualität erfasst wurden.

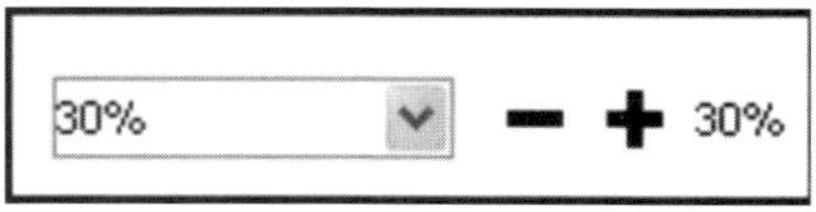

Weiter rechts wird angezeigt, wie viele Seiten das erfasste Dokument umfasst (wenn das Dokument mehr als eine Seite enthält). Dies ist eine gute Möglichkeit zur schnellen Kontrolle der **vollständigen Erfassung der Vorlage**, deren Seitenzahl bekannt ist.

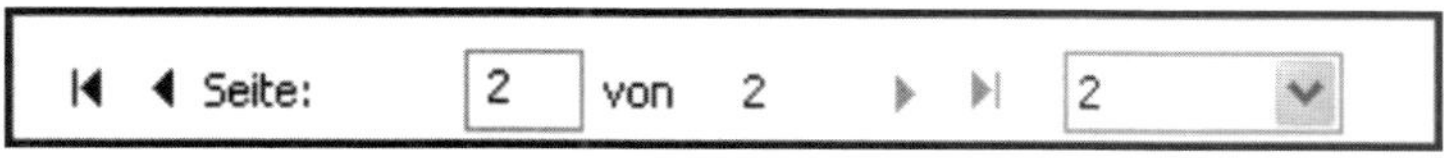

Mit den Pfeilfeldern kann man **zwischen den Seiten vor- und zurückblättern bzw. unmittelbar die erste und letzte Seite des Dokuments ansteuern**. Das Auswahlfeld erlaubt das unmittelbare Ansteuern einer bestimmten Seite. Auf diesem Weg kann auch bei großen Dokumenten eine gute stichpunktartige Kontrolle des Inhalts erreicht werden.

Bereits nach der Erfassung ist es mitunter notwendig, das **Dokument nachzu-** 325
bearbeiten. Dazu dienen die Bedienelemente auf der linken Seite und in der Mitte des Arbeitsbereichs.

„**Seite löschen**" erlaubt es, die Dokumentseite im Anzeigebereich aus dem Dokument zu entfernen (z.B. wenn versehentlich zu viele Seiten erfasst wurden).

Ist der Scan vollständig misslungen (z.B. durch Fehler beim Vorlageneinzug), kann das Ergebnis mit „**Dokument verwerfen**" entfernt werden. Danach muss die Vorlage erneut erfasst werden.

„**Abbruch**" verlässt den Erfassungsmodus und führt zurück zur Hauptauswahl.

Die Option „**Invertieren**" wird benötigt, um das mitunter auftretende Phänomen zu beheben, dass eine Dokumentseite invertiert, d.h. mit weißer Schrift auf schwarzem Hintergrund eingelesen wurde. Wie bei den beiden folgenden Optionen ist es möglich, den Vorgang entweder auf die aktuell angezeigte Seite zu beschränken oder auf das gesamte Dokument (alle Seiten) zu erstrecken.

Die Funktionen „**Links**“ bzw. „**Rechts Drehen**“ rotieren die Seite bzw. das Dokument jeweils um 90° in die gewählte Richtung. Dies ist insbes. nützlich, wenn über den Scanner die Dokumentausrichtung nicht richtig wurde.

326 Auch wenn bereits ein Dokument erfasst wurde, dass im Anzeigebereich zu sehen ist, können die Schaltflächen „**Anfügen**“ und „**Einscannen**“ genutzt werden, um weitere Vorlagenseiten hinzuzufügen. Diese werden als neue Seiten an das bestehende Dokument angehängt.

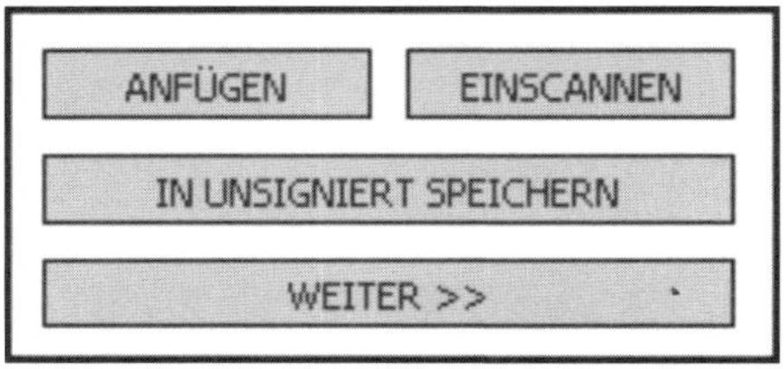

Mit der Schaltfläche „**In Unsigniert Speichern**“ wird das Dokument sofort im Verzeichnis „Unsigniert“ abgelegt. Damit ist für die weitere Verarbeitung klargestellt, dass diese Vorlage weder eines Beglaubigungsvermerks noch einer Signatur bedarf.

327 Unterhalb der Schaltfläche „Abbruch“ wird stets ein Hinweis über **den letzten ausgeführten Bearbeitungsschritt** angezeigt.

328 Mit der Schaltfläche „**Weiter**“ wechselt man zum nächsten Bearbeitungsschritt.

Hinweis:

Zusätzliche Bearbeitungsmöglichkeiten für Multipage-TIFF-Dateien bieten spezielle Grafikprogramme, wie z.B. „**IrfanView**“.[195] Dazu muss das betreffende Dokument allerdings bereits in gespeicherter Form vorliegen und über das Menü „Datei/Öffnen“ in IrfanView eingelesen werden.

Zwei nützliche Optionen sind das Sortieren und Zuschneiden von Dokumentenseiten.

195 S. http://www.irfanview.de/.

dd) Externe Bearbeitung von Dokumenten in „IrfanView“

IrfanView[196] bietet fortgeschrittene Optionen für den Umgang mit Multipage-Bildern unter „**Ansicht/Mehrseitige Bilder**“. 329

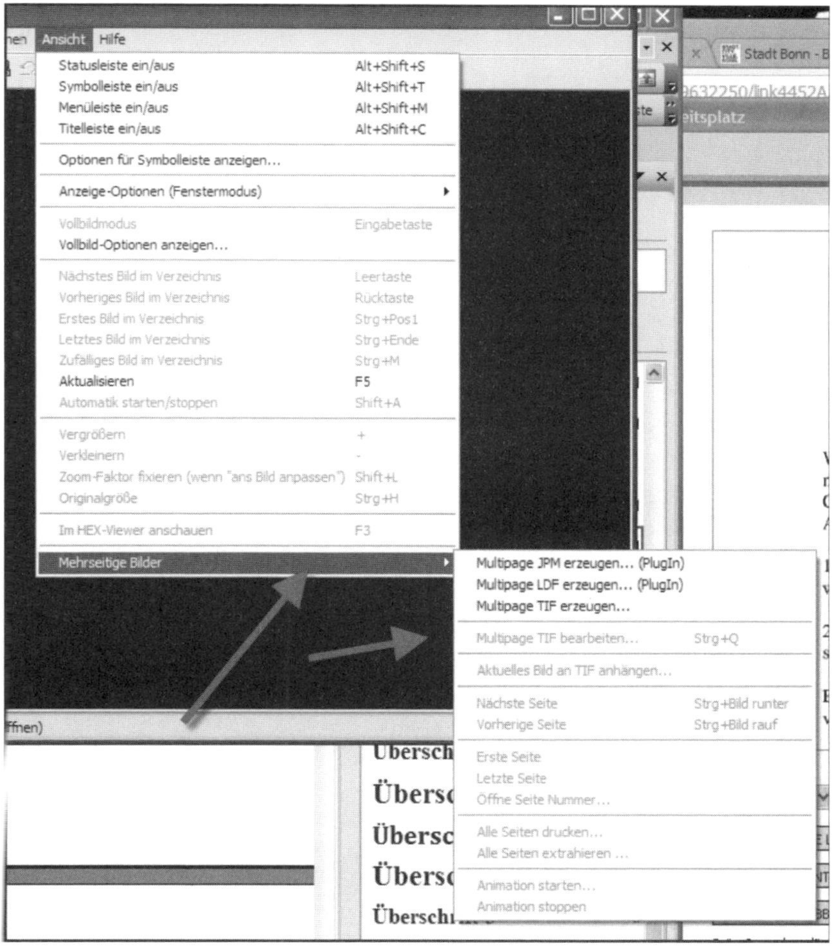

196 S. http://www.irfanview.de/.

Interessant ist hier insbes. die Option „**Multipage TIFF bearbeiten**“ (Tastaturkürzel Strg+Q). Im folgenden Fenster können **Seiten hinzugefügt** oder **gelöscht** werden und insbes. die **Reihenfolge** der Seiten **verändert** werden.

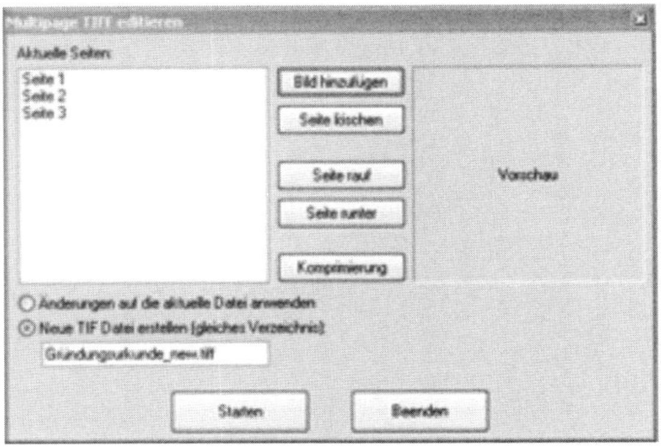

330 Mitunter kommt es vor, dass Dokumente **unsauber erfasst** werden und aus optischen Gründen ein Zuschneiden der Seite geboten erscheint. Dazu kann in IrfanView die Option „**Bearbeiten/Freistellen**“ verwendet werden. Dazu markiert man zunächst im Ansichtsfenster den Bereich, auf den das Dokument zugeschnitten werden soll (Klicken, festhalten und einen Rahmen ziehen).

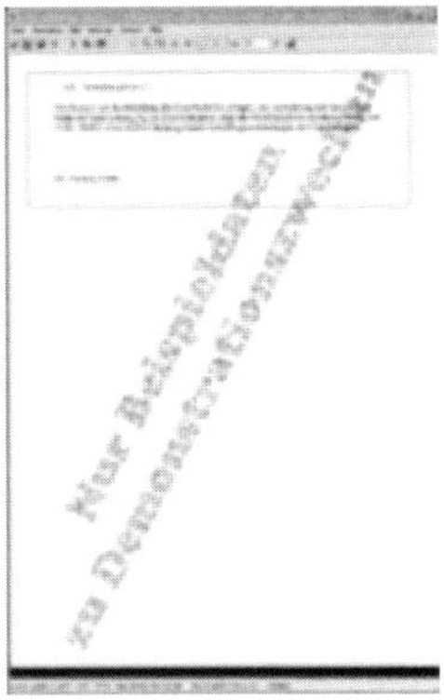

Nach dem Freistellen ist nur noch der markierte Teil des Dokuments übrig.

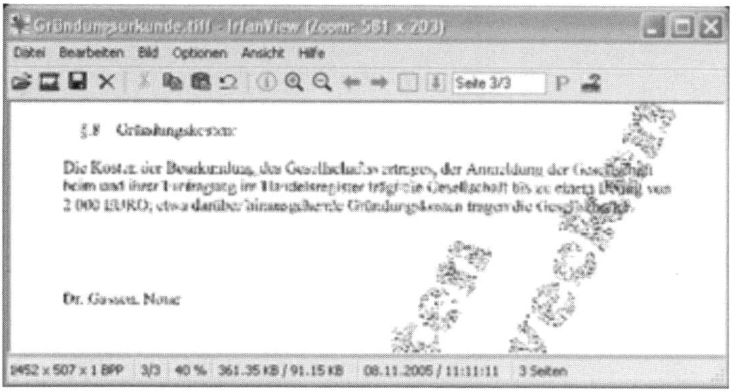

Abschließend das **Speichern nicht vergessen**, damit die Änderungen im Dokument übernommen werden. Zur Sicherheit sollte die bearbeitete Fassung unter einem **neuen Namen** gespeichert werden, damit etwaige Bearbeitungsfehler durch einen Rückgriff auf die vorherige Version behoben werden können. 331

> **Hinweis:**
>
> Die oben beschriebenen Bearbeitungsmöglichkeiten mit einem externen Programm dürfen immer nur verwendet werden, **bevor** die **Datei signiert** wird. Werden nach der Signatur Veränderungen vorgenommen, wird diese ungültig.

ee) Anbringen des Beglaubigungsvermerks

Parallel zur Papierform bedarf **auch die elektronische beglaubigte Abschrift** eines **Beglaubigungsvermerks**, der den eigentlichen sachlichen Inhalt der öffentlichen Urkunde (und damit den Umfang ihres erhöhten Beweiswertes) für jedermann verständlich klarstellt. Es handelt sich um das „Zeugnis" des § 39a BeurkG im engeren Sinne. Die Formulierung eines solchen Beglaubigungsvermerks orientiert sich **an denen der beglaubigten Papierabschrift**. Die Aufnahme von Ort und Zeit der Ausstellung des Zeugnisses (= der Signatur der elektronischen Daten) erfüllt die Vorgaben von § 39a Abs. 5 BeurkG. Ein Vorschlag für einen knappen Beglaubigungsvermerk könnte wie folgt lauten: 332

Formulierungsbeispiel: Beglaubigungsvermerk[197]

> Hiermit beglaubige ich die Übereinstimmung der in dieser Datei enthaltenen Bilddaten (Abschrift) mit dem mir vorliegenden Papierdokument (Urschrift).
>
> ..... (*Name des Notars*)
>
> Notar
>
> ..... (*Ausstellungsort*), ... (*Datum*)

333 Natürlich sollte der Beglaubigungsvermerk – genauso wie sein Papiervorbild – bei Bedarf **im Hinblick auf die tatsächlichen Gegebenheiten** der Beglaubigung angepasst werden. So wären z.B. Umstände wie erkennbare Rasuren, Löschungen oder Ergänzungen zu erwähnen, insbes. wenn sie im elektronischen Dokument nicht mehr in gleicher Form erkennbar sind.[198]

334 SigNotar greift auf **vorformulierte Beglaubigungsvermerke** (Textbausteine) zurück, die vom Anwender als Textverarbeitungsdokumente im „RTF-Format“[199] angelegt werden können. Bei der Installation legt SigNotar einen Muster-Beglaubigungsvermerk an.

Die Auswahl des standardmäßig anzuzeigenden Beglaubigungsvermerks erfolgt in SigNotar über die **Programmeinstellungen in der Benutzerverwaltung.**[200] Auf diese Weise können jedem Notar bei Bedarf eigene Textbausteine zugewiesen werden. Der Standard-Beglaubigungsvermerk ist üblicherweise unter [Lokaler Pfad zum ElRv-Datenordner]\ElRv-Daten\[Name des Notars]\Signotar\Vermerkvorlagen\Beglaubigung.rtf gespeichert.

Beim Aufrufen des Beglaubigungsdialogs wird automatisch der **voreingestellte Standardvermerk geladen** und angezeigt. Welcher Beglaubigungsvermerk geladen wurde, kann darüber hinaus aus der Informationszeile im unteren Teil des Fensters überprüft werden.

---

197 Vgl. Rn. 339 ff. zu automatisch generierten Inhalten.

198 Zu weiteren Formulierungsvorschlägen zu Beglaubigungsvermerken vgl. *Malzer*, DNotZ 2006, 9, 17, 20.

199 Abk. für „Rich Text Format“, ein codiertes Textformat, das neben dem reinen Text auch Gestaltungsinformationen wie Schrifttype, -größe und -schnitt enthält, vgl. http://de.wikipedia.org/wiki/Rich_Text_Format.

200 Nähere Erläuterungen der Programmeinstellungen ab Rn. 399 ff.

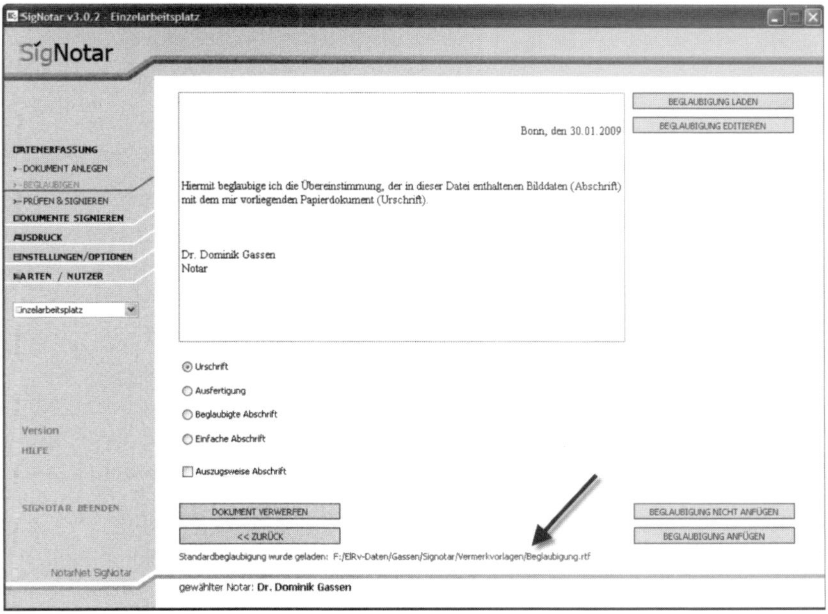

Über die Schaltfläche „**Beglaubigung laden**“ kann man einen **alternativen vorbereiteten Beglaubigungstext** aufrufen. Die Auswahl erfolgt über einen Dateidialog.

Will der Benutzer nur **kleinere Änderungen** an dem **eingeblendeten Text** 335
vornehmen, kann er dies über die Schaltfläche „**Beglaubigung editieren**“. Alternativ kann er auch in den Anzeigebereich des Vermerks doppelklicken.

Es öffnet sich ein eigenes Fenster, in dem die Bearbeitung durchgeführt werden kann. Die integrierten Bearbeitungsfunktionen sind nur rudimentär und erlauben keine größeren gestalterischen Eingriffe über den reinen Text hinaus. Vorgenommene Änderungen betreffen immer nur den **konkret bearbeiteten Vermerk**, Speichern wird vom Editor-Programm nicht unterstützt.

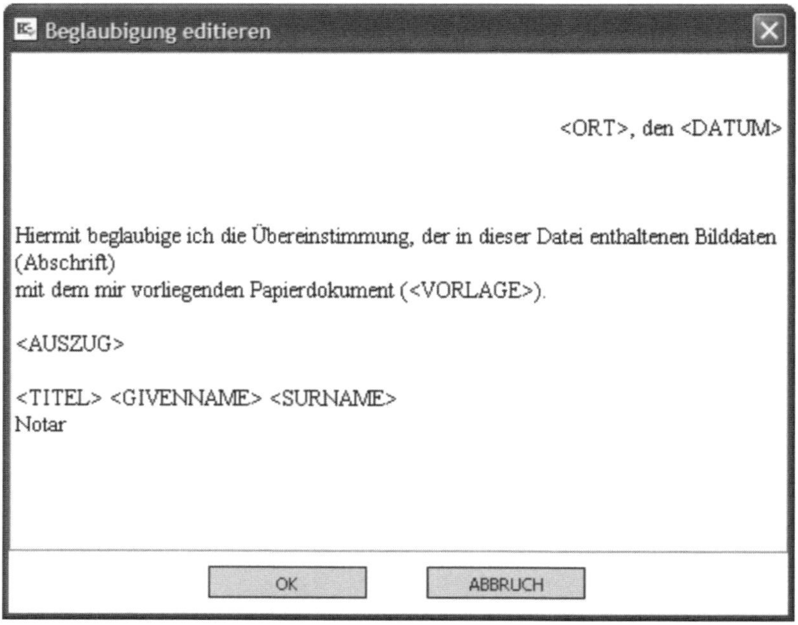

Hinweis:

Im Text des Vermerks sind verschiedene **Platzhalter** enthalten (Format „<TEXT>"), die vom Programm später automatisch mit den entsprechenden Inhalten befüllt werden. Diese sollten nur dann verändert werden, wenn auf den entsprechenden Feldtext sicher verzichtet werden kann.[201]

Will man Inhalt und Erscheinungsbild des Vermerks generell verändern, muss man dazu die verbundene Dokumentvorlage „Beglaubigung.rtf" im Verzeichnis „ElRv-Daten/[Notarname]/Signotar/Vermerkvorlagen bearbeiten.

336 Mit Blick auf die Vorgaben des § 42 Abs. 1 BeurkG ist bei der Beglaubigung der Abschrift einer Urkunde im Beglaubigungsvermerk festzustellen, **in welcher Form** die **Originalurkunde vorlag** (Urschrift, Ausfertigung, beglau-

201 Vgl. dazu unten Rn. 339 ff.

bigte oder einfache Abschrift). Diese Auswahl kann über das Anklicken des passenden Feldes getroffen werden.

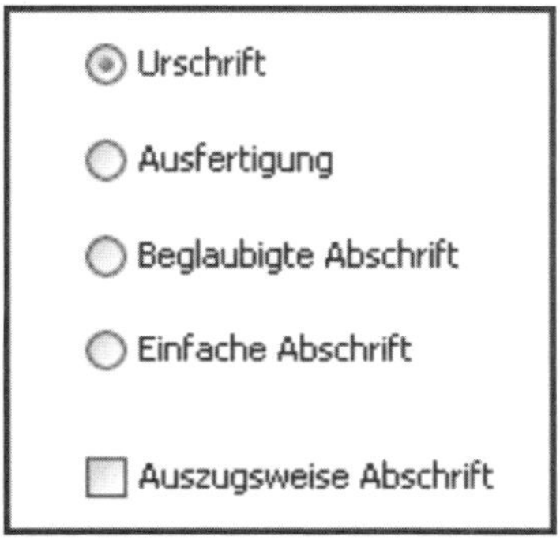

Entsprechend § 42 Abs. 3 BeurkG ist es auch möglich, den Vermerk aufzunehmen, dass es sich lediglich um eine **auszugsweise Abschrift** handelt. In diesem Fall ist der programmseitig bereitgestellte Text jedoch i.d.R. nicht ausreichend, da – je nach Inhalt der Urkunde – zusätzlich aufzunehmen ist, was der Gegenstand des Auszugs ist und das zu diesem Gegenstand in der Resturkunde keine weiteren Bestimmungen enthalten sind.

Im Anschluss an eine ggf. notwendige Bearbeitung des Beglaubigungsver- 337
merks wählt der Bearbeiter die Schaltfläche „Beglaubigung anfügen“. Soll **ausnahmsweise kein Beglaubigungsvermerk** angefügt werden, ist „Beglaubigung nicht anfügen“ auszuwählen.

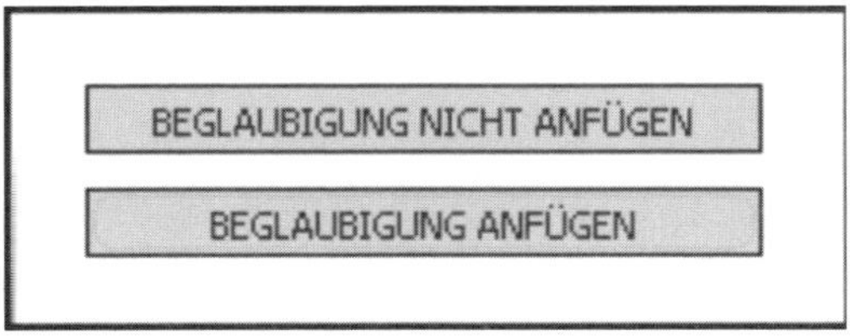

SigNotar wandelt das Textdokument in das Grafikformat TIFF um und fügt den **Beglaubigungsvermerk** als **letzte Seite** der Grafikdatei an.

ff) Anlegen eigener Beglaubigungsvermerke

338 Eigene Beglaubigungsvermerke können grds. mit **jeder Textverarbeitung** (z.B. MS Word, OpenOffice.Org[202]), aber auch mit dem in MS Windows integrierten Programm Wordpad in beliebiger benötigter Anzahl verfasst werden.

Im Hinblick auf die **äußerliche Gestaltung** ist zu empfehlen, **möglichst schlicht** zu arbeiten, da aufgrund von Unklarheiten in der Beschreibung des RTF-Formats fortgeschrittene Gestaltungselemente (z.B. Grafiken, Rahmen, Tabellen) in SigNotar nicht immer richtig angezeigt werden. Das Ergebnis ist als RTF-Dokument abzuspeichern.

Die **Einbindung** von selbstverfassten Beglaubigungsvermerken erfolgt über die Programmeinstellungen (Nutzerverwaltung) oder über den Aufruf „Beglaubigung laden".

gg) Dynamische Felder

339 SigNotar kann bei der Verarbeitung der RTF-Vorlagen für Beglaubigungsvermerke verschiedene **Textmarken automatisch durch variable Inhalte ersetzen** („dynamische Felder" oder „Patterns"). Um diese Funktion zu verwenden, müssen die Platzhalter **exakt** in der angegebenen Syntax (mit spitzen Klammern) in den Beglaubigungsvermerk aufgenommen werden.

340 Für den **Beglaubigungsvermerk** nach § 39a BeurkG kommen folgende Felder infrage:

Textmarke	wird ersetzt durch
<DATUM>	aktuelles Datum
<NAME>	vollständiger Name des Notars
<GIVENNAME>	Vorname des Notars
<SURNAME>	Nachname des Notars
<BERUF>	Berufsattribut des Notars, sofern auf der Signaturkarte vorhanden
<ORT>	Angabe zum Amtssitz (aus der Nutzerverwaltung des Notars, der die Prüfung durchgeführt hat)

202 S. http://de.openoffice.org/.

<VORLAGE>	gewählter Text für den Status des Originaldokuments (Urschrift, Ausfertigung etc.)
<AUSZUG>	Textbaustein für auszugsweise Abschrift

Im Bereich der Beglaubigung von **Papierabschriften** elektronisch signierter Daten sind dies die folgenden Felder: 341

Textmarke	wird ersetzt durch
<CERT>	Seriennummer des Zertifikats des Signierenden
<CERTHEX>	Seriennummer in hexadezimaler Darstellung
<CERTZDA>	Informationen über die ausstellende Zertifizierungsstelle
<CERTNAME>	Name des Zertifikatsinhabers und weitere Informationen über diesen
<RESULTAT>	je nachdem wie die Prüfung ausgefallen ist, werden verschiedene Textbausteine eingefügt, die über weitere Optionen näher spezifiziert werden können

hh) Alternatives Verfahren zum Anfügen eines Beglaubigungsvermerks

Sollte es aus irgendeinem Grund problematisch sein, die oben beschriebene Methode zu benutzen um den Beglaubigungsvermerk anzufügen, ist es auch ohne Weiteres möglich, beim Einscannen des Originaldokuments eine **zusätzliche Papierseite mit dem gewünschten Beglaubigungsvermerk** beizufügen – das Ergebnis ist das Gleiche, nur dass die Methode umständlicher ist, weil der Papiervermerk jeweils neu vorbereitet werden muss und in SigNotar nicht mehr bearbeitet werden kann. 342

ii) Endkontrolle und Zwischenablage der vorbereiteten Daten

343 Nachdem der Beglaubigungsvermerk angefügt wurde, zeigt SigNotar dem Bearbeiter in der folgenden Maske nochmals das **endgültige Arbeitsergebnis**.

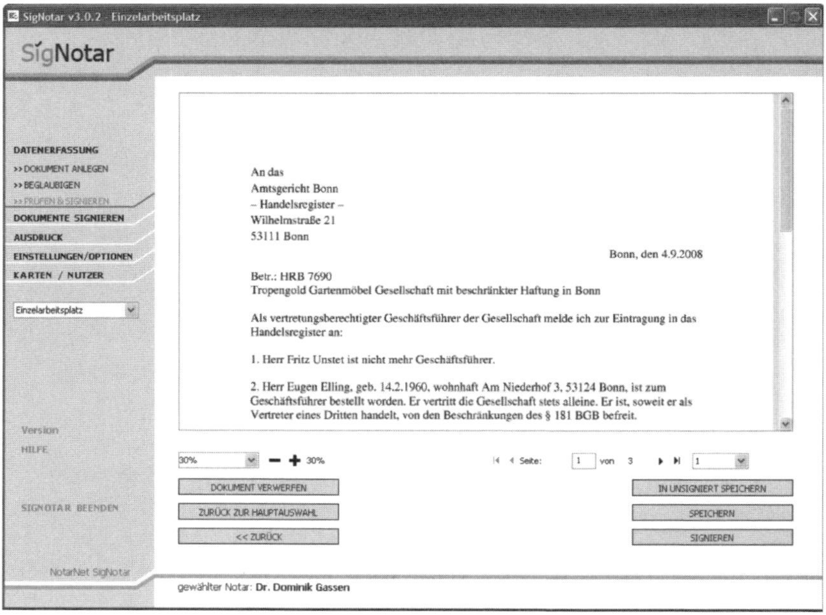

344 Die Darstellung gleicht der Visualisierung im vorausgehenden Arbeitsschritt (bei der Dokumenterfassung), das Dokument sollte jedoch **eine Seite mehr aufweisen** (den Beglaubigungsvermerk). Die Bedienelemente für die Veränderung der Ansicht sind die gleichen, die schon unter Rn. 323 ff. beschrieben wurden. Der Bearbeiter kann das Dokument an dieser Stelle noch verwerfen und den Erfassungsprozess vollständig neu beginnen oder mit „Zurück" zur Maske zur Bearbeitung des Beglaubigungsvermerks zurückkehren.

Regelmäßig wird sich jedoch die Auswahl „**Speichern**" anschließen, um die Vorbereitung der zu beglaubigenden elektronischen Daten abzuschließen.

345 Es öffnet sich eine Dateiauswahlmaske, in der man den **Ablageort und -namen des Dokuments bestimmen** kann. Als Ablageort ist regelmäßig das Verzeichnis voreingestellt, das dem aktuell gewählten Notar als „virtuelle

Unterschriftsmappe“ zugeordnet ist (meist „Zwischenablage“). So wird die vorbereitete Datei vom Notar beim Zugriff auf das Verzeichnis automatisch gefunden und in die weitere Verarbeitung einbezogen. Ein Vorschlag für den Dateinamen wird aus den Vorgaben erstellt, die in den Programmeinstellungen eingetragen wurden.

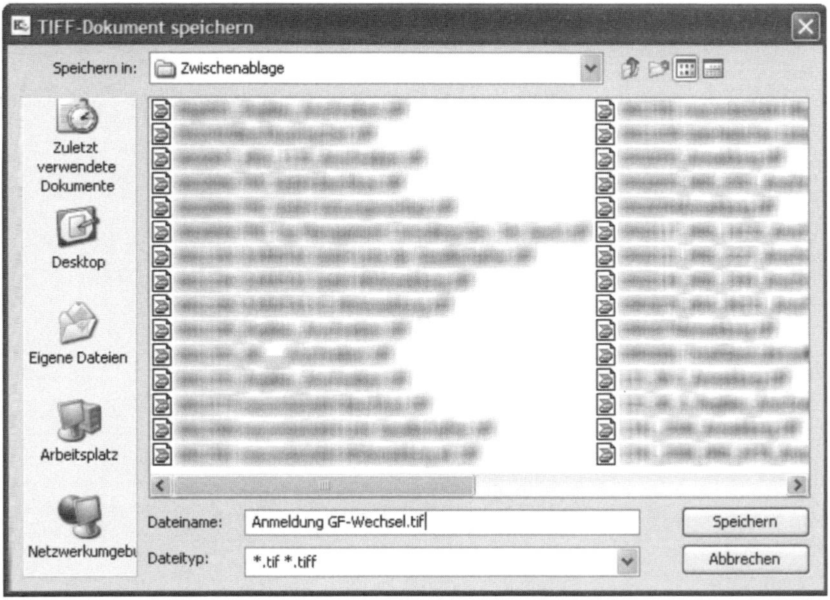

Hinweis:

Verwendet man das **neue Verfahren** von XNotar 3.0, um aus der XNotar-Vorgangsbearbeitung SigNotar aufzurufen und die Dokumente vorzubereiten[203] (oder den Dokumentenscan-Modus), werden Bestandteile des Dateinamens direkt passend zum bearbeiteten Vorgang übernommen.

Bei der **alten Bearbeitungsmethode** empfiehlt es sich, anstelle des Vorschlags händisch einen aussagekräftigeren Dateinamen (z.B. die UR.-Nr. des Ausgangsdokuments, z.B. „440_06-G.tiff“) zu wählen. Damit wird später die Suche nach der benötigten Anlage für die elektronische Registeranmeldung erleichtert. Beachtet werden muss, dass der üblicherweise

203 Vgl. Rn. 244 ff.

in UR.-Nummern verwendete Schrägstrich „/“ kein zulässiges Zeichen für den Dateinamen ist. Anstelle dessen kann „_“ oder „-“ verwendet werden.

346 Nach der Auswahl und dem Klick auf „Speichern“ erscheint eine **Bestätigung über den erfolgreichen Speichervorgang**. Wenn für die Erfassung des Dokuments vorbereitete Grafikdaten („Dokument anfügen“) verwendet wurden, muss der Benutzer entscheiden, ob diese gelöscht werden sollen. Aus Gründen der Speicherersparnis und der besseren Übersicht sollte regelmäßig Löschen („Ja“) gewählt werden.

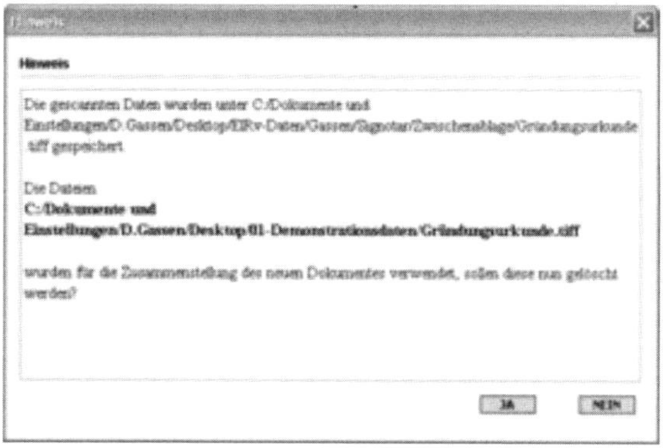

347 Abschließend kann man wählen, ob man ein **weiteres Dokument anlegen** oder zur **Hauptauswahl** zurückkehren möchte.

b) Signaturprüfung und beglaubigter Ausdruck

aa) Allgemeines

348 Eine weitere Funktion von SigNotar ist die **Vorbereitung von beglaubigten Papierabschriften** von elektronischen Dateien nach § 42 Abs. 4 BeurkG. Die Vorschrift formuliert im Kern nur zusätzliche Anforderungen an den Beglaubigungsvermerk, soweit der Ausdruck von Daten beglaubigt wird, die mit einer qualifizierten elektronischen Signatur versehen sind. Dies lässt den Rückschluss zu, dass der Gesetzgeber davon ausgeht, dass grds. der Ausdruck jeder Art von elektronischen Daten Gegenstand einer notariellen Beglaubigung (wohl im Wege der Tatsachenbeurkundung über sinnliche Wahrnehmungen

des Notars) sein kann. Die Rechtspraxis wird zeigen, ob es in diesem Bereich Bedarf für weitere notarielle Tätigkeiten gibt. Interessant ist dabei sicherlich die Frage, wie sich das Verhältnis des grds. beschränkten Beweiswertes nicht signierter elektronischer Daten im Verhältnis zu deren beglaubigter Papierabschriften entwickelt. Derartige beglaubigte Ausdrucke können jedoch nicht mit SigNotar angefertigt werden, da das Programm zwingend vom Vorliegen einer signierten Datei ausgeht.

Fertigt der Notar eine **beglaubigte Abschrift von qualifiziert signierten elektronischen Daten** an, muss er im Gegensatz zur herkömmlichen beglaubigten Papierabschrift **zwei unterschiedliche Umstände beglaubigen**: 349

- Die Übereinstimmung des Papierausdrucks mit den vorliegenden elektronischen Daten und
- das Ergebnis der Signaturprüfung.

Für beide Elemente lohnt es sich, über den Inhalt des Beglaubigungsvermerks nachzudenken, bereits um sich davor zu schützen, inhaltlich unpräzise oder sachlich mehr zu beglaubigen als eigentlich gewollt ist.

(1) Vermerk hinsichtlich der Übereinstimmung von Daten und Ausdruck

Zwingend ist aufzunehmen: 350

- Die Tatsache der Übereinstimmung der Anzeige am Bildschirm mit dem Papierausdruck.

Sinnvoll kann es je nach den Umständen sein, zusätzlich aufzunehmen: 351

- Ob es sich bei der Datei um eine öffentliche elektronische Urkunde nach § 39a BeurkG (oder parallelen Normen aus Verwaltungs- oder Prozessrecht) handelt,
- den Namen der Datei, auf der der Ausdruck beruht,
- das Programm, mit dem die Datei auf dem Bildschirm angezeigt und der Ausdruck erzeugt wurde sowie dessen Versionsnummer und
- wie dem Notar die Daten vorgelegt wurden (auf einem Datenträger, übersendet per E-Mail).

(2) Vermerk hinsichtlich der Signaturprüfung

352 **Zwingend** ist aufzunehmen:

- Der Umstand, dass die Daten mit einer qualifizierten elektronischen Signatur nach dem SigG versehen waren,
- die Bezeichnung des Signierenden, die aus dem Zertifikat hervorgeht,
- dass eine Signaturprüfung durchgeführt wurde,
- das Ergebnis der logischen Signaturprüfung,
- dass eine Online-Überprüfung des Signaturzertifikats vorgenommen wurde und
- das Ergebnis der Zertifikatsprüfung.

353 **Sinnvoll** kann es je nach den Umständen sein, zusätzlich aufzunehmen:

- Die ausgebende Stelle des Zertifikats (ZDA),
- die Referenznummer des Zertifikats,
- den Signaturzeitpunkt,
- ggf. den Umstand, dass die Signatur mit einem qualifizierten Zeitstempel versehen war,
- ggf. das Ergebnis der Prüfung des Zeitstempels,
- den Inhalt von etwa in der Signatur enthaltenen Attributen oder Attributzertifikaten und
- eine knappe zusammenfassende Aussage über das Gesamtergebnis der Signaturprüfung, ggf. mit Benennung etwaiger beweisrechtlich relevanter Umstände (kann z.B. keine Online-Prüfung des Zertifikats durchgeführt werden, steht bei der Beglaubigung nicht fest, ob das Zertifikat möglicherweise gesperrt wurde).

354 Genau wie bei der elektronischen beglaubigten Abschrift bietet SigNotar auch für den beglaubigten Papierausdruck **Formulierungsvorschläge für den Beglaubigungsvermerk**, die dem Prüfergebnis angepasst werden und die noch manuell bearbeitet werden können.[204]

204 Vgl. die Ausführungen unter Rn. 332 ff.

bb) Signaturdatei

Ausgangspunkt für den beglaubigten Ausdruck ist stets eine Signaturdatei, **die dem Notar zum freien Zugriff vorliegt**. Regelmäßig können solche Dateien auf Datenträgern übergeben werden oder dem Notar per E-Mail (als Dateianlage) oder auf anderem Wege zugeleitet werden. 355

Hinweis:

SigNotar kann **keine signierten E-Mails** verarbeiten. Es handelt sich insoweit um ein anderes Datenformat, welches ausschließlich mittels eines geeigneten E-Mail-Programms geöffnet und geprüft werden kann. In der Frühphase des Notarnetz-Projekts hat auch die BNotK/NotarNet GmbH mit dieser Form der Signatur gearbeitet (Programm „Signtrust Mail") bis sich herauskristallisierte, dass die Anforderungen des elektronischen Rechtsverkehrs andere Strukturen verlangten. Sind die zu beglaubigenden Daten ausnahmsweise in einer signierten E-Mail enthalten, muss der Notar Ausdruck und Signaturprüfung mittels des E-Mail-Programms durchführen und den Beglaubigungsvermerk auf der Grundlage der von diesem Programm bereitgestellten Ergebnisse „von Hand" in seiner Textverarbeitung vorbereiten.

Bei der Beglaubigung solcher Daten ist unbedingt auf die **Qualität der Signatur zu achten**. Gerade im E-Mail-Verkehr werden oftmals einfachere Signaturformen verwendet (z.B. „PGP-Zertifikate" oder spezielle E-Mail-Zertifikate amerikanischer Zertifizierungsstellen wie Verisign oder Geotrust). Während eine Beglaubigung im Gegenschluss aus § 42 Abs. 4 BeurkG auch hier grds. möglich ist, sollte dabei unbedingt auf das Signaturniveau hingewiesen werden. Die meisten gängigen E-Mail-Programme können im installierten Programmumfang nur mit wenigen Signaturformen umgehen, sodass es gerade bei Prüfungen von signaturgesetzkonformen E-Mail-Signaturen zu Fehlermeldung kommen kann, die gar nichts mit der eigentlichen Signaturprüfung zu tun haben. Gelingt die Prüfung nicht, sollte man den Absender der Nachricht um Mitteilung bitten, mit welchem Programm die Signatur erfolgt ist und ob es dafür ggf. ein spezielles Prüfprogramm gibt.

Zur Sicherheit der eigenen Computeranlage sollte auf Datenträger, die der Notar von anderen erhält, nur über einen Computer zugegriffen werden, der 356 mit Schutzmaßnahmen gegen Computerviren und ähnliche Bedrohungen ausgestattet ist. Daten, die in das eigene Netz übernommen werden, sollten auf jeden Fall auf Virenbefall überprüft werden. Gegen schädliche Daten, die über das Internet übertragen werden, können zentrale Sicherheitseinrichtungen wie das Notarnetz helfen. Diese greifen jedoch nicht gegen lokal eingespielte Problemdaten.

357 Um einen beglaubigten Ausdruck vorzubereiten, kann im Hauptmenü die Funktion „**Beglaubigter Ausdruck**" aufgerufen werden.

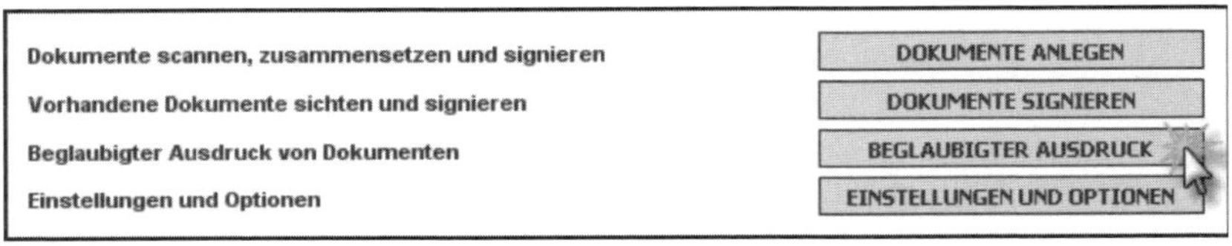

In der folgenden Maske ist über das Bedienfeld „**Signaturdatei öffnen**" zunächst die zu prüfende Datei auszuwählen. Dies geschieht mittels eines üblichen Dateidialogs, in dem der Ablageort der Signaturdatei anzuwählen ist.

cc) Unterstützte Dateiformate

358 Elektronische Signaturen waren in der Vergangenheit in der Praxis geprägt von einer Vielzahl **verschiedener technischer Varianten**. Diese entsprachen zwar im Wesentlichen den gängigen technischen Standards, jedoch wiesen die konkreten Umsetzungen kleinere Abweichungen auf, die dazu führten, dass Signaturen und Prüfprogramme verschiedener Hersteller nicht harmonierten. Aufgrund eines weiteren Standardisierungsprozesses sind viele dieser Inkompatibilitäten zumindest bei den innerhalb von Deutschland verwendeten Produkten mittlerweile beseitigt. Dennoch gibt es in der Praxis immer wieder Fälle, in denen die Prüfung einer Signatur mit technischen Schwierigkeiten verbunden ist.

Um diesem Problem abzuhelfen, versucht SigNotar eine möglichst breite Palette von marktgängigen Signaturformaten zu unterstützen. Die Bandbreite lässt sich aus den **grds. verarbeitbaren Dateiendungen** erkennen:

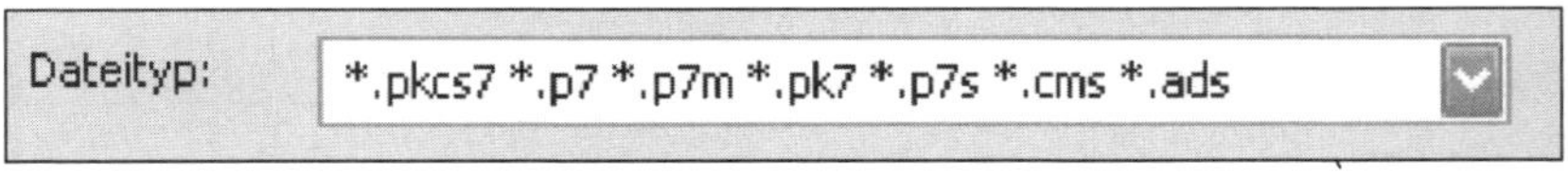

Hinweis:

Trotz intensiver Bemühungen kann es immer wieder vorkommen, dass eine bestimmte **Signaturvariante nicht korrekt verarbeitet** wird, obwohl die Dateiendung in der Liste aufgeführt ist. In diesem Fall sollte man die signierten Daten samt Signatur an den Support von SigNotar weiterleiten – soweit möglich mit Angaben darüber, mit welchem Programm die Signatur erzeugt wurde. Das Format sollte dann mit dem nächsten Programmupdate unterstützt werden. Handelt es sich um eine Signaturdatei, deren Endung nicht in der Liste aufgeführt ist, kann durch die Auswahl von „Alle Dateien" als Dateityp versucht werden, auch diese Datei von SigNotar prüfen zu lassen – das liefert mitunter bereits brauchbare Ergebnisse.

dd) Prüfdialog

Das Ergebnis der Prüfung wird zunächst abgekürzt in einer Übersicht in 359
einem eigenen Fenster dargestellt. Für den folgenden Beglaubigungsprozess ist es unerlässlich, das **Prüfungsergebnis sachlich zu verstehen** und in seinen Grundzügen interpretieren zu können, um nicht Gefahr zu laufen, eine Beglaubigung ohne hinreichende Erkenntnisgrundlage vorzunehmen.

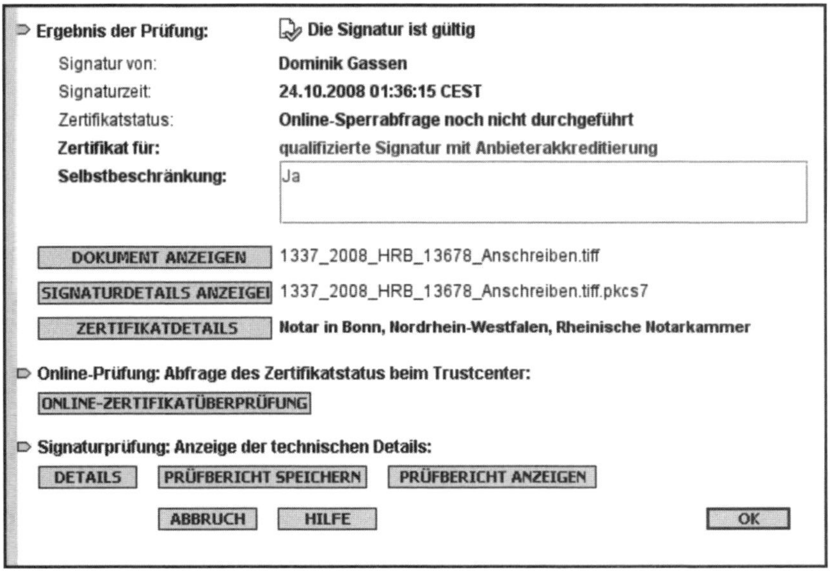

360 In der ersten Zeile wird das „**Ergebnis der Prüfung**“ angezeigt. Damit ist die mathematisch-logische Prüfung der Signatur gemeint: Geprüft wird, ob der aus den signierten Daten berechnete Hash-Wert mit dem übereinstimmt, der aus der Signatur mithilfe des mitgeteilten öffentlichen Schlüssels berechnet wurde.[205] Es handelt sich also nur um die Prüfung der inhärenten Logik der Signatur und des zugeordneten Zertifikats. Für eine endgültige Aussage über die Gültigkeit der Signatur ist unbedingt das Ergebnis der Zeile „Zertifikatstatus“ (s.u. Rn. 363) einzubeziehen.

361 In der Zeile „**Signatur von**“ erscheint der Name der Person, die im Signaturzertifikat als Inhaber aufgeführt ist.

362 Die Zeile „**Signaturzeit**“ gibt die (unsichere)[206] Zeitangabe wieder, die in der Signatur selbst enthalten ist. Grundlage für diese Angabe ist regelmäßig die Systemzeit des Rechners, auf dem die Signatur erzeugt wurde.

363 „**Zertifikatstatus**“ gibt an, welche Rückmeldung SigNotar bei der Sperrabfrage vom Server des ausgebenden Zertifizierungsdienstleister erhalten hat. Die Adresse des abzufragenden Servers ist im Signaturzertifikat enthalten.

Zunächst ist in dieser Zeile i.d.R. die folgende Anmerkung zu lesen:

Zertifikatstatus:	**Online-Sperrabfrage noch nicht durchgeführt**

In diesem Fall muss das Status des Zertifikats noch über eine Internet-Abfrage beim Server des Zertifikatsdienstleisters (z.B. der BNotK) überprüft werden. Dies geschieht über die Schaltfläche „**Online-Zertifikatüberprüfung**“. Für die Prüfung muss ein **aktiver Internetanschluss** vorhanden sein, sie erfolgt durch eine Online-Abfrage der Zertifizierungsstelle (sog. OCSP[207]-Anfrage).

In der Regel wird man bei dieser Prüfung eine **positive Rückmeldung** erhalten.

205 Vgl. zur Darstellung der zugrunde liegenden Technik Rn. 455 ff.

206 Vgl. zur Problematik von Signaturzeit und Zeitstempel Rn. 461 ff.

207 „Online Certificate Status Protocol“, vgl. http://de.wikipedia.org/wiki/OCSP.

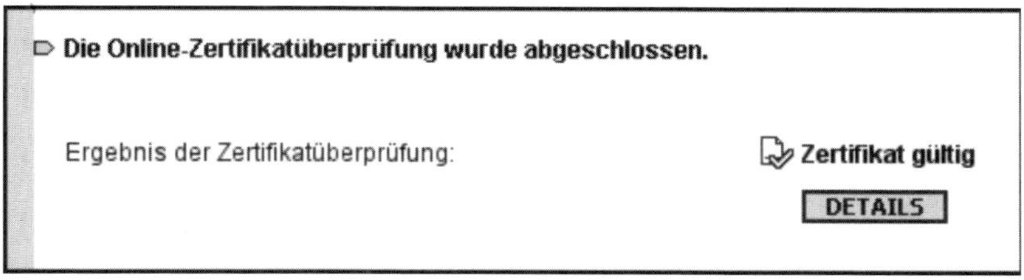

Kehrt man zurück zum Übersichtsbildschirm, wird dort das Ergebnis knapp angezeigt.

War die **Sperrabfrage nicht erfolgreich** (z.B. weil keine Internetverbindung bestand oder der Server aus anderen Gründen nicht erreichbar war) erscheint ein entsprechender **Hinweis**.

> **Hinweis:**
>
> In diesem Fall unbedingt versuchen, die **Sperrabfrage manuell** durchzuführen, indem der entsprechende Button angeklickt wird („Online-Zertifikatüberprüfung"). Ohne ein eindeutiges aktuelles Prüfungsergebnis ist keine aussagekräftige Beglaubigung eines elektronisch signierten Dokuments möglich, weil nicht ausgeschlossen werden kann, dass das Zertifikat zwischenzeitlich gesperrt wurde.[208]

„**Zertifikat für**" gibt grds. den Verwendungszweck des Signaturzertifikats 364
an. Damit eine Beglaubigung nach § 42 Abs. 4 BeurkG möglich ist, muss an dieser Stelle zumindest „qualifizierte Signatur", besser „qualifizierte Signatur mit Anbieterakkreditierung" stehen. Ist ein Zertifikat nur für andere Zwecke vorgesehen, sollte dies auch im Beglaubigungsvermerk aufgenommen werden.

Das Feld „**Selbstbeschränkung**" gibt an, ob mit dem Zertifikat bestimmte 365
Beschränkungen verbunden sind (z.B. eingeschränkte Verwendungszwecke

208 Die Situation ist mit der vergleichbar, dass eine notarielle Vertretungsbescheinigung ausgestellt werden soll, ohne dass ein aktueller Registerauszug vorliegt, mit dem die bestehende Vertretungsmacht des Beteiligten belegt werden kann.

oder monetäre Beschränkungen). Hier ist je nach Antragsverfahren oft ein „Ja“ eingetragen. Wenn es sich um die Signatur eines Notars handelt (vgl. dazu „Zertifikatdetails“, Rn. 367), hat dies meist technische Gründe. Notare können im Rahmen ihrer amtlichen Tätigkeit keine Karte mit einer Einschränkung verwenden, die zu einer Unwirksamkeit der Signatur führt. Wenn das geprüfte Zertifikat von der BNotK stammt und die Beschränkung nicht näher ausgeführt ist, kann die bloße Angabe des schlichten „Ja“ für die Beglaubigung ignoriert werden.

Sollte dieses Feld substanzielle Informationen enthalten (z.B. „Nur zu Testzwecken“) ist darauf **unbedingt im Beglaubigungsvermerk hinzuweisen**, um keinen unzutreffenden Rechtsschein zu erzeugen.

366 Die folgenden Zeilen bezeichnen das signierte Dokument und die Signaturdatei. Mit den nebenstehenden Buttons „**Dokument anzeigen**“ und „**Signaturdetails anzeigen**“ können die jeweiligen Komponenten überprüft werden.

Hinweis:

Es ist möglich, dass der Notar signierte Dateien erhält, die nicht mit den Anzeige- (und Ausdruck-) Komponenten von SigNotar kompatibel sind (z.B. Word-Dokumente). In diesem Fall empfiehlt es sich, den Button „**Dokument anzeigen**“ zu verwenden, um das Dokument in der auf dem Prüfrechner mit diesem Dateityp verknüpften Anwendung anzuzeigen. Von dort kann das Dokument dann regelmäßig ohne Probleme ausgedruckt werden. Es ist möglich, dass man dabei die Rückmeldung erhält, der entsprechende Dokumenttyp sei nicht mit einem bestimmten Programm verbunden. Das bedeutet, dass auf dem Rechner das Programm nicht installiert ist, das der Urheber des Dokuments für die Generierung verwendet hat. In diesem Fall sollte beim Urheber erfragt werden, um welche Anwendung es sich handelt und in Erfahrung gebracht werden, ob es für derartige Dateien eine frei verfügbare Anzeige- und Druckkomponente gibt.[209]

209 Für Microsoft-Office-Dokumente gibt es kostenlose Anzeigekomponenten: Word Viewer: http://tinyurl.com/8y7mtl; Exel Viewer: http://tinyurl.com/km35u. Die kostenlose Bürosoftware OpenOffice.org kann viele Dokumentenformate öffnen oder importieren, vgl. z.B. http://de.openoffice.org/product/writer.html.

„**Zertifikatdetails**“ öffnet in einem eigenen Fenster eine Klartextdarstellung 367
der elektronischen Signatur, mit der die einzelnen Einträge „von Hand“ überprüft werden können.

Der Test zu „Zertifikatdetails“ dient primär dazu, im Signaturzertifikat enthaltene Attribut-Zusatzinformationen **deutlich sichtbar zu machen**. Der wichtigste Anwendungsfall für die Praxis ist das **Notarattribut**, mit dem i.S.d. § 39a BeurkG der Nachweis der Notareigenschaft erbracht werden kann. Liegt ein solches Attribut vor, wird es wie folgt dargestellt:

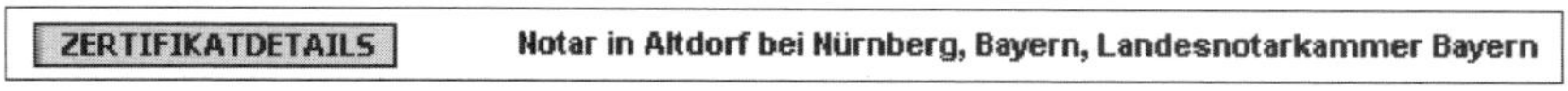

Ein **Klick auf den zugeordneten Button** zeigt eine Textansicht der Zertifikatangaben, die auf den ersten Blick stark der Anzeige der Signaturdetails ähnelt. Auch hier ist eine Prüfung auf technisch sehr niedrigem Abstraktionsniveau möglich.

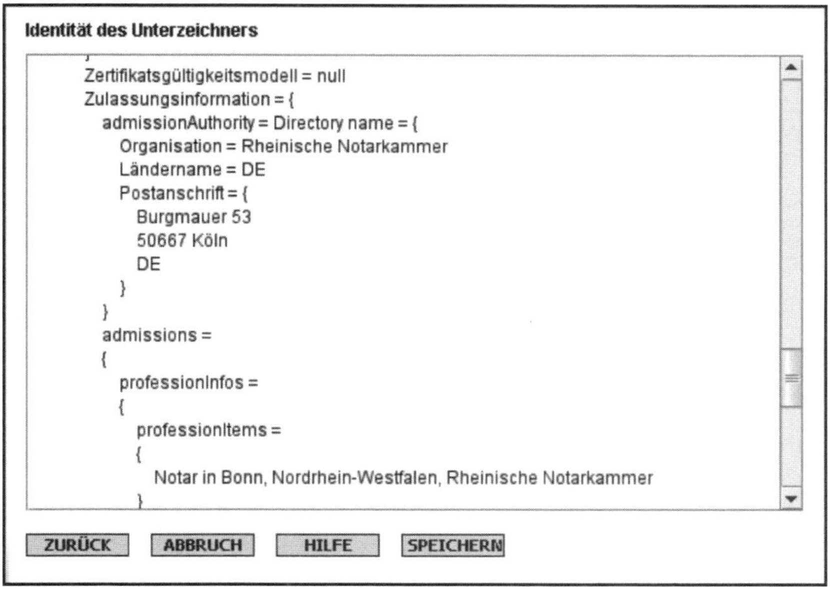

Unter „**Signaturprüfung: Anzeige der technischen Details**“ finden sich Be- 368
dienelemente, die einen weiteren Einblick in die Einzelheiten der Signaturprüfung erlauben. Interessant ist hier insbes. der mit „**Details**“ beschriftete

Button, der eine Ansicht einblendet, in der der gesamte Zertifizierungspfad bis hin zur Regulierungsbehörde/Bundesnetzagentur geprüft und dargestellt wird.

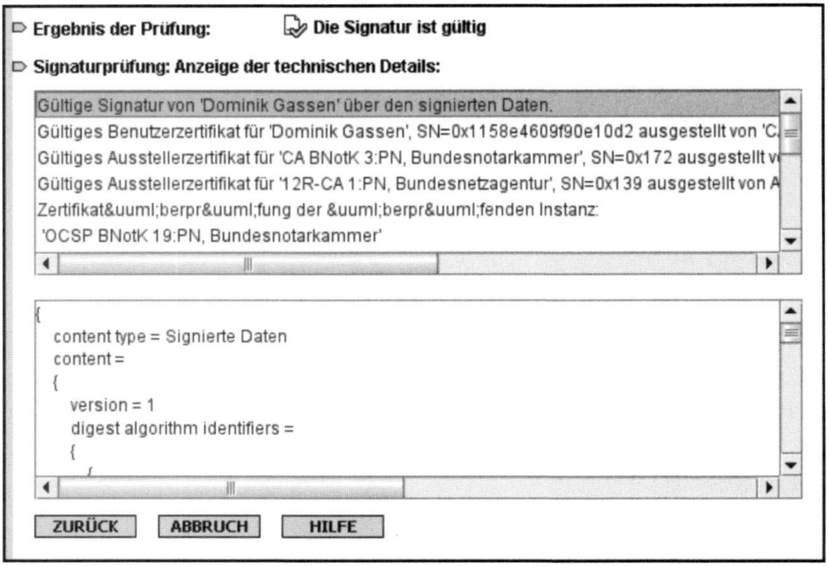

369 Die weiteren Funktionen „**Prüfbericht speichern**" und „**Prüfbericht anzeigen**" sind weniger relevant, da der Prüfbericht im nächsten Arbeitsschritt automatisch eingeblendet wird und die genannten Funktionen auch dort zur Verfügung stehen.

Wenn das Prüfergebnis zur Kenntnis genommen und ggf. interessante Detailprüfungen durchgeführt wurden, klickt man auf „**OK**", um zum nächsten Bearbeitungsschritt zu gelangen.

ee) Prüfbericht/Prüfprotokoll

370 Der Prüfbericht dient dazu, im Klartext und durch Farbkodierung übersichtlich gestaltet die Ergebnisse der Signaturprüfung umfänglich darzustellen. Der Prüfbericht sollte **nicht mit dem Beglaubigungsvermerk verwechselt werden**. Die hier enthaltenen Informationen sind viel zu umfangreich und detailliert, um i.S.e. öffentlichen Urkunde dem Rechtsverkehr ein Beweismittel zur Verfügung zu stellen, das verlässlich und leicht zu überprüfen bestimmte Tatsachen feststellt.

Die **Hintergrundinformationen des Prüfberichts** sind eher geeignet, um bei Archivierung in den Nebenakten des Notars das Prüfergebnis ausführlicher zu dokumentieren, soweit dafür bei der konkreten Beurkundung hinreichender Anlass gegeben ist.

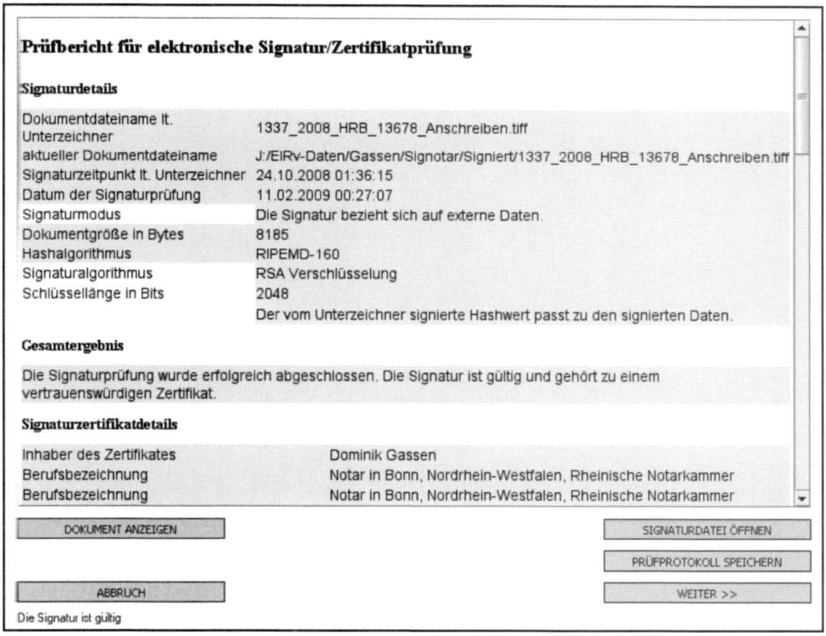

Grds. **„neutrale" Informationen**, die auch in den Signatur- und Zertifikatdetails enthalten sind, sind **blau eingefärbt**. Dies sind insbes. technische Informationen zur Signatur, z.B. verwendete Algorithmen zur Verschlüsselung und zur Errechnung des Hash-Wertes sowie ausführliche Informationen zur vollständigen Zertifikatskette wie Signaturzertifikat, Zertifikat der ausgebenden Zertifizierungsstelle, mit dem das Signaturzertifikat signiert ist und das Zertifikat, dass die Bundesnetzagentur (vormals „Regulierungsbehörde für Telekom und Post") als sog. „Root"-Instanz der Zertifizierungsstelle vergeben hat.

Hinweis: Unklarheiten beim Ablauf der „übergeordneten Zertifikate" (Ketten- und Schalen-Modell)

Ein oft zu beobachtender Fehler bei der Analyse der Zertifikatkette ist die Feststellung, dass bspw. das von der BNotK bei der Ausstellung der Signaturkarte verwendete Zertifikat zum Signaturzeitpunkt bereits abgelaufen ist. Dies hat nach der Prüflogik des SigG keine Auswirkung auf die Gültigkeit der Signatur, da das Zertifikat lediglich zum konkreten Zeitpunkt seiner Verwendung gültig sein muss. Bei den sog. CA-Zertifikaten, die bei der Ausgabe der Karten verwendet werden, ist dieser Zeitpunkt regelmäßig der der Ausstellung der Signaturkarte, der zeitlich lange vor deren konkreter Verwendung liegt. Abgekürzt: War das von der Zertifizierungsstelle verwendete Zertifikat bei Ausstellung der Karte gültig, gibt es keine Probleme mit der Wirksamkeit der Signatur. Diese Struktur nennt man auch das „**Kettenmodell**" im Gegensatz zum strengeren „**Schalenmodell**", bei dem sämtliche Zertifikate zum Zeitpunkt der Signaturleistung noch gültig sein müssen.[210]

371 I.Ü. auf die Farbkodierungen bei den Prüfergebnissen achten:

- **Grün** eingefärbte Zeilen bedeuten eine erfolgreiche Prüfung, die im Hinblick auf den konkreten Prüfpunkt keine Zweifel eröffnet.

  Beispiel:

  Gesamtergebnis

  Die Signaturprüfung wurde erfolgreich abgeschlossen. Die Signatur ist gültig und gehört zu einem vertrauenswürdigen Zertifikat.

- **Rot** eingefärbte Zeilen signalisieren ein negatives Prüfungsergebnis: Die logische Signaturprüfung ist gescheitert, das Zertifikat war zum Signaturzeitpunkt gesperrt. Weist der Prüfbericht rote Zeilen auf, kommt eine Beglaubigung i.d.R. nicht in Betracht, weil eine unzweifelhafte Zuordnung zum Signierenden nicht möglich ist.

  Beispiel:

  Gesamtergebnis

  ! Die Signatur ist UNGÜLTIG.

210 Vgl. zu den Gültigkeitsmodellen von Signaturzertifikaten: Bundesamt für Sicherheit in der Informationstechnik (Hrsg.), Grundlagen der elektronischen Signatur, S. 65 ff.

- **Gelb** eingefärbte Zeilen weisen auf Ergebnisse hin, die aus der Sicht des Programms nicht konklusiv sind und einer genaueren Bewertung des Anwenders bedürfen. Dazu gehören insbes. nur semantisch formulierte Verwendungseinschränkungen sowie Hinweise auf ausstehende Online-Prüfungen.

  Beispiel:

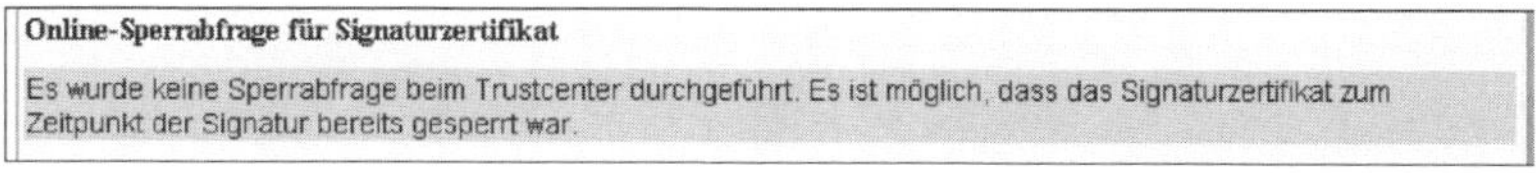

Das Prüfprotokoll lässt sich **im Format .html speichern**, sodass es später in einem beliebigen Internet-Browser wieder angezeigt werden kann. 372

Mit „**Weiter**" wird als nächster Schritt die **Bearbeitung des Beglaubigungsvermerks aufgerufen**. Wenn die Signaturprüfung scheitert, weil die Signatur (mathematisch-logisch) ungültig oder das ihr zugrunde liegende Zertifikat gesperrt ist, ist dieser Bearbeitungsschritt gesperrt. Eine Beglaubigung kommt in diesem Fall nicht infrage, da der Notar keine belastbare Feststellung darüber treffen kann, dass das Dokument tatsächlich der Person zugeordnet werden kann, die als Inhaber des Signaturzertifikats ausgewiesen ist. 373

ff) Beglaubigungsvermerk

Der Entwurf des Beglaubigungsvermerks folgt grds. der gleichen Logik, die bereits bei der Beglaubigung der elektronischen beglaubigten Abschrift verwendet wurde.[211] Beglaubigungsvermerke werden als **RTF-Dokumente/Textbausteine** vorbereitet und können über das entsprechende Bedienelement eingeladen oder editiert werden. 374

211 Vgl. Rn. 240 ff.

375 Beim beglaubigten Ausdruck besteht jedoch ein Unterschied darin, dass **besondere Rücksicht** auf das **vorausgehende Prüfergebnis** zu nehmen ist, das nach den Vorgaben des Gesetzes in den Beglaubigungsvermerk aufzunehmen ist. SigNotar kann je nach Ergebnis der Prüfung des Signaturzertifikats **drei verschiedene Textbausteine** zur Bewertung des Ergebnisses in den Beglaubigungsvermerk einfügen. Unterschieden werden folgende Ergebnisse:

- Prüfung von Signatur und Zertifikat waren erfolgreich und wiesen keine Besonderheiten auf.
- Die Signaturprüfung war erfolgreich, die Online-Abfrage des Zertifikats war aber nicht möglich.[212]
- Das Signaturzertifikat ist abgelaufen/gesperrt, war aber zum Signaturzeitpunkt gültig.

212 Eine Analyse der Gründe für die fehlgeschlagene Abfrage ist in SigNotar nicht möglich. Das häufigste Problem dürfte bei der Internet-Anbindung des anfragenden Rechners liegen, in Ausnahmefällen könnte auch der angefragte Auskunftsdienst der Zertifizierungsstelle nicht erreichbar sein.

Diese drei Varianten haben offensichtlich **Auswirkungen auf den Beweiswert der Urkunde**, insbes. die fehlende Online-Prüfung des Zertifikats.

Hinweis:

Zur **Einbindung der Textbausteine** für die verschiedenen Varianten gibt es verschiedene Vorgehensweisen.

Die korrespondierenden RTF-Dokumente müssen im Unterverzeichnis des Standardverzeichnisses gespeichert sein, das dem jeweiligen Notar zugeordnet ist. Darüber hinaus müssen die Dateinamen den Namenskonventionen der in der Einstellungsdatei „SigNotar.properties" angegebenen Optionen seccommerce.signotar.verify.ok, seccommerce.signotar.verify.ok_but_offline und seccommerce.signotar.verify.ok_but_expired folgen. In der Voreinstellung sind dies die Dateien resultat_ok.rtf, resulttat_expired.rtf und resultat_offline.rtf. Sollten falsche Werte in der Konfigurationsdatei angegeben worden sein oder existieren diese RTF-Dokumente nicht, wird der Platzhalter <RESULTAT> durch eine leere Zeichenkette ersetzt.

Weitere Varianten können bei praktischem Bedarf hinzukommen, ebenso wie weitere Platzhalter folgen können. Im Unterverzeichnis rtf/ des Installationsverzeichnisses finden sich Vorlagen für die drei o.g. Dateien.

Wie beim Beglaubigungsvermerk für die elektronische beglaubigte Abschrift oder dem Gerichtsanschreiben gibt es auch bei der Ausdrucksbeglaubigung eine Reihe von **Platzhaltern**, die zur effektiveren Bearbeitung des Vermerks benutzt werden können: 376

Platzhalter	wird ersetzt durch
<DATUM>	aktuelles Systemdatum des Computers
<NAME>	Name des aktuell gewählten Notars
<CERTNAME>	Name des Zertifikatsinhabers
<CERT>	Zertifikatsnummer (<CERTHEX> für hexadezimale Darstellung)
<CERTZDA>>	ausstellende Zertifizierungsstelle

<RESULTAT>	(vgl. oben Rn. 375) ergänzender Textbaustein je nach Ergebnis der Signaturprüfung

377 Klickt man auf „**Beglaubigungsvermerk speichern**", werden in einem über einen Dateidialog auszuwählenden Verzeichnis sowohl der sichtbare Beglaubigungsvermerk (als RTF-Datei) als auch der Prüfbericht (als html) gespeichert. Ein Dialogfeld informiert den Anwender über das erfolgreiche Speicherergebnis.

gg) Ausdruck

378 Die Schaltfläche „**Drucken** ... " öffnet ein kleines Dialogfenster, mit dem der Anwender auswählen kann, welche Dokumente er auf einem anzugebenden Drucker ausgeben möchte. Neben der Bezeichnung erscheint auch eine **kurze Information über die Seitenzahl** des zu druckenden Dokuments.

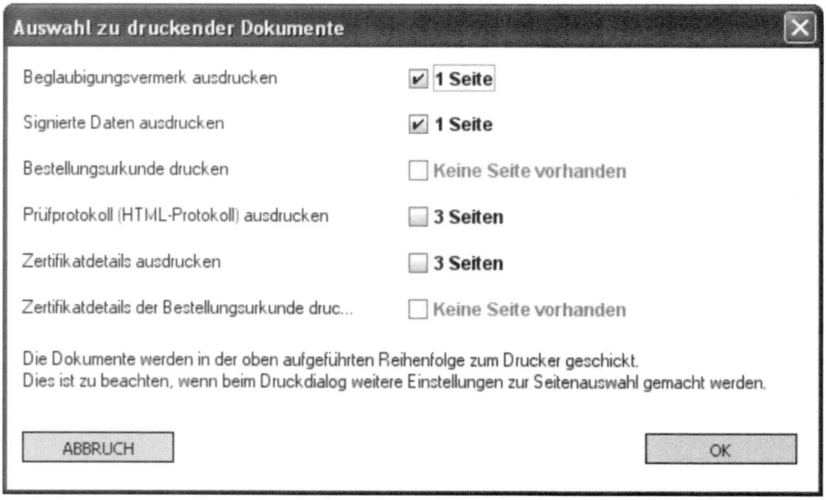

Für einen **beglaubigten Ausdruck** sind jedenfalls das zu beglaubigende Dokument („Signierte Daten") sowie der Beglaubigungsvermerk auszudrucken.

> **Hinweis:**
>
> Ein Ausdruck des Prüfprotokolls und der Zertifikatdetails ist zweckmäßig, wenn es aus Haftungs- oder sonstigen Gründen geboten scheint, in die Beiakten ausführlichere Dokumentationen der Prüfung aufzunehmen.

Die Ausdrucke werden – nachdem der Notar sich von der Übereinstimmung überzeugt hat – **als herkömmliche Papierurkunde ausgefertigt**, vom Notar unterschrieben und gesiegelt.

c) SigNotar und der Notarvertreter

Die Frage, wie in technischer und rechtlicher Hinsicht ein Notarvertreter 379
Beglaubigungen im elektronischen Medium nach § 39a BeurkG vornehmen kann, ist lange diskutiert worden. Ein offensichtliches Problem besteht darin, dass der Gesetzgeber bei der Formulierung des § 39a BeurkG den Fall des Notarvertreters nicht im Auge hatte und eine lediglich für den Notar technisch abbildbare Vorgabe geschaffen hat.

Eine Parallele zum Signaturverfahren des vertretenen Notars scheitert daran, dass der analog § 39a Abs. 4 BeurkG zu erbringende **Nachweis der Vertretereigenschaft** nicht einfach durch die Integration eines Signaturattributs „Notarvertreter“ möglich ist. Eine Vertretung wird immer nur für einen bestimmten Zeitraum und für einen bestimmten Notar angeordnet, sodass ein abstraktes „Vertreterattribut“ ohne rechtliche Aussage wäre.

> **Hinweis:**
>
> Etwas anders sind womöglich die Fälle zu behandeln, in denen für einen Notar ein **ständiger Vertreter** für einen längeren Zeitraum (z.B. ein Jahr) bestellt wird. Hier könnte die Ausstellung eines Attributzertifikats mit dem vollständigen Inhalt der dauerhaften Vertretung erwogen werden. Präzedenzen gibt es dafür bisher noch nicht. Der Fall einer **ständigen Vertretung zweier Sozii** würde auch in diese Kategorie gehören. **Notariatsverwalter** können (wie Siegel) Signaturkarten mit einem die Verwaltereigenschaft bestätigenden Attribut beantragen.

Zugleich ist es **technisch und aus signaturrechtlichen Gründen** ausgeschlossen, dass der Vertreter die Karte des vertretenen Notars verwendet, da dieser niemals die Karte als „sichere Signaturerstellungseinheit" aus dem eigenen Machtbereich geben darf. Damit generierte Signaturen wären i.Ü. nicht zu unterscheiden von solchen, die der Notar selbst vollzogen hat. Weiterhin ist es technisch nicht möglich, dem Vertreter (als Parallele zur Papierwelt) **nur das virtuelle Siegel** (= das Notarattribut) zu überlassen, sodass er es im Zusammenhang mit seiner eigenen elektronischen Signatur nutzen kann.

380 Damit der Vertreter überhaupt signieren (= mit eigenem Namen elektronisch unterschreiben) kann, ist es zunächst zwingend notwendig, dass er über **eine eigene Signaturkarte** mit qualifiziertem Zertifikat verfügt. Ein zusätzliches Attribut ist aus der oben geschilderten Natur der Vertretung nicht möglich, sodass die Karte den Vertreter lediglich als natürliche Person ausweist.

Der **Nachweis der Vertretereigenschaft** ist daneben auf andere Weise zu erbringen. Dieser Nachweis muss zudem gem. § 39a BeurkG mit den signierten Daten verbunden werden.

Die allgemein anerkannte Lösung greift für den Nachweis der Vertretereigenschaft auf die vom zuständigen LG ausgestellte **Bestellungsurkunde** zurück. Unter Verwendung der Möglichkeiten der elektronischen Beglaubigung wird von dieser eine **elektronische beglaubigte Abschrift** angefertigt. In § 33 Abs. 4 Satz 2 DONot ist diese Möglichkeit ausdrücklich vorgesehen. Die elektronische Kopie darf dabei aus beurkundungsrechtlichen Gründen (§ 3 BeurkG) nicht vom Notarvertreter selbst beglaubigt werden, sondern nur von einem anderen Notar. Dies kann auch der vertretene Notar selbst sein. Auch ein anderer Kollege kann die Beglaubigung vornehmen. Findet sich kein anderer Kollege, der diese Aufgabe freiwillig übernimmt, kann die Beglaubigung durch den Präsidenten oder Vizepräsidenten der jeweiligen Notarkammer in seiner Eigenschaft als Notar erfolgen. Damit ist sichergestellt, dass für den Notarvertreter auf jeden Fall eine beglaubigte Abschrift der Bestellungsurkunde zur Verfügung steht.

381 Bei dem Nachweis der Notareigenschaft des vertretenen Notars über eine elektronisch beglaubigte Abschrift der Bestellungsurkunde ist in besonderer Weise das Tatbestandsmerkmal des „**Verbindens**" in § 39a Satz 4 BeurkG zu berücksichtigen. Hieraus ergibt sich die Anforderung für den beurkundenden Notarvertreter, eine Verbindung zwischen der **signierten Datei** (z.B. der Handelsregisteranmeldung) einerseits sowie der Datei mit der **elektronisch beglaubigten Abschrift der Vertreterbestellungsurkunde** andererseits her-

zustellen. Die Herstellung dieser Verbindung erfolgt durch das Archivierungsformat „**ZIP**“, mithilfe dessen sich mehrere elektronische Dokumente in einer Datei zusammenfassen lassen. Um diese Verbindung rechtssicher, dauerhaft und mit dem Nachweis der Authentizität herzustellen, ist die **ZIP-Datei** ihrerseits vom Notarvertreter mit einer **qualifizierten elektronischen Signatur zu versehen**. Erst die rechtssichere Verbindung des zu beglaubigenden Dokuments mit dem Nachweis der Notareigenschaft erzeugt die elektronische notarielle Urkunde. Sie ist nach § 39a Satz 4 BeurkG Wirksamkeitsvoraussetzung. Jede einzelne elektronische Urkunde des Notarvertreters muss daher in einer eigenen ZIP-Datei abgebildet werden.

Das nachfolgende Schaubild veranschaulicht die vom **Notarvertreter** erzeugte **elektronische notarielle Urkunde**:

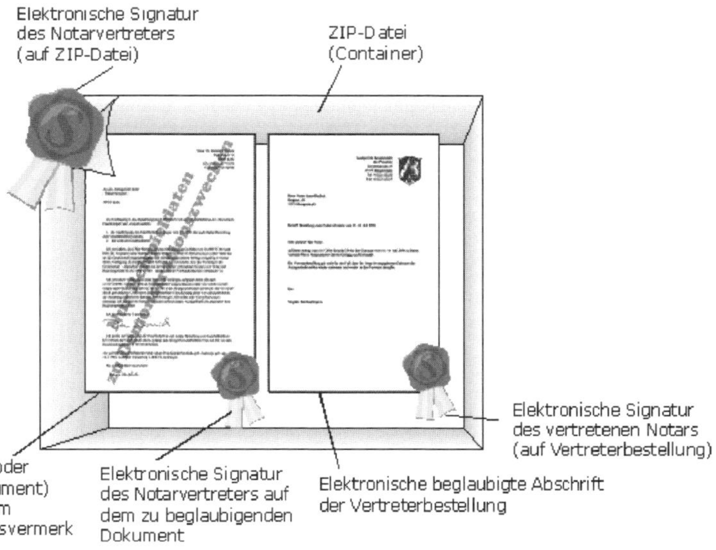

aa) Anlegen einer Notarvertretung in SigNotar

Als erster Arbeitsschritt muss in SigNotar die **Vertretung angelegt werden**. 382
Dies kann – nachdem SigNotar über den Menüeintrag aus XNotar gestartet wurde – im Mitarbeitermodus geschehen. Die oben erwähnte elektronische beglaubigte Abschrift der Vertreterbestellungsurkunde sollte bei der Bearbeitung bereits vorliegen.

383 Der Mitarbeiter wählt auf der SigNotar-Startmaske die unterste Schaltfläche, die mit „**Signaturkarten/Nutzer**“ beschriftet ist. In der Maske ist ein Bedienelement mit der Beschriftung „**Vertreterverwaltung**“ integriert. Klickt man die Schaltfläche an, öffnet sich eine Maske, in der die Vertreterinformationen eingegeben und verwaltet werden können.

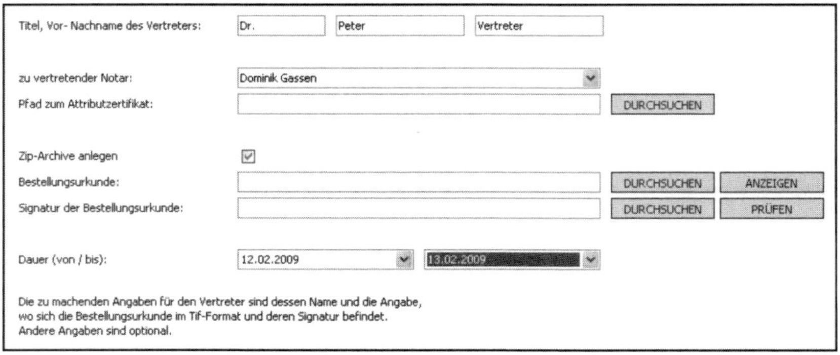

Im oberen Teil der Maske sind **verschiedene Angaben zur Vertretung** zu machen:

- Name des Vertreters,
- „zu vertretender Notar“ (wird aus der Liste der bei SigNotar angelegten Notare gewählt),
- „Pfad zum Attributzertifikat“ (diese Funktion wird derzeit in der Praxis nicht verwendet),
- „Zip-Archive anlegen“ (sollte standardmäßig gewählt werden),
- Datei mit Vertreternachweis („Bestellungsurkunde“); hier ist über die Schaltfläche „Durchsuchen“ die TIFF-Datei in der Dateiablage anzugeben. SigNotar übernimmt (ähnlich wie bei den Anlagen bei XNotar) die zugehörige Signaturdatei (.pkcs7) automatisch. Das Feld „Signatur der Bestellungsurkunde“ muss darum i.d.R. nicht händisch ausgefüllt werden.
- Dauer der Vertretung (erster und letzter Tag); die Angaben können hier mithilfe von Miniaturkalenderblättern gemacht werden.

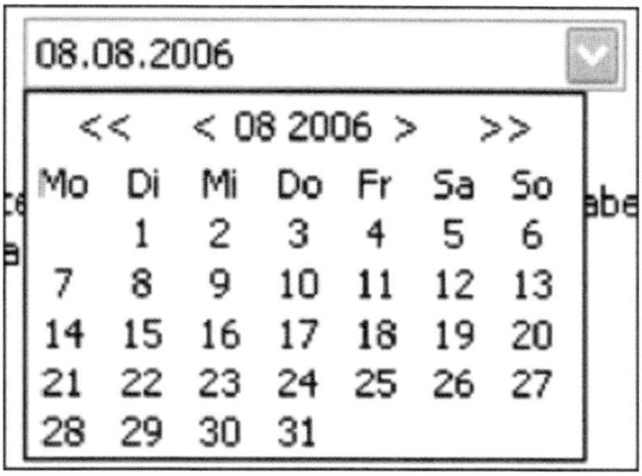

Sind alle Angaben eingetragen, klickt man abschließend auf „**Vertreter speichern**“. Der neu angelegte Vertreter erscheint in der Liste im unteren Teil des Arbeitsbereichs. 384

Markiert man einen Vertreter auf der Liste, erscheinen die zugehörigen Angaben zur Kontrolle im Feld „Vertreterinformationen“.

Nach dem Ende einer Vertretung kann eine nicht mehr benötigte Eintragung mit „**Vertreter löschen**“ entfernt werden. Eine erneute Bearbeitung einer bestehenden Eintragung ist nicht möglich, die Daten müssen im Bedarfsfall neu eingegeben werden.

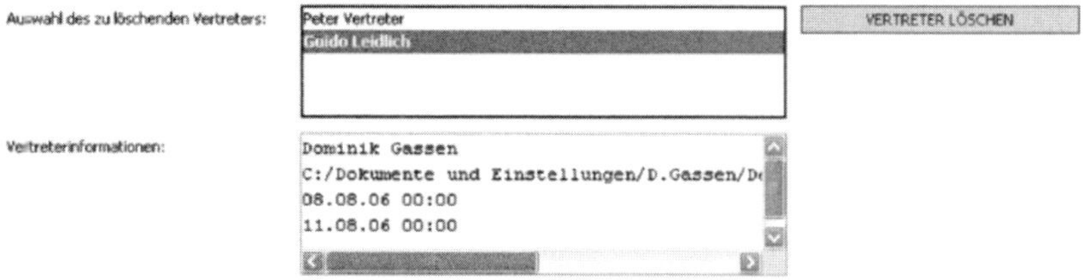

Sind alle notwendigen Angaben gemacht, kann die Vertreterverwaltung mit „**OK**“ geschlossen werden. Die Bearbeitung der Optionen beendet man auf der folgenden Maske mit „**Einstellungen speichern**“. Der Vertreter ist jetzt im System angelegt.

bb) Vorbereitung von elektronischen Abschriftsbeglaubigungen für den Vertreter

385 Wird der neue Arbeitsablauf „**ELRV 3.0**“ verwendet, ist lediglich der **Vertreter in SigNotar anzulegen** und in der Maske „Grunddaten“ in **XNotar** das Markierungsfeld „**Anmeldung durch den Notarvertreter**“ zu wählen.

Der **Notarvertreter** verwendet **XNotar im Notarmodus**, ohne sich separat anzumelden. Er prüft zunächst die Daten. Wählt er i.R.d. der Weiterverarbeitung „Signatur“, übernimmt SigNotar automatisch die notwendigen Vorgaben, soweit eine Notarvertretung für den Zeitraum eingerichtet ist, in den die Signatur des Dokuments fällt.

386 Bei der **klassischen Bearbeitungsmethode** ist in der Eingangsmaske von SigNotar zunächst der **Vertreter in der Notarauswahl zu selektieren**. Wird an dieser Stelle ein falscher „Adressat“ gewählt, bekommt der Vertreter die zu signierenden Dokumente gar nicht zu Gesicht. In der Liste sind die angelegten Vertreter mit Namen und unter Angabe des vertretenen Notars aufgeführt.

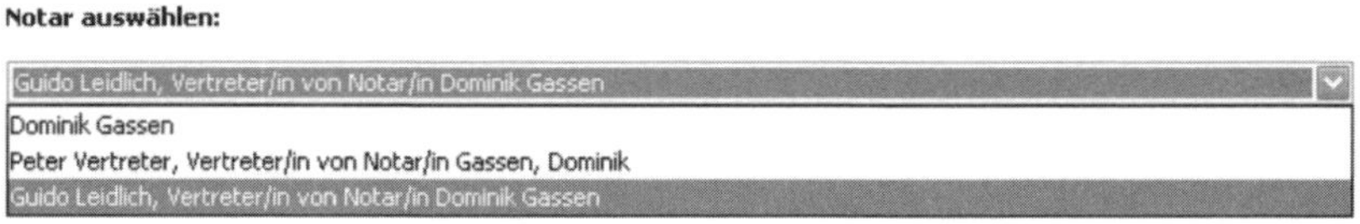

387 Die Zusammenstellung und Kontrolle der zu signierenden elektronischen Daten (Scan oder Einlesen von vorerfassten Daten) erfolgt in üblicher Weise.

SigNotar überprüft allerdings bei diesem Arbeitsschritt, ob das Tagesdatum in den zu dem betreffenden Vertreter **angegebenen Vertretungszeitraum** fällt. Außerhalb des Vertretungszeitraums lässt SigNotar das Anlegen eines zu signierenden Dokuments nicht zu.

388 Der Beglaubigungsvermerk enthält bereits die angepassten Daten für den Vertreter.

Hiermit beglaubige ich die Übereinstimmung der in dieser Datei enthaltenen Bilddaten mit dem mir vorliegenden Papierdokument.

Guido Leidlich
als amtlich bestellter Vertreter des Notars Dominik Gassen

Hinweis:

Die Vorlagen für die Beglaubigungsvermerke des Notarvertreters sind im Verzeichnis „.rtf" unter den Dateinamen „Beglaubigung_Vertretung.rtf" und „Pruefvermerk_Vertretung.rtf" abgelegt. Sie können beliebig angepasst werden.

Nachdem das gesamte Dokument samt Beglaubigungsvermerk zur Kontrolle nochmals angezeigt wird, kann es gespeichert werden. **Vorgeschlagener Speicherort** ist in diesem Fall das Verzeichnis „Vertretung", die Speicherung erfolgt (wie aus dem im Dialog vorgeschlagenen Dateityp erkennbar) im **Zip-Format**. 389

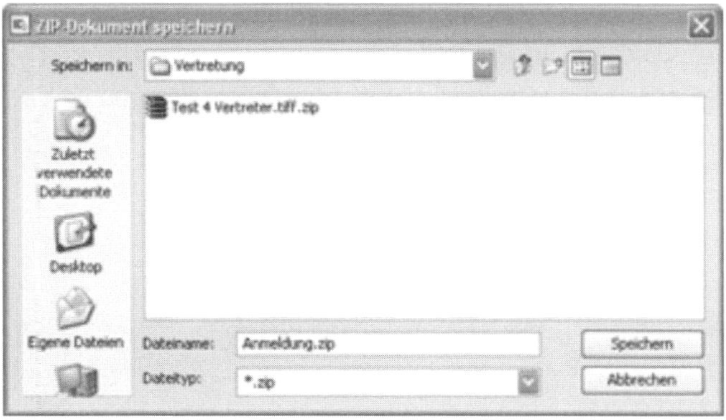

Der Notarvertreter muss sich bei der klassischen Bearbeitungsmethode in der Eingangsmaske „**Als Vertreter anmelden**". 390

Wählt man diese Schaltfläche an, wird zunächst die **Signaturkarte** des Vertreters gesucht. Das Kartenzertifikat wird beim Notarvertreter nicht mit denen der gespeicherten Notarbenutzer verglichen – grds. kann jede Signaturkarte mit qualifiziertem Zertifikat für den Vertreter benutzt werden. SigNotar überprüft insbes. nicht die Übereinstimmung des Namens des angelegten Vertreters mit dem im Zertifikat angegebenen. Darum ist bei Vorbereitung und Kontrolle der Urkunden für den Notarvertreter besondere Sorgfalt geboten.

391 Nach der Anzeige des Zertifikatsinhalts muss im nächsten Schritt **der zu vertretende Notar gewählt werden**. Auch dies geschieht aus einer Liste der in SigNotar angemeldeten Notarbenutzer.

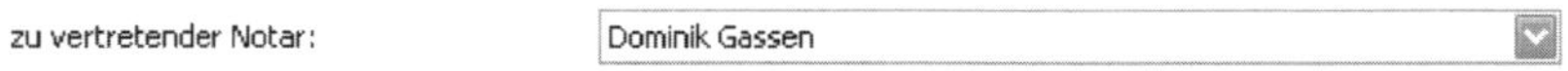

392 Als Nächstes wird das **Hauptmenü** mit den Funktionen für den Notarvertreter angezeigt. Diese entsprechen denen, die dem Notar angeboten werden. Um elektronische Abschriften zu beglaubigen, wählt der Vertreter die Funktion „Dokumente signieren“.

Wie beim Notar wird auch für den Vertreter eine **Liste** der vorbereiteten zu signierenden Dokumente **angezeigt**. Dabei wird allerdings nicht das Verzeichnis „Zwischenablage“ abgefragt, sondern das **Verzeichnis „Vertretung“**, in dem die für den Vertreter vorbereiteten Dokumente standardmäßig gespeichert werden. In diesem Verzeichnis sollten ausschließlich Dokumente des Dateityps „.zip“ vorhanden sein. Die Bearbeitung unterscheidet sich im Folgenden nicht von der beim Notarbenutzer.

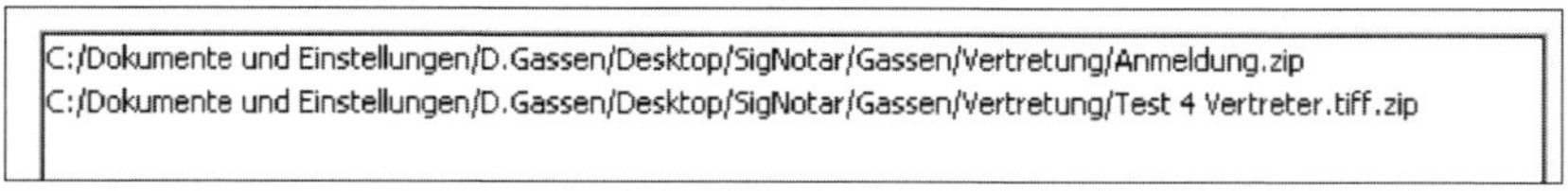

393 Ein **deutlicher Unterschied** ist allerdings bei der **Anzeige des Inhalts** der zu signierenden Daten zu sehen: Dem Umstand, dass in einer Zip-Datei mehrere (zu sichtende) Einzeldateien enthalten sind, muss Rechnung getragen werden.

Die Anzeige der Zip-Datei unterscheidet sich von der für den Notar verwendeten TIFF-Datei dadurch, dass auf der linken Seite des Anzeigebereichs **alle Namen** der Dateien angezeigt werden, die in der Zip-Datei enthalten sind. Das sollten grds. immer **drei** sein:

- Die zu signierenden Abschriftsdaten,
- die elektronische Vertreterbestellung und

- deren elektronische Signatur.

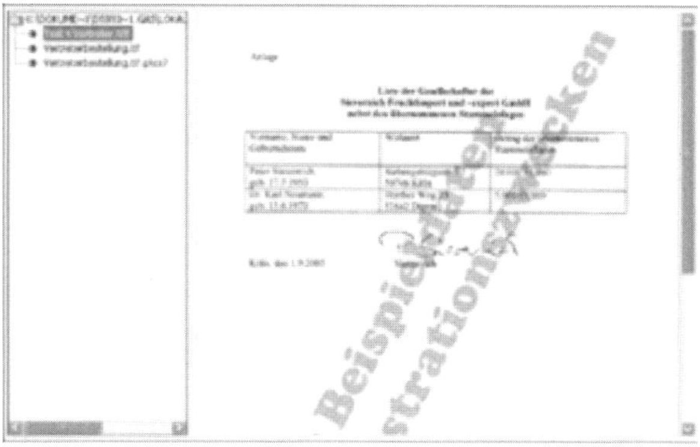

Mit einem einfachen Klick auf eine der Dateien auf der Liste wird diese im **rechten Teil der Anzeige eingeblendet**. Die hier angezeigte Datei kann für die Prüfung genauso behandelt werden wie die TIFF-Datei beim Notar. Klickt man auf die Signaturdatei der elektronischen Vertreterbestellung, wird diese überprüft und der Prüfbericht eingeblendet.

Wählt man nach der Kontrolle im nächsten Schritt „**Gesichtete Dokumente** 394
signieren", erscheint zur Signatur das SecSigner-Fenster. Im Unterschied zur vorausgehenden Anzeigekomponente kann SecSigner den Inhalt von Zip-Dateien nicht anzeigen. Es erscheinen eine Dateiinformation und ein Hinweis auf die externe Anzeigemöglichkeit.

```
Name der Datei: C:/Dokumente und Einstellungen/D.Gassen/Desktop/SigNotar/Gas
Name der Datei: Anmeldung.zip
Größe der Datei: 187568 bytes

Nutzen Sie die Option ANZEIGEN zur Darstellung des Dokuments.
```

Wählt der Anwender „**Anzeigen**", so wird die Zip-Datei in dem Programm an- 395
gezeigt, das auf dem betreffenden Rechner als Standardprogramm für die Behandlung dieses Dateityps vorgesehen ist (WinZip, WinRAR, Quickzip etc.).

Nach Eingabe der PIN und folgender Signatur werden die Dateien **im Ver-** 396
zeichnis „Signiert" des vertretenen Notars zur weiteren Bearbeitung gespeichert. Wie bei der Notarbearbeitung wird abschließend ein Dialogfeld mit

dem Ergebnis des Speichervorgangs angezeigt. Der Anwender kann wählen, ob er die zur Vorbereitung verwendeten Daten löschen oder behalten möchte.

cc) Prüfung einer Datei, die von einem Notarvertreter generiert und signiert wurde

397 SigNotar beherrscht auch die Prüfung von signierten Zip-Dateien und ihrem Inhalt. Dazu ist i.R.d. der Funktion **„Beglaubigter Ausdruck“**[213] zunächst die betreffende Signaturdatei auszuwählen. Während das Ergebnis bei der ersten Darstellung der Zertifikatsprüfung der Darstellung bei den anderen Dateien entspricht, ist die Anzeige des Inhalts auf die anderen Anforderungen der Archivdatei angepasst.

Angezeigt wird zunächst eine **Liste der enthaltenen Dateien**.

Markiert man eine Datei und wählt „Datei anzeigen“ wird deren Inhalt angezeigt bzw. die eingebettete Signatur überprüft.

398 In einem weiteren Schritt werden explizit der **Vertreternachweis** und ein **abgekürztes Ergebnis der Signaturprüfung** angezeigt. Da eine inhaltliche Prüfung der Vertreterurkunde maschinell nicht möglich ist, muss sich der Prüfende selbst von der Richtigkeit überzeugen. Je nach Ergebnis der Prüfung kann er wählen zwischen den Schaltflächen „Vertreterurkunde nicht gültig!“ oder „Dokument und Urkunde gültig“.

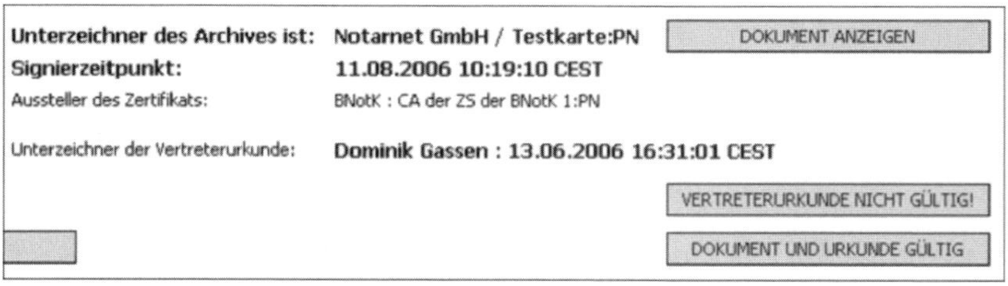

213 Vgl. zu dieser Funktion vertiefend Rn. 348 ff.

Mit einer Auswahl der Option „**Dokument und Urkunde gültig**“ wird zu den **abschließenden Arbeitsschritten** (Beglaubigungsvermerk und Ausdruck) übergegangen. Bei Ausdruck ist die Liste der druckbaren Dokumente um den Vertreternachweis erweitert worden.

d) Programmoptionen von SigNotar

Die Programmoptionen erreicht der Anwender, indem er die Schaltfläche „**Einstellungen und Optionen**“ in der SigNotar-Startmaske anklickt. 399

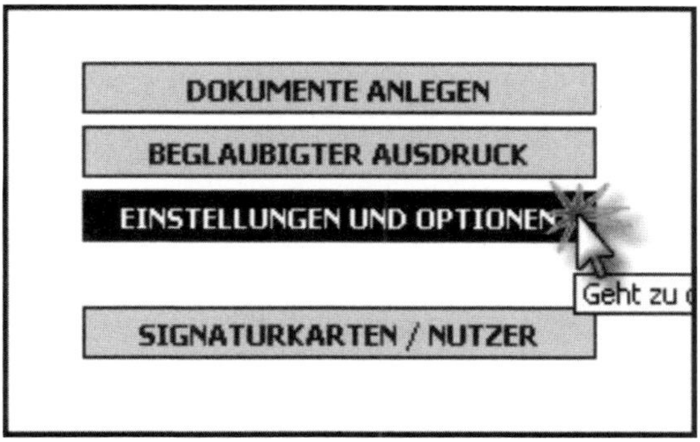

Im Bereich der Optionen werden **zwei Ansichten** unterschieden: 400

- Die der **wichtigsten Optionen** und
- die der **vollständigen Optionen**.

Letztere ist über die Schaltfläche „Alle Optionen anzeigen“ aufzurufen.

In der **Übersichtsmaske** finden sich insbes. die Felder für die im Dateisystem zu verwendenden Pfade, Speicheroptionen und Voreinstellungen zum Scanner.

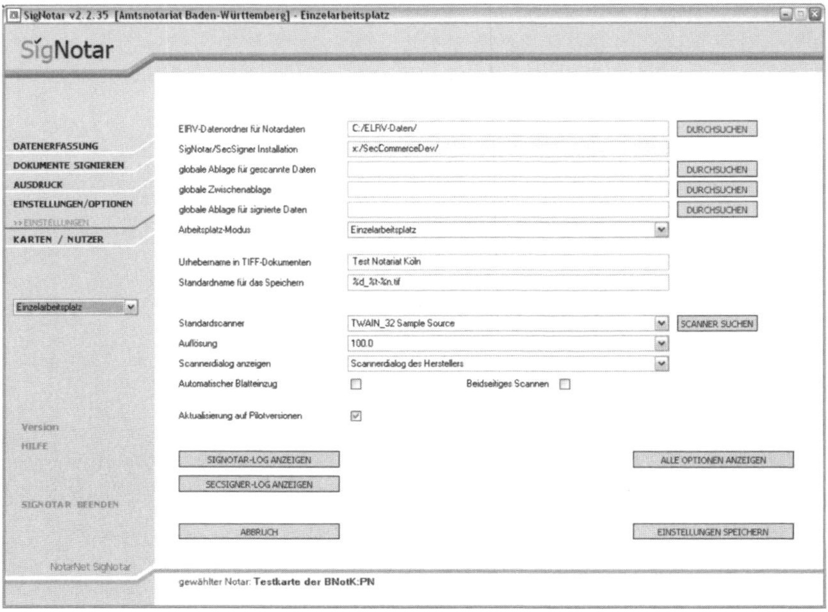

401 Der erste Punkt „**ElRV-Datenordner für Notardaten**" betrifft das Verzeichnis, in dem alle aktuellen Notardaten abgelegt werden. Dieser Pfad entspricht dem ElRV-Datenordner. Der zweite Punkt betrifft die **Installation von SigNotar** selbst und kann nicht geändert werden. Der Pfad gibt an, aus welchem Verzeichnis heraus SigNotar gestartet wurde.

402 Die dritte, vierte und fünfte Einstellung „**globale Ablage für gescannte Daten**", „**globale Zwischenablage**" und „**globale Ablage für signierte Daten**" können genutzt werden, wenn von jedem Arbeitsplatz auf einheitliche Verzeichnisse im Netzwerk zugegriffen werden soll, z.B. bei Verwendung eines Netzwerkscanners oder eines für alle Mitarbeiter und Notare geltenden Ablageverzeichnisses.

403 Mit der Auswahl unter „**Arbeitsplatz-Modus**" kann zwischen den drei Einsatzvarianten (Mitarbeiter, Notar, Einzelarbeitsplatz) gewählt werden.

404 Mit der Option „**Urhebername in TIFF-Dokumenten**" kann bei Bedarf der Name des Sachbearbeiters eingetragen werden, um im Zusammenhang mit der nächsten Option („Standardname für Speichern") eine bessere Zuordnung

der Vorlagen zu erlauben. Darüber hinaus wird der Wert dieser Einstellung in den erstellten TIFF-Dokumenten als Autor eingetragen.

Der „**Standardname für das Speichern**“ kann aus beliebigem Text und folgenden Bausteinen zusammengesetzt werden: 405

Baustein	wird ersetzt durch
%d	das aktuelle Datum (yyyy.mm.dd)
%t	die aktuelle Zeit (h_m_s)
%u	den gewählten Urhebernamen (s. „Urhebername in TIFF-Dokumenten)
%n	den Namen des aktuell ausgewählten Notars
%xf	die Dateinamen der verwendeten nicht gescannten Dokumente (existiert ein solches Dokument nicht, wird kein Wert benutzt und das Pattern gelöscht), das × gibt dabei an, welcher Dokumentname verwendet werden soll.
%f	den Dateinamen des ersten verwendeten Dokuments (entspricht %1f).

Beispiel: Einsatz von Bausteinen

Aus %d-%n.tiff würde der Dateiname [Aktuelles Datum]-[Name des Notars].tiff generiert werden, aus URNr.1234_05-%d-%u-%n.tiff URNr.1234_05-[Aktuelles Datum]-[Urhebername]-[Name des Notars].tiff

*Sollte ein neues Dokument aus zwei bereits **existierenden** Dokumenten Rechnung.tiff und Abschlagssteuer.tif zusammengesetzt worden sein, wird aus %d_%f_NotarA.tif der Dateiname [Aktuelles Datum]_Rechung_NotarA.tif generiert werden.*

Hinweis:

Wird der **neue Arbeitsablauf** von SigNotar **verwendet**, haben diese Voreinstellungen für Dateinamen nur **geringe Bedeutung**, weil die Dokumentnamen unmittelbar aus den vorliegenden Vorgangsinformationen (UR.-Nr., Registeraktenzeichen, Dokumentart) gebildet werden können.

In der Auswahl „**Standardscanner**“ und „**Auflösung**“ (diese Einstellungen sind **in** der **Notararbeitsplatzvariante nicht sichtbar oder einstellbar**) werden alle momentan verfügbaren Scanner angezeigt und deren unterstützte 406

Auflösungen angezeigt. Die Auflösung bestimmt die Qualität des Scans, wobei der Speicherbedarf mit höherer Auflösung zunimmt.

Eine Auflösung von **200 dpi** entspricht dabei der Fax-Qualität. Aufgrund des großen Speicherbedarfs bei hochauflösenden Scans wird nur in Schwarz-Weiß gescannt.

407 Mit der Option „**Scannerdialog anzeigen**" (diese Einstellung ist **in** der **Notararbeitsplatzvariante** ebenfalls **nicht sichtbar oder änderbar**) wird entschieden, ob vor einem Scanvorgang ein Dialog mit den Scannereinstellungen angezeigt werden soll, wie etwa konkrete Auswahl eines Scanners, Wahl der Auflösung, Art des Scans, beidseitiger Scan (duplex), mit oder ohne automatischen Blatteinzug (sog. ADF [Auto Document Feeding]), sofern der Scanner dies unterstützt.

Hinweis:

Für einen effizienten Ablauf ist es sinnvoll, die Einstellungen bzgl. des gewählten Scanners und dessen verwendeter Auflösung in den **Standardeinstellungen** vorzunehmen und die **Option des „Scannerdialogs" auszuschalten**. Sollte diese Option ausgeschaltet sein, wird während der Anwendung immer versucht, Duplex-Scan und ADF einzuschalten.

Soll auf den **treibereigenen Dialog** zurückgegriffen werden, ist die Option „**Hersteller-Scannerdialog anzeigen**" zu markieren. Ist diese Option aktiv, wird der SigNotar-eigene Scannerdialog nicht angezeigt, unabhängig von den dort gewählten Einstellungen. Beim Scannen neuer Dokumente erscheint dann der Scannerdialog des Treiberherstellers, wie dies auch in anderen Programmen der Fall ist.

Bei Verwendung von Netzwerkscannern und Wrapperprogrammen wie Recogniform Perfectscan® muss diese Option eingeschaltet sein, da es ansonsten vorkommen kann, dass Dokumente gescannt werden, in SigNotar aber anschließend nicht zur Verfügung stehen.

Bei manchen Scannern kann es i.V.m. der Verwendung bestimmter Treiber zu Problemen und Programmabstürzen kommen. In diesem Fall sind beide Varianten, Anzeige des Herstellerdialogs und dessen Ausblenden, zu testen.

Zusätzlich sind die Optionen für **beidseitiges Scannen** und **automatischen Blatteinzug**, sofern der verwendete Scanner dies unterstützt, über diesen Dialog einstellbar.

408 SigNotar verfügt noch über eine **große Anzahl weiterer Optionen**, die jedoch **im Regelbetrieb** für den Anwender **nicht geändert** werden müssen. Das erweiterte Optionen-Fenster erreicht man über die Schaltfläche „Alle Optionen anzeigen".

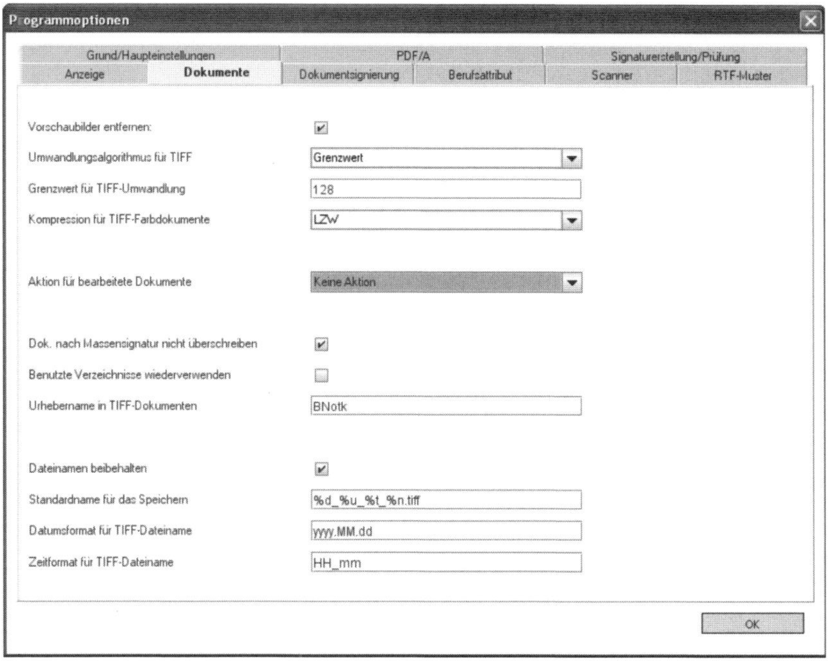

3. EGVP-Client

409 Der „EGVP-Client" (für „Elektronisches Gerichts- und Verwaltungspostfach") ist ein Programm, dass von Justiz- und Verwaltungsbehörden verschiedener Bundesländer kostenfrei deren Kommunikationspartnern zur Verfügung gestellt wird, um in rechtskonformer, sicherer und vertraulicher Weise **elektronisch Daten auszutauschen**.

Die Oberfläche des EGVP-Clients ähnelt – mit einigen kleineren Abweichungen – der eines einfachen E-Mail-Programms, mit dem Nachrichten generiert, empfangen und versendet werden können.

410 Für die Praxis im Notarbüro sind folgende **Kernpunkte** wichtig:

- Der EGVP-Client sollte ausschließlich als **virtuelle Postversandstelle** eingesetzt werden, nicht für weitere Funktionen (wie zunächst im traditionellen ElRv-Arbeitsablauf vorgesehen). Weil Oberfläche und Funktionalitäten des Programms sehr einfach gehalten sind, können Datenkontrolle und Signatur effizienter an anderer Stelle vorgenommen werden.
- Da die Registergerichte seit einiger Zeit Eintragungsmitteilungen elektronisch über den EGVP-Client versenden,[214] sollte der **Posteingang täglich geprüft** werden. Gehen über längere Zeit keine Nachrichten ein, weist dies auf ein technisches Problem hin.
- **Nachrichten im Registerverkehr** sollten **ausschließlich mit XNotar generiert** werden, nicht über die interne Funktion des EGVP-Clients. Nur auf diesem Weg ist gewährleistet, dass über automatische Weiterleitung und Vorgangsbearbeitung der Vorgang schnell bei dem zuständigen Sachbearbeiter landet. Dies gilt auch, wenn lediglich Dokumente zu einem laufenden Fall nachgereicht werden müssen.

411 Wie bereits im praktischen Teil erläutert ist es zukünftig weder aus rechtlichen noch aus verfahrenstechnischen Gründen zwingend geboten, zu versendende Daten im EGVP-Client mit einer weiteren qualifizierten elektronischen Signatur (sog. **Transportsignatur**) zu versehen. So wird es möglich, den **Umgang** mit dem Programm „EGVP-Client" vollständig vom Notar **auf seine Mitarbeiter zu delegieren**. Die Aufgabe unterscheidet sich nicht mehr qualitativ vom Sortieren der Posteingänge und dem Kuvertieren und Frankieren der Ausgangspost.

Organisatorisch spricht vieles dafür, diese **Zuständigkeit an einem Arbeitsplatz zusammenzufassen**:

- Die Zuständigkeit für elektronische Posteingänge und die Kontrolle des Versands ist eindeutig zu regeln. Für den Abruf und den Versand der Nachrichten können klare Regeln aufgestellt werden.

214 Dies gilt in verschiedenen Bundesländern auch schon für die Mitteilungen in Vereinsregistersachen.

- Wenn der EGVP-Client nur an einem Arbeitsplatz verwendet wird, reduziert sich damit die Gefahr von falsch konfigurierten Installationen und unterschiedlichen Bedienungsmethoden.
- Die Mehrplatzfähigkeit des Programms ist nur rudimentär ausgebildet, sodass ohnehin niemals mehrere Mitarbeiter gleichzeitig auf ein Postfach zugreifen können.
- Die Zuständigkeit kann mit der für weitere elektronische Eingänge (z.B. E-Mail) verbunden werden.

Natürlich ist es im Rahmen einer vorausschauenden Büroorganisation sinnvoll, an einem **zweiten Arbeitsplatz** eine **funktionsfähige** (im Tagesbetrieb aber nicht verwendete) **Programminstallation** vorzuhalten. Auch sollten mindestens zwei, besser drei Mitarbeiter mit dem Umgang vertraut sein. Herstellung und Wiedereinrichtung eines EGVP-Zugangs sind mit einigen technischen Besonderheiten verbunden, sodass der IT-Beauftragte des Notarbüros auch hierfür die notwendigen Daten mehrfach gesichert vorhalten und mit den entsprechenden Abläufen vertraut sein sollte.[215]

a) Grundlagen zum EGVP-System

Der Übertragung der Daten an das Registergericht kommt im Prozess der elek- 412
tronischen Handelsregisteranmeldung erhebliche Bedeutung zu. Der **amtliche Charakter des Verfahrens** und die **mögliche Sensibilität der übertragenen Informationen** (vielleicht nicht unbedingt im Hinblick auf den öffentlichen Charakter des Handelsregisters, wohl aber bei fast allen anderen Kommunikationsbeziehungen mit der Justiz) haben dazu geführt, dass die Verwendung des einfachen E-Mail-Versandweges nicht zweckmäßig erscheint.

An dessen Stelle treten andere Verfahren, die die Anforderungen der Justiz- und Behördenkommunikation in hinreichender Weise berücksichtigen. An erster Stelle ist hier das sog. **„OSCI-Transport"-Protokoll** (Online Services Computer Interface[216]) zu nennen, auf dem auch das EGVP basiert.[217]

215 Vgl. Rn. 448 f.

216 Weitere Informationen unter http://www.osci.de, Stichwort „OSCI-Transport" sowie unter http://de.wikipedia.org/wiki/Online_Services_Computer_Interface.

217 Vgl. http://www.egvp.de/beh_allgemeine_info/.

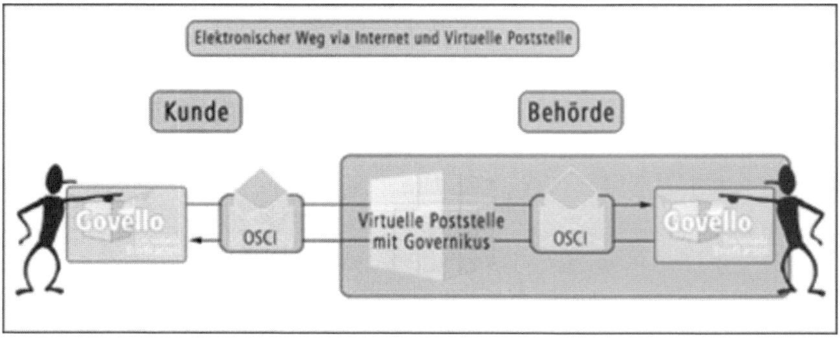

413 Das Verfahren hilft drei Hauptproblemen der E-Mail-Technik ab:

- fehlende **Vertraulichkeit** (Nachrichten werden im OSCI-Verfahren standardmäßig verschlüsselt),
- keine verlässliche **Zuordnung** zu einem Absender/Erklärungsurheber (OSCI integriert Signaturfunktionen, die je nach Formbedarf des betreffenden Verfahrens vorgeschrieben werden können) und
- fehlender **Zugangsnachweis** (das OSCI-Protokoll sieht vor, dass der Absender automatisch eine beweisgeeignete Eingangsbestätigung für seine Nachricht erhält).

Die Übermittlungsprogramme, sog. Clients, bringen die entsprechenden Funktionen von Haus aus mit. Für das EGVP-System ist derzeit der **EGVP-Client** die **einzige zugelassene und funktionierende Anwendung**. Zwar gibt es für das technisch verwendete „Govello“-Postfachsystem eine Reihe von Lösungen alternativer Anbieter, die jedoch zum aktuellen Zeitpunkt nicht mit dem EGVP kompatibel sind. Es ist zu erwarten, dass es zukünftig auch andere Lösungen geben wird, die insbes. die bessere Integration des EGVP in fortgeschrittene Umfelder wie elektronische Aktenverwaltungen vorantreiben.

414 Das EGVP-System ist **ausschließlich** für den **Datenverkehr** zwischen **Gerichten/Behörden** und **deren „Kunden“** sowie für den **behördeninternen** Datenaustausch vorgesehen. Ein Datenaustausch von Notar zu Notar oder vom Notar zu seinen Kunden wird nicht unterstützt. Das EGVP kann darum nicht die E-Mail ersetzen.

415 Die Erfahrungen der ersten Jahre zeigen, dass das EGVP-System im Wesentlichen stabil und verlässlich arbeitet. Wie bei jedem anderen technischen

System gelingt es jedoch auch hier nicht, einen ganz fehlerfreien Betrieb zu gewährleisten. So ist es in der Vergangenheit mitunter zu verlorengegangenen Nachrichten oder Fehlzustellungen gekommen, deren Gründe nur schwer nachzuvollziehen waren. Für den Notar hat es in diesen Fällen jedoch stets ausgereicht, auf den Eingangsnachweis aus seinem EGVP-Client zu verweisen.

Zu berücksichtigen ist im Hinblick auf den Registerverkehr daneben noch, dass es **auf Gerichtsseite** bis zur Kenntnisnahme durch den Registerrichter oder -rechtspfleger noch **weitere technische Schnittstellen** gibt, an denen es zu Störungen kommen kann. So wird die elektronische Gerichtspost – genau wie beim Notar – zunächst von einem Computer im Gericht beim Server („Intermediär") abgeholt. Dies geschieht je nach Gericht in unterschiedlichen Frequenzen. Daran schließt sich eine weitere technische Einrichtung an, die innerhalb des Gerichtsnetzes die eingehenden Nachrichten möglichst automatisch an die zuständige Abteilung weiterleitet. Da derzeit i.d.R. innerhalb der Gerichte nur der Handelsregisterverkehr über die elektronische Schnittstelle läuft, ist die Fehlersuche meist recht einfach. Wie sich die Systeme weiterentwickeln, wenn in anderen Bereichen der elektronische Rechtsverkehr eröffnet wird, bleibt abzuwarten.

b) Adressierbare Gerichte

416 Eine der Besonderheiten des EGPV-Verfahrens ist, dass aus dem EGVP-Client heraus nur Empfänger erreichbar sind, deren Postfächer dem jeweils verwendeten „Registrierungsserver“ bekannt sind.

Will man prüfen, ob ein **bestimmtes Gericht über** den **EGVP-Client erreichbar** ist, wählt man in der Client-Oberfläche „**Extras/Adressbuch** ...“.

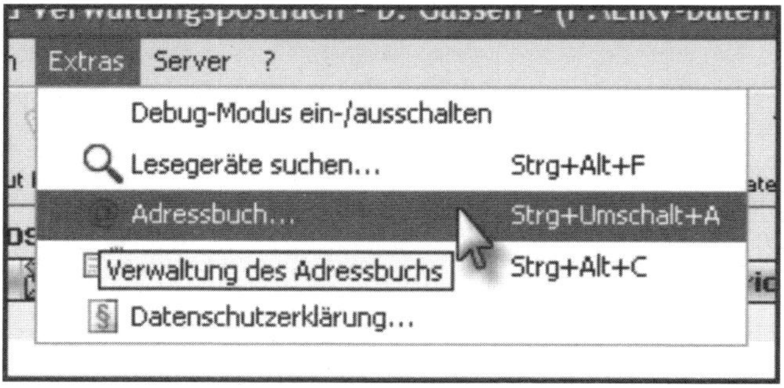

417 Die **Liste der angeschlossenen Adressaten** erscheint in einem neuen Fenster.[218] I.d.R. gibt es für **jedes Gericht** nur ein **einheitliches Postfach**. Eine unmittelbare Adressierung für die jeweilige Abteilung (z.B. Registergericht, Mahnabteilung) ist nicht möglich.

218 Diese Liste ist auch auf der Webseite http://www.egvp.de/gerichte.index.php einsehbar.

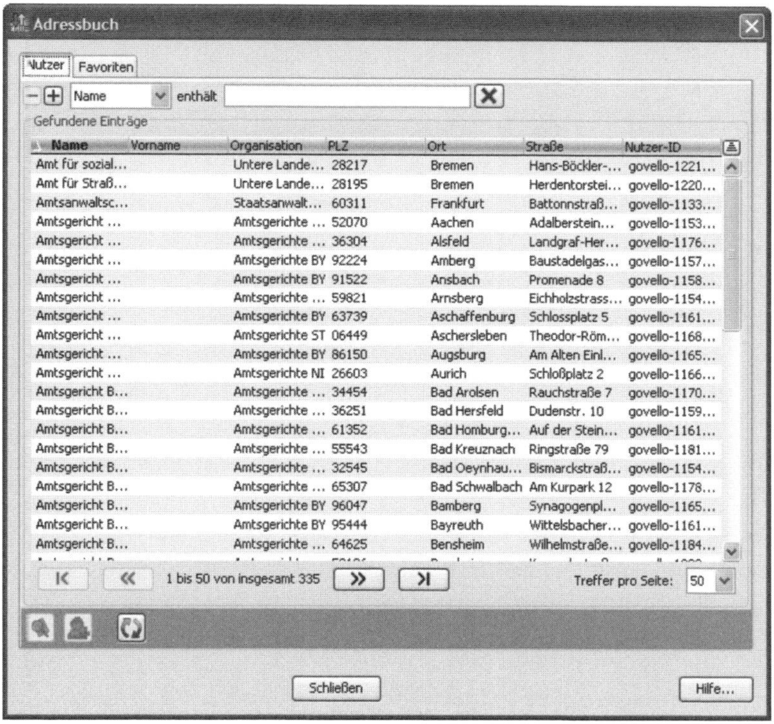

c) EGVP-Nachrichteneingang

Kurz nach der Umstellung der Handelsregisteranmeldung auf das ausschließlich elektronische Verfahren begannen die **Gerichte**, das EGVP zu verwenden um ihrerseits **Nachrichten an die Notare** zu senden, z.B. **Eintragungsmitteilungen, Zwischenverfügungen** und **Beanstandungen**. Die regionale Praxis ist unterschiedlich, mitunter werden manche oder alle Nachrichten auch noch als Papierdokumente versendet. Es ist jedoch davon auszugehen, dass in naher Zukunft die ausschließlich elektronische Mitteilung die Regel darstellt. 418

Die technischen Systeme auf Gerichtsseite beschränken sich derzeit weitgehend darauf, eine elektronische Fassung des zuvor auf Papier versendeten Dokuments als PDF-Datei zu generieren und dieses elektronische Dokument der EGVP-Nachricht anzuhängen. Dies hat den Nachteil, dass es im Eingangsbe- 419 reich des EGVP **schwierig** bis ausgeschlossen ist, auf einen Blick den **Bezug der Nachricht zu erkennen**.

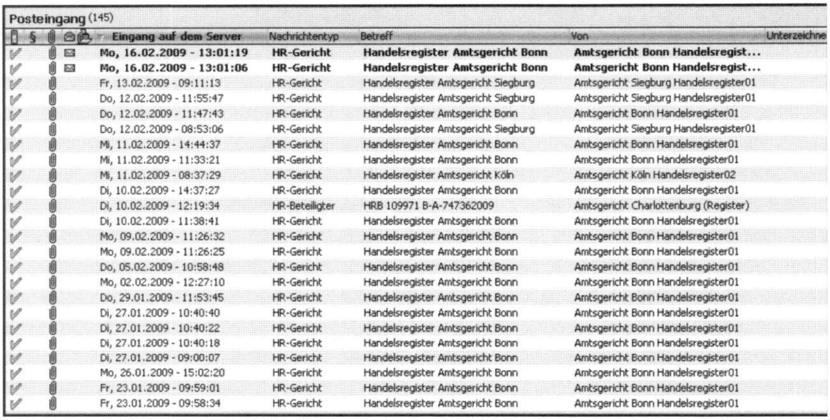

Ein **Hinweis auf den Inhalt** findet sich meist nur, wenn man in den Details der Nachricht die **mitgesendete Anlage aufruft**. Hier ist regelmäßig die **HR-Nummer des Rechtsträgers** enthalten (nicht aber die Firma).

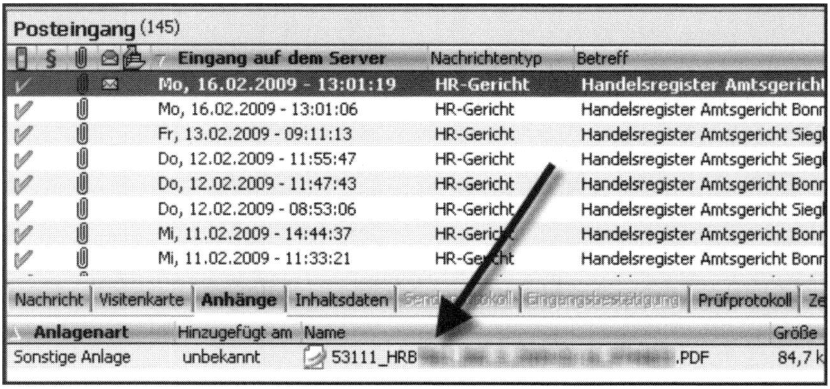

420 Anlässlich der Umstellung auf das elektronische Mitteilungssystem ist es in einer Anzahl von Fällen zu Problemen gekommen, weil Nachrichten an andere (elektronische) Postfächer zugestellt wurden als die von den Notaren als Empfänger erwartet. Meist konnten diese darauf zurückgeführt werden, dass bei der Einrichtung verschiedene Postfächer angelegt worden waren, von denen im Ergebnis aber nur eines verwendet wurde.

Noch **nicht möglich** ist weiterhin eine **elektronische Weiterverarbeitung von Registerdaten**, da derzeit weder Eintragungsmitteilungen noch Registerauszüge in maschinenlesbarer (XML-) Form angeboten werden. Dies ist für die nähere Zukunft geplant, allerdings wird sich die Praxis – insbes. die Gestaltung der Notarprogramme – auf dieses Angebot noch einstellen müssen.[219]

d) Recherche in der Ablage

Die mitunter wenig aussagekräftige Nachrichtenliste im EGVP-Client (sowohl beim Versand als auch beim Nachrichteneingang) macht es schwer, Vorgänge in der Ablage aufzufinden. 421

Dies ist jedoch eine durchaus **zweckmäßige Funktion** – nicht nur, wenn man nochmals auf einen bestimmten Posteingang zugreifen möchte, sondern auch wenn der Versand einer Nachricht oder deren Inhalt nochmals überprüft werden soll.

Ist das **Nachrichtendatum bekannt**, kann man den Suchbereich i.d.R. so eingrenzen, dass die **händische Kontrolle der Nachrichten** möglich – wenn auch umständlich – ist. Ist das nicht der Fall, muss man für die Recherche auf elektronische Hilfsmittel zurückgreifen. Leider bietet der EGVP-Client hierfür keinerlei „Bordmittel" an, sodass sich der Anwender mit **folgendem Trick** behelfen muss: 422

219 Vgl. dazu unten Rn. 519.

423 Sämtliche Nachrichten werden – im Klartext und mit allen Anlagen – in einer kryptisch benannten Verzeichnisstruktur direkt im EGVP-Datenordner abgelegt, deren oberstes Verzeichnis „**osci_governikus**“ benannt ist. I.d.R. dürfte dieses Verzeichnis im Ordner „**ElRv-Daten**“ zu finden sein.

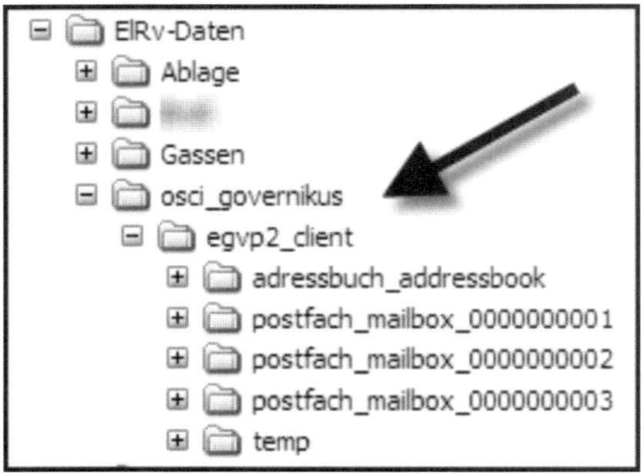

424 Innerhalb des Verzeichnisses „osci_governikus/egvp2_client/ ...“ findet sich die gesuchte Struktur. Die Daten sind für **jedes Postfach** in **eigenen Unterverzeichnissen** abgelegt, die lediglich durchnummeriert sind.[220] **Jedes Postfach** enthält wiederum eine **Unterstruktur**, in der die Ablagefächer der EGVP-Oberfläche (Eingang, Ausgang, Gesendet) wiederzufinden sind. In diesen Unterverzeichnissen finden sich die Daten zu sämtlichen im Client angezeigten Nachrichten in einzelnen, kryptisch beschrifteten Unterverzeichnissen.

220 Die Nummerierung entspricht der Reihenfolge, in der die Postfächer beim Start des EGVP-Clients angezeigt werden.

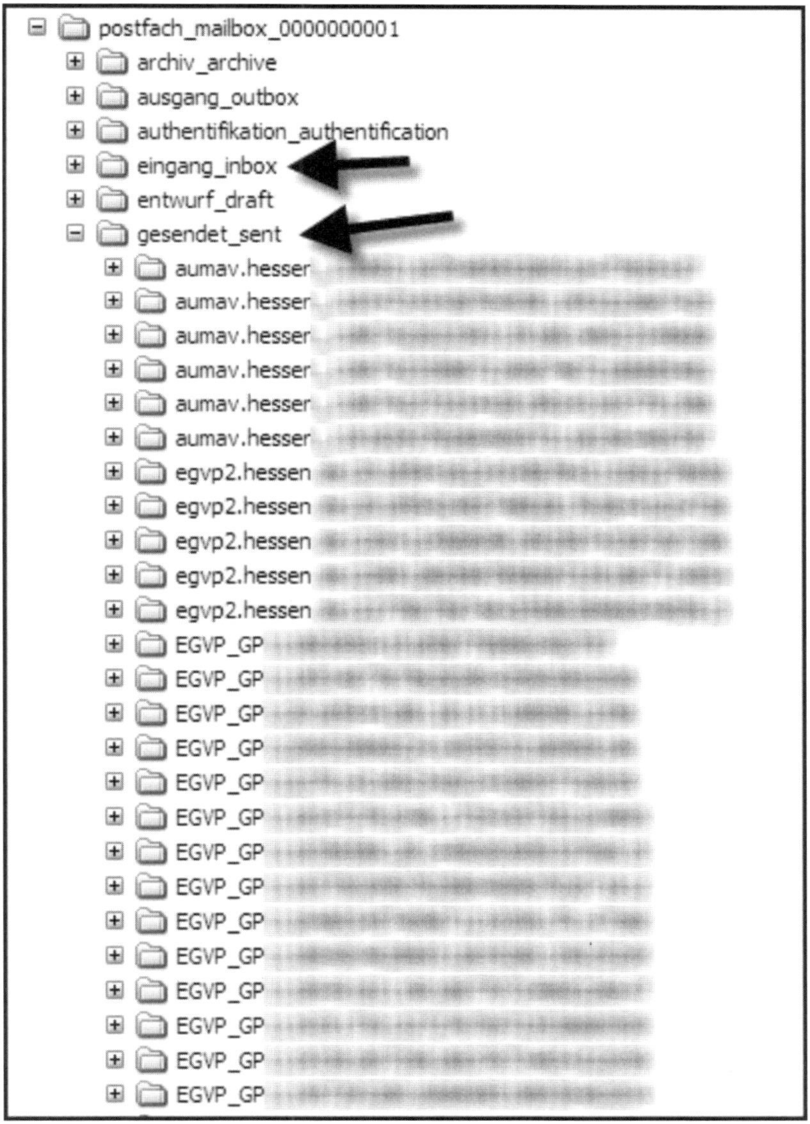

Will man in dieser Ablage nach einer bestimmten Nachricht suchen, muss 425
man das entsprechende Unterverzeichnis (z.B. „gesendet_sent") mit der **rechten Maustaste** anklicken und „**Suchen** ..." wählen. Im folgenden Suchfenster

sucht man **nicht** nach **Dateinamen** sondern nach **Wörtern innerhalb der Datei**. So kann man z.B. nach der **Firma** des gesuchten Rechtsträgers suchen, die sich zwingend in der übermittelten XML-Datei finden muss. Andere geeignete Suchkriterien sind die **HR-Nummer**, die oftmals auch im Dateinamen der übermittelten Anlagen gespeichert ist.

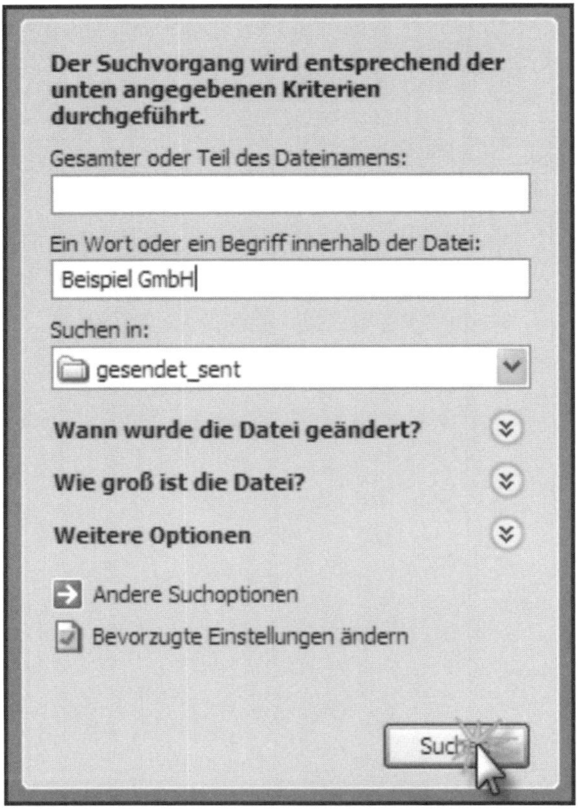

Auf diesem Weg lassen sich auch in einer großen Ablage die gesuchten Daten mitunter schnell finden. Zu **jeder Nachricht** werden die **XML-Datei**, sämtliche **Übertragungsinformationen** und alle **Anlagen samt Signaturen** archiviert.

4. Installation und Updates

Eine Vielzahl von Problemen, die den Umgang mit XNotar, SigNotar und dem EGVP-Client betreffen, resultiert aus der Art und Weise, wie die Anwendungen in der betreffenden Systemumgebung eingerichtet wurden. Manche Einstellungen sind nach der Ersteinrichtung nur noch mit einigem Aufwand zu ändern. So kommt es mitunter dazu, dass der tägliche Umgang mit den Programmen umständlicher als nötig ist. 426

Da die Programmanpassungen, die mit der „**ELRV 3.0**"-Lösung eingeführt werden, vorrangig auf eine **Verbesserung der Benutzerfreundlichkeit** und **Effizienz** der Programme zielen, sollte die Umstellung für den Systembetreuer und den Anwender auch ein Anlass sein, die Einrichtung auf Verbesserungsmöglichkeiten zu überprüfen. Dabei sind vor allem zwei Hinweise zu beachten:

- **passenden Installationstyp wählen**
  Das Programmpaket erlaubt einen sehr flexiblen Einsatz in den unterschiedlichen Organisationsstrukturen, in denen Notarbüros in Deutschland betrieben werden. Die einzelnen Varianten werden jedoch bei der Installation nicht ausdrücklich erklärt. Sie sollten vor der Installation anhand der bürointernen Aufgabenverteilung überdenken, welches Modell auf ihren Ablauf am besten passt.
- **Installation sorgfältig planen**
  Insbesondere bei Netzwerkinstallationen muss darauf gachtet werden, dass die benötigte Infrastruktur (Netzlaufwerke etc.) vor der Installation vollständig bereitsteht und die Berechtigungen für die Zugriffe bestehen. Erfahrungsgemäß ist es schwierig, derartige Probleme zu beheben, wenn sie mitten in der Installation auftauchen. Abgebrochene Installationen – insbes. des EGVP-Clients – können weitere Komplikationen auslösen. Sie führen oft zu verwirrenden Mehrfachstrukturen. Daher die betreffenden Hinweise sorgfältig lesen und bei Bedarf fachliche Hilfe hinzuziehen.

a) Installationstypen

aa) Kleines Büro – Einzelplatzinstallation

Diese Variante eignet sich insbes., wenn 427

- Handelsregistersachen nur in geringem Umfang anfallen und der Notar die elektronische Abwicklung weitgehend selbst durchführt oder
- ein Mitarbeiter für die elektronische Abwicklung zuständig ist und der Notar die von ihm durchzuführenden Prüf- und Signaturschritte nicht an einem eigenen Rechner durchführt, sondern an dem auch vom Mitarbeiter benutzten Arbeitsplatz („Handelsregisterrechner“).

Bevor man sich für diese Variante entscheidet, sollte bedacht werden, dass in den kommenden Jahren voraussichtlich weitere notarielle Abwicklungen auf elektronische Verfahren umgestellt werden – auch im Grundbuchbereich. Dabei kann sich eine Struktur, die heute hinreichend erscheint, in kurzer Zeit zu einem Flaschenhals entwickeln, der die Leistungsfähigkeit des Büro beeinträchtigt.

bb) Mittleres Büro – Notar und ein zuständiger Mitarbeiter

428 Diese Struktur eignet sich dort, wo Registersachen einen überschaubaren Umfang haben und im Wesentlichen von ein oder zwei Mitarbeitern vollständig (einschließlich des Scannens von Dokumenten) durchgeführt werden. Der Notar vollzieht die ihm obliegenden Arbeitsschritte an seinem eigenen Rechner. Es steht ein Büronetzwerk für die gemeinsame Nutzung zur Verfügung, bei dem jedenfalls eine Netzwerkressource allen Beteiligten offen zur Verfügung steht.

cc) Größeres Büro – Erweiterte Aufgabenteilung

429 Organisatorische Verbesserungen lassen sich dort erreichen, wo aufgrund der unterschiedlichen persönlichen Qualifikationen bestimmte Mitarbeiter für einzelne Arbeitsschritte eingesetzt werden. So wie mitunter Tätigkeiten wie das Siegeln und Binden von Urkunden konzentriert werden, kann auch das Einscannen von Papiervorlagen und der elektronische Versand bzw. die Überwachung des Postfachs einzelnen übertragen werden. Hier bringen die mit ELRV 3.0 umgesetzten Änderungen für die Praxis den größten Gewinn, weil solche Aufgabenverteilungen mit den ersten Programmversionen nur mit Abstrichen möglich waren.

dd) Strukturen in größeren Sozietäten

Der Einsatz von XNotar und SigNotar in größeren, teils überörtlichen Sozietätsumfeldern ist grds. auch möglich, jedoch im Einzelfall immer mit besonderen Fragestellungen verbunden. Eine standardisierte Installationsbeschreibung ist nicht sinnvoll. Hier sollte eine sinnvolle Struktur mit Rücksicht auf die regelmäßig doch bestehende kleinere Untergruppierung der mit notariellen Aufgaben befassten Personen gesucht werden, ggf. in Abstimmung zwischen dem lokalen Systemadministrator und den Support-Experten. 430

b) Installationsplanung

aa) Vorüberlegungen

Die meisten Büros dürften XNotar und SigNotar bereits seit Einführung des elektronischen Rechtsverkehrs mit dem Handelsregister verwenden. Es finden sich dort bestehende Installationen, die aktiv genutzt werden und mit deren Umgang insbes. die Mitarbeiter bereits vertraut sind. Hier ist sorgfältig abzuwägen, **wie** mit der **neuen Programmversion umgegangen** werden soll. Auch hier sind verschiedene Szenarien denkbar: 431

■ Variante 1: „Alles bleibt beim Alten“

Wenn sich die mit der neuen Version verbundenen Vorteile in dem gewählten Arbeitsablauf kaum bemerkbar machen oder befürchtet werden muss, dass eine Umstellung zu Produktivitätsverlusten führt, die durch die Vorteile nicht aufgewogen werden, kann die Aktualisierung so durchgeführt werden, dass der Arbeitsablauf bis auf ein Detail unverändert bleibt.[221]

Keine sinnvolle Lösung ist es, das Update auszulassen, um dauerhaft mit der bestehenden Version weiterzuarbeiten. Zukünftige Updates werden nur noch auf der Grundlage der neuen Version weiterentwickelt und vertrieben, sodass ein „selektives Auslassen“ beim nächsten Update nachgeholt würde – mit möglicherweise unerwünschten Folgen. Für den Betrieb von SigNotar und XNotar wird

221 Eigene Erklärungen des Notars werden zukünftig in ein signiertes Anschreiben aufgenommen, das als TIFF-Dokument übermittelt wird, s.o. Rn. 170 ff. und 240 ff. Soll der bisherige Ablauf weitgehend beibehalten werden, muss dieses Dokument bei der Erfassung der Strukturdaten in XNotar schon signiert vorliegen. Es ist daher bei Beibehaltung des bisherigen Ablaufs ebenso wie andere Anlagen z.B. durch Einscannen vorzubereiten und kann nicht aus dem Bemerkungsfeld von XNotar generiert werden.

aus verschiedenen Gründen immer die aktuelle Version benötigt, mindestens für die turnusmäßigen Anpassungen an neue Signaturkarten sowie Ergänzungen und Erweiterungen des Datenaustauschstandards XJustiz.Register. Ohne diese ist ein reibungsloser Datenaustausch mit dem Register nicht sichergestellt.

Variante 2: Verbesserter Arbeitsablauf wird genutzt

Entscheidet man sich, den mit der Programmumstellung möglichen neuen Arbeitsablauf zu nutzen, sollte die Umstellung vorher durchdacht und mit den betroffenen Mitarbeitern besprochen werden. Es ist zweckmäßig, wenn benötigte Fortbildungen und Auffrischungen durchgeführt wurden, bevor die Umstellung erfolgt.

Technisch ist an **jedem Arbeitsplatz** das **Programmupdate** durchzuführen. Darüber hinaus muss möglicherweise zusätzliche Software dort installiert werden, wo sie bislang nicht benötigt wurde – i.d.R. ist das XNotar am Notararbeitsplatz, möglicherweise auch der EGVP-Client an einem oder mehreren Mitarbeiterarbeitsplätzen.

Veränderungen der Struktur des EGVP-Clients sollten vorher genau durchdacht werden, da Fehler oft nur schwer behoben werden können.

Variante 3: Arbeitsteilung wird in weiterem Umfang genutzt

Mit der Programmumstellung wird es möglich, einzelne Arbeitsschritte der elektronischen Sachbearbeitung auf bestimmte Arbeitsplätze auszulagern, um den Ablauf noch effizienter zu gestalten:

- **Scanarbeitsplatz**: An einem gesonderten Arbeitsplatz werden zentral die Papiervorlagen eingescannt und die Dokumentenangaben vorerfasst.
- **Zentrale elektronische Poststelle**: Da die per EGVP zu versendenden Nachrichten keine qualifizierte elektronische Signatur des Notars mehr benötigen, kann die gesamte Behandlung des über EGVP abzuwickelnden Datenverkehrs an einer Stelle konzentriert werden (ggf. gemeinsam mit weiterer ein- und ausgehender elektronischer Kommunikation, z.B. E-Mail). Nachrichten können gesammelt versendet und die Zuständigkeit für den Eingang und die Verteilung der eingehenden Nachrichten zentralisiert werden. In Sozietäten ist es möglich, den EGVP-Versand auf ein Postfach zu konzentrieren.

Bei der Verwendung des EGVP-Clients in **Mehrplatzsystemen** sind folgende Einschränkungen zu beachten:

- Bei korrekter Einrichtung kann auf ein Postfach von mehreren Arbeitsplätzen zugegriffen werden – allerdings nicht gleichzeitig. Wenn ein Postfach an einem Arbeitsplatz geöffnet ist, kann nicht von einem weiteren Platz zugegriffen werden.
- Es kann immer nur ein Postfach gleichzeitig geöffnet sein. Bei Zugriff auf das Postfach eines anderen Sozius muss zuerst das offene Postfach geschlossen und dann das gewünschte (mit PIN-Eingabe) geöffnet werden.

Bereits aus diesem Grund ist es naheliegend, die elektronische Poststelle an einem Arbeitsplatz zu konzentrieren, damit keine Probleme mit Doppelzugriffen auftreten können. In Mehrplatzumgebungen sollte der EGVP-Client unmittelbar nach Ende der Nutzung wieder geschlossen werden, um Zugriffskonflikte zu minimieren.

bb) Programminstallation

Um einen reibungslosen Ablauf sicherzustellen, sollten die folgenden Pro- 432
gramme an den jeweiligen Arbeitsplätzen installiert werden:

■ Notararbeitsplatz:

XNotar gemeinsam mit SigNotar; XNotar wird ab der Version 3.0 standardmäßig in einem gemeinsamen Installationspaket mit SigNotar angeboten. Ist die gemeinsame Installation erfolgt, muss bei anschließenden Updates nur noch XNotar aktualisiert werden. Dies führt gleichzeitig zur Aktualisierung der mitinstallierten SigNotar-Installation.

Die Installation des EGVP-Clients ist nicht mehr zwingend notwendig, da der Notar die Prüfung der vorgelegten Registeranmeldung bequemer in XNotar vornehmen kann. Will der Notar die Ein- und Ausgänge von seinem Arbeitsplatz einsehen oder überwachen, muss allerdings der EGVP-Client installiert werden.

■ Mitarbeiterarbeitsplatz

- XNotar gemeinsam mit SigNotar
- EGVP-Client (falls der jeweilige Mitarbeiter den elektronischen Versand übernimmt)

■ **Scanarbeitsplatz**

XNotar gemeinsam mit SigNotar

■ **Elektronische Poststelle**

EGVP-Client (für Nachrichtenversand und -empfang)

cc) Installationspfade

433 Bei der Installation sind an verschiedenen Stellen **Eingaben zur Ablage von Daten** im Dateisystem des Computers zu machen. Dabei ist zu unterscheiden:

(1) Programmverzeichnis

434 In diesem Verzeichnis werden die für die **Ausführung der Programme benötigten Daten** gespeichert. Dies betrifft nur die Anwendungen **XNotar** und **SigNotar**, nicht den EGVP-Client. Bei der Installation wird vorgeschlagen, die Programmdateien in einem entsprechenden Unterverzeichnis („Elektronischer Rechtsverkehr“) des generellen Programmverzeichnisses (üblicherweise „C:\Programme\“) abzulegen. Soweit kein besonderer Anlass besteht hiervon abzuweichen, sollte man diese Voreinstellung übernehmen.

Die Installation und Deinstallation des **EGVP-Clients** erfolgt über einen anderen Mechanismus (Java Webstart). Um das benötigte Programm zu starten, „Start/Ausführen ...“ wählen und „javaws-viewer“ (aktuelle Version) oder nur „javaws“ (alte Versionen) eintippen.

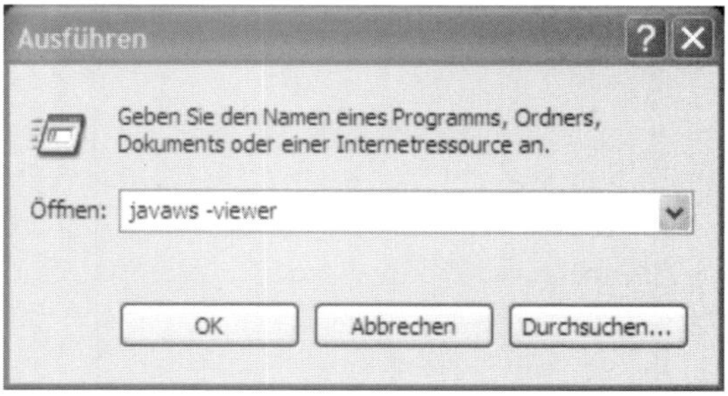

(2) Datenverzeichnis

Dies ist das Verzeichnis, in dem die **im elektronischen Rechtsverkehr verwendeten Daten** abgelegt werden. Dies gilt sowohl für eingescannte Dokumente als auch für die XML-Daten, die XNotar für jeden Anmeldevorgang erzeugt. 435

Wenn – wie regelmäßig gewünscht – die Bearbeitung der Daten arbeitsteilig zwischen Notar und Mitarbeitern erfolgen soll, muss hier ein Verzeichnis gewählt werden, das von sämtlichen Arbeitsplatzrechnern erreichbar ist. Oft werden in Notariatsnetzwerken hierzu sog. **Netzlaufwerke** verwendet, denen im Windows-Betriebssystem ein eigener Laufwerksbuchstabe zugeordnet ist. Alle Benutzer müssen im betreffenden Verzeichnis Lese- und Schreibrechte besitzen.

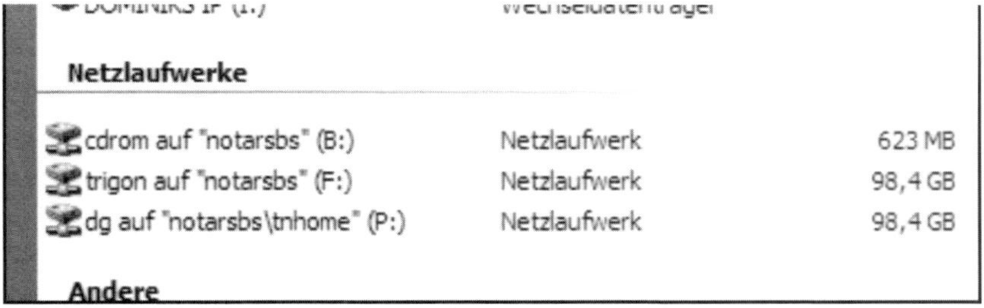

Unterstellt, dass das Netzlaufwerk im Büro mit dem Laufwerksbuchstaben „Z:“ bezeichnet ist, ist es zweckmäßig, bei der Installation von XNotar und SigNotar **dieses Verzeichnis unmittelbar** für die **Ablage** auszuwählen. An dem gewählten Ort wird dann standardmäßig ein **Verzeichnis** mit dem Titel **„ElRv-Daten“** angelegt, welches zentral zur Aufnahme aller mit dem Elektronischen Rechtsverkehr verbundenen Daten dient.

Im Verzeichnis „ElRv-Daten“ wiederum wird **für jeden Notar**, der in XNotar registriert wird, ein **Unterverzeichnis** eingerichtet. Hier werden sämtliche Daten von XNotar und SigNotar gespeichert, die dem jeweiligen Notar zugeordnet werden.

Weil der **EGVP-Client** als externes Programm nicht vollständig in die Strukturen der ELRV-Software eingebunden ist, verwendet er eine etwas abweichende Datenablage. Alle Daten zu den eingerichteten EGVP-Postfächern werden in einem Verzeichnis mit dem Titel **„osci_governikus“** und dem Un- 436 terverzeichnis „**egvp2_client**" abgespeichert. Jedes einzelne Postfach hat darin wiederum ein eigenes Verzeichnis mit einer laufenden Nummer.

Soll von **mehreren Arbeitsplätzen** auf die EGVP-Postfächer zugegriffen werden (z.B. wenn von jedem Sachbearbeiter der Versand von Nachrichten selbstständig bewirkt werden soll oder eingehende Nachrichten von mehreren Arbeitsplätzen aus abrufbar sein sollen), muss bei der Installation des EGVP-Clients auf dem ersten Rechner das **Verzeichnis „ElRv-Daten"** als Datenverzeichnis für den EGVP-Client ausgewählt werden. Bei jeder weiteren Installation muss dann nur noch auf das gleiche Verzeichnis verwiesen werden, sämtliche eingerichteten Postfächer werden automatisch angezeigt und können ausgewählt werden.

437 Die **gesamte Verzeichnisstruktur** für die Datenablage sollte idealerweise ungefähr wie folgt aussehen:

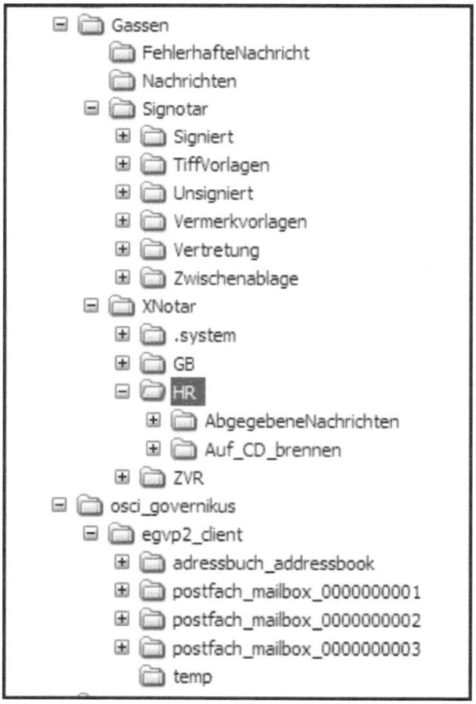

c) Durchführung der Installation

aa) Neuinstallation

(1) Installation der ELRV-Programme

Wurden die Anwendungen erstmals zum Einsatz auf einem Einzelplatzcomputer installiert, reicht es, wenn das Installationsprogramm aufgerufen und die Installation von XNotar und SigNotar ausgewählt wird. Die Installation des EGVP-Clients kann unmittelbar im Anschluss vorgenommen werden. Dazu leitet das Installationsprogramm auf die Internetseite weiter, von der die Installation gestartet werden kann. 438

Werden die Anwendungen in einem arbeitsteiligen Umfeld auf mehreren Computern installiert, sollte zunächst an **einem Arbeitsplatz** die **vollständige Installation** durchgeführt und auch die beim ersten Aufruf von XNotar **notwendige Registrierung** und **Eingabe der Nutzerdaten** des Notars oder der Notare vorgenommen werden (vgl. dazu unten). Dann kann bei jeder weiteren Installation auf diese Daten zurückgegriffen werden – Mehrfacheingaben werden vermieden.

Bei der **Neuinstallation** im Einzelnen in folgenden Schritten vorgehen:

1. Die Installationsdatei aufrufen (elrv-setup.exe).

2. Das Verzeichnis für die Installation der Programmdaten wählen (regelmäßig C:\Programme).

3. Die Lizenzbedingungen lesen und akzeptieren.

4. Die Installationshinweise lesen.

5. Die am jeweiligen Rechner benötigten Programme auswählen. Auf den meisten Rechnern (Notar- und Mitarbeiterrechner, Scanrechner) ist XNotar gemeinsam mit SigNotar zu installieren (vgl. oben Rn. 432).

6. Den Ablageort für das ElRv-Datenverzeichnis wählen (vgl. oben Rn. 435, regelmäßig Netzlaufwerk, z.B. „Z:\"; Verzeichnis ElRv-Daten wird standardmäßig angelegt).

7. (Auf Anfrage) XNotar starten, um den Notar/die Notare als Benutzer anzulegen.

8. Für jeden Notar die persönlichen Daten eingeben. Kommunikationsdaten müssen nicht zwingend eingegeben werden, sind aber im Zweifelsfall hilfreich.

9. Im nächsten Schritt die Registriernummern für beide Programme eingeben. Diese Nummern finden sich auf der Rechnung.

10. Auf der Folgeseite gibt es weitere Einstellungsoptionen zu Ablageverzeichnissen, Signaturtyp und Abrechnungen zum Zentralen Vorsorgeregister. I.d.R. können hier die voreingestellten Optionen erhalten bleiben.

11. Nach der ersten Erfassung kann bei Bedarf ein weiterer Notar eingegeben werden. Dazu die Funktion „Hinzufügen" wählen.

12. XNotar schließen.

Die **Installation** von **XNotar** und **SigNotar** ist damit **abgeschlossen**. Wenn am betreffenden Arbeitsplatz auch der EGVP-Client installiert werden soll, kann den Anweisungen im nächsten Abschnitt gefolgt werden.

(2) Installation des EGVP-Clients

Der EGVP-Client wird methodisch anders eingerichtet, da es sich um eine internet-basierte Anwendung handelt und stets die neueste online verfügbare Version installiert wird. 439

Darum sind die Installationsdaten des EGVP-Clients auch nicht im ELRV-Installationspaket enthalten. Nichtsdestoweniger ermöglicht die Installationsroutine trotzdem eine integrierte Einrichtung. **Nachdem XNotar** und **SigNotar eingerichtet** wurden, führt das **Programm unmittelbar** weiter auf die **Startseite des EGVP**, von der aus der EGVP-Client heruntergeladen und installiert werden kann.

> **Hinweis:**
>
> Ohne **aktive Internet-Verbindung** kann der EGVP-Client nicht installiert werden.

Die **Installation** folgt folgenden Schritten:[222]

1. Innerhalb des Installationsprogramms auswählen, dass der EGVP-Client installiert werden soll; in dem Internetbrowser wird die EGVP-Installationsseite aufgerufen.

2. Die Hinweise unter „Technische Voraussetzungen" auf der Seite lesen und die Systemvoraussetzungen überprüfen.

222 Aufgrund der kontinuierlichen Änderungen und Entwicklungen des EGVP-Systems ist es möglich, dass einzelne der im Folgenden beschriebenen Arbeitsschritte nicht mehr durchgeführt werden oder zusätzliche Schritte hinzukommen. Sollten Sie Fragen zu derartigen Abweichungen haben, sollten Sie die EGVP-Hotline unter 01805/348778 kontaktieren.

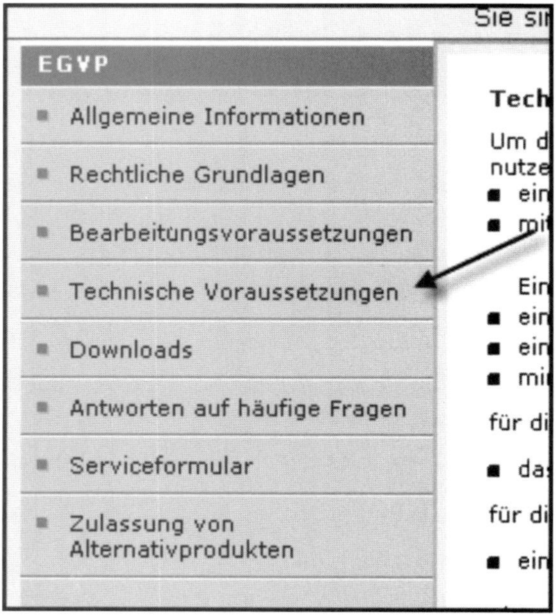

3. „Downloads" wählen und auch hier die Hinweise lesen.
4. Java Runtime Environment (JRE) in der letzten auf der EGVP-Seite angebotenen Fassung installieren. Das Programm wird zur Ausführung des EGVP-Clients benötigt.

Anmerkung:

Es kann sein, dass das Programm bereits im Zusammenhang mit früheren Installationen auf dem betreffenden Rechner installiert ist. Dies ist kein Problem, da die Installationsroutine automatisch prüft, ob eine JRE-Fassung bereits vorhanden ist und ob diese aktualisiert werden muss. Sie erhalten ggf. einen Hinweis.

5. Danach den EGVP-Client über den entsprechenden Link installieren.

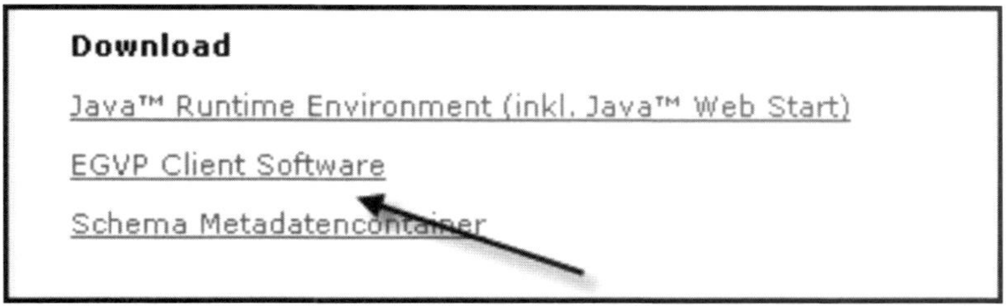

Hierbei wird zunächst nur eine kleine Datei heruntergeladen (egvpclient .jnlp), die dann den eigentlichen Installationsprozess startet. Dieser kann einige Zeit in Anspruch nehmen, da eine Reihe von Programmressourcen heruntergeladen werden müssen.

6. Anschließend die Lizenzbestimmungen akzeptieren.
7. Bei der Installation werden Hinweise angezeigt, welche die Prüfung der zu installierenden Programme und ihrer Quellen betreffen. Die Installation bestätigen.

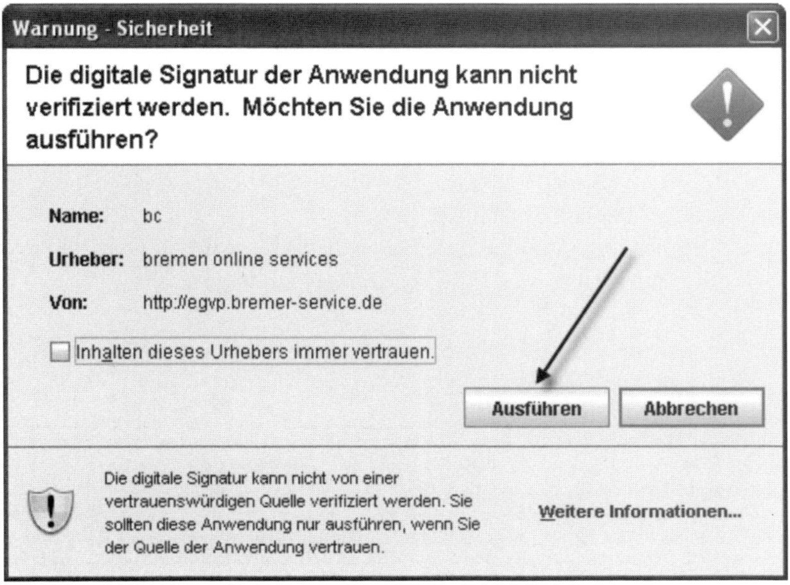

8. Das Datenverzeichnis wählen.
Wichtig! Bei Neuinstallationen für Notarsozietäten unbedingt das Verzeichnis „ElRv-Daten" wählen. Wenn bereits aus einer vorausgehenden Installation Postfächer eingerichtet sind, die weiterverwendet werden sollen, darauf achten, dass hier das dem Verzeichnis „osci_governikus" unmittelbar **übergeordnete** Verzeichnis gewählt wird.

9. Die weiteren Lizenzvereinbarungen akzeptieren.

10. Im Fenster „Datenschutzerklärung" die Übermittlung mit Postfacheinrichtung wählen.

11. Nun muss noch das Postfach eingerichtet werden. Hierbei ist zu unterscheiden, ob ein vollständig neues Postfach eingerichtet werden soll (z.B. im Zusammenhang mit der Neubestellung eines Notars) oder ob der Zugriff auf ein bereits bestehendes Postfach wiederhergestellt werden muss (z.B. nach einem Rechnerdefekt). Die Besonderheiten in letzterem Fall sind im Folgenden (Rn. 441) separat dargestellt. Hier wird zunächst nur die Einrichtung eines neuen Postfachs beschrieben.[223]

(a) Einrichtung eines neuen EGVP-Postfachs

440 Die Einrichtung eines neuen EGVP-Postfachs folgt folgenden Schritten:

1. Zunächst in das Formular die Daten des Notars eingeben. Rot beschriftete Felder sind Pflichtdaten.

> **Hinweis:**
>
> Es empfiehlt sich, in diese „Visitenkarte" auch die freiwilligen Kommunikationsdaten wie Telefonnummer und E-Mail einzutragen, da diese dem Sachbearbeiter auf der anderen Seite die Kontaktaufnahme erleichtern, wenn eine kurze Nachfrage vonnöten ist.

223 Wenn bereits ein EGVP-Postfach eingerichtet und dieses ggf. bereits zur Übermittlung von Daten verwendet wurde, sollte überprüft werden, dass das Übermittlungskonto mit dem Konto übereinstimmt, das als Adresse für Nachrichten der Gerichte an den Absender angegeben ist. Vgl. dazu den Artikel „Schwierigkeiten beim Empfang von Nachrichten über das EGVP" in den FAQ der NotarNet GmbH unter http://www.elrv.info/de/software/faq/faq_egvp-client.php.

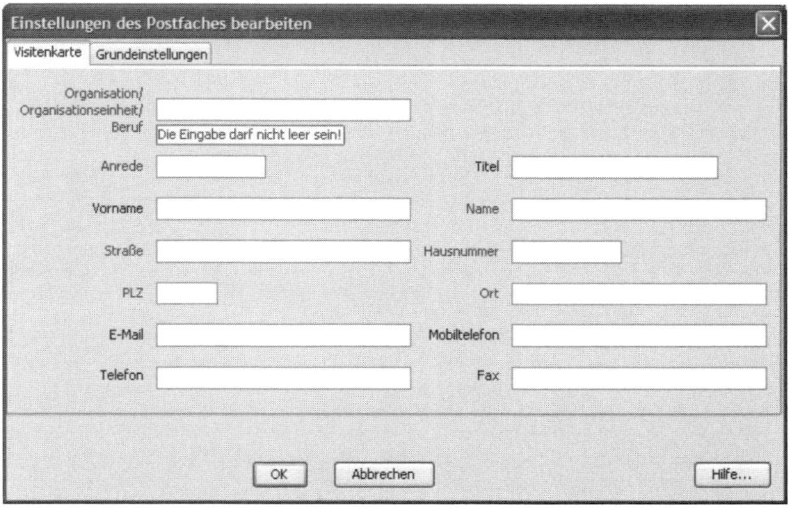

2. In der folgenden Maske den Namen des Notars für das Postfach eingeben. Wird ein Kartenlesegerät mit eigener Tastatur verwendet, das Kästchen „Ja, PIN-Eingabe über das Lesegerät ermöglichen." aktivieren.

3. Im unteren Feld wird die Auswahl eines „Ver- und Entschlüsselungszertifikats“[224] abgefragt. Bei der Neueinrichtung eines Postfachs hier „Erstellen“ wählen. Im folgenden Dialog noch einmal den Namen des Notars und eine selbstgewählte PIN-Nummer eingeben. Diese sollte sofort notiert werden. Dann „Erstellen“ wählen.

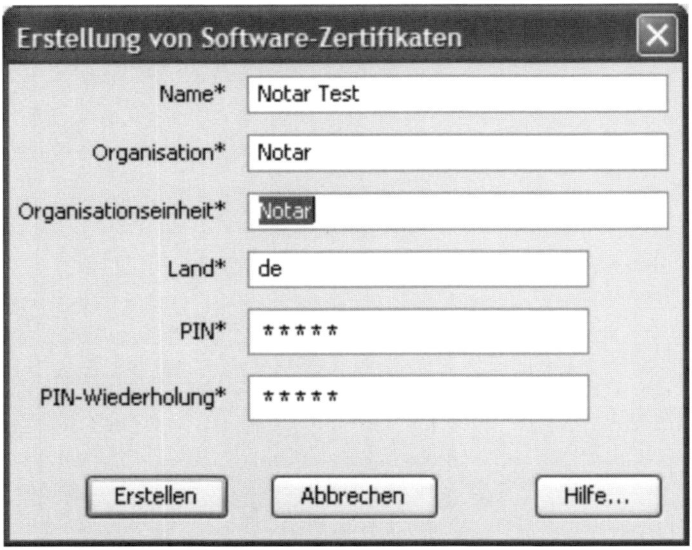

4. Mittels des folgenden Dialogfeldes das generierte Zertifikat an einem sicheren Ort speichern. Es empfiehlt sich, auch noch eine zusätzliche Sicherheitskopie anzulegen. Dann wird man aufgefordert, die soeben gewählte PIN-Nummer einzugeben. Wird danach „OK“ gewählt, wird das Postfach auf dem EGVP-Server (Verzeichnisdienst) angelegt. Das Postfach steht jetzt zur Benutzung zur Verfügung.
5. Wenn mehrere Postfächer (z.B. im Sozietätszusammenhang) eingerichtet werden müssen, kann der vorbeschriebene Vorgang durch Wahl von „Postfach/Neu“ in der Menüleiste des EGVP-Clients erneut angestoßen werden.

224 Das Zertifikat dient zum einen dazu, den Benutzer für den Zugriff auf sein Postfach zu legitimieren, zum anderen aber auch dazu die Entschlüsselung der an ihn gerichteten Nachrichten zu ermöglichen. Diese Sicherheitsarchitektur verhindert, dass Dritte von außen die für den Notar bestimmten Nachrichten abrufen oder lesen können.

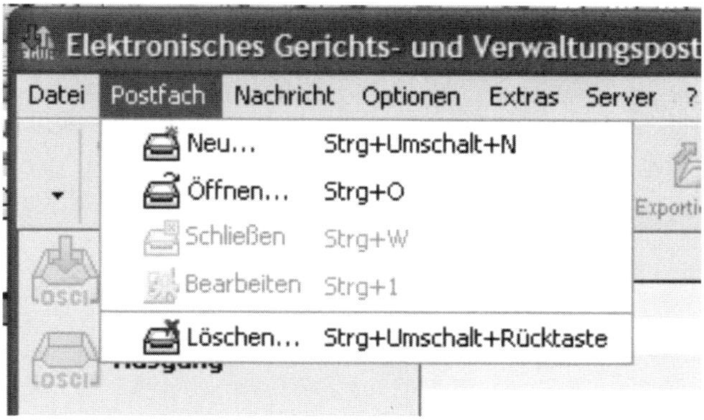

(b) Wiedereinrichtung eines bestehenden EGVP-Postfachs

Soll der Zugriff auf ein bereits bestehendes Postfach eingerichtet werden, 441
ist notwendige Voraussetzung, dass auf das **Zertifikat** zugegriffen werden kann, **das bei der Neueinrichtung des Postfachs generiert und gespeichert wurde**. Wenn dieses Zertifikat verloren gegangen ist, ist der Zugriff auf das Postfach dauerhaft ausgeschlossen. In diesem Fall kann man sich an die EGVP-Hotline wenden, um das alte Postfach sperren zu lassen. Dieser Schritt ist unbedingt notwendig, damit keine weiteren Nachrichten mehr an das alte Postfach zugestellt werden; solche Nachrichten sind nicht mehr zugänglich oder lesbar.

Wenn man nicht mehr weiß, wo die Zertifikatsdateien abgespeichert wurden, kann über den Windows-Explorer danach gessucht werden. Dazu bei Windows-Systemen „Start/Suchen ...“ wählen. Im folgenden Dialogfeld in dem Feld „Gesamter oder Teil des Dateinamens*.p12“ eingeben. Bei „Suchen in ...“ alle naheliegenden Ablageorte für die Dateien wählen. Als Ergebnis sollte man eine Liste aller gespeicherten Zertifikate erhalten.

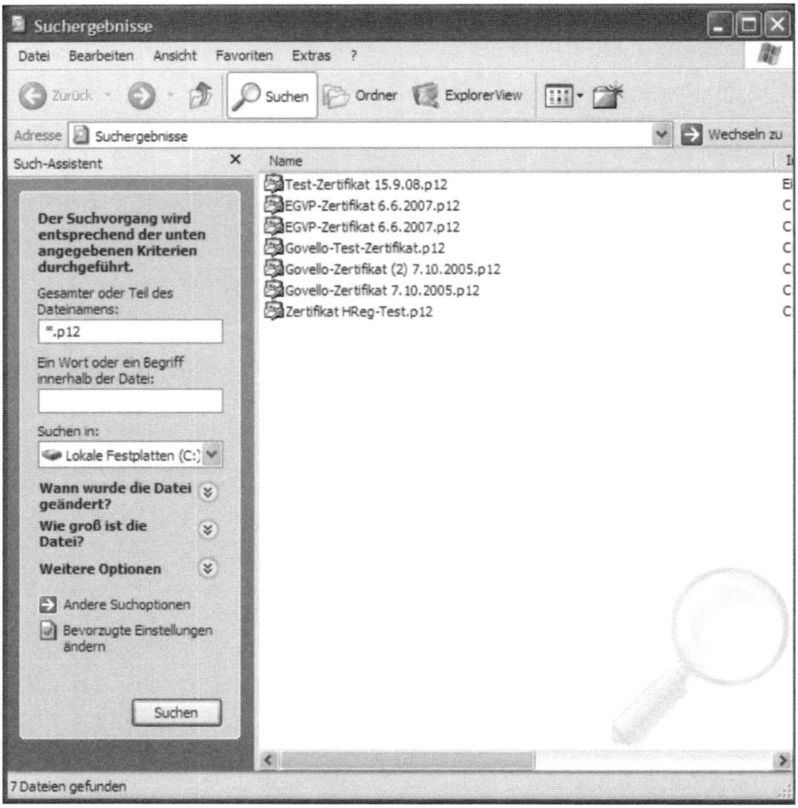

442 Grds. müssen für die Wiedereinrichtung zunächst die gleichen Schritte durchgeführt werden wie bei der Neueinrichtung. In der Maske „Einstellungen des Postfachs bearbeiten“ sollte man jedoch anstelle von „Erstellen“ die Option „Auswählen“ wählen. Dann ist der Speicherort der Zertifikatsdateien einzugeben.

Ist das richtige Zertifikat gewählt, wird die Verbindung zum Postfach wiederhergestellt.

(c) Prüfung der Angaben zu Versand- und Empfangspostfach

443 Seit 2008 nutzen die **Gerichte** in größerem Umfang das EGVP, um **ihrerseits Nachrichten an Notare zu senden**. In diesem Zusammenhang ist es mehr-

fach zu Problemen gekommen, bei denen der Versand von Nachrichten seitens des Gerichts problemfrei funktionierte, aber keine Nachrichten im Notarpostfach eingingen. In der Mehrzahl hingen diese Probleme damit zusammen, dass gerichtsseitig ein Postfach des Notars adressiert wurde, das der Notar nicht mehr verwendete.

Das Phänomen scheint nur schwer nachvollziehbar, da der Anwender davon ausgeht, dass eine Eintragungsmitteilung oder Beanstandung technisch als „Antwort" auf den elektronisch übermittelten Antrag behandelt wird und darum an den gleichen Absender zurück übermittelt wird (wie bei der Antwort auf eine E-Mail). Tatsächlich sind die entsprechenden Adressdaten jedoch an anderer (versteckter) Stelle gespeichert.

Eine ausführliche Anleitung, wie das Problem zu beheben ist, kann online unter http://www.elrv.info/_downloads/faq/EGVP-govello-id.pdf abgerufen werden.

bb) Update eines bestehenden Systems

Wenn eine bestehende Installation der ELRV-Software auf die Version XNotar 444
3.0 aktualisiert werden soll, empfiehlt es sich, **einmalig** nicht die bekannte Programmverknüpfung „Start/Alle Programme/Update XNotar" zu nutzen, sondern die **Installationsdatei**, die unter http://www.notarnet.de/elrv/software/elrv-setup.exe heruntergeladen werden kann. XNotar 3.0 enthält alle Funktionen von SigNotar. Wird auf dem Rechner, auf dem XNotar 3.0 installiert wird, auch eine ältere Version von SigNotar verwendet, so kann dies zu Schwierigkeiten im Zusammenspiel der Programme führen. Optimal ist es, die **alte Installation von SigNotar** über „Start/Einstellungen/Systemsteuerung/Software" **zu entfernen**. Die alte Installation von XNotar kann bestehen bleiben. Anschließend über http://www.notarnet.de/elrv/software/elrv-setup.exe die Installationsdatei der ELRV-Software herunterladen und diese ausführen.

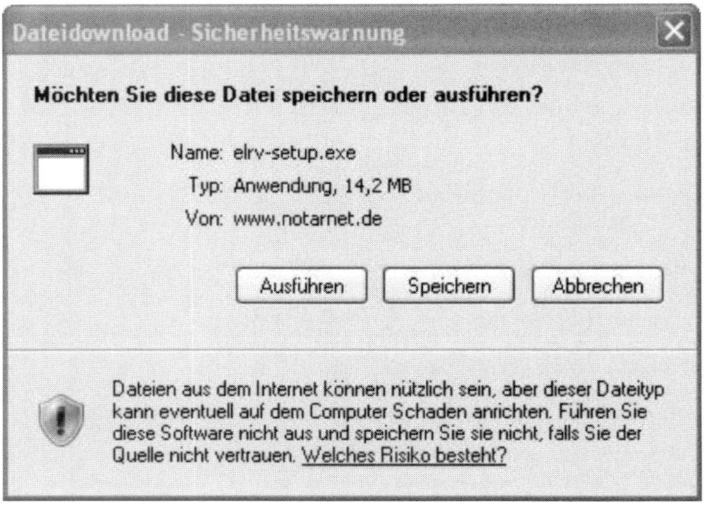

445 Die weitere Installation erfolgt dann wie oben unter Rn. 438 beschrieben. Bei zukünftigen Updates können dann **beide** Programme (XNotar und SigNotar) mit der Funktion „Update XNotar" **gemeinsam** aktualisiert werden.

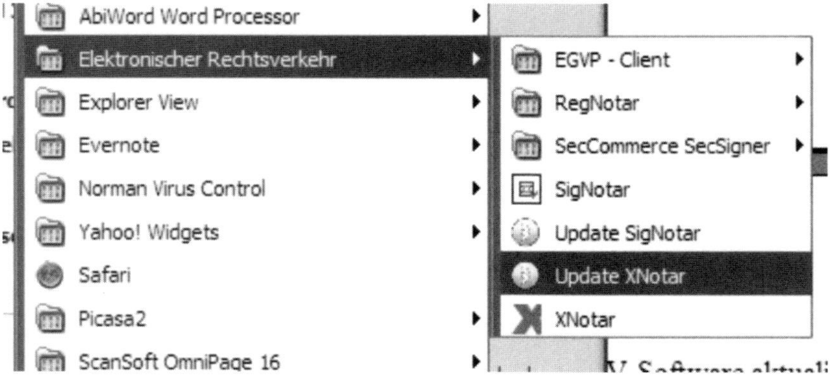

Wenn die alte Installation von SigNotar nicht entfernt wird, sollte diese zumindest ebenfalls aktualisiert werden.

Hinweis:

Ab XNotar 3.0 kann **SigNotar vollständig** aus der **Startmaske von XNotar** aufgerufen werden. So ist man sicher, dass beim Ändern von Einstellungen in derjenigen Installation von SigNotar gearbeitet wird, die aus XNotar heraus aufgerufen wird und nicht in einer evtl. versehentlich noch vorhandenen älteren Installation. Die separate Verwendung von SigNotar als eigenständiges Programm wird unnötig.

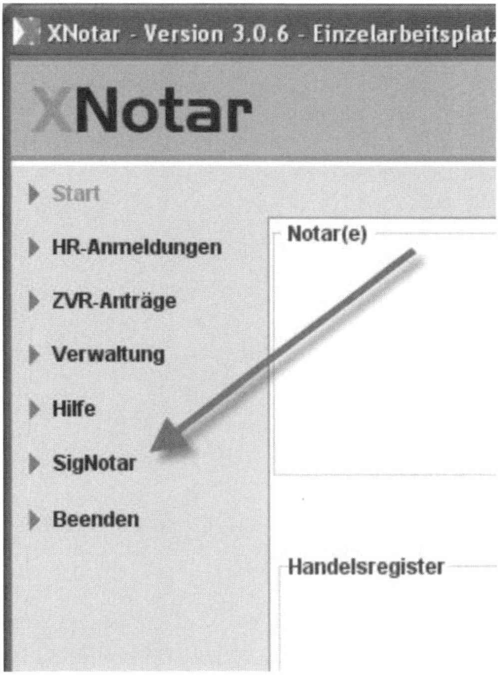

Nach der Installation ist XNotar zu starten. Bei dem ersten Start nach dem Update werden weitere Anpassungen vorgenommen, sodass das Programm danach ggf. nochmals geschlossen und geöffnet werden muss. Insoweit sollte man den Anweisungen auf dem Bildschirm folgen. 446

Nach dem Programmstart kann die installierte Version überprüft werden – sie wird in der Titelzeile des Fensters angezeigt.

Es empfiehlt sich, zur Sicherheit nach der Installation nochmals die **Programmeinstellungen unter „Verwaltung“** zu **überprüfen**. Regelmäßig können jedoch die von der Vorversion übernommenen Einstellungen ohne Änderungen übernommen werden.

Nunmehr muss das Update an jedem Arbeitsplatz durchgeführt werden, auf dem XNotar und SigNotar installiert sind.

d) Datensicherung

447 Um die Daten der ElRv-Anwendungen zu archivieren und damit zu sichern ist es grds. nur notwendig, den Datenordner in ein **automatisches Backup** einzubeziehen oder den Inhalt auf einem anderen geeigneten Medium (CD-R, USB-Speicherstick) zu speichern. Wenn den Empfehlungen für die Einrichtungen gefolgt wurde, reicht es, das Verzeichnis „... /ElRv-Daten“ zu sichern.

e) Sonderproblem: Umstrukturierung von bestehenden EGVP-Installationen

448 Es kommt vor, dass bei einer vorausgegangenen Installation die Postfächer unzweckmäßig so angelegt wurden, dass es nicht möglich ist, von einem Arbeitsplatz (der geplanten „elektronischen Poststelle“) sämtliche Postfächer zu öffnen und zu bearbeiten.

Das Problem ist dabei, dass die für das jeweilige Postfach gewählten Datenverzeichnisse an unterschiedlichen Stellen (im Netzwerk oder auf einem lokalen Rechner) angelegt wurden. Der EGVP-Client erlaubt es zwar, zwischen verschiedenen vorhandenen Postfächern zu wählen, allerdings nur dann, wenn sich sämtliche Postfachdaten im gleichen Unterverzeichnis (idealerweise „... \ElRv-Daten\osci_governikus\egvp2_client“) befinden.

Grds. ist es möglich, solche Postfächer **neu zu organisieren**, ohne dass dabei der Zugriff auf das zugeordnete Server-Postfach oder die Import- und Exporteinstellungen von XNotar geändert werden müssen. Ein derartiger Eingriff sollte jedoch einem erfahrenen Anwender oder Systemadministrator vorbehalten bleiben, da Fehler dazu führen können, dass der Versand von Nachrichten vorübergehend nicht mehr möglich ist, im schlimmsten Fall, dass der Zugriff auf ein Postfach und seinen Inhalt dauerhaft verloren geht.

Sollen derart **„verstreute“ Postfächer zusammengezogen werden**, geht 449
man in folgenden Schritten vor:

1. Die unterschiedlichen Speicherorte der Postfachdateien suchen. Diese werden in der Titelleiste des EGVP-Clients angezeigt.

   Die Dateipfade notieren.

2. Man muss sich vergewissern, dass die zu den jeweiligen Postfächern gehörenden Zugriffszertifikate an einer sicheren Stelle gespeichert sind (das sind für jedes Postfach zwei Dateien mit den Endungen „.cer“ und „.p12“, die bei der Einrichtung des Postfachs generiert und gespeichert wurden).

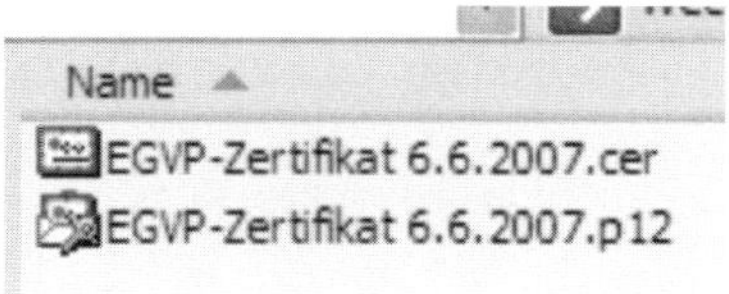

   Diese Dateien sind zwingend notwendig, wenn es aus irgendeinem Grund notwendig sein sollte, vor Ort verloren gegangene Postfächer wieder neu einzurichten und den Zugriff auf das korrespondierende Postfach beim EGVP-Server wiederherzustellen. Das ist insbes. wichtig, um weiterhin auf diesem Postfach eingehende Nachrichten abrufen zu können.

3. Den Pfad festlegen, unter dem sämtliche Postfächer abgelegt werden sollen. Dabei sollte der Einfachheit halber ein Pfad gewählt werden, in dem sich bereits eines der Postfächer befindet. Im EGVP-System ist für jedes Postfach ein Verzeichnis mit laufender Nummer angelegt (postfach_mailbox_000000000x). Die Nummern von etwa bestehenden Postfächern notieren.

Anmerkung:

Sind mehrere Postfächer angelegt, von denen sich eines oder mehrere aktuell nicht in Benutzung befinden, kann dies leicht festgestellt werden, indem man sich zu diesem Verzeichnis das Datum der letzten Änderung anzeigen lässt. Liegt dieses länger zurück, spricht das für ein nicht verwendetes Postfach, das ggf. archiviert und gelöscht werden kann.

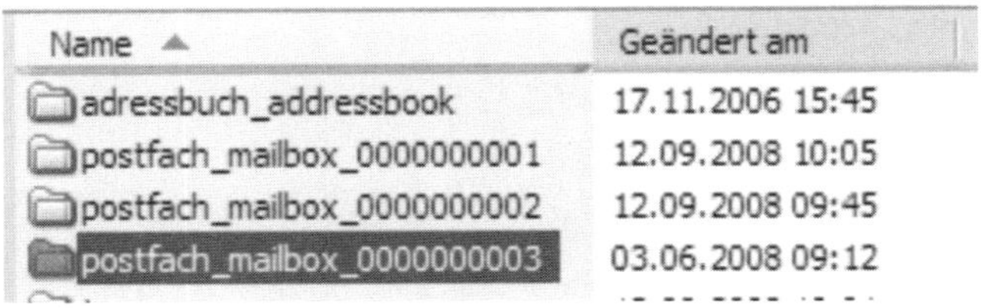

Es empfiehlt sich, eine Sicherheitskopie des gesamten Inhalts des Verzeichnisses „egvp2_client" anzulegen.

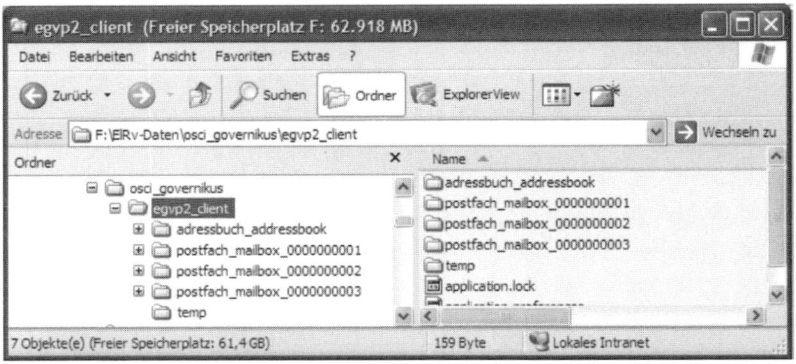

4. Nun den Windows-Explorer (oder ein ähnliches Dateimanagement-Programm) benutzen, um das Verzeichnis anzeigen zu lassen, in dem sich das zu verschiebende Postfach befindet.

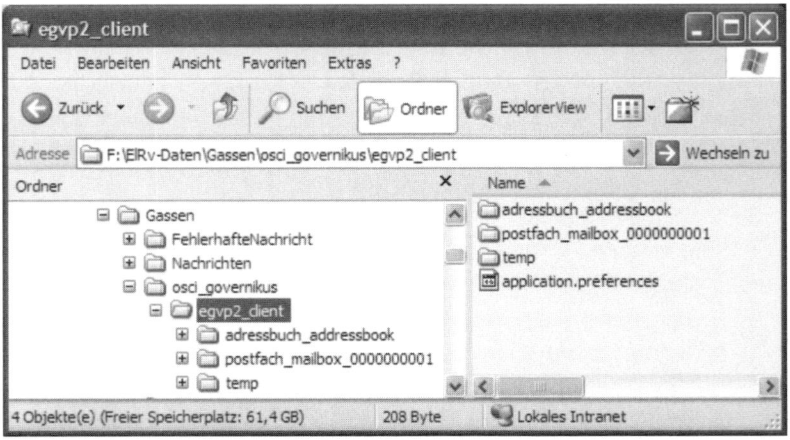

5. Im nächsten Schritt legt man eine Sicherheitskopie des Postfachverzeichnisses (hier „postfach_mailbox_0000000001“) an.

6. Dabei den Namen des Postfachverzeichnisses so ändern, dass es keine Überschneidung mit den bereits im Zielverzeichnis bestehenden Postfächern gibt (z.B. „postfach_mailbox_0000000002“ oder eine entsprechend höhere Ordnungsnummer).

7. Das Verzeichnis mit seinem gesamten Inhalt in den Zielordner kopieren. Wenn man gefragt wird, ob beim Kopieren Daten überschrieben werden sollen, Operation abbrechen – dann ist ein Fehler aufgetreten. Beim Kopieren darf es keine Datenüberschneidung geben, weil das zusätzliche Postfach eine eindeutige Nummer (s. vorausgehenden 6. Schritt) haben sollte.

8. Den EGVP-Client starten. Je nachdem, ob an dem Arbeitsplatz, an dem die Veränderungen vorgenommen wurden, schon vorher der Zugriff auf das „allgemeine Postfachverzeichnis“ eingerichtet war, werden bereits jetzt alle Postfächer angezeigt.

9. Sollte an dieser Stelle nur das Postfach zu sehen sein, welches verschoben werden sollte, muss an dem betreffenden Arbeitsplatz noch der Pfad für die EGVP-Datenablage angepasst werden. Dazu zunächst wieder den EGVP-Client schließen.

10. Dann im Windows-Explorer zu dem Nutzerverzeichnis navigieren. Dies ist regelmäßig unter „C:\Dokumente und Einstellungen/[Windows-Benutzername][225]“ abgelegt. In diesem Verzeichnis findet sich eine Datei

225 Den Benutzernamen kann man bei der Windows-Anmeldung notieren.

mit der Bezeichnung „govello20.properties“. Auf die Datei mit der rechten Maustaste klicken und „Öffnen“ wählen. Es handelt sich um eine Textdatei, die das Windows-System jedoch nicht automatisch als solche erkennt. Erhält man diese Meldung:

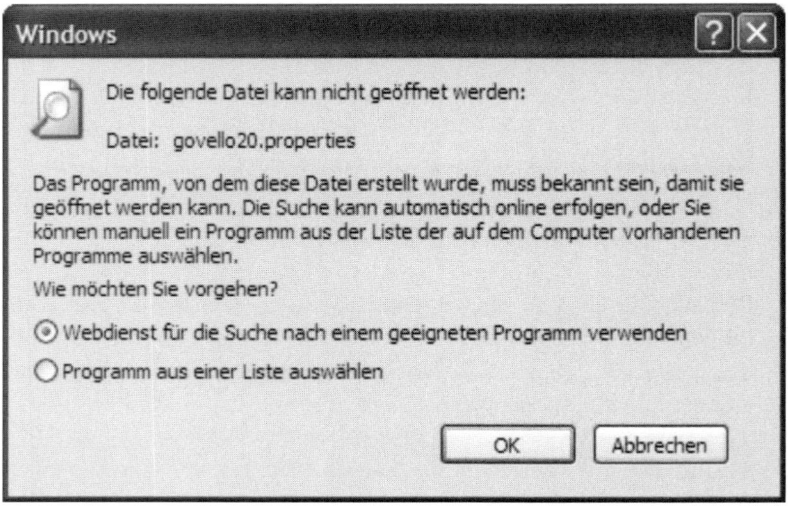

die untere Option „Programm aus einer Liste auswählen“ wählen.

11. Aus der folgenden Liste das Programm „Editor“ wählen.

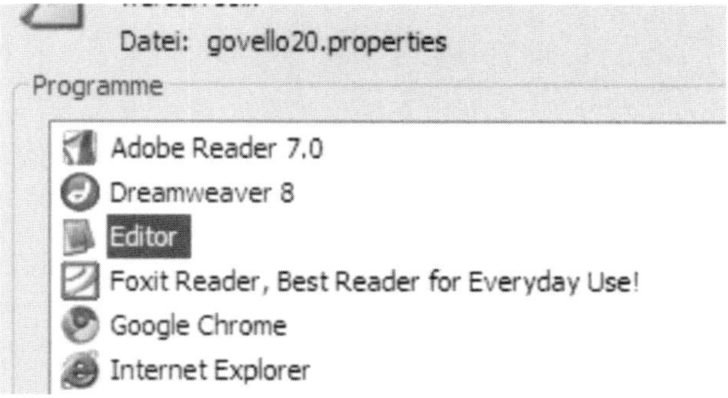

Die Textdatei wird geöffnet.

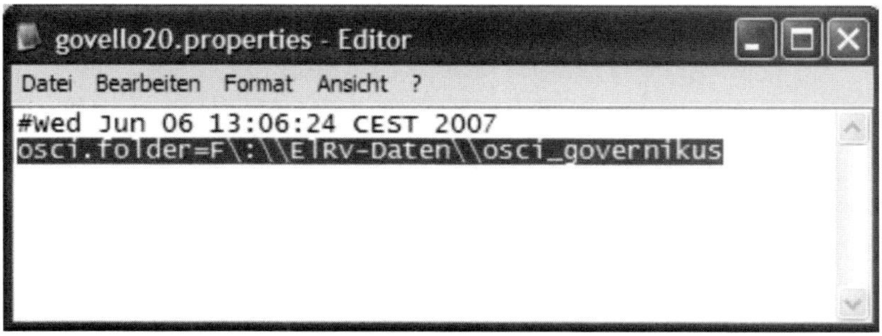

12. Nunmehr den Eintrag „osci.folder“ so abändern, dass der Pfad eingetragen ist, in dem sich nunmehr alle Postfachdateien befinden. Anders als in der Windows-Konvention werden die Unterverzeichnisse mit zwei Rückwärtsstrichen abgetrennt. Die Änderungen speichern und den Editor schließen.
13. Anschließend nochmals den EGVP-Client öffnen. Es sollten jetzt alle Postfächer angezeigt werden.

5. Support

450 Das zentrale Angebot für **Informationen** und **Hilfestellungen** zum elektronischen Rechtsverkehr ist die Webseite **http://www.elrv.info** (früher http://www.notarnet.de). Hier findet sich auch der Zugang zu den verschiedenen Supportoptionen für Nutzer der ELRV-Software oder des EGVP-Clients.[226]

451 Hilfestellung kann natürlich stets **telefonisch** unter der Nummer **01805-660669** abgefragt werden oder per **E-Mail** an **support@notarnet.de**. Oft reicht aber ein Blick in die stetig wachsende Datenbank mit Fragen und Antworten (**FAQ**) aus.[227] Hier wird ein Großteil der regelmäßig auftauchenden Fragen und Probleme behandelt.

I.Ü. sind auf dieser Seite viele bislang verstreute **Informationsquellen** über alle Aspekte des elektronischen Rechtsverkehrs im Notariat versammelt, sei es zur Signaturkarte (einschließlich deren Bestellung), der benötigten Software oder zu Sicherheitsaspekten der Internetnutzung im Notarbüro.

226 Für diesen gibt es allerdings auch noch eine separate Support-Seite unter http://www.egvp.de/support/index.php.

227 S. http://www.elrv.info/de/service/faq/index.php.

Angeboten wird auch ein **Newsletter**, der Anwender über die neuesten Entwicklungen des elektronischen Rechtsverkehrs auf dem Laufenden hält.

D. Hintergründe und Grundlagen zum elektronischen Rechtsverkehr

Die technischen Verfahren, die beim elektronischen Rechtsverkehr Verwen- 452
dung finden, sind meist sehr komplex und für den Anwender **in ihren Detailschritten kaum nachvollziehbar**, jedenfalls im Gegensatz zu den greifbaren Bearbeitungsschritten und -ergebnissen bei der papierbasierten Bearbeitung von Vorgängen. Trotzdem wird vom Anwender verlangt, dass er der sachlichen Richtigkeit von Verarbeitung und Ergebnis vertraut.

Um diese Diskrepanz zu überwinden, müssen zwei Voraussetzungen erfüllt sein: Zum einen sollten die Anwendungen so gestaltet werden, dass sie – soweit es die Technik zulässt – ein **Höchstmaß an Transparenz** gewährleisten und der Anwender nie das Gefühl hat, die Kontrolle über Prozess und Ergebnis zu verlieren. Zum anderen muss er selbst eine **hinreichende Grundvorstellung** von den (z.T. auch verdeckt) ablaufenden Prozessen und der Sinnhaftigkeit der einzelnen Schritte haben, genau wie der Notar bei jeder Klausel seiner Urkunde wissen sollte, welche rechtliche Problematik mit der entsprechenden Regelung aufgegriffen und gelöst wird. Diese Grundvorstellung sollen die folgenden knappen Ausführungen zu den zum Einsatz kommenden Schlüsseltechniken fördern.

I. Elektronische Signatur und elektronische Urkundsformen

Die elektronische (auch „digitale“)[228] Signatur ist eine mittlerweile ein Vier- 453
teljahrhundert alte Technologie, die entwickelt wurde, um zwei eklatante Schwächen elektronischer Dokumente zu beheben.

- Elektronische Daten lassen sich **weitgehend spurlos verändern**. Darum kann man nicht verlässlich bestimmen, ob der ursprüngliche Inhalt erhalten geblieben ist (z.B. bei einer Datenübertragung oder der Speicherung auf einem Datenträger).

228 Die Verwendung beider Begriffe ist weder in der Literatur noch in der Sprache des Gesetzgebers konsistent. Als „digitale“ Signatur werden zumeist Verfahren bezeichnet, die auf der nachfolgend beschriebenen „Public Key Infrastructure (PKI)“ basieren, während „elektronische“ Signaturen mitunter auch einfachere Formen wie eingescannte Unterschriften oder eine als Textinformation beigegebene Urheberkennung umfassen.

- Als logische Folge der spurlosen Veränderbarkeit ist es kaum möglich, elektronische Daten verlässlich einem **Urheber zuzuordnen**, insbes. dann, wenn sie (z.B. durch Internet-Versand) einen fremden Herrschaftsbereich durchlaufen haben.

Als Folge dieser Schwächen ist das elektronische Medium für die Abgabe und Übermittlung rechtsgeschäftlich relevanter Erklärungen nur eingeschränkt geeignet, wenn nicht zusätzliche Techniken – wie eben die elektronische Signatur – eingesetzt werden, um den genannten Unsicherheiten abzuhelfen.

454 Die elektronische Signatur will in für den Rechtsverkehr tauglicher Weise sicherzustellen, dass eine bestimmte Erklärung, zum einen verlässlich **inhaltlich unverändert** ist und zum anderen unabstreitbar einem **bestimmten Urheber zugeordnet** werden kann. Dies erreicht man mit einem Verfahren, das mathematisch-logische Elemente mit einer organisatorischen Infrastruktur verbindet.

Die technischen Grundlagen der elektronischen Signatur sind seit Jahren gründlich erforscht, sodass sich der Anwender damit zufrieden geben mag, dass es für einen Angreifer **keinen sinnvollen technischen Weg** gibt, eine Signatur zu fälschen. Dennoch sollen die technischen Grundlagen im Folgenden zumindest kursorisch dargestellt werden.

1. Grundlagen der Signaturtechnik

a) Technische Komponente

455 Zwei Grundkonzepte bilden den Kern der Signaturtechnik:

aa) Asymmetrische Verschlüsselung (Zwei-Schlüssel-Verfahren)

456 Mit einem Verschlüsselungsalgorithmus können Daten so behandelt werden, dass sie nur nach der Dechiffrierung mit dem passenden Schlüssel wieder lesbar gemacht werden können. Klassischerweise wurde dabei zum Ver- und Entschlüsseln der gleiche Schlüssel verwendet (sog. symmetrische Verschlüsselungsverfahren). 1977 wurde von Mathematikern erstmals ein Verfahren vorgestellt, das **zwei unterschiedliche korrespondierende Schlüssel** verwendet. Daten, die mit dem einen Schlüssel verschlüsselt wurden, konnten

ausschließlich mit dem anderen Schlüssel (seinem mathematischen Gegenstück) wieder entschlüsselt werden.[229]

Diese besondere Eigenschaft wird bei der elektronischen Signatur verwendet: Zur Signatur verwendet der Urheber einen Schlüssel des Paars (der i.Ü. geheim bleibt und nicht auslesbar auf der Signaturkarte abgelegt ist). Der andere, sog. öffentliche Schlüssel wird sämtlichen Kommunikationspartnern zur Verfügung gestellt, z.B. über ein allgemein abrufbares Verzeichnis.

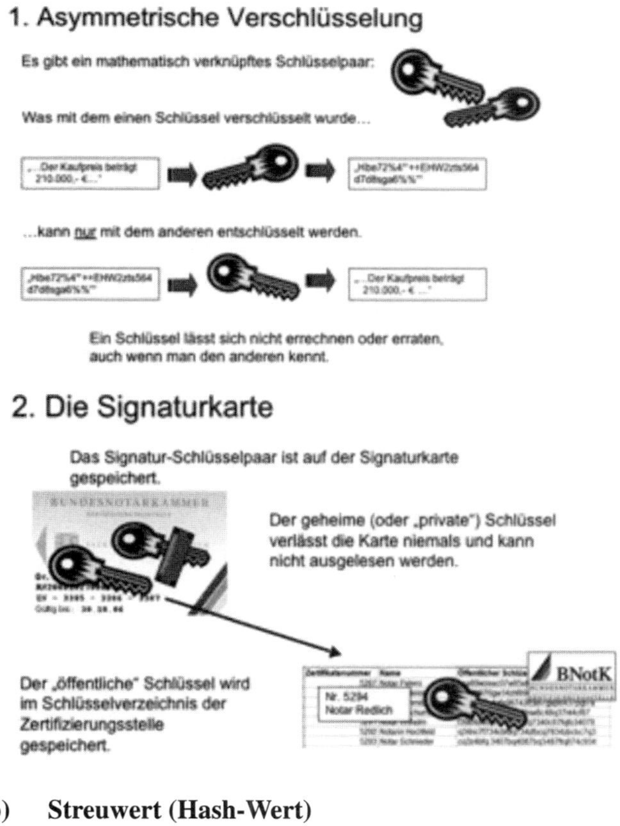

bb) Streuwert (Hash-Wert)

Eine weitere mathematische Funktion hat die besondere Eigenschaft, eine beliebig große Datenmenge auf ein **Komprimat einheitlicher Länge** zu- 457

229 Vertiefend http://de.wikipedia.org/wiki/Asymmetrische_Verschlüsselung; eingehend hierzu auch *Benesch*, in: Bettendorf, EDV und Internet in der notariallen Praxis, S. 55 ff.

sammenzurechnen. Die Streuwertfunktion (auch „digitaler Fingerabdruck“ genannt) hat die besondere Eigenschaft, dass sie auch bei einer nur kleinen Abweichung der Ausgangsdaten unterschiedliche Komprimate liefert.[230] Praktisch bedeutet dies, dass sich für ein Textdokument, in dem auch nur ein Zeichen verändert wird (z.B. „150.000,00 €“ statt „100.000,00 €“), ein anderer Hash-Wert ergibt. Man bezeichnet das Ergebnis dieser Funktion auch als den „Fingerabdruck“ des elektronischen Dokuments.

Aus der **Kombination dieser beiden Verfahren** (der elektronischen Signatur) ergibt sich eine logische Methode, sicherzustellen, dass elektronische Daten nicht verändert wurden:

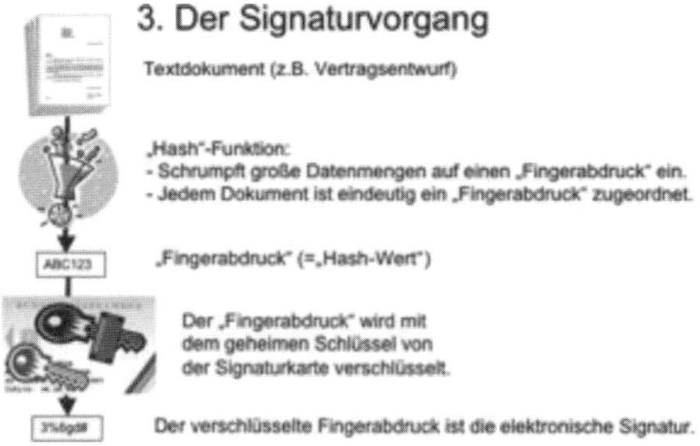

Ablauf einer elektronischen Signatur

b) Organisatorische Komponente: Die Zertifizierungsstelle

458 Während mit dem beschriebenen Verfahren sichergestellt ist, dass die elektronische Signatur einen zwingenden logischen Bezug zum signierten Ausgangsdokument und dem vom Absender verwendeten Schlüssel aufweist, fehlt es noch an einer **belastbaren Verbindung zur natürlichen Person des Verfassers**.

Diese wird im Geltungsbereich des SigG und der EU-Signaturrichtlinie (RL 1999/93/EG) hergestellt durch die sog. **Zertifizierungsstelle (ZS)**[231], die im Kern lediglich garantiert, dass ein bestimmter öffentlicher Schlüssel einer

230 Vertiefend http://de.wikipedia.org/wiki/Hash-Funktion.

231 Auch als „Zertifizierungsdienstanbieter“ (ZDA) oder „Trusted Third Party“ bezeichnet.

bestimmten Person zugeordnet ist. Dazu prüft sie in einem mehr oder weniger aufwendigen Verfahren die Identität desjenigen, der eine solche Zuordnung beantragt und händigt ihm in einem sicheren Verfahren sein Schlüsselpaar auf einer Signatur-Chipkarte aus. Für die im notariellen Bereich verwendeten Signaturkarten macht § 2a DONot die Vorgabe, dass die **Unterschrift des Notars** auf dem **Signaturkartenantrag öffentlich zu beglaubigen** ist. Andere Identifikationsmethoden sind nicht zulässig.

Die von der Zertifizierungsstelle ausgestellte Zuordnungsbescheinigung, das „**Zertifikat**", ist gleichfalls auf der Signaturkarte integriert und im Verzeichnisdienst der Zertifizierungsstelle abrufbar.[232]

c) Eigenschaftsbestätigungen (Attribute)

Neben der Identität des Schlüsselinhabers kann die Zertifizierungsstelle nach dem SigG auch bestimmte weitere Eigenschaften der Person bestätigen, z.B. die Zugehörigkeit zu einem Unternehmen oder die Vertretungsmacht für eine natürliche oder juristische Person. Im notariellen Kontext ist bislang allein die **Bestätigung der Berufsträgereigenschaft „Notar/Notarin"** von Bedeutung,[233] die das Tatbestandsmerkmal „Nachweis der Notareigenschaft" aus § 39a BeurkG erfüllt. § 2a DoNot macht dazu die Vorgabe, dass neben der Notareigenschaft **auch Amtssitz** und das **Land**, in dem das Notaramt ausgeübt wird, sowie die **zuständige Notarkammer** enthalten sein müssen. 459

Im Gegensatz dazu gibt es bislang weder Rechtsnormen noch Verfahrensvorschriften, die an das elektronische Attribut „Rechtsanwalt" anknüpfen, weshalb zumindest aus funktionaler Sicht regelmäßig auf dessen Ausstellung verzichtet werden kann.[234]

Dabei versteht es sich, dass die Zertifizierungsstelle derartige Bestätigungen nur ausstellen kann, wenn am Verfahren die fachlich zuständige Stelle (im Hinblick auf die Notareigenschaft die jeweilige Notarkammer) führend beteiligt ist (§ 5 Abs. 2 Satz 3, 2. Var. SigG). Entfällt die bestätigte Berufsträgerei-

232 Den Verzeichnisdienst der BNotK erreicht man bspw. über das Internet unter http://oa.signtrust.de/webabfrage/bnotk.

233 Sowie in geringerem Umfang das Zertifikat „Notariatsverwalter/in".

234 Dies gilt auch für das elektronische Mahnverfahren. Signaturkarten, die von der BNotK in Kooperation mit der Bundesrechtsanwaltskammer herausgegeben werden, enthalten dennoch das Attribut „Rechtsanwalt" standardmäßig, vgl. http://www.elrv.info/emv/emv.pdf.

genschaft (z.B. bei einer Amtsniederlegung) muss die bestätigende Stelle das nunmehr unrichtig gewordene Zertifikat sperren lassen.

d) Signaturprüfung

460 Anders als bei der handschriftlichen Unterschrift kann bei der elektronischen Signatur nicht ein kursorischer visueller Eindruck eine brauchbare Information über die Echtheit von Unterschrift und Dokument sowie die Identität des Verfassers liefern. Es bedarf in jedem Fall einer **technischen Prüfung der Signatur**, bei der zum einen die mathematisch-logischen **Verknüpfungen der Daten** zu prüfen sind, zum anderen aber auch die fortbestehende **Beziehung zwischen Schlüssel** und **angegebenem Urheber**.[235]

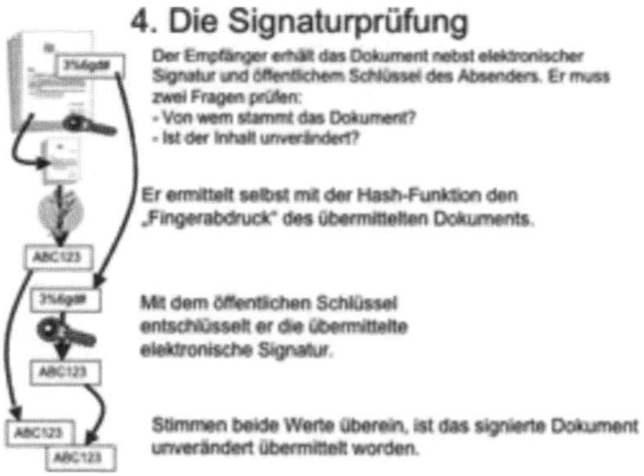

235 S. z.B. *Hammer*, DuD 2000, 96; vgl. zum Vorgehen in SigNotar Rn. 348 ff.

e) „Qualifizierte Zeitstempel" und ihre Bedeutung

Elektronische Signaturen enthalten neben vielen anderen Angaben auch das **Datum und** die **Zeit der Erstellung der Signatur**. Diese Angabe wird der Systemzeit des Computers entnommen, auf dem die Signatur generiert wird. Fortgeschrittene Anwender wissen, dass die Systemzeit kaum für einen belastbaren Nachweis genügt, da sie mit wenigen Handgriffen beliebig verstellt werden kann. So ist es z.B. möglich, dem Rechner ein bereits verstrichenes Datum vorzutäuschen, zu dem eine mittlerweile abgelaufene Signaturkarte noch gültig war. Wenn also § 39a BeurkG verlangt, der Beglaubigungsvermerk der einfachen elektronischen Urkunde solle Ort und Zeit der Ausstellung enthalten, ist der **technische Beweiswert** einer solchen Angabe **noch nicht gesichert**. 461

Hinweis:

Aus berufsrechtlichen Gründen sollte der Notar daher stets bemüht sein, die Angaben trotz – und wegen – ihrer Unvollkommenheit so präzise wie möglich abzufassen. Um dieses Ziel zu erreichen, muss er sicherstellen, dass die Systemzeit auf dem Signatursystem so genau wie möglich eingestellt ist. Zu diesem Zweck gibt es Programme, die einen fortlaufenden Abgleich der Systemuhr mit geeichten Internet-Zeitservern durchführen.[236] Eine solche Funktion ist in Windows 2000 und XP bereits eingebaut, muss aber konfiguriert werden.[237]

Die einzige Methode die Signaturzeit beweistauglich festzustellen ist ein sog. **qualifizierter Zeitstempel**. Dabei handelt es sich im Kern um nichts anderes als eine weitere elektronische Signatur eines geeichten Zeitstempelservers, mit der die vorausgehende Signatur des Notars „übersigniert" wird. Ihre rechtliche Grundlage findet sich in §§ 2 Nr. 14, 9 und 5 Abs. 5 SigG. **Zeitstempelserver** werden von den Zertifizierungsstellen für ihre Kunden betrieben und über das Internet abgefragt. Nach einer erfolgreichen Zeitstempelprüfung steht fest, dass das vom Notar signierte Dokument zu der im Zeitstempel angegebenen (verlässlichen) Zeit dem Zeitstempelserver vorgelegen hat. 462

236 Ein Angebot aus dem kostenfreien Open-Source-Bereich („Nettime") findet sich für Windows-Systeme unter http://nettime.sourceforge.net/.

237 Anleitung (eher für fortgeschrittene Anwender) unter http://tinyurl.com/3zgvr.

> **Hinweis:**
>
> SigNotar erlaubt die Einholung eines Zeitstempels nach Abschluss des Signaturvorgangs.

463 Aufgrund der mit der Amtsträgereigenschaft verbundenen besonderen Vertrauensstellung des Notars dürfte das von diesem signierte Datum im Beglaubigungsvermerk **regelmäßig auch ohne qualifizierten Zeitstempel ausreichen** und zwar auch nach dem Wortlaut des § 39a BeurkG. Ansonsten würde man für den elektronischen Bereich ein höheres Maß an Beweissicherheit verlangen als für die herkömmliche Papierurkunde.

2. Signaturkarte

a) Beschaffung der Signaturkarte

464 Wie zu den rechtlichen Voraussetzungen von § 39a BeurkG ausgeführt, muss bei der Anfertigung von elektronisch beglaubigten Abschriften eine **Signaturkarte eines akkreditierten Zertifizierungsdienstanbieters** zum Einsatz kommen. Eine Übersicht über die aktuellen Anbieter gibt es auf der Internetseite der Bundesnetzagentur.[238]

465 Am Beispiel der Zertifizierungsstelle (**ZS**) der BNotK[239] soll das **Antragsverfahren** kurz beschrieben werden:

- Die Beantragung einer Signaturkarte bei der ZS der BNotK erfolgt über einen **Online-Antrag**, der auf der Webseite http//:www.elrv.info im Bereich „Signaturkarte/Signaturkarte bestellen/Online-Antrag" bereitsteht.
- Die **Daten des Antragstellers** und des von ihm gewünschten **Signaturprodukts** (z.B. „Notarkarte" oder einfache Signaturkarte) werden zunächst in **verschiedene elektronische Formulare** eingetragen. Vollständig werden sie am Ende an die Zertifizierungsstelle übertragen, wo sie aber zunächst noch inaktiv zwischengespeichert werden.
- Nach dem elektronischen Datenversand wird für den Antragsteller ein **PDF-Dokument** generiert, das den eigentlichen Antrag enthält. Dieses

---

238 S. http://tinyurl.com/a96y4.

239 Die von der BNotK ausgegebenen Signaturkarten eignen sich für die notarielle Praxis besonders, weil sämtliche Verfahren auf diesen Bedarf zugeschnitten sind und die Vorgaben der DONot für Notar-Signaturkarten strikt eingehalten werden.

erscheint auf dem Bildschirm und muss ausgedruckt werden. Mit dem entsprechend bezeichneten Teil des Dokuments (dem eigentlichen Antrag) begibt sich der Antragsteller zu einem Notar seiner Wahl, um **seine Unterschrift beglaubigen** zu lassen.[240] Einen weiteren gesondert gekennzeichneten Teil sendet er zur Bestätigung seiner Notareigenschaft an die zuständige Notarkammer.

- Im Gegenzug erhält er die **Signaturkarte** zugesendet, sowie mit getrennter Post die sog. **Transport-PIN**, welche für die Inbetriebnahme der Karte zwingend notwendig ist. Die Transport-PIN kann in SigNotar eingegeben und die Karte freigeschaltet werden (Schaltfläche „Signaturkarten/ Nutzer").

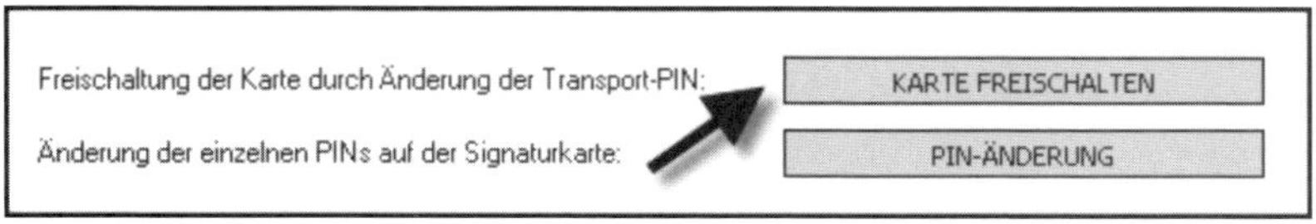

- Bei der **Freischaltung** ist eine **persönliche PIN** zu wählen, mit der die Karte dann unmittelbar eingesetzt werden kann. Der Eingang der Karte ist bei der Zertifizierungsstelle per Post zu quittieren.
- Für den Einsatz der Karte sind außerdem ein **Kartenlesegerät**[241] und eine **kompatible Signaturanwendung** (z.B. SigNotar) notwendig.

Hinweis:

Der Umgang mit der Signaturkarte ist für den ungeübten Anfänger nicht immer leicht, da bei Verwendung der Karte **zwei PIN** zum Einsatz kommen. Eine PIN schützt den Signaturschlüssel, die andere die gleichfalls auf der Karte enthaltenen Verschlüsselungs- und Authentisierungsfunktionen.[242] Hier kann es in der praktischen Anwendung mitunter zu Verwechslungen mit höchst unerwünschten Auswirkungen kommen. Da die entsprechende Funktion bei **dreimaliger Falscheingabe** der jeweiligen PIN **unwiderruflich gesperrt** ist, kann ein solches Versehen im Hinblick

240 Für die Unterschriftsbeglaubigung gelten in diesem Fall einige besondere Erfordernisse, vgl. insoweit das Rundschreiben der BNotK 15/2002 v. 18.04.2002, http://www.bnotk.de/Service/Rundschreiben/RS.2002.15.Zertifizierungsstelle.html.

241 Vgl. hierzu Rn. 479 f. Eine Übersicht der zu SigNotar kompatiblen Geräte findet sich unter http://www.seccommerce.de/de/produkte/unterstuetze/unterstuetze.html oder http://tinyurl.com/7v54f.

242 Vgl. Rn. 468.

auf den zeitnahen Vollzug von Urkundsgeschäften ärgerliche Folgen haben. Um Anwendungsfehler dieser Art zu minimieren ist es – anders als bei der EC-Karte – möglich, die **PIN abzuändern**. So kann der Anwender eine PIN wählen, die leichter zu merken ist. Außerdem kann man die beiden PIN gleichlautend wählen, um Missgeschicke zu vermeiden. Die Änderung kann mit dem in SigNotar integrierten Hilfsprogramm „SecCardAdmin" durchgeführt werden. Es ist auch als Einzelprogramm im Internet verfügbar.[243]

Des Weiteren gilt es zu beachten, dass die Einsatzfähigkeit der Signaturkarte nicht nur durch dreimalige PIN-Fehleingabe beeinträchtigt werden kann. Auch **physische Beanspruchung oder einfaches technisches Versagen** können zu Ausfällen führen. Sobald die Signaturkarte zu einem täglichen Arbeitsmittel im Büro geworden ist, können derartige Ausfälle im Hinblick auf eingespielte Arbeitsabläufe unangenehme Folgen nach sich ziehen. So nimmt die Beschaffung einer neuen Karte bestenfalls einige Tage in Anspruch. Um den damit einhergehenden Risiken vorzubeugen, ist es ratsam, für diesen Fall eine Ersatzkarte vorzuhalten, zumindest für die kritische Signaturkarte des Notars.

Im Antragsverfahren der ZS der BNotK ist darum die Möglichkeit vorgesehen, **mit einem Antrag zwei Karten zu bestellen**.

466 Empirische Untersuchungen belegen,[244] dass gerade bei technisch weniger bewanderten Anwendern eine Neigung besteht, die **Karte samt PIN** als „lästige Formalität" an einen **Mitarbeiter weiterzugeben** und die verbundenen Aufgaben zu delegieren. Unabhängig von der Frage des Missbrauchspotenzials ist ein solches Verfahren im Bereich der notariellen Amtsausübung vollkommen undenkbar. Die Signaturkarte ist im elektronischen Medium der **Ersatz für die Unterschrift des Notars** und das **beizufügende Siegel**. Dass die Unterschrift im Kontext der Amtsträgereigenschaft höchstpersönlich vorgenommen werden muss, unterliegt im Bereich der Papierurkunden keinerlei Zweifel.[245] Für das elektronische Äquivalent kann daher nichts anderes gelten. Die Si-

243 S. http://www.seccommerce.de/de/produkte/seccardadmin/seccardadmin.html oder http://tinyurl.com/cml7x.

244 S. http://tinyurl.com/a96y4.

245 *Winkler*, BeurkG, § 42 Rn. 8.

gnaturkarte des Notars gehört darum nur in seine eigenen Hände und sonst nirgendwohin – auch nicht im Notfall.[246]

b) Ablauf und Wiederbeschaffung der Karte

Signaturkarten bzw. die auf ihnen gespeicherten Zertifikate haben nur eine **beschränkte Gültigkeitsdauer**, zumeist **höchstens drei Jahre**. Der Grund dafür ist, dass die Sicherheit der auf der Karte enthaltenen kryptografischen Schlüssel einem technischen Alterungsprozess unterliegt – eine Signatur, die heute nur mit unüberschaubarem Aufwand zu „knacken“ ist, kann beim Tempo des Fortschritts der Rechnertechnik in zehn Jahren viel leichter gefälscht werden.[247] Darum werden diese technischen Verfahren regelmäßig verändert, was i.d.R. mit dem Austausch der Signaturkarte verbunden ist. Die Zertifizierungsstelle der BNotK schreibt die Inhaber von demnächst ablaufenden Signaturkarten an, um auf einen bevorstehenden Kartenaustausch hinzuweisen. Widerspricht der Adressat nicht, wird die neue Karte produziert und zugesendet, ohne dass der Notar nochmals von sich aus tätig werden muss. Im Zusammenhang mit der **Ausstellung von Folgekarten** bedarf es i.d.R. **nicht** der **nochmaligen notariellen Beglaubigung** der Unterschrift des Notars unter einen Antrag. 467

c) Mehrzweckkarten, insbesondere kartenbasierte Verschlüsselung

Die von der Zertifizierungsstelle der BNotK ausgegebenen Signaturkarten enthalten nicht nur das Schlüsselpaar und das Zertifikat für die elektronische Signatur sondern zwei weitere Schlüsselpaare, die für die **Verschlüsselung von Daten** sowie für die **Authentisierung des Karteninhabers** gegenüber zugriffsbeschränkten Systemen genutzt werden kann. Ein Beispiel dafür sind Webseiten, die mit dem „NotarAccess“-System geschützt sind.[248] Diese Schlüssel sind mit einer eigenen PIN geschützt. 468

Während die Verwendung der Authentisierungsfunktion zumeist keine Probleme aufwirft ist bei der **Datenverschlüsselung mittels Signaturkarte** (sog. kartenbasierte Verschlüsselung) **Vorsicht geboten**. Sie sollte ausschließlich dort eingesetzt werden, wo Daten **lediglich kurzfristig vor Kenntnisnahme**

246 Vgl. zur höchstpersönlichen Verwendung der Signaturkarte Rn. 78 ff.

247 Vgl. *Lo Iacono/Dietze*, DuD 2005, 14.

248 Z.B. http://www.dnoti-online-plus.de (für den Zugriff außerhalb des Notarnetzes).

geschützt werden sollen (z.B. für den Versandweg) und wo ein Verlust der Daten keinen größeren Schaden auslösen würde. Ist nämlich eine Entschlüsselung mit der Karte nicht mehr möglich (z.B. wegen versehentlicher Falscheingabe der PIN oder physischer Beschädigung), gibt es keinen Weg mehr, die verschlüsselten Daten zu dechiffrieren: Der einzige existierende Schlüssel ist mit der Karte verloren gegangen, eine Sicherheitskopie kann es aufgrund des Herstellungsprozesses der Karte nicht geben und nochmal berechnen kann man den Schlüssel wegen des hohen Sicherheitsniveaus nicht.[249]

> **Hinweis:**
>
> Die Verschlüsselungsfunktion sollte darum nicht für die Verschlüsselung von Archivdaten eingesetzt werden. Auch die Verwendung für den Schutz des EGVP-Postfachs ist nicht anzuraten, da bei Verlust der Karte das Postfach als Ganzes nicht mehr zugänglich wäre.

3. Elektronische Signatur und Unterschriftsbeglaubigung

469 Im Zuge der politischen Diskussion um die Beibehaltung der notariellen Form für Anmeldungen zum Handelsregister gem. § 12 HGB wurde mitunter argumentiert, die **Beglaubigung der Unterschrift** sei in einem Verfahren unter Einbeziehung von elektronischen Signaturen **entbehrlich**. Die elektronische Signatur des Anmeldepflichtigen erfülle funktional die gleichen Anforderungen, da durch die Einbeziehung der Zertifizierungsstelle eine vergleichbare Sicherheit über die Identität des Urhebers der Anmeldung gewährleistet sei.

470 Bei näherer Betrachtung wird jedoch deutlich, dass die Parallelen allenfalls oberflächlich sind. So gibt es zunächst einen deutlichen Qualitätsunterschied hinsichtlich der Feststellung der Identität des Unterzeichnenden: Während bei der **Unterschriftsbeglaubigung** die Identitätsfeststellung **stets für die konkret zu leistende Unterschrift** erfolgt, wird bei der **elektronischen Signatur** die **Identität nur einmal geprüft**, und zwar bei der Beantragung der Signaturkarte. Die diesbzüglichen Vorgaben des SigG in § 5 Abs. 1 sind bei der letzten Novelle des SigG aufgeweicht worden, sodass sogar für die einmalige Identifikation kein vergleichbares Qualitätsniveau vorausgesetzt werden kann.

249 Die gleiche Problematik ergibt sich, wenn das Zertifikat zu einem EGVP-Postfach verloren geht. In diesem Fall können die Nachrichten nicht mehr abgerufen und entschlüsselt werden.

Bei der Unterschriftsbeglaubigung nach §§ 39, 40 BeurkG wird außerdem nicht nur die Identität des Unterzeichnenden festgestellt, sondern auch, dass dieser **die Erklärung persönlich abgibt** und hierbei nicht unter Zwang oder Täuschung handelt oder geschäftsunfähig ist. Bei der elektronischen Signatur ist all dies nicht gewährleistet. Signaturkarte und PIN können **sanktionslos an andere Personen weitergegeben werden**; aufgrund der Strukturen in Unternehmen ist deshalb mir einiger Gewissheit zu erwarten, dass in der Mehrzahl der Fälle die Anmeldungen nicht mehr von den hierzu verpflichteten Organpersonen, sondern von deren Hilfskräften abgegeben werden. Ein ähnliches Ergebnis hat eine Studie zum Umgang mit Signaturkarten für Rechtsanwälte bereits im Jahre 1993 ergeben.[250] Der Erklärende kann sich zudem im Zustand dauernder oder vorübergehender Geschäftsunfähigkeit befunden haben, ohne dass der Erklärungsadressat hierfür irgendwelche Anhaltspunkte erhält. Ein Versterben des Signaturschlüssel-Inhabers führt nicht zur Sperrung des Zertifikats, sodass die Signaturkarte problemlos von demjenigen verwendet werden kann, der sie samt der fast zwangsläufig an irgendeiner Stelle niedergeschriebenen PIN im Nachlass findet. 471

Schließlich sind die Informationen, die in einem qualifizierten elektronischen Zertifikat enthalten sind, **deutlich weniger als bei der notariellen Unterschriftsbeglaubigung**: Solche Zertifikate enthalten lediglich den Namen des Signaturschlüssel-Inhabers, andere Angaben zur Person hingegen nur, falls diese zur Vermeidung von Verwechselungen nötig sind (§ 7 Abs. 1 Nr. 1 SigG). Dem notariellen Beglaubigungsvermerk hingegen kommt die **volle Beweiskraft des § 418 ZPO** für die Feststellungen zur Person zu,[251] also auch die Anschrift und das Geburtsdatum (§ 26 Abs. 2 DONot), nach notarieller Praxis regelmäßig auch der Güterstand. Allein mit einer qualifizierten elektronischen Signatur könnte nicht einmal geprüft werden, ob ein Anmeldender entgegen seinen Angaben minderjährig ist. Anders als bei der notariellen Unterschriftsbeglaubigung, bei der regelmäßig auch das Ausweisdokument als Grundlage der Identifizierung beschrieben wird (z.B. „ausgewiesen durch russischen Reisepass“), liefert die Signaturprüfung auch keinerlei Anhaltspunkte für die Staatsangehörigkeit des Anmeldenden und damit bspw. für die register- 472

250 Provet/GMD, Simulationsstudien – eine neue Methode der Technikgestaltung am Beispiel der telekooperativen Rechtspflege, Projektbericht Nr. 9, 1993, S. 130 f.

251 Z.B. *Winkler*, BeurkG, § 40 Rn. 77.

gerichtliche Beurteilung, ob dieser seine Geschäftsführerpflichten im Inland wahrnehmen kann.[252]

Während also der elektronischen Signatur bei der Verbesserung des notorisch unsicheren elektronischen Mediums erhebliche Bedeutung zukommt, ist sie der Unterschriftsbeglaubigung **im Hinblick auf die traditionelle Formensystematik des BGB, des BeurkG und der BNotO** funktional unterlegen.

4. Elektronische Signatur und Vertraulichkeit

473 Einer der weitverbreiteten Irrtümer über die elektronische Signatur ist, dass Daten durch die Signatur vor unbefugter Kenntnisnahme geschützt werden. Dies ist nicht der Fall.

Plastisch lässt sich dies an der Methode belegen, die SigNotar benutzt, um Daten zu signieren. Mit dem Zufügen der elektronischen Signatur werden die Ausgangsdaten (regelmäßig eine Grafikdatei im TIFF-Format) nicht verändert. Grds. kann **jeder die signierte Datei öffnen**, ohne dass es irgendwelcher besonderen Vorkehrungen bedürfte. Wurzel des Missverständnisses ist regelmäßig der Umstand, dass bei der elektronischen Signatur Verschlüsselungstechnik zum Einsatz kommt. Allerdings werden bei der Signatur nicht die Daten selbst verschlüsselt (und so vor unbefugter Kenntnisnahme geschützt), sondern **lediglich das Komprimat** (s. die Ausführungen zum „Hash-Wert", Rn. 457).

474 Um die **Vertraulichkeit sicherzustellen**, muss man die **Daten selbst verschlüsseln** – ein Verfahren, das grds. völlig unabhängig von der elektronischen Signatur ist. Mögliche Methoden sind dabei z.B. die gesonderte Behandlung der Daten mit einem Verschlüsselungsprogramm[253] oder die Verwendung eines Kommunikationsprogramms, das standardmäßig Verschlüsselungstechnik unterstützt. Dies ist z.B. bei dem E-Government-Verfahren „OSCI-Transport" der Fall, das die technische Grundlage für die Produkte EGVP und Govello bildet.[254] Das allgemein zur Datenübermittlung eingesetzte E-Mail-Verfahren (SMTP/POP) unterstützt standardmäßig keine Verschlüsselung und erfüllt da-

252 Nach der Rspr. der Obergerichte und h.L. muss die Einreisemöglichkeit nachgewiesen werden, s. *Roth/Altmeppen*, GmbHG, § 6 Rn. 14 ff. m.N. auch zur Gegenansicht.

253 Gängige Programme sind hierbei z.B. PGP („Pretty good Privacy", http://www.pgp.com/de/) oder die Open-Source-Variante „GnuPG", http://www.gnupg.org/index.de.html.

254 Vgl. dazu http://www.egvp.de und http://www1.osci.de/sixcms/detail.php?id=1160.

rum keine Vertraulichkeitsanforderungen. Hier müssen sich die Kommunikationspartner über eine ergänzende Technik einigen.

Zertifikate werden daneben **auch zur Authentisierung eingesetzt**, z.B. um den Zugriff auf bestimmte Daten nur auf Berechtigte zu beschränken. Auch diese Technik hat im Kern wenig mit der elektronischen Signatur zu tun, auch wenn Signaturkarten oft entsprechende Zusatzfunktionen anbieten (so auch die Karte der Zertifizierungsstelle der BNotK). Anwendungsbeispiel ist die Legitimation gegenüber dem Internetdienst „DNotI-Online-Plus“. 475

5. Technische Anforderungen und benötigte Systemkomponenten

Um die im Folgenden beschriebenen Verfahren des elektronischen Rechtsverkehrs mit dem eigenen System **einsetzen zu können**, bedarf es zunächst generell verschiedener technischer Komponenten. Verwendet man SigNotar und XNotar sind weitere technische Anforderungen zu beachten. 476

a) Signaturkarte

Auf einer Signaturkarte (sog. Smart Card) sind das qualifizierte Signaturzertifikat sowie das für die Signatur benötigte Schlüsselpaar gespeichert. Daneben enthält sie eine eigene Verarbeitungslogik, die es erlaubt Signaturen zu erzeugen, ohne dass der Schlüssel die Karte verlässt. Die Signaturkarte ist die „**sichere Signaturerstellungseinheit**“ i.S.d. § 2 Nr. 10, Nr. 3 Buchst. b) SigG und § 15 Abs. 1 SigV. Ihre **Verwendung** ist **tatbestandliche Voraussetzung** für die Erzeugung einer elektronischen Urkunde i.S.d. § 39a Satz 2 BeurkG. Die Signaturkarte muss nach ihrem technischen Typ **zertifiziert** (bestätigt für die Verwendung nach SigG) sein. Nach der Bestätigungspraxis der Bundesnetzagentur wurden bislang ausschließlich Chipkarten als sichere Signaturerstellungseinheiten bestätigt, nicht aber andere Datenträger wie z.B. USB-Sticks.[255] Völlig ausgeschlossen ist in diesem Zusammenhang die Verwendung eines Signaturzertifikats/Schlüsselpaars, das lediglich in einer auf dem Computer gespeicherten Datei vorliegt (sog. Softwarezertifikat). Solche Zertifikate kommen bei einfacheren Signaturverfahren (fortgeschrittene Signaturen, z.B. PGP) zum Einsatz. 477

255 Vgl. http://tinyurl.com/ogduj.

478 Zu der einzusetzenden Signaturkarte macht § 2a DONot nähere Vorgaben. Es ist eine Signaturkarte eines **akkreditierten Anbieters** zu verwenden. Im Zertifizierungsverfahren muss eine **Identifikation** durch **öffentliche Beglaubigung der Unterschrift** des Notars stattfinden. Das Notarattribut muss neben der Notareigenschaft auch den Amtssitz und das Land, in dem das Notaramt ausgeübt wird, sowie die zuständige Notarkammer enthalten. Die Signaturkarte der BNotK erfüllt alle diese Voraussetzungen.

b) Kartenlesegerät

479 Um die zwingend benötigte Signaturkarte produktiv einsetzen zu können, muss ein **Kartenlesegerät an den Rechner angeschlossen** sein, welches den Inhalt der Karte lesbar macht und die dort integrierten Signaturfunktionen erschließt. Das Gerät wird grds. nur an den Arbeitsplätzen benötigt, an denen Signaturen mit SigNotar vorgenommen werden. Das trifft i.d.R. auf den **Arbeitsplatz des Notars** zu. Typische „Mitarbeiterarbeitsplätze" kommen für die Vorbereitungsarbeiten mit SigNotar und XNotar sowie die Poststellenfunktion des EGVP-Clients ohne Kartenleser aus.

Das Kartenlesegerät gehört nach der Logik des SigG zu den **Signaturanwendungskomponenten** gem. § 2 Nr. 11 Buchst. a) SigG. Auch diese Geräte sollten für die Verwendung nach SigG zertifiziert sein.[256] Diese Bestätigung ist jedoch nach dem Text des SigG keine notwendige Voraussetzung für die Erzeugung einer qualifizierten elektronischen Signatur (vgl. § 2 Nr. 3 SigG).[257]

480 Bei **Kartenlesegeräten** ist zwischen Geräten mit eigenem Display und Tastatur (Typ 3), Geräten, die nur eine eigene Tastatur haben (Typ 2) und Geräten ohne Tastatur und Display (Typ 1) zu unterscheiden. Grds. gibt es von jedem Typ Geräte, die nach dem SigG zugelassen sind.

256 Die entsprechende Liste findet sich bei der BNetzA unter http://tinyurl.com/nehwg.

257 Eine Liste von Geräten, die mit SigNotar kompatibel sind, ist unter http://tinyurl.com/7v54f verfügbar. Eine weitere Liste für die Kompatibilität mit dem für die Handelsregisteranmeldung verwendeten Programm „EGVP-Client" finden Sie unter http://www.egvp.de/pdf/technik/Kartenleser.pdf. Geeignete Geräte sind u.a. „CyberJack e-com"-Serie, Hersteller: Reiner SCT; „Kaan"-Geräteserie, Hersteller: Kobil; „Cardman"-Geräteserie, Hersteller: Omnikey/Utimaco.

Hinweis:

Aus Sicherheitserwägungen ist jedoch die Verwendung eines **Geräts** der **Typklassen 2 oder 3** zu empfehlen. Die größtmögliche Flexibilität erlaubt dabei generell ein Gerät mit USB-Anschluss.

Geräte von Reiner SCT, Kobil und Cherry

c) Signaturprogramm

Ein Computer kann elektronische Signaturen **nur mit einem entsprechenden** 481
Programm erzeugen. Auch bei einem Signaturprogramm handelt es sich um eine Signaturanwendungskomponente nach § 2 Nr. 11 Buchst. a) SigG, deren Eignung nach SigG grds. zertifiziert sein sollte, auch wenn es für die Erzeugung qualifizierter elektronischer Signaturen keine zwingende Voraussetzung ist.[258]

Hinweis:

Für den notariellen Bereich ist „SigNotar" eine spezialisierte Signaturanwendung, die besondere Rücksicht auf die Anforderungen der Büropraxis nimmt. Für technisch Interessiertere kommt jedoch auch der Einsatz einer anderen Anwendung in Betracht.[259]

258 Vgl. http://tinyurl.com/mnrl9. Das SigG sieht in § 17 Abs. 4 Satz 2 die sog. Herstellererklärung als Alternative zur Bestätigung des Signaturprogramms vor. Über die Gleichwertigkeit und Zulässigkeit dieser Varianten besteht in Fachkreisen Uneinigkeit.

259 Z.B. „Secsigner", http://www.seccommerce.de/de/produkte/webcontrust/secsigner/secsigner.html oder „Openlimit Signcubes", http://www.openlimit.com/.

d) Scanner

482 Als „Scanner“ bezeichnet man Geräte, die in der Lage sind, Papiervorlagen über ein der Fotokopie vergleichbares technisches Verfahren zu erfassen und in elektronische Daten umzuwandeln. Der Wortlaut des § 39a BeurkG verlangt **zwar nicht zwingend** den Einsatz eines solchen Geräts, setzt dessen Vorhandensein im Notarbüro jedoch insbes. in der Zusammenschau mit § 15 Abs. 3 BNotO voraus. Der Urkundsgewährungsanspruch umfasst die Herstellung von Abschriftsurkunden i.S.d. § 39 BeurkG in elektronischer Form. Der einzige zweckmäßige Weg, auf dem der Notar eine elektronische beglaubigte Abschrift eines von einem Rechtssuchenden mitgebrachten Papierdokuments anfertigen kann ist die **Erfassung der Papiervorlage über den Scanner.**

> **Hinweis:**
>
> Beurkundungsrechtlich wäre wohl auch eine Abschrift der Vorlage zulässig, soweit diese ausschließlich Text enthält. Der Umfang der meisten Beglaubigungsvorlagen dürfte jedoch dieses Verfahren wegen des zu hohen Aufwands ausschließen.

483 Scanner gibt es im Wesentlichen in zwei Varianten:

- Die sog. **Arbeitsplatzscanner** werden unmittelbar an einen Computer angeschlossen, von dem aus der Erfassungsvorgang gesteuert wird. SigNotar kann derartige Geräte ansprechen und in den Vorbereitungsprozess der Urkunde einbinden.[260] Arbeitsplatzscanner bringen i.d.R. auch eigene Programme zum Einscannen und Bearbeiten von Papiervorlagen mit. Handelsübliche Geräte verfügen i.d.R. über eine **gläserne Vorlagenauflage**, auf die das einzuscannende Dokument gelegt werden kann (sog. Flachbett). Will man Vorlagen mit vielen Seiten verarbeiten, die nicht (wie bei gebundenen Notarurkunden) fest verbunden sind, empfiehlt es sich, einen Scanner zu wählen, der über einen **automatischen Dokumenteinzug** verfügt und bei Bedarf auch **doppelseitige Vorlagen** einscannen kann.

  Da im Notarbüro mit dem Vorkommen beider Varianten von Papiervorlagen zu rechnen ist, sind **Kombinationsgeräte**, die über beide Methoden verfügen, **am zweckmäßigsten**.

260 Dies geschieht über die sog. „TWAIN“-Schnittstelle, über die Scanner standardmäßig angebunden werden, vgl. http://de.wikipedia.org/wiki/TWAIN.

Gerätebeispiele von Kodak (links) und Xerox (rechts)

- Sog. **Netzwerkscanner** sind zumeist **Mehrzweckgeräte**, die primär als Kopierer dienen, aber auf Anforderung auch Dokumente einscannen und an einem frei zu wählenden Ablageort speichern können. Das Gerät muss in die Netzwerkstruktur des Büros eingebaut sein, damit auf die erfassten Daten für die Weiterverarbeitung zugegriffen werden kann. Die Bedienung ähnelt dabei der bei der Anfertigung von Fotokopien. SigNotar kann elektronische Dokumente, die mit solchen Geräten erfasst wurden weiterverarbeiten, wenn sie ein kompatibles Format aufweisen. Dies ist derzeit ausschließlich das sog. **Multipage-TIFF-Format**,[261] in dem alle erfassten Papierseiten in einer Datei zusammengefasst werden.

Gerätebeispiele von Kyocera (links) und Olivetti (rechts)

261 Vgl. http://de.wikipedia.org/wiki/Tagged_Image_File_Format.

e) Formate für eingescannte Daten

484 Scanner erfassen Papiervorlagen stets **zunächst als Bilddaten**, in denen je nach gewählter Auflösung Farb- und Helligkeitsinformationen für die einzelnen Bildpunkte enthalten sind. Solche Daten können allerdings nicht automatisiert weiterverarbeitet werden, da die enthaltenen Textinformationen für den Computer (anders als z.B. bei Textverarbeitungsdateien) nicht erkennbar sind. Mithilfe eines sog. **OCR-Programms**[262] können eingescannte Dokumentseiten automatisch „gelesen" werden. Das Ergebnis ist eine bearbeitbare Textdatei. Für die notarielle Praxis sind solche Verfahren nur von begrenztem Nutzen, da die Ergebnisse trotz erheblicher technischer Fortschritte meist fehlerbehaftet sind.

Hinweis:

Während sich im Bereich des Urkundsentwurfs die OCR-Erfassung eignet, um das Abtippen einer Papiervorlage abzukürzen, ist bei einer beglaubigten Abschrift das Risiko zu hoch, dass Erfassungsfehler zu einer sinnentstellenden Abbildung des Originals führen. Um eine Falschbeglaubigung zu vermeiden, könnte man das Ergebnis des Einlesevorgangs nochmals inhaltlich überprüfen. Dies wird jedoch i.d.R. im Zusammenhang mit einer bloßen Abschriftsbeglaubigung einen zu hohen Aufwand bedeuten.

485 Im **Verfahren der elektronischen Handelsregisteranmeldung** wird vom Notar insoweit auch nicht verlangt, eingescannte Vorlagen auf diesem Weg zu behandeln und in weiterverarbeitbarer Form einzureichen – diese Funktion übernehmen die mit XNotar generierten Begleitdaten.

Für den Handelsregisterverkehr, der bei der Einführung des elektronischen Rechtsverkehrs im Vordergrund steht, reicht es aus, wenn Dokumente in einer **mittleren Auflösung (z.B. 300 dpi)** und **schwarz-weiß** erfasst werden. Eines der großen Probleme bei der Verarbeitung von Bilddaten ist deren hoher Speicherbedarf, der sowohl für die Übertragung als auch für die Archivierung/Beauskunftung der Daten im Auge behalten werden muss. Aus diesem Grund wandelt SigNotar die erfassten Daten in ein Schwarz-Weiß-Format um

262 Abk. für „Optical Character Recognition" – Optische Zeichenerkennung.

und behandelt die Daten mit einem Kompressionsverfahren,[263] das für eine erhebliche Ersparnis beim Speicherplatz sorgt. So beanspruchen komprimierte Dokumente lediglich 2 – 5 % der Original-Datenmenge.

SigNotar verarbeitet derzeit **ausschließlich TIFF-Dokumente**. Dafür gibt es 486
vier Hauptgründe:

- Mit der Konzentration auf ein Dokumentformat soll in der Einführungsphase des Programms dessen Komplexität (und das damit verbundene Fehlerpotenzial) möglichst niedrig gehalten werden.
- TIFF als nicht codiertes Format bringt die geringsten Probleme für die authentische Visualisierung mit sich. Die interne TIFF-Anzeigekomponente von SecSigner ist zertifiziert.
- Von den nicht-codierten Formaten ist TIFF das einzige, das mit mehrseitigen Dokumenten umgehen kann.
- Bei einer unmittelbaren Abwägung gegenüber dem PDF-Format (nur in seiner PDF/A-Variante) ist TIFF als offenem Standard der Vorzug zu geben, da PDF/A zwar im Wesentlichen offengelegt ist, aber immer noch dem Unternehmen Adobe „gehört" und die Entwicklung und Verwendung Gegenstand von dessen unternehmerischer Entscheidung ist. Hier ist die Differenzierung aber eher feinsinnig – auch PDF/A wäre als Dokumentformat ähnlich geeignet.

Mit dieser Vorgabe **erfüllt SigNotar** unproblematisch die Anforderungen der **OT-Leit-ERV** und der darauf basierenden Rechtsverordnungen. Aus signaturrechtlicher Perspektive ist SecSigner als Kernkomponente von SigNotar, das als „Signaturkern" sämtliche signaturgesetzrelevanten Programmfunktionen beinhaltet nach SigG zertifiziert. Die zu verarbeitenden TIFF-Dokumente werden zwar innerhalb von SigNotar an verschiedenen Stellen visualisiert, allerdings enthält auch SecSigner selbst eine Visualisierungskomponente die den zu signierenden Inhalt sicher anzeigt.

263 Sog. „CCITT-Group 4-Kompression", vgl. http://www.fileformat.info/mirror/egff/ch09_05.htm.

6. Signaturformat von SigNotar

487 SigNotar speichert bei der Signatur von Dateien grds. die **Signatur** in einer **separaten Datei** mit der Endung „.pkcs7"[264] (sog. detached Signature). Dies ist nur eine von zwei verschiedenen Möglichkeiten der Erzeugung einer signierten Datei. Die andere besteht darin, **signierte Daten** und **Signatur** in eine **gemeinsame Datei** (sog. Containerdatei) zusammenzuführen. Solche Dateien haben regelmäßig Endungen wie „.p7s" oder „.p7m".

Beide Methoden haben **Vor- und Nachteile**: Containerdateien sind mitunter leichter zu handhaben, weil alle Daten zusammenhängend abgelegt werden und der Signaturzusammenhang nicht dadurch gelöst werden kann, dass versehentlich eine Datei des Dateipaars nicht kopiert oder übermittelt wird.

Der **entscheidende Vorteil** für das **Format mit der getrennten Signaturdatei** ist folgender: Solange Signaturtechnik bei den potenziellen Empfängern einer signierten Datei eher selten vorzufinden ist, können auch diese ohne ein spezielles Programm installieren zu müssen, den Inhalt der signierten Daten zur Kenntnis nehmen und weiterverarbeiten, da die Anzeige von Mehrseiten-TIFF-Dateien auf fast jedem System möglich ist. Die Prüfung der Signatur kann zunächst zurückgestellt und bei Bedarf unter Verwendung eines geeigneten Prüfprogramms nachgeholt werden.

Hinweis:

SecSigner kann grds. auch Containersignaturformate erzeugen, jedoch nicht innerhalb von SigNotar sondern nur über die Einbindung in die Explorer-Umgebung. Sollte es nötig sein, eine solche Datei zu erzeugen, ruft man die Datei in einem Windows-Explorer-Fenster auf und klickt mit der rechten Maustaste darauf. Dann aus dem Kontextmenü „SecSigner" und „Signieren, Signatur und Dokument in einer Datei" auswählen.

488 Die von SigNotar erzeugten Signaturen entsprechen den **Standards** bzw. **Spezifikationen „PKCS # 7"**[265] und **„Common PKI"** (vormals „ISIS/MTT")[266].

---

264 Steht für „Public Key Cryptography Standards" und bezeichnet eine Reihe von kryptografischen Spezifikationen, vgl. http://de.wikipedia.org/wiki/PKCS.

265 Vgl. http://www.ietf.org/rfc/rfc2315.txt.

266 Vgl. http://www.common-pki.org/.

7. Beglaubigte Abschriften von der „elektronischen Reinschrift“ der Urkunde

In der Praxis lassen sich grds. **zwei Anwendungsszenarien** bei der Anfertigung einer elektronischen beglaubigten Abschrift unterscheiden: 489

- Die Abschrift wird von einer **Papiervorlage** angefertigt, etwa einer Eigenurkunde eines Beteiligten (z.B. Original einer gewerberechtlichen Genehmigung) oder einer Papierurkunde eines anderen Notars (Vollmacht oder Genehmigung).
- Die Vorlage für die Abschrift ist eine **Urkunde des beglaubigenden Notars**, die er selbst vorbereitet hat und deren Entwurf in seinem Büro in einem elektronischen Format vorliegt.

Die Vorgehensweise bei der ersten Variante folgt der **Standardmethodik**. Auch wenn vieles dafür spricht, dass die Mehrzahl der in der Praxis anfallenden elektronischen beglaubigten Abschriften von eigenen Urkunden erzeugt werden, kann auf die technische Möglichkeit der Scan-Erfassung von Papiervorlagen nicht verzichtet werden, da nicht auszuschließen ist, dass Abschriften nur von einer gesiegelten und genähten Urschrift oder von einem von einem Beteiligten mitgebrachten Papieroriginal angefertigt werden können und darum der Urkundsgewährungsanspruch gebietet, die notwendigen technischen Gerätschaften vorzuhalten. 490

Bei der zweiten Variante drängt sich dem aufmerksamen Beobachter unmittelbar die wenig effiziente Vorgehensweise auf, die der „Umweg“ über das Papier mit sich bringen kann: Die **Urkunde liegt als Entwurf „im Computer“** vor. Wenn bei der Beurkundung keine Änderungen vorgenommen wurden oder die Änderungen i.S.e. „Reinschrift“ in die elektronische Vorlage übertragen wurden, erscheint es umständlich, wenn nochmals der Umweg über den Scanner genommen werden muss, um die beglaubigte Abschrift zu erzeugen. Im Zweifel wird sogar die optische Qualität der Abschrift deutlich hinter der elektronischen „Reinschrift“ zurückbleiben. 491

Die **formalen Voraussetzungen** für die **beglaubigte Abschrift** lassen sich verhältnismäßig leicht herstellen: Handschriftliche Unterschriften werden durch das **Kürzel „Gez.“** sowie den Namen des Unterschreibenden und ggf. einen Hinweis auf die Rolle des Beteiligten ersetzt. Der **Beglaubigungsvermerk** selbst kann als weiterer Textbaustein an das Dokument angehängt 492 werden. Rechtliche Bedenken gegen eine solche Vorgehensweise sind nicht erkennbar. Auch im Papiermedium ist unumstritten, dass die bildliche Wiedergabe der Unterschriften nicht notwendig ist. Mit dem Beglaubigungsvermerk bestätigt der Notar die inhaltliche (semantische) Übereinstimmung der Abschrift mit der Vorlage, nicht die bildliche Übereinstimmung.[267]

Für eine bildliche Wiedergabe der Unterschriften könnte allenfalls ins Feld geführt werden, dass bei der nunmehr zu erwartenden breiten öffentlichen Beauskunftung notarieller Urkunden aus dem elektronischen Handelsregister[268] das Abbild für den Rechtsverkehr den Eindruck des Ergebnisses der notariellen Tätigkeit verbessert, da man hier instinktiv eine **größere Nähe zum Original** und eine vermeintliche Fälschungssicherheit spürt.

493 Auf den ersten Blick erscheint es am leichtesten, für die elektronische beglaubigte Abschrift unmittelbar die **Reinschrift-Datei zu verwenden**, die sich bereits im System befindet. Das wird regelmäßig eine Datei in einem Textformat sein, üblicherweise eine Variante des Microsoft-Word-Dokumentformats (Dateiendung .doc). Gerade dieses Dateiformat bereitet jedoch im Kontext des elektronischen Rechtsverkehrs eine Vielzahl von Problemen.

Es spricht grds. manches dafür, die elektronische Abschrift unmittelbar auf der Grundlage der elektronischen Reinschrift zu erzeugen. Bei diesem Verfahren sind jedoch einige Gesichtspunkte zu bedenken, die eine Umsetzung etwas schwieriger machen, als es zunächst erscheinen mag.[269] Dabei sind sowohl die **Vorgaben für den elektronischen Rechtsverkehr mit der Justiz** zu beachten[270] als auch die **signaturrechtlichen Anforderungen**.

267 Die Zulässigkeit dieser Methode wird wohl nicht mehr bestritten, vgl. z.B. LG Hagen, RNotZ 2007, 491.

268 Vgl. dazu unten Rn. 525 ff.

269 Vgl. insoweit die Anmerkungen von *Melchior*, NotBZ 2006, 409, 411.

270 Organisatorisch-technische Leitlinien für den elektronischen Rechtsverkehr mit den Gerichten und StA, sog. OT-Leit-ERV, http://www1.osci.de/de/media.php/13/OT-Leit-ERV_komplett_v13.pdf. Die OT-Leit-ERV stellt zwar formal Innenrecht der Justizverwaltung dar, jedoch wird auf diese Vorgaben in den Rechtsverordnungen für die Einführung des elektronischen Rechtsverkehrs in weiten Teilen zurückgegriffen, sodass auch für den Teilnehmer am Verfahren eine Quasi-Bindungswirkung eintritt.

8. Dokumentenformat

a) Dokumentenformat und organisatorisch-technische Leitlinien

Unter dem Gliederungspunkt III. der Anlage 1 zur OT-Leit-ERV (technische Rahmenvorgaben, Dokumentenformate) hat die Arbeitsgruppe „IT-Standards in der Justiz“ der Bund-Länder-Kommission **Festlegungen zu den Dokumentformaten** getroffen, die zur Einreichung bei Gerichten und StA geeignet sind. Damit soll sichergestellt werden, dass 494

- elektronisch eingehende Schriftstücke vom Gericht gelesen werden können,
- vom Gericht erstellte oder an Beteiligte weitergeleitete elektronische Dokumente von den Empfängern gelesen werden können,
- die – signierten – Dateien gespeichert und nach Abschluss des Verfahrens automationsgestützt archiviert und in ein Format überführt werden können, das zur Archivierung innerhalb der Verwahrungs- und Aufbewahrungsfristen geeignet ist.

Die verwendeten Formate sollen möglichst herstellerunabhängig und offengelegt, Dateiinhalte im Klartext lesbar und die Risiken durch aktive Elemente wie Makros etc. minimiert sein.

Die OT-Leit-ERV unterscheidet zwischen „**codierten**“ und „**nicht-codierten Daten**“, wobei „codiert“ bedeutet, dass die Daten erst durch die Interpretation eines bekannten Standardschlüssels (z.B. dem ASCII-Standard) in lesbare Texte umgewandelt werden können. 495

Als **codierte Dateiformate** sind grds. **zugelassen**:

- ASCII-Standard,
- UNICODE-Standard,
- RTF,
- PDF/A,
- XML
- sowie mit bestimmten Einschränkungen Word-Dokumente.

ASCII und **Unicode eignen** sich nur in **beschränktem Umfang** für die Abbildung notarieller Urkunden, da diese Formate keine Gestaltungselemente 496 wie unterschiedliche Schriftschnitte oder Textausrichtungen ermöglichen, die mittlerweile zum Standard für die Gestaltung notarieller Urkunden geworden sind. Nach einer Transformation in das ASCII (.txt)-Format wird der Urkundstext oft schwerer lesbar und hinterlässt einen altmodischen, unfertigen Eindruck. Darüber hinaus sind Textformate chronisch mit Problemen bei der Darstellung von Umlauten belastet. Oftmals werden diese nicht richtig erkannt und angezeigt, was eine Lektüre des Textes erheblich erschweren kann.

497 Das **PDF-Format** ist grds. auch als **Dokumentformat gut geeignet**, da es aus seiner Herkunft in der Druckvorstufe speziell darauf ausgerichtet ist, Inhalte in eindeutiger, nicht für den Benutzer veränderbarer Weise abzubilden. In ein PDF-Dokument können auch Scans eingebunden werden – genauso wie weiterverarbeitbare (codierte) Texte.

PDF ist die Abkürzung für „Portable Document Format", einer Spezifikation des Herstellers Adobe, die auf dem allgemeinen Standard „Postscript" basiert. Das Format ist heute im Internet weitverbreitet. Zum **Anzeigen** benötigt man eine **eigene Komponente** wie z.B. das kostenfreie Programm „Adobe Reader".[271] Um selbst PDF-Dokumente zu erzeugen kann man entweder das kommerzielle Programm „Adobe Acrobat"[272] einsetzen oder eine kostenfreie Alternative wie „FreePDF XP"[273] oder „PDF Creator".[274]

PDF-Dateien geben dem Verfasser große Kontrolle über das elektronische Dokument und seine Verwendung. In der Grundversion kann man PDF-Dokumente am besten mit „digitalem Papier" vergleichen: Die Darstellung ist festgelegt auf das bei der Generierung festgelegte Format, z.B. DIN A4-Seiten mit einem bestimmten Layout und einer bestimmten Schrifttype. Eine **Bearbeitung** ist **mit normalen Mitteln nicht möglich**.[275]

498 Darüber hinaus kann der Anbieter noch viele weitere Dinge mit einem PDF-Dokument anstellen: Er kann die Inhalte indexieren und so dem Betrachter

271 Früher „Adobe Acrobat", Download unter http://www.adobe.de. Vorsicht: Aktuelle Versionen (über Versionsnr. 6) benötigen zur Ausführung erhebliche Rechnerressourcen. Auf älteren Rechnern sollten lieber frühere Versionen eingesetzt werden (http://get.adobe.com/de/reader/otherversions), empfehlenswert ist mindestens Version 3.

272 S. http://www.adobe.com/de/products/acrobat.

273 S. http://freepdfxp.de/index.html.

274 S. http://www.pdfforge.org/products/pdfcreator.

275 Auf dem Markt sind jedoch mittlerweile Lösungen verfügbar, die PDF-Dokumente in bearbeitbare Formate umwandeln, z.B. http://www.scansoft.de/pdfconverter/.

eine vereinfachte Navigation ermöglichen. Er kann aber auch die **Verwendungsmöglichkeiten des Dokumentes einschränken**, z.B. verhindern, dass ein Dokument lokal abgespeichert wird (Nur-Online-Ansicht) oder den Ausdruck sperren (Nur-Bildschirm-Ansicht). Ob derartige Beschränkungen eingebaut sind, lässt sich oft auf den ersten Blick nicht sagen.

Für den **Einsatz** bei der **notariellen Abschriftsbeglaubigung** bietet das PDF-Format allerdings gegenüber dem von SigNotar vorrangig verwendeten Mutipage-TIFF kaum Vorteile:

- Werden Scans in PDF-Dokumente eingebettet, wird **kein Speicherplatz eingespart**: Die für TIFF-Dokumente eingesetzte CCITT-Group 4-Kompression ist bereits das derzeit optimale Verfahren für die Behandlung von Schwarz-Weiß-Grafiken.
- Beim Einsatz von Scans lässt keines der beiden Formate die Weiterverarbeitung der Dokumentinhalte, z.B. in Textverarbeitungen, zu. Manche PDF-Generatoren bieten eine automatische „Lesefunktion" für den gescannten Text (= OCR, „Optical Character Recognition"),[276] der dann den eingescannten Daten „hinterlegt" wird. Dies scheint sogar eher gefährlich, da hierbei zumeist **keine Kontrolle der inhaltlichen Übereinstimmung** stattfindet und die Verfahren immer noch eine merkliche Fehlerquote aufweisen. Auf diese Weise würde die beglaubigte Abschrift verdeckte Informationen enthalten, die nicht Gegenstand der notariellen Inhaltskontrolle wären und mit diesem „Graubereich" den Beweiswert der Urkunde mindern können.
- Mit den letzten Versionen hat Adobe das PDF-Format weg von seinen Ursprüngen hin zu einer dynamischeren Dokumentform entwickelt. Dazu gehören Formularfunktionen, Editiermöglichkeiten und aktive Inhalte, die dem ursprünglichen Ansatz einer möglichst eindeutigen Dokumentendarstellung widersprechen. Diese Bedenken werden nur z.T. dadurch ausgeräumt, dass die neueste Version des Adobe Readers i.V.m. einer Signaturlösung („Openlimit Signcubes") nach SigG zertifiziert wurde.
- Im Zusammenhang mit elektronischen Signaturen gibt es eine Vielzahl von verschiedenen technischen Varianten, mit denen PDF-Dokumente und Signaturen zusammengebracht werden können, was wiederum zu Problemen bei einer einheitlichen Signaturprüfung führt.

276 Vgl. http://de.wikipedia.org/wiki/Texterkennung.

- Zuletzt hat der Einsatz des PDF-Formats, das trotz teilweiser Offenlegung immer noch lizenzrechtlich an den Anbieter Adobe gebunden ist, oft unerwartete Kostenfolgen. Insbes. technisch fortschrittlichere Verfahren im Zusammenhang mit PDF-Dokumenten sind meist nur mit speziellen Programmen von Adobe zu realisieren, die ungewöhnliche Lizenzmodelle aufweisen.

499 Der Einsatz des **Word** (**.doc**)- **Formats** bringt verschiedene **Schwierigkeiten** mit sich, denen sich der normale Anwender oft kaum bewusst ist.

- **Versionssprünge**: Das Format hat trotz der gleichbleibenden Dateiendung mit den verschiedenen Programmversionen unterschiedliche Inhalte, sodass oftmals das Problem zu beobachten ist, dass bei einem Austausch von Dateien zwischen Benutzern verschiedener Versionen Darstellungs- und Druckprobleme entstehen.
- **Versteckte Inhalte**: Das Word-Format ist berühmt dafür, eine Vielzahl von versteckten Informationen bis hin zur vollständigen Änderungsgeschichte eines Dokuments mit abzuspeichern, ohne dass der Anwender dies bei der Dokumentansicht erkennen könnte.
- **Aktive Komponenten**: Word unterstützt eine Vielzahl von Makro- und Scripting-Funktionen, die es dem Anwender erlauben, bestimmte Aufgaben zu vereinfachen, mit Textbausteinen zu arbeiten und z.B. Datenbanken einzubinden. Solche Funktionen werden oftmals von Notariatssoftware für die Einbindung von Microsoft Word in das Anwendungsumfeld intensiv genutzt, sodass für eine Verwendung im elektronischen Rechtsverkehr zunächst eine bereinigte Version der Datei angefertigt werden müsste.

Aufgrund der vielfältigen Kritik verwendet Microsoft in aktuellen Versionen ein **XML-basiertes Dokumentenformat (.docx)**, das jedoch wiederum proprietär für Microsoft-Produkte ist.

> **Hinweis:**
>
> Für aktuelle MS-Word-Versionen bietet Microsoft ein eigenes Hilfsprogramm zum manuellen Entfernen verborgener Dateininhalte an. Es kann kostenfrei von der Microsoft-Webseite heruntergeladen werden.[277]

277 S. http://tinyurl.com/5u33c.

Die **beste Variante** bei der Verwendung codierter Daten für Urkundsabschriften dürfte „**RTF**“[278] sein, das zwar im für die Urkunde nötigen Umfang Gestaltungselemente zulässt, aber keine versteckten oder aktiven Inhalte kennt. Auch dieses Format ist aber ein proprietäres Microsoft-Format und nicht ganz frei von Darstellungsproblemen zwischen unterschiedlichen Plattformen. 500

Hinweis:

Die OT-Leit-ERV merkt zu Word- und RTF-Dokumenten Folgendes an:

„Word

Nachdem noch vor wenigen Jahren eine Vielzahl von Editoren mit jeweils eigenen Dateiformaten innerhalb und außerhalb der Justiz im Einsatz waren, hat sich inzwischen MS-Word sowohl in der reinen Bürokommunikation als auch als Textsystem in Fachverfahren weitgehend durchgesetzt. Dabei kommen unterschiedliche Versionen der Software zum Einsatz, die in der Standardeinstellung auch versionsspezifische Dateiformate generieren. Ältere Softwareversionen können dabei häufig neuere Dateiformate nicht direkt bearbeiten.
Das Dateiformat ist proprietär. Die Datei kann im Klartext von einem Nur-Text-Editor nicht angezeigt werden. Dateibeschreibungen sind von Microsoft nicht offengelegt. Wiederholt ist aufgefallen, dass mit Word-Dateien verborgene System-Informationen oder sogar eine Bearbeitungshistorie übermittelt wurden, von deren Übermittlung der Absender keine Kenntnis hatte. (Durch solche verborgenen Inhalte sind in Einzelfällen bereits Informationen übermittelt worden, die in den vorhergehenden Versionen eigentlich herauskorrigiert waren, was nicht nur unter Datenschutzgesichtspunkten äußerst fragwürdig erscheint, sondern die Akzeptanz der elektronischen Kommunikation untergraben kann. Die Signierung eines solchen Dokumentes würde auch alle verborgenen Inhalte betreffen, was dieses Format für rechtsbindende Schriftstücke unbrauchbar werden lässt.)

Obwohl verschiedene Word-Formate wegen ihrer Verbreitung auch von einigen anderen Programmen erkannt werden, kann von einer plattformübergreifenden Verfügbarkeit nicht gesprochen werden. Archivverwaltungen,

278 „Rich Text Format“.

die sich der Übernahme digitaler Daten öffnen, kennzeichnen Word-Formate als nicht archivierungsfähig. Aktive Elemente (Makros) können integriert werden und wurden wiederholt Gegenstand von Missbrauch.
Das Dateiformat von Word, „.doc“, zeigt hinsichtlich der dargestellten Beurteilungskriterien schwerwiegende Mängel. Insbesondere wegen mangelnder Transparenz und Sicherheit bestehen Bedenken gegen seinen Einsatz im Rahmen des elektronischen Rechtsverkehrs. Soweit das Format wegen seiner weiten Verbreitung und Akzeptanz in der Öffentlichkeit gleichwohl zugelassen werden soll, ist die – ab Word2000 verfügbare – Einstellung, nur zertifizierte Makros zu erlauben, einzuschalten. (Dann erfolgt bei nicht-zertifizierten Makros ein Warnhinweis.)*

Rich-Text-Format (RTF)

Auch das RTF-Format ist grundsätzlich ein proprietäres Format von Microsoft, lehnt sich allerdings stark an das international normierte ODA/ ODIF an. Alle Einträge einschließlich der Formatierungsanweisungen werden in Klartext aufgelöst und können im Klartext von einem ASCII-Editor angezeigt werden. Das RTF-Format gibt das Layout z.B. von Word-Dateien wieder, kennt jedoch keine Makros.
Das RTF-Format kann von allen Word-Versionen und von vielen anderen Textverarbeitungsprogrammen verarbeitet werden.
Nicht-textuelle Darstellungen sind integrierbar, allerdings nimmt die Dateigröße dadurch überproportional zu.”

501 Für **nicht-codierte Daten** schreibt die OT-Leit-ERV die Verwendung des **„TIF“**[279]**-Formats** vor, das von SigNotar unterstützt wird. Nicht-codierte Formate minimieren unterschiedliche Interpretationsformen der Dokumentdaten, da hier keine Zahlencodes in Text umgewandelt werden müssen, sondern lediglich die Bildinformationen der anzuzeigenden Daten (Bildpunkte mit Farbinformation) gespeichert werden.

b) Dokumentformat und Signatur

502 § 17 Abs. 2 Satz 1 Nr. 1 und Satz 2 SigG betrifft gleichfalls die bereits oben angesprochene Frage, wie das Verhältnis der gespeicherten/übermittelten Daten zur Anzeige für den Signierenden gestaltet ist. Im Signaturkontext spricht

279 „Tagged Image File“.

man hier vom **Problem der „eindeutigen Visualisierung**“. Damit ist gemeint, dass dem **Signierenden** die **Daten, die er signiert, eindeutig angezeigt** werden. Das muss bereits aus rechtlicher Sicht so sein, damit es keine Unklarheit darüber gibt, welche Daten inhaltlich von seiner Willenserklärung gedeckt sind: Was der Signierende nicht oder anders gesehen hat, wird nicht Teil seines objektiv geäußerten Willens sein. Dieses Idealziel ist nur dann zu erreichen, wenn man zweifellos feststellen kann, welches Bild der Signierende bei der Signatur vor sich hatte.

Die Problematik lässt sich am Beispiel von **Microsoft Word** leicht erklären: In diesem Programm gibt es eine **„aktive“ Dokumentfunktion**, die in ein Dokument jeweils das aktuelle Tagesdatum einfügt. Signiert man ein derartiges Dokument, enthält es kein eindeutiges Datum, sondern nur die Anweisung an das Programm, dort das Tagesdatum einzublenden. Wenn der Signierende dort den „16.06.2006“ sieht, steht dort beim Empfänger der Datei zwei Tage später der „18.06.2006“. Die Änderung wird im Signaturverfahren nicht erkennbar, da der Dateiinhalt („Zeige aktuelles Tagesdatum an“) nicht verändert wurde. 503

I.S.d. SigG sind aus diesem Grund sämtliche codierten Dokumentformate, bei denen es zu Abweichungen bei der Anzeige der Daten kommen kann, höchst kritisch. Dies gilt **auch für die schlichten Textformate (ASCII)**. Hier kommt es vor, dass Sonderzeichen, die sinnrelevante Inhalte haben (1/2, 1/4, 3/4, (c), £) nicht oder falsch dargestellt werden.

Abhilfe kann hier nur eine „**geprüfte Anzeigekomponente**“ schaffen, die orientiert an neutralen technischen Standards eine authentische Darstellung ermöglicht. Solche Komponenten gibt es für Word-Dokumente nicht.

II. Fragen zum strukturierten Datenaustausch

Ein **zentrales Element** des elektronischen Rechtsverkehrs ist der **Austausch von** sog. **Strukturdaten**. Trotz der möglicherweise etwas fremden Terminologie ist das für den Notar nichts Neues: In den regelmäßig von der Notariatssoftware geführten Datenbanken zur Urkundenrolle und zum Namensverzeichnis sind z.B. die Personendaten der Urkundsbeteiligten so abgespeichert, dass sich **die einzelnen Elemente trennen lassen**. Der Rechner „weiß“, was der Vorname und der Nachname einer Person ist und er vermag die Hausnummer und die Postleitzahl zu unterscheiden. Oft sind auch weitere Informationen, wie der Grundstücksbeschrieb, in ähnlicher Form im System abgelegt. 504

Das ist für den Einsatz in der Praxis immens nützlich, denn auf diesem Wege lassen sich die Daten **gezielt für den jeweiligen Zweck** auswählen und anordnen – die Adressinformationen für das Anschreiben und die Grundstücksdaten für den Urkundsentwurf.

505 Im elektronischen Rechtsverkehr wird diese Idee nunmehr konsequent **auf** die **Antrags-** und **Abrufverfahren ausgedehnt**. Beim Beispiel des Handelsregisters ist es ebenso nützlich, die Daten der Beteiligten „sortiert" übermittelt zu bekommen, damit sie an verschiedenen Stellen nach Bedarf eingesetzt werden können: zum korrekten Adressieren der Eintragungsmitteilung oder zum Aufnehmen von Name, Geburtsdatum und Wohnort des Geschäftsführers in das Registerblatt selbst.

Die manuelle Eingabe derartiger Daten in die **Registerdatenbank** (und die entsprechenden Systeme des elektronischen Grundbuchs) ist stets aufwendig und löste bisher einen nicht geringen Personalaufwand in den Geschäftsstellen/Serviceeinheiten der Registergerichte aus. Dieser Prozess ist des Weiteren eine Quelle für Übertragungsfehler. Diese Arbeit lässt sich einsparen und eingesetzte Ressourcen sinnvoller nutzen, wenn die Daten bei der Antragstellung unmittelbar so geliefert werden, dass sie ohne nochmaliges „Eintippen" **direkt übernommen** werden können.

Das gilt übrigens **sowohl für das Gericht als auch für den Notar**: Auch diesem wäre geholfen, wenn er aus einem elektronischen Register- oder Grundbuchauszug die enthaltenen Daten (z.B. für den Urkundsentwurf) unmittelbar übernehmen könnte. Dazu muss natürlich auch die von ihm verwendete Bürosoftware in der Lage sein, geeignete Daten zu integrieren.

Diese **beidseitige Arbeitserleichterung** ist eines der **vorrangigen Ziele** des elektronischen Rechtsverkehrs. Im Hinblick auf die notarielle Urkunde besteht hier ein gewisses Spannungsverhältnis. Die elektronische beglaubigte Anschrift der Urkunde besteht grds. aus einem bloßen elektronischen Abbild des Papieroriginals. Bei der Herstellung der Abschrift werden die Daten nicht so aufbereitet, dass sie in der beschriebenen Form weiterverwendet werden könnten; es ist lediglich eine „elektronische Fotokopie". Vor diesem Hintergrund ist es notwendig, die benötigten Strukturdaten ergänzend zur elektronischen Abschrift zu generieren und zu übermitteln.

1. XML als universelle Struktur

Ein Austausch von weiterverarbeitbaren Daten zwischen verschiedenen Partnern setzt einen gemeinsamen Standard voraus – die **Partner** müssen die **gleiche „Sprache" sprechen**. In der Vergangenheit gab es eine Vielzahl von verschiedenen technischen Austauschformaten, die in jedem Einzelfall eine Einigung über das konkret verwendete Format voraussetzten. Bei der Planung der vor der Einführung stehenden Verfahren des elektronischen Rechtsverkehrs gab es eine schnelle Einigung darüber, dass der **Datenaustausch** mit sämtlichen Gerichten einem **einheitlichen Standard** folgen sollte, der zu diesem Zeitpunkt bereits in seinen Grundzügen entstanden war. 506

Technische Basis dieses Standards ist die **Beschreibungssprache XML**, die sich in zunehmendem Maße als genereller Standard für den modernen Datenaustausch durchsetzt.[280] Eine ihrer Besonderheiten ist es, dass sie die in einer Datei enthaltenen Daten über sog. Tags im Klartext beschreiben kann, sodass die entstehenden Dateien sowohl maschinen- als auch menschenlesbar sind – Letzteres allerdings nur mit Mühe.

2. XJustiz und die Facherweiterungen, Umgang mit Wertelisten

Innerhalb der „XML-Sprache" werden die Datenmodelle in sog. **Schemata** zusammengestellt. In diesem Sinne beschreibt das der Justizkommunikation zugrunde liegende Schema „**XJustiz**",[281] wie die Daten zu Beteiligten (einer Urkunde oder eines Prozesses) aufzubereiten sind und wie Angaben zum zuständigen Gericht oder Aktenzeichen auszusehen haben. Diese Datendefinitionen können auch z.B. vorschreiben, **welche Daten in jedem Fall enthalten sein müssen** (z.B. Aktenzeichen als Referenz) oder **Listen vorgeben**, die mögliche Werte für ein Datenfeld angeben (z.B. eine Liste aller erreichbaren Gerichte). 507

Während die „XJustiz"-Definition Festlegungen enthält, die für sämtliche Gerichtszweige gelten, werden zusätzliche **Festlegungen für konkretere Verwendungszwecke** in sog. **Facherweiterungen** gegliedert. Diese gibt es z.B. für das Mahnverfahren, den Strafprozess oder – für die notarielle Praxis von besonderer Bedeutung – das Handelsregister. In Letzterer wird z.B. festgelegt,

280 Vgl. http://de.wikipedia.org/wiki/xml.

281 Vgl. http://www.xjustiz.de.

wie Unternehmensdaten wie Vertretungsregelungen oder Geschäftsgegenstand strukturell anzulegen sind. Eine Facherweiterung für den Grundbuchbereich ist geplant, die Arbeiten dazu stehen jedoch erst am Anfang.

508 Beim Umgang mit derartigen technischen Festlegungen ist es von großer Bedeutung, immer im Auge zu behalten, dass die rechtliche Gestaltung die technische bestimmen muss, nicht umgekehrt. Darum muss bspw. das Schema für den Datenaustausch mit dem Handelsregister so gestaltet sein, dass es **keine rechtlich zulässige Gestaltung ausschließt**. Ist dies faktisch der Fall, muss der Datenstandard angepasst werden. Sieht XJustiz eine bestimmte Liste von vorgesehenen Vertretungsregelungen für GmbH vor, kann diese Liste nicht abschließend sein, sondern muss bei Bedarf durch eine von den Gesellschaftern gewählte zulässige Regelung ergänzt werden können. In diesem Sinne ermöglicht auch XNotar an vielen Stellen derartige „**Freitexteingaben**" als Alternative zu vorgegebenen Wertelisten.

Hinweis:

Die Verwendung von bundeseinheitlichen Wertelisten hat jedoch auch positive Aspekte: Sie kann bei konsequenter Anwendung zu einer nachhaltigen Vereinheitlichung der Rechtspraxis führen – und zwar speziell dort, wo unterschiedliche Formulierungen mit gleichem semantischem Gehalt zur Verunsicherung des Rechtssuchenden führen können. Aus diesem Grund ist es empfehlenswert, an der Stelle auf die angebotenen Werte zurückgreifen, wo der rechtliche Gehalt sinngemäß (wenn auch nicht zwingend sprachlich) der gewünschten Regelung entspricht.

3. Definitionsbereiche von XJustiz und der Facherweiterung Register

509
- **Definitionsbereiche von XJustiz**:
  - Verfahrensdaten (Gericht und dessen Aktenzeichen, Sachgebiet, Gegenstand)
  - Beteiligte, deren Daten und Rollen im Verfahren
  - Sendungsdaten (Beschreibung des Kommunikationsinhalts und der Anlagen)
- **Definitionsbereiche der Facherweiterung Register**:
  - Mitteilungsart (nähere Beschreibung des Anmeldefalls)

- Strukturen für die Abbildung des Registerauszugs
- Bestimmung des Rechtsträgers/Registersubjekts
- allgemeine und besondere Vertretungsregelungen
- Angaben zu Kapital und Geschäftszweck
- Urkundsbezüge

III. Verhältnis der XML-Daten zur elektronischen beglaubigten Abschrift

Wenn in der oben beschriebenen Form die beglaubigten Abschriften und die extrahierten Inhaltsdaten (XML) parallel übermittelt werden, stellt sich unweigerlich die Frage nach dem **Verhältnis der beiden Sendungen** und der **Konsequenzen bei** einer denkbaren **Abweichung** zwischen beiden. 510

In den aktuell verfügbaren technischen Lösungen ist es schwierig, die inhaltliche Identität zwischen den beglaubigten Urkundsabschriften und den XML-Daten zu gewährleisten. Dazu bedürfte es zunächst **einer gemeinsamen Datenquelle für die Urkunde und die XML-Daten**. Dies könnte grds. von einer fortgeschrittenen Notaranwendung geleistet werden, die eine einheitliche Datenbasis für Urkundsentwurf und die Generierung der XML-Daten verwendet. Selbst wenn auf diesem Weg die Daten anfänglich übereinstimmen, muss in der Folge sichergestellt werden, dass etwaige Änderungen anlässlich der Beurkundung übernommen werden, soweit sie auch für den Inhalt der XML-Datei relevant sind. Da eine rein technische Lösung zur Prüfung und Sicherstellung der Übereinstimmung kaum realisierbar scheint, verbleibt ein **menschliches Kontrollelement**, bei dem sich Fehler kaum ausschließen lassen.

Für den Notar ist es kaum zumutbar, die aus einer solchen Abweichung möglicherweise folgenden **Haftungskonsequenzen** zu tragen. Bereits aus diesem Grund ist klar, dass die auch aus der Sicht des § 12 HGB relevanten Daten, nämlich die **beglaubigten Abschriften der Urkunden** inhaltlich für die gerichtliche Bearbeitung und die Eintragung **ausschlaggebend** sind, während es sich bei der **XML-Datei** lediglich um „**Begleitdaten**" handelt, die der vereinfachten Weiterverarbeitung dienen. In diesem Sinne kann auch der Passus aus der nordrhein-westfälischen Pilotverordnung interpretiert werden, die von *„zusätzlichen Angaben"* spricht, welche *„die Weiterverarbeitung durch das* 511

Gericht (...) gewährleisten" – in Abgrenzung zum „*einzureichenden elektronischen Dokument*" selbst.

512 Wenn auch für die Praxis zu erwarten ist, dass die Möglichkeit der automatisierten Weiterverarbeitung zu einer zentralen Bedeutung der XML-Daten führen wird, bleibt es für den **Bearbeiter auf Gerichtsseite** unerlässlich und rechtlich geboten, für die eigentliche Anmeldung **zunächst auf die übersendeten Abschriften zuzugreifen** und die Eintragung inhaltlich an diesen zu messen. Den Eintragungsvorschlag, der automatisiert von der Registersoftware auf der Grundlage der vom Notar übermittelten XML-Datei generiert wird, muss er genauso auf seine inhaltliche Übereinstimmung mit der Anmeldung prüfen, wie er es bislang mit den von der Geschäftsstelle vorerfassten Daten getan hat.

IV. Notariatssoftware und elektronische Handelsregisteranmeldung

513 Die im Text vielfach erwähnten Referenzanwendungen **XNotar** und **SigNotar** sind **selbstständige Programme** mit einem **klar abgegrenzten Aufgabenkreis**: Sie sollen beim Notar die notwendigen technischen Voraussetzungen für die Teilnahme am elektronischen Rechtsverkehr schaffen, und zwar dezidiert die Herstellung von elektronischen beglaubigten Abschriften unterstützen und die elektronische Handelsregisteranmeldung begleiten und erleichtern.

Diese konzeptionelle Einschränkung hat zur Folge, dass beide Programme keine der übrigen vielfältigen Aufgaben im Notarbüro erledigen können, für die regelmäßig EDV eingesetzt wird. Diese werden oft von speziellen, auf den Bedarf des Notarbüros zugeschnittenen Programmpaketen (**Notariatssoftware**) übernommen. Diese Programme haben regelmäßig den Vorteil, dass sie die Vernetzung der verschiedenen Bereiche (Beteiligtenkartei, Urkundenrolle, Abrechnung etc.) ermöglichen und damit ein effizienteres Arbeiten.

514 Im Sinne dieses Integrationsansatzes haben **verschiedene Anbieter** solcher Produkte auch **Lösungen für den elektronischen Rechtsverkehr** entwickelt, die in ihren Funktionen im Ergebnis XNotar und SigNotar ähneln. Diese basieren entweder auf vollständigen Eigenentwicklungen oder auf einer Einbin-

dung von XNotar und SigNotar über die API-Schnittstelle oder die Datenimport-Möglichkeiten.[282]

Beispiele:

- *Trinotar*[283]
- *Notre*[284]
- *Noah*[285]
- *ArnoTOP*[286]
- *Pactum*[287]

Auch im Rechtsanwaltsbereich verbreitete Programme, die über **Module für Anwaltsnotare** verfügen, bieten teilweise Lösungen für den elektronischen Rechtsverkehr an.[288]

Handhabung und **Funktionsumfang unterscheiden** sich zwischen den Implementationen **erheblich**. Genau wie bei der Wahl einer geeigneten Software für das Gesamtbüro ist es unerlässlich, sich einen detaillierten Eindruck vom Angebot zu verschaffen und dieses an den eigenen Anforderungen zu messen.

282 Vgl. Rn. 287 ff.

283 S. http://www.trinotar.net/.

284 S. http://www.cvc.ag/CVC_Register.html.

285 S. http://www.noah.westernacher.com.

286 S. http://www.schirm-gmbh.com/.

287 S. http://www.pactum.de/.

288 Z.B. RA-Micro oder AnNoText.

Kapitel 3: Elektronische Register und Informationsquellen

Auf den folgenden Seiten soll in aller Kürze auf verschiedene **Online-Angebote** eingegangen werden, die für die **praktische Arbeit im Notariat** von Bedeutung sind. 515

A. Handelsregister

Die Handelsregister der Länder sind bereits seit geraumer Zeit elektronisch verfügbar – in den meisten Fällen zunächst in landeseigenen Lösungen, die sich auf die Auskunft der im jeweiligen Land angesiedelten Registergerichte beschränken. Seit dem Jahr 2007 sind die Datenbestände sämtlicher deutscher Gerichte über ein **zentrales Portal** erreichbar und können dort über eine einheitliche Suchmaske abgerufen werden. Die meisten Länder haben im Zusammenhang mit dieser Umstellung ihre eigenen Angebote aufgegeben. 516

Aufgrund der europarechtlichen Vorgaben wurde zudem das Informationsangebot des elektronischen Handelsregisters ausgedehnt. Neben den **Registerdaten** im engeren Sinne ist nunmehr auch der **Inhalt des Sonderbandes** unmittelbar **online abrufbar**, insbes. Gesellschaftsverträge und Gesellschafterlisten. Allerdings wurde hier auf eine Rückerfassung verzichtet, sodass sich diese Auskunft i.d.R. auf die Dokumente beschränkt, die nach der Einführung des elektronischen Rechtsverkehrs (also seit dem Jahr 2007) eingereicht wurden.[289]

Das Registerportal ist online unter **https://www.handelsregister.de** erreichbar. Die **Suche** im Register ist **kostenfrei**, der **Dokumentenabruf** kostet **4,50 € pro Abruf**. Die Nutzung der kostenpflichtigen Dienste setzt eine **Registrierung** voraus. Der Anwender erhält dann Zugangsdaten, über die ihm die Kosten für die Abrufe zugeordnet werden.

Die Suche im Datenbestand ist über **zwei Suchmasken** möglich: 517

- Die „**Normale Suche**" erlaubt es, nach Firma, Registerart, Registernummer und Registergericht zu suchen. Dabei hat man die Wahl zwischen

289 Je nach landesrechtlicher Vorgabe ist es möglich, auch ältere Dokumente in elektronischer Form anzufordern. Diese werden dann jedoch erst auf die entsprechende Anfrage hin eingescannt. Der Abfragende muss insoweit mit Zusatzkosten rechnen.

verschiedenen Genauigkeitsstufen bei der Suche nach Firma oder Schlagwort – von wörtlicher Übereinstimmung bis hin zur Ähnlichkeitssuche. Auch die Suche nach gelöschten Firmen ist möglich.

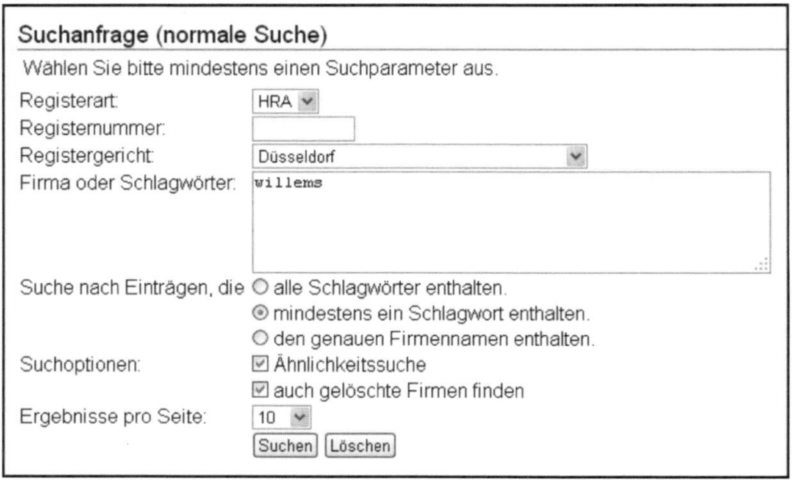

- Die **erweiterte Suche** erlaubt es darüber hinaus, die Ergebnisse auf ein Bundesland einzuschränken und Adressdaten als zusätzliches Suchkriterium hinzuzufügen.

518 Das **Suchergebnis** wird als **Liste** angezeigt, ggf. auch über mehrere Seiten verteilt. In der letzten Spalte der Liste sind die **Abrufoptionen** zusammengefasst. Wenn der Anwender auf eine der Abkürzungen klickt, kann er das entsprechende Dokument abrufen.

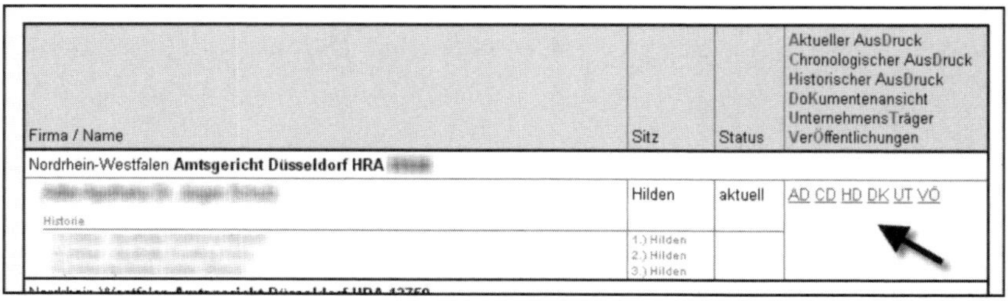

Bereitgestellt werden folgende Optionen:

AD: Aktueller Ausdruck

Der aktuelle Ausdruck aus dem in elektronischer bzw. maschineller Form geführten Handelsregister betrifft die Eintragungen zu einem bestimmten Unternehmen. Es enthält nur die in diesem Zeitpunkt **noch gültigen** – i.d.R. als fortlaufenden Text wiedergegebenen – Registerinhalte.

CD: Chronologischer Ausdruck

Der chronologische Ausdruck stellt **sämtliche** – also sowohl die aktuellen als auch die besonders gekennzeichneten gegenstandslosen – Eintragungen in zeitlicher Reihenfolge dar, ab der Umstellung auf elektronische Registerführung. Die Vorgänge werden optisch in Übereinstimmung mit der Spaltenaufteilung des Handelsregisters wiedergegeben.

HD: Historischer Ausdruck

Der historische Ausdruck ist eine **Kopie** der von den Registergerichten in elektronische Bilddateien umgewandelten **früheren Handelsregisterblätter** in Papierform.

DK: Baum-Struktur der zum Register eingereichten Dokumente

Der Dokumentenbaum zeigt in strukturierter Art und Weise **alle Dokumente** eines Rechtsträgers an, die **seit dem 01.01.2007** auf elektronischem Weg bei dem zuständigen **Registergericht eingereicht** und von dem Registergericht für den Abruf im Internet freigegeben wurden. Dabei handelt es sich insbes. um Dokumente wie Gesellschaftsverträge, Satzungen, Gesellschafterlisten oder auch Sitzungsprotokolle.

Die Darstellung des Dokumentenbaums gliedert sich in zwei Bereiche. In dem **linken Bereich** werden die Dokumente des ausgewählten Rechtsträgers in einer Ordnerstruktur angezeigt. Diese **Ordnerstruktur** ist auf der ersten Ebene in folgende Kategorien gegliedert:

- Gesellschaftsvertrag/Satzung/Statut vom
- Liste der Gesellschafter vom
- Jahresabschluss zum

- Sonstige Urkunden und Unterlagen
- Anzeige nach Eintragung
- Anzeige nach Eingang

Wird die Baumstruktur zum ersten Mal für einen Rechtsträger aufgerufen, dann sind die tieferen Ebenen des Dokumentenbaums geschlossen. Die jeweils nächste Hierarchieebene wird aufgeblendet, indem die entsprechenden Ordner aktiviert werden. Es kann **ein Dokument** oder ein **ganzer Ordner** mit Dokumenten zum Abruf ausgewählt werden, indem der entsprechende Ordner aktiviert wird. Das ausgewählte Dokument bzw. die ausgewählten Ordner werden dann farbig unterlegt angezeigt. Es ist zu beachten, dass die Abrufgebühr für jedes im ausgewählten Ordner enthaltene Dokument zu zahlen ist.

Nähere Informationen zu der aktuellen Auswahl finden sich in dem **rechten Bereich des Browserfensters**. Für einzelne Dokumente zeigt dieser Bereich Informationen zum „**Download**“ und „**Detailinformationen**“ an; wenn ein Ordner ausgewählt wurde, entfallen die Detailinformationen. Die Informationen zum „Download“ erlauben es, das gewünschte Dateiformat für den Dokumentenabruf auszuwählen. Zur Information wird dabei auch die Größe der Datei in den verfügbaren Dateiformaten sowie die Dokumentenart angezeigt. Zusätzlich werden die Anzahl der ausgewählten Dateien und die mit dem Abruf verbundenen Abrufgebühren angegeben. Unterhalb der Gebühreninformation befindet sich die Schaltfläche „Download“, mit der der Dokumentenabruf begonnen werden kann. Wenn ein einzelnes Dokument ausgewählt wurde, dann finden sich unterhalb der Schaltfläche „Download“ weitere Detailinformationen zu diesem Dokument. Es werden (soweit vorhanden) das Eingangsdatum des Dokuments, das Erstellungsdatum oder der relevante Stichtag angegeben.

Wenn die gewünschten Dokumente bzw. Ordner ausgewählt wurden, dann beginnt man mit dem **Abrufprozess**, indem man die Schaltfläche „Download“ in dem rechten Bereich des Browserfensters aktiviert. Es wird zu einer neuen Seite weitergeleitet, auf der die ausgewählten Dokumente zusammen mit den anfallenden Abrufgebühren angezeigt werden. Nun besteht auch die Möglichkeit, ein **Geschäftszeichen** einzugeben. Der monatliche Gebührennachweis wird diesen Abruf dann unter diesem Geschäftszeichen aufführen. Bestätigt man die anfallenden Kosten, dann gelangt man zum **Downloadbereich**, in dem die ausgewählten Dokumente abgerufen werden können. Da der Abruf von Dokumenten **nur registrierten Benutzern** zur Verfügung steht, wird man zuvor zur Anmeldung am Registerportal aufgefordert, sofern man noch nicht angemeldet ist.

Verweise zwischen Dokumenten stellt der Dokumentenbaum in besonderer Art und Weise dar. Dies betrifft insbes. Widersprüche gegen Gesellschafterlisten; die Darstellungsform wird jedoch auch für andere Verweise zwischen Dokumenten gewählt, soweit diese im Registergericht hergestellt und zur Veröffentlichung freigegeben werden.

Wenn es zu einem Dokument weitere Dokumente gibt, die darauf verweisen, so werden diese Dokumente in einem **Unterordner** zusammengefasst. Die Bezeichnung des Unterordners enthält den Ausdruck „(+ **Verweise**)“. In diesem Unterordner befinden sich dann das eigentliche Dokument und alle Dokumente, die darauf verweisen. Die verweisenden Dokumente sind an dem Präfix „=>“ in der Dokumentenbezeichnung zu erkennen.

Beispiel:

Zu einer Firma gibt es zwei Gesellschafterlisten, eine zum 01.10.2007 und eine zum 01.01.2008. Zu der Gesellschafterliste zum 01.01.2008 gibt es einen Widerspruch vom 10.01.2008. Dann findet man unter dem Knoten „Liste der Gesellschafter“ folgende Hierarchie von Ordnern und Dokumenten:

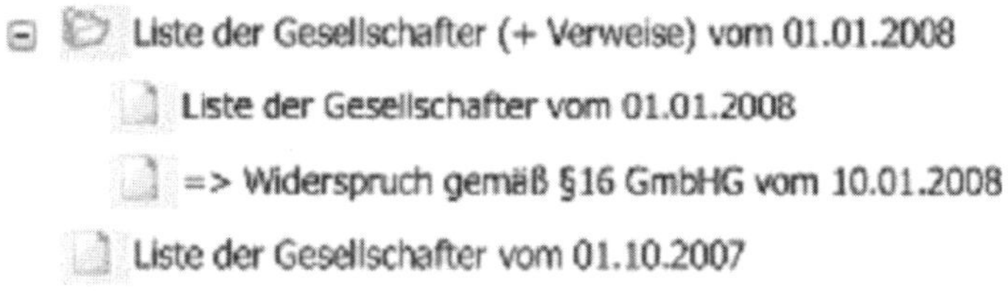

Diese Unterordner zu Verweisen können nach demselben Verfahren abgerufen werden wie die übrigen Ordner.

UT: Unternehmensträgerdaten

VÖ: Liste der Registerbekanntmachungen

Mit Ausnahme der Liste der Registerbekanntmachungen (**VÖ**), der Unternehmensträgerdaten (**UT**) und der Baum-Struktur der eingereichten Dokumente (**DK**) handelt es sich hierbei durchgängig um **kostenpflichtige Abrufe**, die **nur registrierten Nutzern** zur Verfügung stehen.

519 **Strukturierter Registerauszug**

Derzeit ist es leider noch **nicht möglich**, **Registerdaten** in einem **automatisiert weiterverarbeitbaren Format abzurufen**. Die Daten, die über das Registerportal bereitgestellt werden, liegen entweder als PDF-Datei vor oder (im Fall des Sonderbandes) meist als Mehrseiten-Tiff.

Dies führt zu einem konzeptionellen Ungleichgewicht zwischen den Beteiligten am elektronischen Rechtsverkehr: Während die Registergerichte durch Einreichungsvorgaben und freiwillige Mitwirkung der Notare die Registereintragung sehr effizient gestalten können, müssen Notare dort, wo sie auf Registerdaten zurückgreifen immer noch händisch die Angaben in die eigenen Dokumente einfügen.

Aus technischer Perspektive wäre es kein Problem, Registerdaten, die in ähnlich strukturierter Form angeboten werden wie die vom Notar einzureichenden Anmeldungen voll- oder halbautomatisch weiterzuverwenden, z.B. indem sie in eine Vertretungsbescheinigung übernommen werden. Natürlich müssen dazu auch die Systeme auf Notarseite noch weiterentwickelt werden, aber die Vorteile sowohl hinsichtlich der Verarbeitungsgeschwindigkeit als auch der Vermeidung von Übertragungsfehlern liegen auf der Hand.

Gespräche über ein solches **Angebot** werden derzeit **geführt**, deren Ausgang ist allerdings noch unklar.

B. Grundbuch

520 Die elektronische Grundbucheinsicht hat in Deutschland bereits eine deutlich längere Historie als das elektronische Handelsregister. In diesem Bereich hatten die einzelnen Bundesländer bereits früher damit begonnen, Daten elektronisch bereitszustellen. Die Systeme gehen dabei zurück bis in die Ära vor dem Durchbruch des Internets. Elektronische Grundbuchabrufe mussten am Anfang meist mit einem speziellen Computer gefertigt werden, auf dem eine teure Spezialsoftware für die Kommunikation mit dem Justizsystem (meist über Modem oder ISDN) sorgte.

Seitdem sind die Angebote oftmals weiterentwickelt und in ihren Funktionen deutlich aufgewertet worden, sodass heute der **Grundbuchabruf i.d.R.** über eine **Internetschnittstelle** geschieht. Allerdings fehlt in diesem Bereich immer noch eine dem Registerportal vergleichbare Einrichtung, die eine bundesweite Recherche ermöglicht. Dies hat zwei negative Effekte: 521

Zum einen ist die Recherche nach Grundstücken, die einem Eigentümer zuzuordnen sind (oder nach anderen verbindenden Kriterien) schwierig, sobald diese in verschiedenen Bundesländern belegen sind. Zum anderen ist die **überholte Struktur des Kostenrechts** für die Teilnahme am elektronischen Grundbuchabrufverfahren ein großes Hindernis für den Einzelanwender. Dieser müsste sich in einem aufwendigen Verfahren im jeweiligen Bundesland für die Teilnahme anmelden, wofür jeweils eine stattliche Summe als Einmalgebühr fällig wird. Daneben werden oftmals monatliche Grundgebühren erhoben, sodass sich bei nur gelegentlicher Einsicht in ein Grundbuch des Nachbarlandes eine Belastung ergibt, die in keinem Verhältnis zum Nutzen steht.

Zwischen den Bundesländern werden derzeit Gespräche über die **Einführung** eines **bundesweiten Grundbuchportals** geführt. Auch die **Modernisierung** der aktuellen **Datenverarbeitungs-** und **Auskunftssysteme** sind bereits Gegenstand eines bundesweiten Großprojekts. Leider gibt es für beide derzeit noch **keine verlässlichen Umsetzungsprognosen**, sodass zumindest mittelfristig vom Bestand der aktuellen Systeme auszugehen ist. 522

Der **Abruf** von Grundbuch-Auszügen ist in den **verschiedenen Bundesländern unterschiedlich** umgesetzt. Im Folgenden wird der Ablauf einer Abfrage beim elektronischen Grundbuch des Landes **Nordrhein-Westfalen** geschildert. Dort kommt die **Software SOLUMWeb** zum Einsatz, die auch in der Mehrzahl der übrigen Bundesländer in dieser oder einer ähnlichen Form verwendet wird. 523

524 Die Grundbuchabfrage wird aufgerufen über die Seite **https://www.grundbuch.nrw.de/**. Es erscheint eine **Anmeldungsseite**, auf der der Benutzer seine **Kennung** und sein **Passwort** eingeben muss.[290]

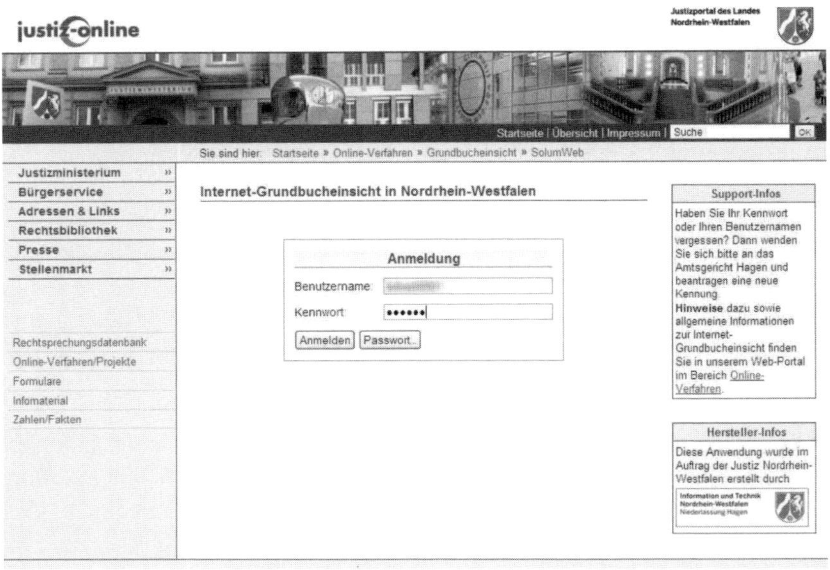

290 Die Teilnahme am elektronischen Grundbuchabruf setzt eine Anmeldung und den Nachweis eines berechtigten Interesses voraus. Zum Registrierungsverfahren vgl. http://tinyurl.com/csqgqg.

Nach der Eingabe erscheint die **Suchmaske**. Optimalerweise sollte für die Suche immer die **Blattnummer** als Ausgangspunkt dienen. Im Hinblick auf die spätere Kontrolle des Umgangs des Notars mit der Einsicht ist zu jeder Anfrage ein Bezug einzugeben, der eine spätere Zuordnung zu einem konkreten Vorgang erlaubt. 525

Die Suche nimmt i.d.R. einige Sekunden in Anspruch.

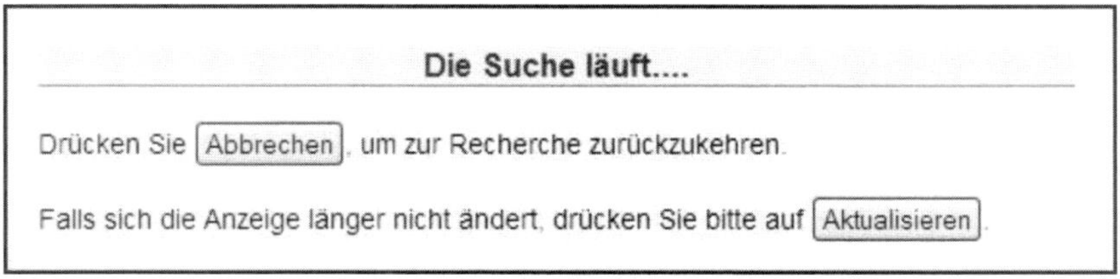

526 Das **Ergebnis** wird angezeigt als **Link zu einer PDF-Datei**, die das gesuchte Grundbuchblatt enthält. Auf der Ergebnismaske werden darüber hinaus noch verschiedene weitere **Optionen** angeboten, insbes. die **Antragsliste** (z.B. für die Vorbereitung von Rangbescheinigungen) und der **Aktualitätsnachweis**. Mit letzterer ist es möglich bei einem bereits vorliegenden Auszug nochmals dessen Aktualität zu prüfen, ohne dass dabei die Abrufkosten anfallen.

Klickt man auf den Link, wird der Grundbuchauszug als PDF-Dateien in einem Fenster angezeigt. In der Praxis sollte man sich die Zeit nehmen, die einmal **abgerufenen Auszüge** an geeigneter Stelle zu **speichern**. So lassen sich oft die Kosten für einen späteren Neuabruf sparen. 527

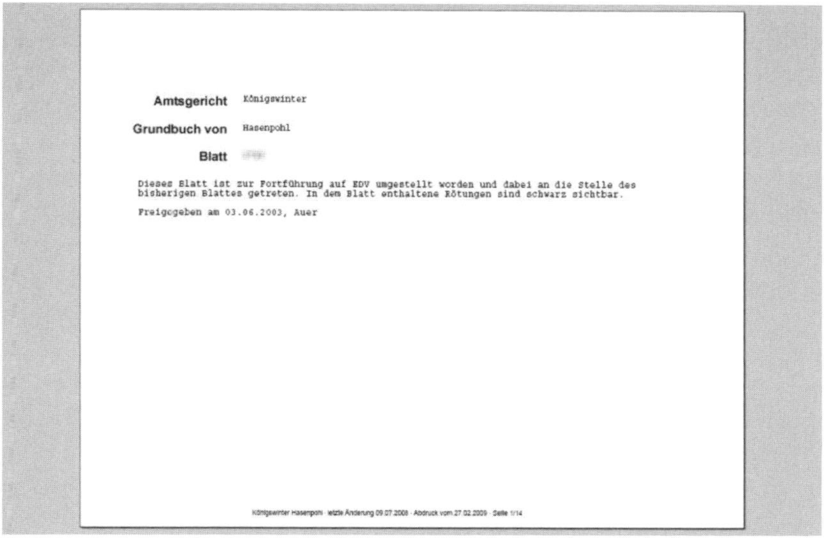
Amtsgericht Königswinter

Grundbuch von Hasenpohl

Blatt

Dieses Blatt ist zur Fortführung auf EDV umgestellt worden und dabei an die Stelle des bisherigen Blattes getreten. In dem Blatt enthaltene Rötungen sind schwarz sichtbar.

Freigegeben am 03.06.2003, Auer

Königswinter Hasenpohl · letzte Änderung 09.07.2008 · Abdruck vom 27.02.2009 · Seite 1/14

C. Andere Informationsangebote der Justiz

528 Die Justizbehörden von Bund und Ländern betreiben seit einiger Zeit unter **http://www.justiz.de** ein **gemeinsames Internetportal**, in dem sämtliche online verfügbaren Angebote von Gerichten und Justizverwaltung zentral zusammengefasst werden. Auch das Handelsregisterportal der Bundesländer ist über diese Seite erreichbar.

Hier ist gerade in den letzten Jahren ein deutlicher Trend erkennbar, Informationsangebote aktuell und rund um die Uhr erreichbar ins Internet zu stellen. Das Justizportal hilft dabei, Angebote schnell zu finden und auch bei neuen Entwicklungen den Überblick zu behalten.

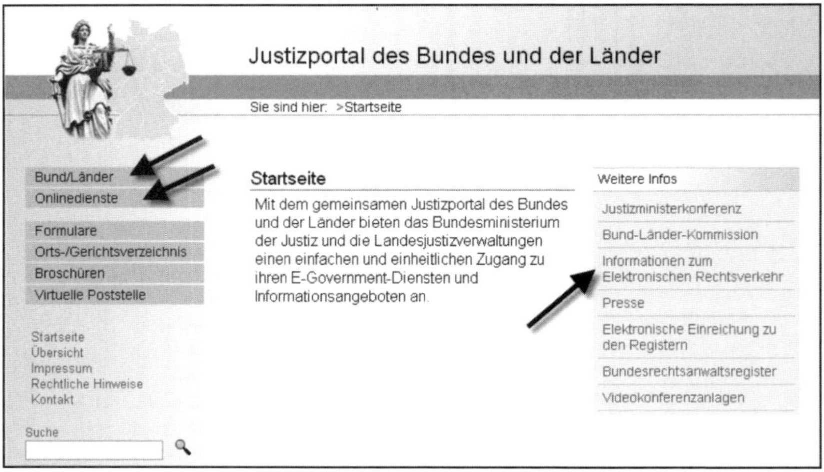

529 Für den Anwender aus dem notariellen Bereich sind insbes. **drei Bereiche** von Bedeutung:

- Über den Menüeintrag „**Bund/Länder**“ erreicht man die Internetseiten der Justizverwaltungen, auf denen oft zusätzliche Angebote zu finden sind oder aktuellere Informationen angeboten werden.

- Der Eintrag „**Onlinedienste**“ verlinkt die relevantesten Dienste und Online-Verfahren. Für die Notariatspraxis lassen sich dabei folgende Angebote herausgreifen:

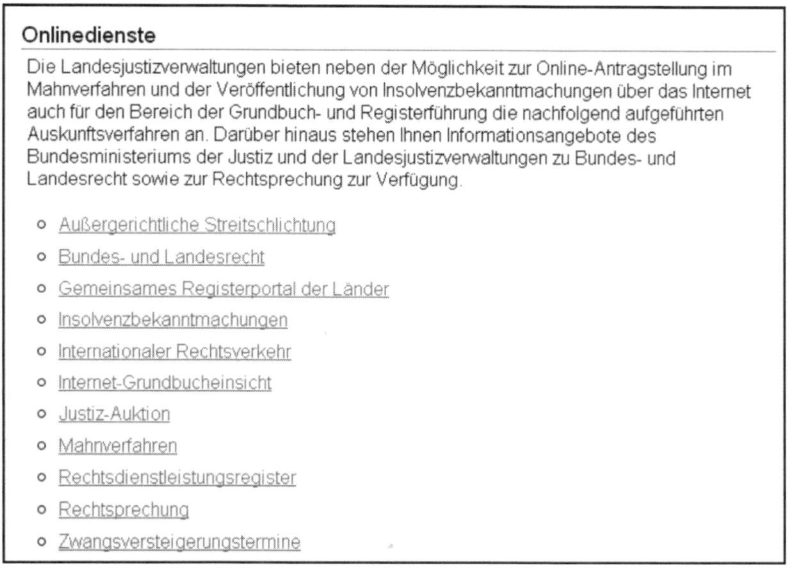

Onlinedienste

Die Landesjustizverwaltungen bieten neben der Möglichkeit zur Online-Antragstellung im Mahnverfahren und der Veröffentlichung von Insolvenzbekanntmachungen über das Internet auch für den Bereich der Grundbuch- und Registerführung die nachfolgend aufgeführten Auskunftsverfahren an. Darüber hinaus stehen Ihnen Informationsangebote des Bundesministeriums der Justiz und der Landesjustizverwaltungen zu Bundes- und Landesrecht sowie zur Rechtsprechung zur Verfügung.

- Außergerichtliche Streitschlichtung
- Bundes- und Landesrecht
- Gemeinsames Registerportal der Länder
- Insolvenzbekanntmachungen
- Internationaler Rechtsverkehr
- Internet-Grundbucheinsicht
- Justiz-Auktion
- Mahnverfahren
- Rechtsdienstleistungsregister
- Rechtsprechung
- Zwangsversteigerungstermine

– Auf der Seite „**Insolvenzbekanntmachungen**“ werden die aktuellsten Bekanntmachungen zu jedem beantragten Insolvenzverfahren bundesweit in einer Datenbank bereitgestellt. Die Suche innerhalb dieses Datenbestandes ist nach einer Vielzahl von Kriterien möglich. Der Notar kann so den Verlauf eines Insolvenzverfahrens beobachten, wenn z.B. ein veräußertes Grundstück insolvenzbefangen ist oder gerichtliche Insolvenzmaßnahmen an anderer Stelle für die Vertragsgestaltung oder -abwicklung Bedeutung erhalten.

– Ähnliche Funktion hat die Datenbank „**Zwangsversteigerungstermine**“, die gleichfalls von Interesse ist, wenn der Notar den Verlauf von Vollstreckungsverfahren zu beachten hat und ggf. auf an- oder abgesetzte Versteigerungstermine Rücksicht nehmen muss.

– Zur ständigen Praxis im Bereich des Anwaltsnotariats sollte zwischenzeitlich das **Elektronische Mahnverfahren** gehören. I.R.d. Justizportals wird ein einheitliches elektronisches Mahnformular für alle Mahngerichte bundesweit angeboten.

- Gleichfalls bereits seit langer Zeit online sind Seiten zum **Bundes- und Landesrecht** sowie zur **Rechtsprechung**. Eine Vorreiterrolle nimmt dabei schon länger die vom Bund gemeinsam mit dem Anbieter Juris betriebene Sammlung des konsolidierten Bundesrechts. Für viele ersetzt der Blick auf **http://www.gesetze-im-internet.de** schon seit langem das Blättern im „Schönfelder" – insbes., weil man auf das turnusmäßige Nachsortieren verzichten kann. Die Gesetzestexte können sowohl häppchenweise im Browser abgerufen als auch als Gesamttext des jeweiligen Gesetzes auf den lokalen Rechner heruntergeladen werden. Genau wie viele ähnliche Sammlungen des Landesrechts ist auch dieses Angebot kostenfrei.
- **Nicht separat verlinkt** sondern ein **Teil** des (spezifischeren) **Handelsregisterportals** ist die Datenbank der elektronisch veröffentlichten **Handelsregistermitteilungen**. Diese Datenbank stellt eine durchaus kostenbewusste Alternative zum erneuten (kostenpflichtigen) Registerabruf da, wo nur vor der Beurkundung kurzfristig die Aktualität der Gesellschaftsinformationen zu prüfen ist. Notwendig ist aber die Kenntnis genauerer Registerangaben für die gezielte Recherche.

• Auf der rechten Seite des Jusitzportals verweist ein weitere Link auf „**Informationen zum elektronischen Rechtsverkehr**". Hier findet sich – wiederum gegliedert nach den Angeboten des Bundes und der Landesjustizverwaltungen – eine **Übersicht** über **aktuelle Pilotverfahren**, mit denen neue Bereiche für Anwendungen des ElRv eröffnet werden sollen.

D. Unternehmensregister

530 Das Unternehmensregister (**https://www.unternehmensregister.de**) ist seit Inkrafttreten des EHUG die **amtliche Plattform** für die **Speicherung veröffentlichungspflichtiger Daten deutscher Unternehmen**, insbes. von Jahresabschlüssen, aber auch von einer Anzahl weiterer veröffentlichungspflichtiger Dokumente.

In der **notariellen Praxis** ist das Unternehmensregister bislang von eher **untergeordneter Bedeutung**. Im Hinblick auf Registereinsichten ist der Notar gehalten, seine Informationen, z.B. zur Vertretung von urkundsbeteiligten Unternehmen, unmittelbar aus dem rechtsverbindlichen Handelsregister zu entnehmen. Die übrigen veröffentlichen Informationen haben für den Notar meist wenig praktische Relevanz.

Das Unternehmensregister bietet eine „**Publikations-Plattform**" zur Einreichung der veröffentlichungspflichtigen Daten. Die Einreichung durch den Notar ist allerdings in diesem Bereich die Ausnahme geblieben, sodass es für den **Notar i.d.R. keinen Anlass zur Registrierung** gibt.

E. Elektronischer Bundesanzeiger

Ein paralleles Angebot zum Unternehmensregister unterhält auch der elektronische Bundesanzeiger, in dem regelmäßig **Gesellschaftsinformationen** zu publizieren sind. 531

Auf **https://www.e-bundesanzeiger.de** ist ein unmittelbarer **Link zur „Publikations-Plattform"** geschaltet, über die der **Notar** nach entsprechender Anmeldung **Publikationen** vornehmen kann, die **nicht automatisiert von den Registergerichten veranlasst** werden. Dazu gehören die Anmeldung der Liquidation oder von Kapitalherabsetzungen.

Hier lohnt es sich auch für den **Notar** meist, ein **Konto zu unterhalten**, da über die Publikations-Plattform sowohl die Vorbereitung der Veröffentlichung als auch deren Nachbereitung (wie z.B. die Übersendung der Veröffentlichungsbelege) effizienter vonstattengehen.

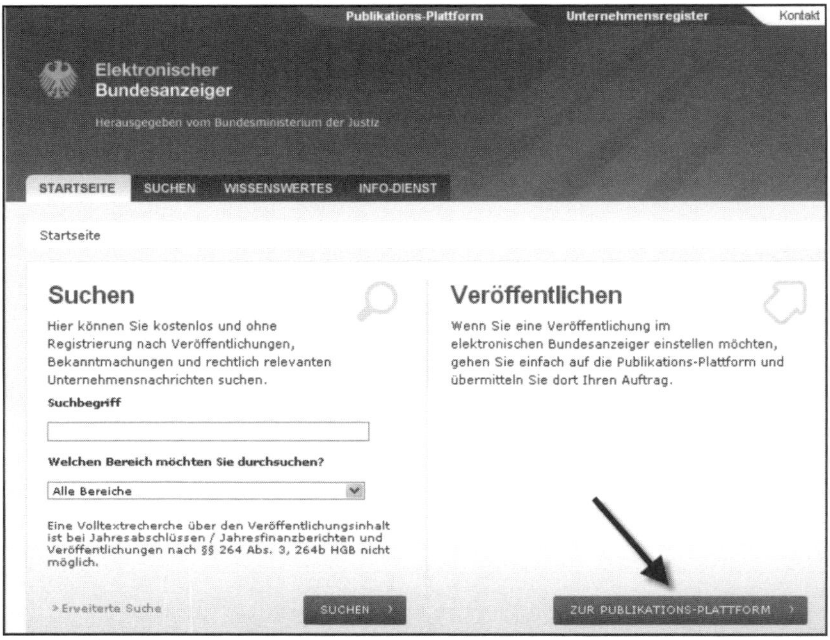

F. Elektronischer Rechtsverkehr mit dem ZVR

I. Das ZVR der BNotK

532 Das Zentrale Vorsorgeregister (ZVR) wurde **Anfang 2003** auf Initiative der BNotK eingerichtet.

Ziel des ZVR ist es, den **Vormundschaftsgerichten** schnell und zuverlässig Kenntnis über **betreuungsrelevante Verfügungen** zu verschaffen und auf diesem Weg sicherzustellen, dass unnötige Betreuungen vermieden und den Vorstellungen und Wünschen der Betroffenen Rechnung getragen wird.[291] So kann ein Richter bei seiner Entscheidung darüber, ob eine Betreuung für den Betroffenen angeordnet werden muss, durch Zugriff über einen besonders geschützten Bereich im Internet bzw. über das Justiznetz beim ZVR anfragen, ob es eine **registrierte Vorsorgevollmacht** gibt und hierdurch die Notwen-

291 Sie hierzu ausführlich *Görk*, DNotZ 2005, 87 ff.; ausführliche Informationen zum ZVR finden sich auf der Internet-Seite des ZVR unter http://www.vorsorgeregister.de.

digkeit zur Anordnung einer Betreuung unter Umständen entfällt.[292] Eine entsprechende Anfrage ist jederzeit – und daher auch in Eilfällen – kurzfristig möglich. Auf diese Weise ist sichergestellt, dass das Gericht eine Entscheidung treffen kann, die den tatsächlichen Willen des Betroffenen berücksichtigt.

II. Institutionalisierung des ZVR durch den Gesetzgeber

Mit dem Gesetz zur Änderung der Vorschriften über die Anfechtung der Vaterschaft und das Umgangsrecht von Bezugspersonen des Kindes, zur Registrierung von Vorsorgeverfügungen und zur Einführung von Vordrucken für die Vergütung von Berufsbetreuern v. 23.04.2004[293] hat der Gesetzgeber das ZVR auf eine **gesetzliche Grundlage** gestellt (vgl. hierzu §§ 78a bis 78c BNotO). Nach § 78a Abs. 2 Satz 1 BNotO wird dem Vormundschaftsgericht auf Ersuchen Auskunft aus dem Register erteilt. Die **näheren Bestimmungen** zur Einrichtung, Führung, Auskunft etc. hat das BMJ durch eine Rechtsverordnung, die Vorsorgeregister-Verordnung v. 21.02.2005 (**VRegV**)[294] geschaffen. 533

Hinweis:

Nach § 20a BeurkG hat der Notar bei der Beurkundung einer Vorsorgevollmacht auf das ZVR hinzuweisen. Dies gilt wohl auch dann, wenn der Notar die Vollmacht nicht beurkundet, sondern lediglich eine Unterschriftsbeglaubigung vornimmt – und zwar unabhängig davon, ob es sich um einen vom Notar gefertigten oder ihm vorgelegten Entwurf handelt.[295]

Nach § 147 Abs. 4 Nr. 6 KostO ist die **Registrierung der Vollmacht** durch den Notar **kostenfrei**.

Das ZVR hat sich in den vergangenen Jahren zu einer festen, unverzichtbaren Einrichtung im Bereich der vorsorgenden Rechtspflege entwickelt. So waren 534

292 Die BNotK hat die AG mit Zugangsdaten ausgestattet, sodass eine Online-Abfrage durch die Gerichte bundesweit möglich ist, s. *Renner*, in: Müller/Renner, Betreuungsrecht und Vorsorgeverfügungen in der Praxis, Rn. 598.

293 BGBl. I., S. 598; s. auch DNotZ 2005, 2 f.

294 BGBl. 2005 I, S. 319; vgl hierzu auch *Görk*, DNotZ 2005, 87 ff.

295 Vgl. *Renner*, in: Müller/Renner, Betreuungsrecht und Vorsorgeverfügungen in der Praxis, Rn. 596 m.w.N.

im September 2008 bereits weit mehr als 750.000 Vorsorgevollmachten registriert. Tagtäglich werden bis zu 700 Anfragen von Gerichten bearbeitet.

Dabei können nicht nur notarielle, sondern auch **privatschriftliche Vollmachten** registriert werden, nicht jedoch isolierte Betreuungs- und Patientenverfügungen.[296]

III. Eintragungsgebühren im ZVR

535 Die mit einer Registrierung einhergehenden Kosten sind relativ gering, da die Gebühren nach dem Gesetz aufwandsbezogen ausgestaltet sein müssen (vgl. § 78b Abs. 1 Satz 1 BNotO).[297] Die **Eintragungsgebühren** richten sich nach der Satzung über Gebühren in Angelegenheiten des Zentralen Vorsorgeregisters (Vorsorgeregister-Gebührensatzung [**VRegGebS**]). Die Höhe der Gebühren richtet sich dabei nach dem gewählten **Meldeweg** (Online-Registrierung oder schriftliche Registrierung; Meldung über einen Notar oder einen anderen institutionellen Nutzer oder durch den Vollmachtgeber selbst) sowie nach der gewählten **Abrechnungsart** (Lastschrift oder Überweisung nach Rechnung). Darüber hinaus ist auch die **Anzahl der gemeldeten Bevollmächtigten** für die konkrete Registrierungsgebühr von Bedeutung.

IV. Registrierungsverfahren

536 Das Vorsorgeregister sollte ursprünglich nur notarielle Urkunden erfassen. Im Rahmen des Gesetzgebungsverfahrens wurde jedoch festgelegt, dass auch privatschriftliche Vorsorgevollmachten registriert werden können. Hierzu können Notare, Rechtsanwälte und sonstige institutionelle Nutzer, aber auch Privatpersonen **Eckdaten über Vorsorgevollmachten** zur **Erfassung in** einer **Online-Datenbank** anmelden. Isolierte Patientenverfügungen und Betreuungsverfügungen können – wie bereits unter Rn. 534 erwähnt - dagegen nicht (mehr) registriert werden.

---

296 *Görk*, DNotZ 2005, 87, 89; *Bund*, BtPrax 2005, 223, der insoweit Nachbesserungsbedarf bei Betreuungsverfügungen sieht; so auch *Renner*, in: Müller/Renner, Betreuungsrecht und Vorsorgeverfügungen in der Praxis, Rn. 597 m.w.N.

297 Die Vorsorgeregister-Gebührensatzung (VRegGebS) wurde in der DNotZ 2005, 81 ff. veröffentlicht. Eine erste Änderung ist am 01.03.2006 in Kraft getreten (vgl. DNotZ 2006, 1 ff. m. Anm. von *Görk*, DNotZ 2006, 6 ff.). Eine aktuelle Fassung der VRegGebS findet sich auf der beiliegenden CD-ROM.

1. Allgemeine Grundlagen

§ 1 VRegV regelt, **welche Daten** im Register eingetragen werden müssen, sofern der Vollmachtgeber dies beantragt. Die **Pflichtangaben**, bei deren Fehlen ein Eintragungsantrag abgelehnt werden muss, statuiert § 2 Abs. 1 VRegV. 537

Der Antrag samt der einzutragenden Daten kann – wie bisher – **schriftlich** oder über entsprechend geschützte Seiten im **Internet** erfolgen. Der Notar ist dabei nicht selbst Antragsteller, sondern tritt als Bote oder Vertreter des Vollmachtgebers auf. **Gebührenschuldner** ist daher der **Klient**, dem die Eintragungsgebühr als durchlaufender Posten in Rechnung gestellt werden kann. Registriert werden die Daten zur Person des Vollmachtgebers und – optional – des Bevollmächtigten, außerdem Daten zur Identifizierung der Urkunde.

Weiterhin müssen Angaben zum **Inhalt der Vollmacht** erfolgen, nämlich nach den Kategorien „Vermögensangelegenheiten", „Angelegenheiten der Gesundheitsvorsorge", „Angelegenheiten der Aufenthaltsbestimmung" und „sonstige persönliche Angelegenheiten". Der Bevollmächtigte muss nicht in die Eintragung seiner Daten einwilligen, er ist jedoch schriftlich von der Eintragung zu informieren und über sein Recht auf Löschung aufzuklären.

> **Hinweis:**
>
> Es empfiehlt sich daher in jedem Fall, den Vollmachtgeber darüber zu unterrichten, dass der Bevollmächtigte stets von seiner Eintragung Kenntnis erlangt.

Änderungen, **Ergänzungen** und **Löschungen** von Eintragungen bedürfen wie die Eintragung selbst eines **Antrags** des Vollmachtgebers. **Automatisch** erfolgt die Löschung von Einträgen **110 Jahre** nach dem Geburtsdatum des Vollmachtgebers.

Da der Eintragung im ZVR **keine Rechtsscheinwirkung** nach §§ 170 ff. BGB zukommt, ist die Löschung von Daten nicht mehr bestehender Vollmachten möglich, aber zur Vermeidung von Rechtsnachteilen nicht zwingend geboten. Die Vormundschaftsgerichte sollen vor allem den Online-Abruf nutzen. Die Auskunft auf schriftlichen Antrag hin bleibt aber möglich. 538

Aufgrund praktischer Bedürfnisse ist es neben der gewohnten Verfahrensgestaltung auch möglich, dass zwar der Antrag über den institutionellen Nutzer 539 eingereicht wird und dieser grds. auch als Ansprechpartner für die weitere Verfahrensabwicklung zur Verfügung steht, jedoch im Einzelfall die **Gebühren direkt beim Vollmachtgeber** (und nicht über den institutionellen Nutzer) erhoben werden.

Durch die Neufassung von § 4 Abs. 3 Satz 3 VRegGebS wurden die Voraussetzungen der **vergünstigten Teilnahme** am ZVR-Verfahren **durch institutionelle Nutzer** präziser gefasst und auf die gesamte Verfahrensabwicklung erstreckt. Die Abwicklung der Gebührenzahlung wird als wichtiger Teil hiervon weiterhin ausdrücklich genannt, jedoch entfällt gem. § 4 Abs. 4 VRegGebS die Eigenschaft als institutioneller Nutzer nicht, wenn der Nutzer lediglich die Gebührenzahlung nicht übernimmt, i.Ü. aber als Ansprechpartner für die weitere Verfahrensabwicklung – wie die Entgegennahme der Eintragungsbestätigung und deren Weiterleitung an den Vollmachtgeber – zur Verfügung steht.

Erklärt hiernach der institutionelle Nutzer mit dem konkreten Antrag auf Eintragung, Änderung, Ergänzung oder Löschung, dass die Gebühren unmittelbar beim Vollmachtgeber erhoben werden sollen, wird dem Vollmachtgeber eine **Vorschussanforderung** übersandt. Die Vornahme der Eintragung, Änderung, Ergänzung oder Löschung ist gem. § 3 Abs. 1 VRegV von der Zahlung des Vorschusses abhängig.

Infolgedessen besteht die **Möglichkeit der Einsichtnahme** für die **Vormundschaftsgerichte** nicht schon unmittelbar nach Antragstellung, sondern erst **nach Gebührenzahlung**. Nach Abschluss des Eintragungsverfahrens erhält der institutionelle Nutzer, der die Meldung übermittelt hat, die Eintragungsbestätigung zur Weiterleitung an den Vollmachtgeber. Bei der Gebührenerhebung unmittelbar beim Vollmachtgeber erhöhen sich die Eintragungsgebühren je Vollmacht um 2,50 €.

2. Anmeldung institutioneller Nutzer

540 Für institutionelle Nutzer (z.B. Notare, Rechtsanwälte, Betreuungsvereine und -behörden) besteht die Möglichkeit, sich als **Nutzer registrieren** zu lassen, um in den Genuss von **Gebührenvorteilen** und einer **persönlichen Kennung** für das Online-Verfahren zu kommen. Die für die Abwicklung über den institutionellen Nutzer erforderlichen Angaben – einschließlich der Bankverbindung im Fall des Lastschriftverfahrens – sind dem ZVR **schriftlich per Post** mitzuteilen.

Für die Anmeldung soll das beim ZVR erhältliche **Anmeldeformular A** verwendet werden. Dieses kann als PDF-Datei unter der Adresse https://www.zvr-online.de/dokumente/dat-a(01.03.2006).pdf heruntergeladen werden. Mit der Anmeldung kann zugleich die Teilnahme am Online-Verfahren beantragt werden. Antragsformulare für die **Teilnahme am Online-Verfahren** können im Internet unter https://www.zvr-online.de/formular.html heruntergeladen werden. 541

Hinweis:

Aber auch wer nicht am Online-Verfahren teilnehmen möchte, findet im Internet die für das **papiergebundene Meldeverfahren** erforderlichen Formulare unter https://www.zvr-online.de/inst_pap.html. Auf der zweiten Seite des jeweiligen Antrags sind Erläuterungen zum Verfahren abgedruckt.

Ein Antrag für **Notare** besteht aus dem **Datenformular** N für die Daten des Vollmachtgebers und der Urkunde und dem **Zusatzblatt NZ** für Daten von Bevollmächtigten und vorgeschlagenen Betreuern. Das Zusatzblatt sollte stets mit dem zugehörigen Stammblatt übersandt werden.

Ein Antrag für **andere institutionelle Nutzer** besteht aus dem **Datenformular R** für die Daten des Vollmachtgebers und der Urkunde und dem **Zusatzblatt RZ** für Daten von Bevollmächtigten und vorgeschlagenen Betreuern. Das Zusatzblatt sollte stets mit dem zugehörigen Stammblatt übersandt werden.

Voraussetzung für die Bearbeitung ist stets die **vorherige Anmeldung als institutioneller Nutzer**.

Der **Login** für das Online-Verfahren erfolgt über die Adresse https://www.zvr-online.de/zvr/default.htm. Dort öffnet sich eine Eingabemaske, in welche die vom ZVR zugewiesenen Zugangsdaten eingegeben werden können. 542

3. ZVR-Antrag mit XNotar erstellen und übermitteln[298]

543 Seit Mitte 2008 eröffnet XNotar (ab der Version 2.0) die bereits in der Vorauflage angekündigte Möglichkeit, Anträge auf Erfassung von Vorsorgevollmachten beim ZVR der BNotK elektronisch zu übermitteln.

544 Wenn in der XNotar-Startmaske der Bereich „Zentrales Vorsorgeregister" nicht angezeigt wird, muss dieser zunächst aktiviert werden. Das geschieht über eine der Programmoptionen, die im seitlichen Menü unter „**Verwaltung/ Allgemein**" aufgerufen werden können. Hier unter „**Aktive Module**" das **Häkchen** bei „**ZVR**" setzen. Ist das Häkchen nicht gesetzt, wird die ZVR-Funktion auf der Startseite ausgeblendet.

298 Der folgende Teil basiert auf der Anleitung der NotarNet GmbH, welche auch auf deren Webseite http://www.elrv.info/ abrufbar ist.

a) ZVR-Modul auswählen

Um einen **ZVR-Antrag zu registrieren**, im rechten Fensterteil „**Neuer Antrag**“ wählen und auf die darunter liegende Schaltfläche „Weiter“ klicken. 545

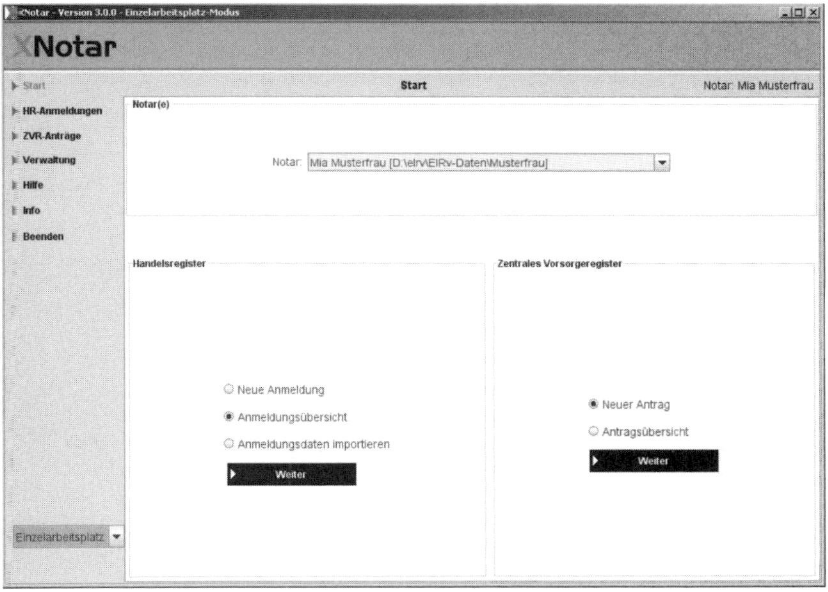

b) Daten der Vorsorgevollmacht

546 Auf der folgenden Eingabemaske sind zur jeweiligen Vorsorgevollmacht die für die Registrierung **notwendigen Angaben** zu machen:

- UR.-Nr. und Urkundsdatum,
- generalisierende Angaben zum Inhalt der Urkunde,
- weitere Angaben, soweit diese für den Kontext des Registers (also aus der Sicht des einsichtnehmenden Betreuungsrichters) sinnvoll erscheinen. Diese sind auf 1.000 Freitextzeichen limitiert.

Pflichtangaben sind mit einem **Sternchen** gekennzeichnet.

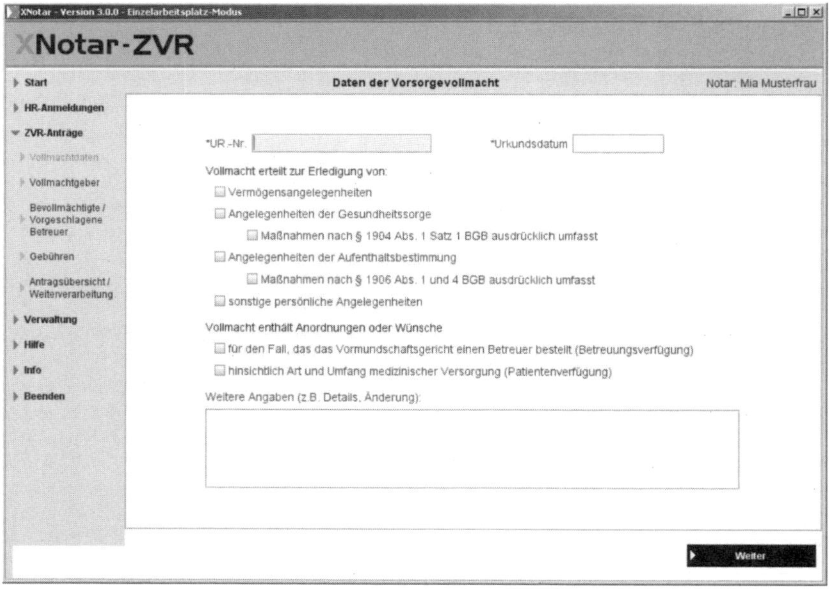

c) Daten des Vollmachtgebers

Die Daten des Vollmachtgebers sind als **Adressdaten** in XNotar-typischer Weise einzugeben. Dabei kann die aus dem Handelsregister-Modul bekannte Funktion „**Adressimport**“ in gleicher Weise verwendet werden.[299] 547

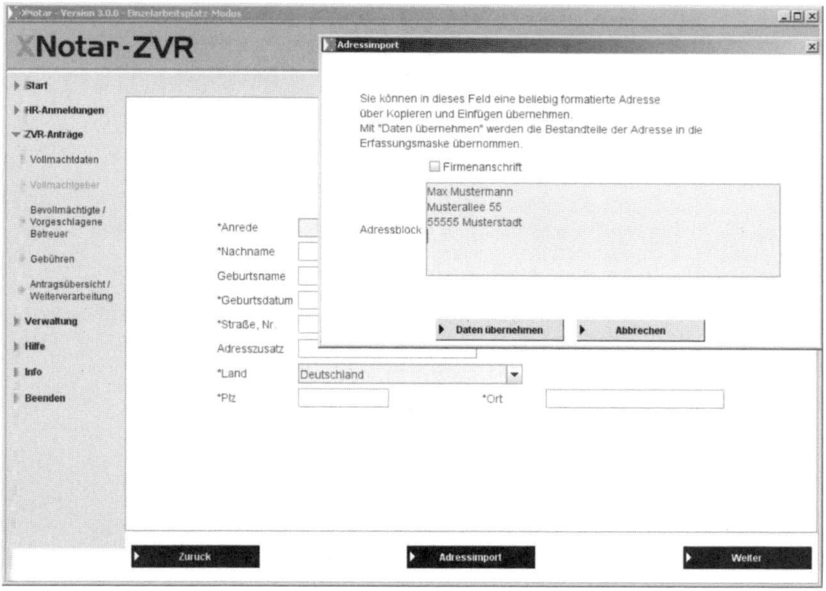

299 Vgl. oben Rn. 182.

d) Daten zum Bevollmächtigten oder zum vorgeschlagenen Betreuer

548 Während die Datenmaske zum Vollmachtgeber im Handelsregistermodul der des Rechtsträgers entspricht, gleicht die Maske für die Bevollmächtigten der Beteiligtenmaske. Hier können nacheinander auch eine **Mehrzahl von Bevollmächtigten** erfasst werden.

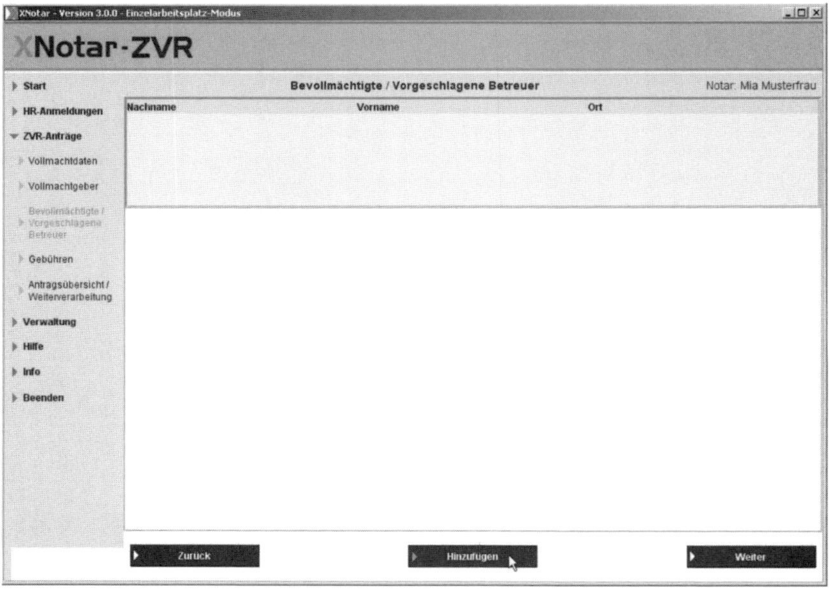

Über „**Hinzufügen**" wird in der Maske „Bevollmächtigte/Vorgeschlagene Betreuer" der Eingabebereich für die **Personendaten** der jeweiligen **Beteiligten** geöffnet.

Hinweis:

Während im Handelsregisterbereich die Angabe von **Kommunikationsdaten** nur wenig sinnvolle Anwendungsfälle hat, sollten für das Vorsorgeregister soweit möglich solche Daten beigefügt werden – jedenfalls eine Telefonnummer des Bevollmächtigten. Insbesondere in eiligen Fällen kann es von entscheidender Bedeutung sein, ob der Richter des Vormundschaftsgerichts den Bevollmächtigten rechtzeitig erreichen kann und damit die Betreuerbestellung entbehrlich wird.

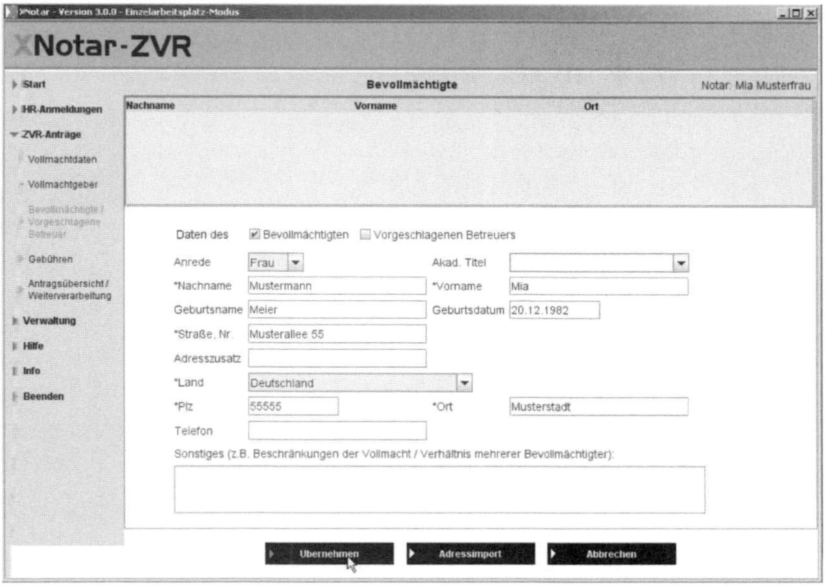

Auch hier kann die Funktion „**Adressimport**" wie oben beschrieben genutzt werden. Zu jedem Beteiligten kann darüber hinaus noch eine Bemerkung im Freitextfeld gespeichert werden.

Wenn die Daten mit der Schaltfläche „**Übernehmen**" bestätigt werden, erscheint der soeben erfasste Bevollmächtigte in der Liste im oberen Teil des Fensters.

Der Bearbeiter kann dann **weitere Bevollmächtigte** erfassen oder die Maske mit „**Weiter**" verlassen.

e) Gebührenerhebung

549 In der Maske „**Gebühren**" kann angegeben werden, ob die Gebührenerhebung über den **Notar** oder direkt beim **Vollmachtgeber** erfolgt.

Dazu können auch **Kontodaten** eingegeben werden.

f) Antragsübersicht/Weiterverarbeitung

550 Ähnlich wie beim Handelsregister-Modul gibt es auch bei den ZVR-Anträgen eine **Übersicht** der bisher **eingegebenen Anträge**. Diese ist hier jedoch **kombiniert mit** den **Funktionen zur Weiterverarbeitung**. Ziel der Bearbeitung ist der gesammelte Export der erfassten Anträge zur elektronischen Übersendung an das ZVR. Bereits **exportierte Anträge** werden zunächst weiter in der Liste angezeigt.

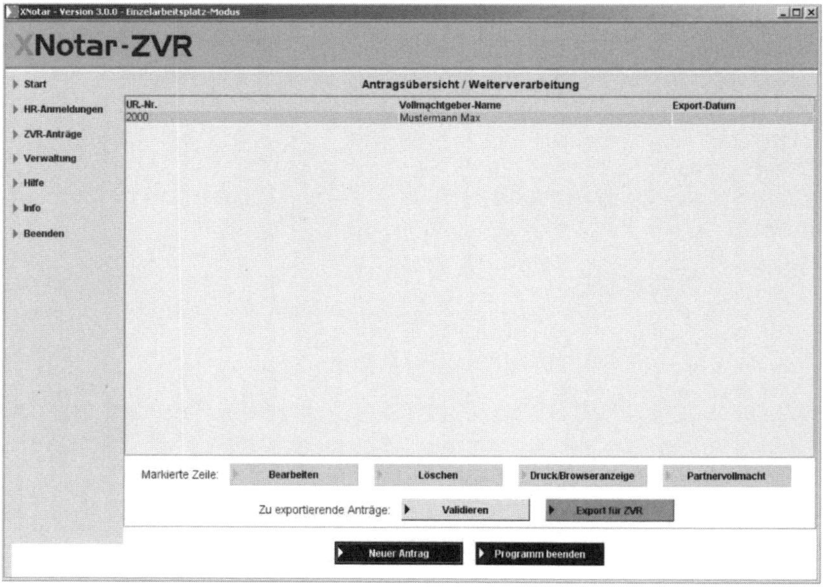

Nach Auswahl eines Eintrags und Wahl der Schaltfläche „**Bearbeiten**" gelangt man zum gewählten Antrag und kann dort Änderungen bzw. Ergänzungen vornehmen.

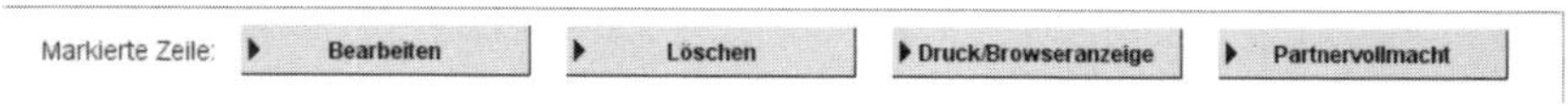

In diesem Zusammenhang kann die folgende Meldung angezeigt werden, wenn ein Datensatz bearbeitet werden soll, der bereits exportiert wurde. Das Bearbeiten von exportierten Anträgen kann notwendig sein, weil der an das ZVR übertragene Antrag bei der Einarbeitung als ungültig zurückgewiesen wird.

Aus Gründen der Übersicht ist es zweckmäßig, nach erfolgter Eintragung in regelmäßigen Abständen die bereits exportierten Daten zu löschen.

Wird ein Datensatz mittels der Schaltfläche „**Löschen**“ gelöscht, ist dieser unwiderbringlich verloren.

Mit der Schaltfläche „**Druck/Browseranzeige**“ wird im Internet-Browser der komplette Vorgang in der Übersicht angezeigt und kann bei Bedarf mit der dortigen Druckfunktion ausgedruckt werden.

ZVR-Eintragungsantrag 2000

Notar(in)

Mia Musterfrau

Aktuelle Anschrift	
Strasse, Nr.	Musterallee 42
PLZ, Ort	71665 Vaihingen
Staat	Deutschland

Daten der Vorsorgevollmacht

Urkundsdatum	25.08.2008
UR.-Nr.	2000
Vollmacht erteilt zur Erledigung von	
Vermögensangelegenheiten	ja
Angelegenheiten der Gesundheitssorge	ja
Maßnahmen nach § 1904 Abs. 1 Satz 1 BGB ausdrücklich umfasst	ja
Angelegenheiten der Aufenthaltsbestimmung	ja
Maßnahmen nach § 1906 Abs. 1 und 4 BGB ausdrücklich umfasst	ja
sonstigen persönliche Angelegenheiten	ja
Vollmacht enthält Anordnungen oder Wünsche	
für den Fall, dass das Gericht einen Betreuer bestellt (Betreuungsverfügung)	nein
hinsichtlich Art und Umfang medizinischer Versorgung (Patientenverfügung)	nein
Weitere Angaben	

Vollmachtgeber

Max Mustermann

Geburt	
Geburtsdatum	01.01.1980
Aktuelle Anschrift	
Strasse, Nr.	Musterallee 55

Hinweis:

Wenn Eheleute sich gegenseitig Vollmacht erteilt haben, kann der Sachbearbeiter über die Schaltfläche „**Partnervollmacht**“ sehr einfach nach der Eingabe der Daten des einen Ehegatten den Paralleldatensatz für den anderen erzeugen. Die Daten werden dabei „spiegelbildlich“ für Vollmachtgeber und (ersten) Bevollmächtigten übernommen. Der so generierte Datensatz sollte zur Kontrolle nochmals durchgesehen und bei Bedarf bearbeitet werden.

Als UR.-Nr. wird die der ersten Urkunde übernommen. Wurden die Vollmachten zu separaten Urkunden erklärt, muss dies manuell angepasst werden.

Über „**Validieren**“ wird geprüft, ob alle formal erforderlichen Angaben in XNotar eingegeben wurden (z.B. Anschriften, Geburtsdaten etc.).

Es werden dabei die ZVR-seitig geltenden Plausibilitäten weitgehend herangezogen. In XNotar kann die Gültigkeit der Daten allerdings nicht abschließend bestätigt werden, da diese Prüfung verbindlich erst durch die Systeme des ZVR nach dem Hochladen vorgenommen wird.

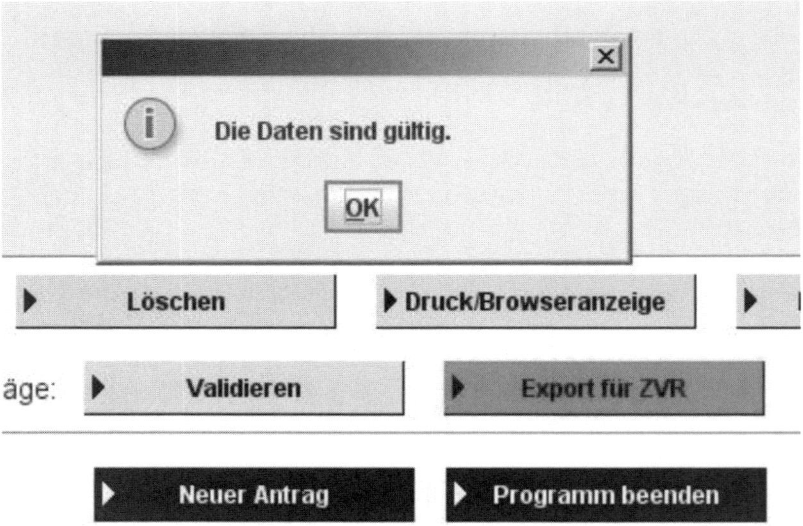

Über „**Export für ZVR**" werden alle noch nicht exportierten Anträge in eine Datei geschrieben, die über die ZVR-Internetseite hochgeladen und verarbeitet werden kann. Dazu muss sie zunächst **lokal gespeichert** werden. Das System schlägt hierzu den Speicherort „ElRv-Daten\[Notarname]\XNotar\ZVR vor.

Zum jeweiligen Export sollte eine **Zeitangabe** als Teil des Dateinamens aufgenommen werden (vorgeschlagenes Format JJMMTTHHMM.)

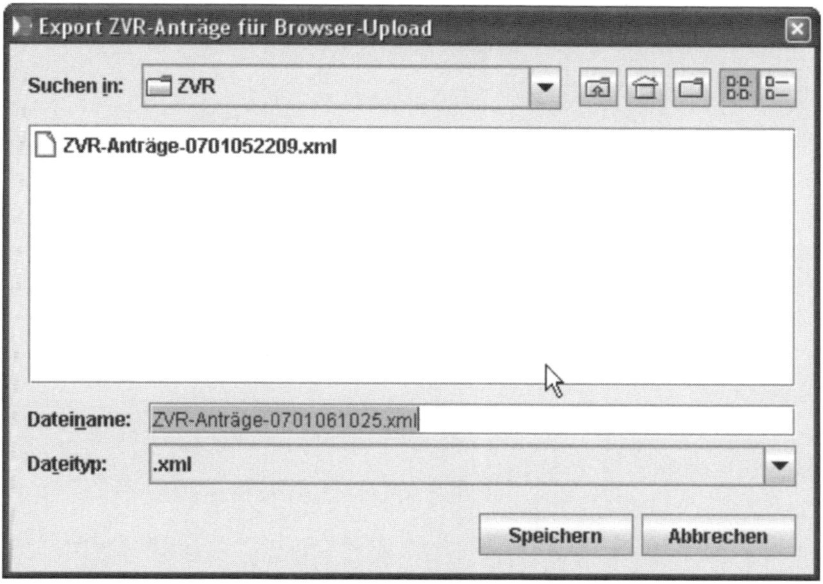

Anschließend fragt XNotar ab, ob nunmehr die Daten unmittelbar hochgeladen werden sollen.

Wählt der Bearbeiter „**Ja**" öffnet sich (Internetverbindung vorausgesetzt) die Webseite des ZVR.

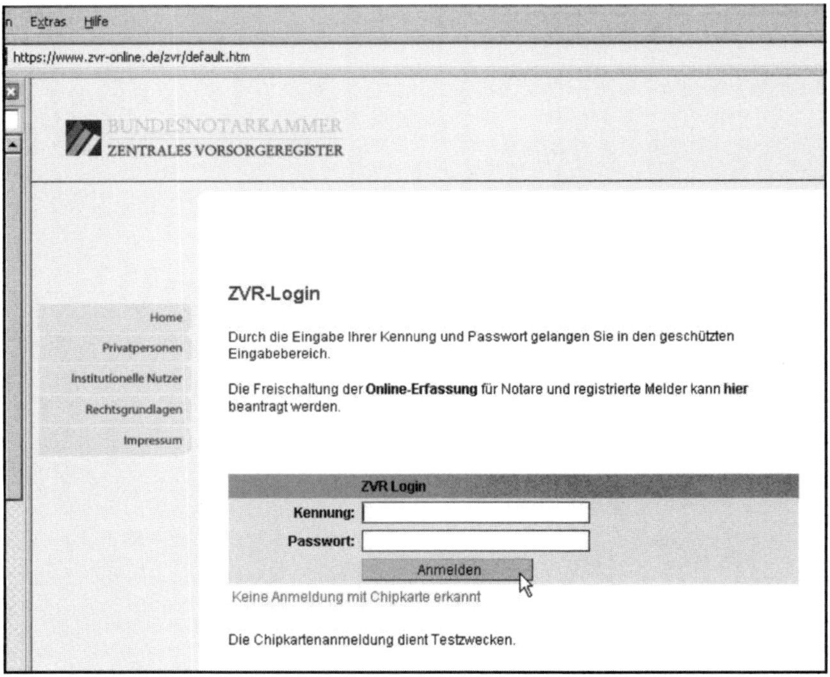

Der Benutzer muss sich nunmehr mit den dem jeweiligen Notar zugeordneten Daten **anmelden**. Diese Seite lässt sich auch bei direktem Aufruf der Webseite http://www.zvr-online.de über die Menüpunkte „Institutionelle Nutzer/ Login" erreichen.

Nach Anmeldung in der ZVR-Anwendung kann die Datei nach Auswahl des Menüpunktes „**Vorsorgeurkunden aus Datei einlesen**" hochgeladen werden.

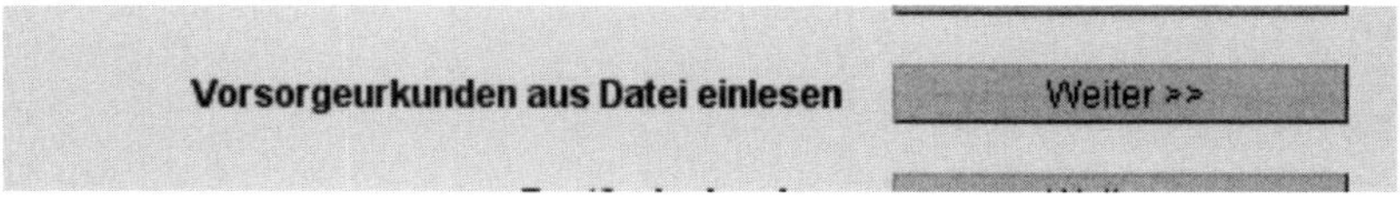

4. Ausblick

Nach Angaben der NotarNet GmbH ist bereits die Erweiterung um einen Webservice beauftragt, sodass **Registrierungen zum ZVR** zukünftig **unmittelbar aus XNotar** an das ZVR geschickt werden können. Der Zeitpunkt der Einführung steht aber derzeit noch nicht fest. 551

G. Webseiten des DNotI

Ein enorm praxisrelevantes Angebot bietet das DNotI auf seinen Webseiten. 552

I. www.dnoti.de

Die öffentliche Seite **http://www.dnoti.de** informiert umfänglich über **alle notarrelevanten Rechtsentwicklungen**. 553

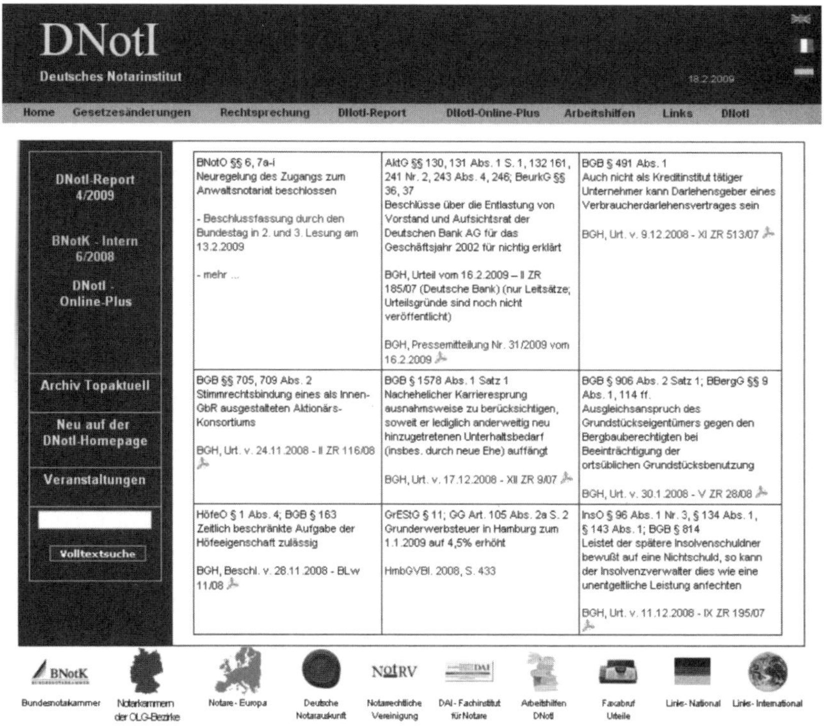

- Im Bereich „**Gesetzesänderungen**" finden sich nicht nur die aktuellen Gesetzestexte, sondern auch vertiefende Ressourcen wie insbes. einschlägige DNotI-Gutachten oder Literatursammlungen zum Thema. Laufende Gesetzgebungsvorhaben mit Notarbezug werden in ihrem aktuellen Stand dokumentiert.
- Unter „**Rechtsprechung**" bietet das DNotI eine große suchfähige Sammlung von Urteilen mit Bezug zu notarrechtlichen Gebieten.
- Der „**DNotI-Report**" ist über die Webseite in seiner aktuellen Ausgabe abrufbar, ebenso wie das gesamte Archiv seit der Gründung.
- Der Bereich „**Arbeitshilfen**" bietet eine große Zahl nützlicher Links und Hilfsprogramme für die verschiedensten Aspekte notarieller Tätigkeit. Die Liste ist zu groß, als dass auf einzelne Punkte hingewiesen werden könnte. Eine Durchsicht ist in jedem Fall zu empfehlen.
- Über die hervorragend gepflegte **Linksammlung** erschließen sich viele weitere Ressourcen, sowohl im nationalen als auch internationalen Bereich.

554 Daneben sind besonders die **beiden Newsletter** des DNotI zu empfehlen. Der **erste** bringt stets die aktuelle Ausgabe des DNotI-Reports im PDF-Format sowie eine Vordruckausgabe der folgenden, noch nicht im Druck erschienenen Ausgabe.

Der **zweite** bringt eine wöchentliche Übersicht über die neuen Themen auf der DNotI-Webseite, insbes. Neues aus Gesetzgebung und Rechtsprechung.

Sämtliche genannten Angebote sind **kostenfrei**.

555 Zuletzt kann über die Webseite, Menüpunkt „**DNotI/Anfragedienst**" eine **Gutachtenanfrage** auf elektronischem Weg übersendet werden. **DNotI-Gutachten** sind für **alle deutschen Notare kostenfrei**.

II. DNotI-Online-Plus

556 In einem **zugriffsgeschützten Bereich** bietet das DNotI daneben noch eine große Zahl **weiterer Informationen** an. Es handelt sich dabei um verschiedene, immer enger zusammenwachsende Datenbanken, die über eine leistungsfähige Suchfunktion verknüpft sind.

Den Kern bilden dabei die große **Gutachtendatenbank** des DNotI, die mehr als 9.000 Gutachten zu einer Vielzahl relevanter Probleme der Notarpraxis beinhaltet, und die **Datenbank** der gesamten **notarrechtlich relevanten Rechtsprechung seit 1996**, integriert in eine komfortable Volltextsuche. Daneben gibt es zahlreiche weitere Suchmöglichkeiten, etwa zu Normen, Rechtsgebieten oder nach konkreten Fundstellen. Alle Dokumente sind im PDF-Format abrufbar und können auf dem lokalen Rechner gespeichert oder ausgedruckt werden. Schrittweise werden weitere notarrelevante Informationen, so Rundschreiben der BNotK und Inhalte von Fachzeitschriften, hinzukommen. DNotI-Online-Plus macht damit wertvolle Arbeitshilfen zu allen im Notariat relevanten Rechtsgebieten online **kostenfrei** verfügbar. Die Datenbank wird kontinuierlich gepflegt, aktualisiert und erweitert.

Vorbildlich ist auch die **Datenbank zum Internationalen Privatrecht**. Sie greift übersichtlich gegliedert auf eine Länderliste zu und unterscheidet für jedes Land nochmals nach den verschiedenen einschlägigen Rechtsgebieten. Auch für eher fernliegende Nationen finden sich hier regelmäßig erschöpfende Informationen.

Die Gutachten aus dem DNotI-Faxabruf lassen sich über ihre Nummer unmittelbar aufrufen.

Der Zugriff auf diese Ressourcen ist **nur Notaren** gestattet. Er erfolgt entweder über das **Notarnetz** oder über die **Legitimation** durch eine **Signaturkarte**, die einem Notar zugeordnet ist.[300]

300 Informationen unter http://www.notaraccess.de/secpkisignon/ (Java muss installiert sein).

H. Webseite der BNotK

557 Auch unter **http://www.bnotk.de** findet der interessierte Anwender eine **Vielzahl gut gepflegter Informationen**.

558 Bei der BNotK stehen folgende Bereiche im Mittelpunkt:

- Unter „**Hinweise und Empfehlungen**“ ist eine große Anzahl von **BNotK-Rundschreiben** gesammelt, die von bleibender Relevanz für die Ausübung des Amtes sind.
- „**BNotK-Intern**“ versammelt aktuelle Ausgaben und das gesamte Archiv der Kammerpublikaton.
- Unter „**Notarsuche**“ findet man das Deutsche Notarverzeichnis, in dem neben den Kontaktdaten jedes Notars auch weitere Informationen zu dessen Sprachkenntnissen etc. enthalten sind.
- Unter „**Elektronischer Rechtsverkehr**“ wird man auf die Webseite http://www.elrv.info weitergeleitet. Diese wurde bereits im Zusammenhang mit

dem Support auf der Website des gemeinsamen Justizportals des Bundes und der Länder (s. Rn. 450 f.) näher erläutert.

Weitere Informationsquellen sind die **Webseiten** der **regionalen Notarkammern**[301] und des **Deutschen Notarvereins**[302]. 559

301 Liste unter http://www.bnotk.de/Adressen/Notarkammeradressen.html.

302 S. http://www.dnotv.de/.

Kapitel 4: Zukunftsperspektiven

A. Fortentwicklung des elektronischen Registerverkehrs

Im Bereich des elektronischen Rechtsverkehrs mit dem Handelsregister sind in naher Zukunft **keine erheblichen Weiterentwicklungen** zu erwarten. Mit den Änderungen in ELRV 3.0 muss man die Anwendungen als gereifte Produkte betrachten, bei denen in Zukunft nur noch evolutionäre Anpassungen an veränderte Umstände zu erwarten sind. 560

Dennoch sind in verschiedenen Teilbereichen noch Fortentwicklungen möglich und geplant. Sie werden in Teilen auch weitere Verbesserungen des Arbeitsablaufs im Notarbüro mit sich bringen.

I. Gesetz zur Modernisierung des GmbH-Rechts und zur Bekämpfung von Missbräuchen (MoMiG)

Das MoMiG[303] wirkt sich in überschaubarem Umfang auch auf die **Bearbeitung von Handelsregisteranmeldungen** mit XNotar aus. Über den Umgang mit den Neuerungen wurde zwischen der BNotK und Vertretern der Justiz wie folgt Einigkeit erzielt: 561

- Die neu eingeführte **Unternehmergesellschaft** stellt einen **Unterfall der GmbH** dar und wird daher auch bei der elektronischen Registeranmeldung als solche behandelt. Als Rechtsform ist daher „Gesellschaft mit beschränkter Haftung" anzugeben. Lediglich bei der Angabe der Bezeichnung wird durch die Aufnahme von „UG (haftungsbeschränkt)" oder „Unternehmergesellschaft (haftungsbeschränkt)" in die Firma deutlich, dass es sich um eine Gesellschaft nach § 5a GmbHG handelt.
- Dem **Musterprotokoll** nach § 1 Abs. 2a GmbHG sind vorläufig die Dokumentarten Gesellschaftsvertrag/Satzung/Statut, Protokoll/Beschluss und Liste der Gesellschafter zuzuordnen. Zukünftig soll eine neue Dokumentart „Musterprotokoll" in den Datenaustauschstandard mit der Justiz aufgenommen werden.

303 V. 23.10.2008, BGBl. I, S. 2026.

- **Anmeldungen zu empfangsberechtigten Personen** sind vorläufig mit dem Anmeldefall „Sonstige Anmeldung/Mitteilung" zu übermitteln. Zukünftig wird es eigene Anmeldefälle für deren Neuanmeldung und Löschung sowie eine Rolle „Empfangsberechtigter" geben.
- Die **Geschäftsanschrift** wird wie bisher in den Strukturdaten übermittelt, nun aber in das Handelsregister eingetragenen. Änderungen der eingetragenen Geschäftsanschrift können mit dem Anmeldefall „Änderung Personendaten" übermittelt werden. Der Rechtsträger ist in diesem Fall mit der neuen Anschrift einzugeben.

II. Handelsregister-Assistent

562 Der Umgang mit XNotar, wie er in diesem Buch beschrieben wird, stellt für viele Anwender immer noch eine erhebliche Hürde dar. Gerade wenig geschulte Mitarbeiter tun sich oft schwer, wenn sie ohne fachliche Unterstützung die rechtliche Einordnung des anzumeldenden Vorgangs oder die inhaltliche Qualifikation von Anlagen vornehmen sollen.

Um diesem Problem abzuhelfen, soll XNotar in naher Zukunft einen **weiteren Bedienmodus** erhalten, bei dem der **Anwender** Schritt für Schritt durch die **gängigsten Anmeldefälle geführt** wird. Das System ist **dialogbasiert**, stellt also dem Anwender bei jedem Schritt konkret zu beantwortende Fragen und leitet anhand der Antworten Schritt für Schritt durch den Prozess der Anmeldung, sodass am Ende idealerweise eine wohlgeformte und fachlich richtige Anmeldedatei steht.

Die Verfahrensweise ist aus vielen anderen Windows-Programmen bekannt und wird dort oft auch mit „Wizard" bezeichnet.

Es ist bei Verwendung des Assistenten **jederzeit möglich**, aus dem „Assistenten-Modus" in den **klassischen XNotar-Modus zu wechseln**, der erweiterte Bearbeitungs- und Eingabemöglichkeiten bietet.

III. PDF-Einbindung

563 Das klassische Datenformat für SigNotar und die damit generierten Dokumente ist „**Mehrseiten-Tiff**". Neben diesem Format ist in der Praxis auch **PDF** (= Portable Document Format) weitverbreitet. Die Eignung von PDF für die Verwendung im Registerbereich war lange umstritten. Die Vorgaben der

OT-Leit-ERV lassen, ebenso wie die dieser folgenden Landesverordnungen auch dessen Verwendung im Registerverkehr zu.

Kritisch beachtet wurden jedoch verschiedene Fortentwicklungen des PDF-Formats, wie das Einbetten von Signaturen oder die Integration dynamischer Inhalte. Diese Erweiterungen entfernen die Daten von dem Anspruch, mit dem PDF einmal angetreten war, nämlich Daten verlässlich und systemübergreifend als Druckvorstufen-Datei anzuzeigen. Integrierte PDF-Signaturen können außerdem nicht von allen Registergerichten gelesen und geprüft werden.

Im Ergebnis herrscht jedoch Einvernehmen zwischen Notaren und Justiz, dass zumindest **Dateien** nach dem Substandard **PDF-A** für die **Verwendung im Registerverkehr geeignet** sind. PDF-A wurde für die Langzeitarchivierung entwickelt und verzichtet auf änderbare Dateiinhalte.

SigNotar wird in naher Zukunft **PDF-A** als **alternatives Datenformat** zu Multipage-Tiff **unterstützen** – sowohl hinsichtlich der Generierung und Anzeige als auch der Prüfung.

IV. „Signaturdrucker“

Im Rahmen der Verfahren zur Generierung von Reinschriften wird geprüft, ob 564
es nicht möglich ist, SigNotar so in die Windows-Systemplattform zu integrieren, dass **aus jeder Applikation** (z.B. Textverarbeitung) ein **Dokument** (elektronische Reinschrift) **in den Vorbereitungsprozess von SigNotar/XNotar eingestellt werden kann**[304] – und zwar schon im für die Weiterverarbeitung geeigneten Format.

Die technische Umsetzung dieser Lösung ist nicht trivial und wird einige Entwicklungszeit kosten. Sinnvoll investiert wäre dies allemal. Der Verzicht auf das nochmalige Einscannen birgt erhebliche Zeitersparnis und sorgt zudem dafür, dass die entstehenden Dokumente noch besser lesbar sind, da sie aus der elektronischen Vorlage generiert werden.

Eine Einführung dieser Funktion kann zurzeit noch nicht verlässlich terminiert werden.

304 Vgl. dazu Rn. 487 ff. sowie Übungsfall 4 (Rn. 599).

B. Elektronischer Grundbuchantrag

565 Die deutschen Grundbücher befinden sich auf einem langen Weg der Elektronisierung, der 1993 mit dem Registerverfahrenbeschleunigungsgesetz (RegVBG)[305] begonnen hat. Wesentliche Stationen dieses Weges:

Am Anfang stand die maschinelle Führung der Grundbücher. Sie wurde auf der Grundlage der §§ 126 ff. GBO seit 1994 schrittweise in allen Bundesländern eingeführt. Elektronisch gespeichert ist aber vor allem ein Abbild des herkömmlichen Grundbuchblatts, das in seiner Gestaltung unverändert blieb. Über **Einsichtssysteme** der Bundesländer können die **Grundbuchblätter** in einem automatisierten Verfahren durch berechtigte Nutzer abgerufen werden.[306]

566 Langfristig verfolgen die Bundesländer gemeinsam mit dem Bund die Umstellung der Grundbuchführung auf ein **bundeseinheitliches Datenbankgrundbuch**. Der Grundbuchinhalt läge dann **vollständig** in strukturierter Form vor und könnte in **unterschiedlichen Darstellungsweisen angezeigt** und **automatisiert verarbeitet** werden. Mit einer Erprobung dieses derzeit in der Konzeption befindlichen Systems ist nicht vor 2012 zu rechnen.

Unabhängig von der Einführung eines Datenbankgrundbuchs kann die **Elektronisierung** der **Mitteilungswege** und der **Grundakte** erfolgen.

I. Elektronischer Grundbuchverkehr

567 Es liegt ein **Gesetzentwurf** der Bundesregierung vor, der den **Ländern** die **Einführung des elektronischen Rechtsverkehrs in Grundbuchsachen** ermöglichen soll, und zwar der Entwurf eines Gesetzes zur Einführung des elektronischen Rechtsverkehrs und der elektronischen Akte im Grundbuchverfahren sowie zur Änderung weiterer grundbuch-, register- und kostenrechtlicher Vorschriften (**ERVGBG**).[307] Danach wird der elektronische Rechtsverkehr im

305 V. 20.12.1993, BGBl. I, S. 2182.

306 Übersicht über die jeweiligen Zugangsmöglichkeiten unter http://www.grundbuchportal.de.

307 BR-Drucks. 66/09 sowie BT-Drucks. 16/12319. Den Gesetzesentwurf findet man auf der Internetseite des Bundestages als pdf: http://dip.21.bundestag.de/dip21/btd/16/123/1612319.pdf sowie auf der beiliegenden CD-ROM.

Bereich des Grundbuchs aller Voraussicht nach dem Verfahren entsprechen, das bereits heute im Bereich des Handelsregisters praktiziert wird.

Die **Beurkundung von Erklärungen** und die **Beglaubigung von Unterschriften** wird unverändert in **Papierform** stattfinden. Für die Beteiligten ändert sich das Verfahren durch die Einführung des elektronischen Rechtsverkehrs also nicht. **Anstelle der Versendung** in Papierform wird der Notar jedoch mithilfe seiner qualifizierten elektronischen Signatur elektronisch beglaubigte Abschriften (§ 39a BeurkG) der bei dem Grundbuchamt einzureichenden Dokumente fertigen (§ 137 Abs. 1 GBO-E). Die öffentliche Form wird damit auch im elektronischen Medium gewahrt. 568

Die erstellten Dokumente verbindet der Notar mit **strukturierten Daten** im XML-Format, die den wesentlichen **Inhalt des Eintragungsantrags maschinenlesbar** wiedergeben. Anfangs werden diese Daten – so wie auch heute noch im Bereich des Handelsregisters – durch den Notar vollständig selbst zu erfassen sein. In einem späteren Schritt soll es möglich sein, die bereits im Grundbuch eingetragenen Informationen von dort strukturiert abzurufen und für die Vorbereitung von Urkunden zu nutzen. Die Erfassung der Strukturdaten und ihre Verbindung mit den elektronisch beglaubigten Abschriften wird auch im Bereich des Grundbuchs mit dem Programm **XNotar** möglich sein.

Für den **vertraulichen Versand** an das Grundbuchamt steht das Elektronische Gerichts- und Verwaltungspostfach (**EGVP**) zur Verfügung, das einheitlich in allen Bundesländern durch die Justiz angeboten wird.

II. Vorteile des elektronischen Verfahrens

Anträge und Erklärungen der Beteiligten werden im Notariat i.d.R. elektronisch vorbereitet. Häufig werden hierbei Daten zum Urkundeninhalt, wie Beteiligtendaten und Grundstücksinformationen, strukturiert gespeichert. Beurkundungen und Beglaubigungen finden anschließend in Papierform statt und die für eine Eintragung erforderlichen Unterlagen werden ebenfalls in Papier an das Grundbuchamt gesandt. 569

Dort werden die im Notariat teilweise bereits maschinenlesbar vorliegenden Informationen erneut vom Papier erfasst, eine elektronische Eintragung in das Grundbuch vorgenommen und die eingereichten Papierdokumente in der Grundakte abgelegt. Soll die Grundakte eingesehen werden, um etwa den

Umfang eines Wegerechts zu bestimmen, so muss die Papierakte in dem jeweiligen Grundbuchamt hervorgeholt werden.

570 Der Prozess der **Eintragung im Grundbuch** lässt sich **beschleunigen**, wenn die für die Eintragung erforderlichen maschinenlesbaren Daten schon im Notariat erfasst werden, wo sie bereits heute teilweise vorliegen und aus einer fortschrittlichen Notariatssoftware übernommen werden können. **Effizienzgewinne im Notariat** lassen sich erzielen, wenn andererseits der **Inhalt des Grundbuchs strukturiert abgerufen** und damit für die Vorbereitung von Urkunden genutzt werden kann. Durch eine elektronische Führung der Grundakte kann langfristig Archivraum eingespart werden.

Durchschlagender Vorteil der elektronischen Aktenführung, der im Bereich des Handelsregisters zu einer revolutionären Aufwertung der Registerauskunft geführt hat, ist aber die **elektronische Einsicht** in die **gespeicherten Dokumente**, die Botengänge zu dem jeweiligen AG zukünftig entbehrlich machen kann. Die elektronische Erfassung von Dokumenten und Strukturdaten im Notariat beschleunigt damit Eintragungen und erleichtert die Einsicht in die Grundakte.

III. Schritte zur Einführung des elektronischen Grundbuchverkehrs

571 Die Einführung des elektronischen Rechtsverkehrs im Bereich des Grundbuchs setzt die Schaffung der **notwendigen Rechtsgrundlagen** voraus. Das **ERVGBG** soll den Bundesländern ermöglichen, die **Grundakte elektronisch zu führen** und den **elektronischen Rechtsverkehr** im Bereich des Grundbuchs **optional oder verpflichtend** vorzusehen. Anders als im Bereich des Handelsregisters wird damit keine bundeseinheitliche Verpflichtung zur Umstellung der Verfahren bestehen. Es ist deshalb damit zu rechnen, dass die Einführung weniger abrupt, mit längeren Entwicklungs- und Erprobungsphasen und in den einzelnen Bundesländern auch durchaus heterogen erfolgen wird.

572 Der Austausch strukturierter Daten setzt einen **anwendungsübergreifenden Standard** voraus, wie er im Bereich des Handelsregisters mit dem Fachmodul XJustiz.Register zur Verfügung steht.[308] In einer Unterarbeitsgruppe der Bund-Länder-Kommission für Datenverarbeitung und Rationalisierung in der Justiz haben die Bundesländer und die BNotK einen Entwurf für einen

308 Vgl. http://www.xjustiz.de/.

solchen Standard erarbeitet, der im Oktober 2008 als **XJustiz-Fachmodul „Grundbuch“** veröffentlicht wurde.

Bevor der elektronische Datenaustausch beginnen kann, müssen noch die **Fachanwendungen** auf Notar- und Gerichtsseite **angepasst** werden. Beides wurde für einen großen Teil der Bundesländer und das Programm XNotar bereits begonnen. Schließlich ist auf der Justizseite sicherzustellen, dass auch Amtsgerichte, bei denen kein Handelsregister geführt wird, über das EGVP erreichbar sind.

Entscheidender Punkt für den Fortgang der Umstellung ist damit derzeit die 573
Schaffung der **erforderlichen Rechtsgrundlagen**. Wird die Ergänzung der GBO noch in dieser Legislaturperiode verabschiedet, so ist auf der Grundlage erster Rechtsverordnungen der Bundesländer ein Pilotbetrieb mit ausgewählten Teilnehmern 2010 realistisch.

C. Elektronische Grundschuldbestellung

Anders als beim Handelsregister ist beim Grundbuchverfahren zumindest 574
im Teilbereich der Immobilienfinanzierung neben den Beteiligten des Beurkundungsverfahrens, dem registerführenden Gericht und dem Notar noch ein weiterer Beteiligter zu berücksichtigen, nämlich der **Kreditgeber** des **grundschuldgesicherten Kredites**.[309] Auch die hier regelmäßig betroffenen Finanzinstitute haben ein großes eigenes Interesse an der Modernisierung der bisherigen Verfahren und der Ermöglichung elektronischer Prozesse.

Darum soll – neben der Vorbereitung des elektronischen Rechtsverkehrs mit den Grundbuchämtern – auch die **Vorbereitung einer Grundschuldbestellung** zwischen Kreditinstituten und Notaren in Zukunft auf **elektronischem Weg** möglich sein.

Die **Vorbereitung**, **Beurkundung** und **Eintragung von Grundschulden** im Zusammenhang mit der **Sicherung von Immobiliarkrediten** gehört zu den am weitesten verbreiteten und in Inhalt und Ausgestaltung am klarsten strukturierten Beurkundungsverfahren. Zudem sind die Beteiligten häufig auf eine sehr kurzfristige Bereitstellung der Sicherheit angewiesen.

309 Dies gilt bei vielen Transaktionen auch für andere „Vierte“, nämlich die Berechtigten von im Grundbuch einzutragenden Rechten (z.B. Vorkaufsberechtigte oder Nießbraucher).

575 Seit 2004 ist die BNotK im Gespräch mit Vertretern der Kreditinstitute um gemeinsam zu ermitteln, wie das Verfahren der Grundschuldbestellung effizienter gestaltet werden kann – insbes. mit Blick auf die **Zusammenarbeit** zwischen **Kreditinstituten und Notaren**. Das Forum für diesen Austausch ist eine Arbeitsgruppe der Initiative Finanzstandort Deutschland (IFD),[310] einer gemeinsamen Einrichtung von Kreditinstituten und öffentlicher Verwaltung. Im Rahmen dieses Austausches rückten schnell die Möglichkeiten in den Vordergrund, die sich aus dem verstärkten Einsatz des elektronischen Datenaustausches ergeben können. Auf Notarseite wurde insoweit auf die parallel laufenden Entwicklungen zur elektronischen Handelsregisteranmeldung verwiesen, die eine geeignete Struktur für ein „elektronisches Grundschuldverfahren“ bilden konnten.

576 Die **BNotK** stellte bereits **Ende 2006** ein **mögliches Verfahren** vor, welches auf beiden Seiten erhebliche Fortschritte in Geschwindigkeit und Effizienz der Bearbeitung ermöglicht. Der Verfahrensvorschlag sieht vor, dass der Notar einstweilen die Aufgabe übernimmt, die im Hinblick auf das Grundbuchverfahren benötigten Papierurkunden zu fertigen und für die Kreditinstitute elektronische Fassungen von Papiereingängen bereitzustellen. Auf diesem Wege könnte die Kommunikation zwischen Notar und Kreditinstitut vollständig papierlos ablaufen.

577 Der **vorgeschlagene Ablauf** sieht im Wesentlichen folgende Schritte vor:

- Im Rahmen der Kreditverhandlungen werden die Daten von Sicherungsgeber, Sicherungsobjekt und die Konditionen der Grundschuld elektronisch erfasst, in ein geeignetes Austauschformat geschrieben und über ein vertrauenswürdiges System an den Notar gesendet, der mit der Beurkundung beauftragt werden soll.
- Der Notar verwendet ein automatisiertes System, um aus den übermittelten Daten und abgestimmten Vorgaben („elektronisches Grundschuldformular“) einen Rohentwurf einer Grundschuldurkunde zu fertigen, den er nach den spezifischen Anforderungen des jeweiligen Vorgangs[311] anpasst. Sämtliche Daten der Urkunde werden in strukturierter Form gespeichert.

---

310 Vgl. http://www.finanzstandort.de.

311 Z.B. Anwesenheit und Identifikation der Beteiligten, Einschränkungen von Sicherungszweckvereinbarungen, Rangvereinbarungen, Besonderheiten des Belastungsobjekts.

- Die Grundschuld wird i.R.d. klassischen Beurkundungsverfahrens in Papierform beurkundet.
- Änderungen, die während der Beurkundung vorgenommen wurden, werden mittels des vorgesehenen Programms in den Datensatz eingepflegt.
- Der Notar erzeugt aus den überarbeiteten Daten eine „elektronische Reinschrift“ der Urkunde, die er (vergleichbar mit dem Handelsregisterverfahren) mit seiner qualifizierten elektronische Signatur beglaubigt (§ 39a BeurkG).
- Der Notar übersendet dem Sicherungsnehmer die elektronische beglaubigte Abschrift der Grundschuldurkunde sowie die parallel generierten Strukturdaten.
- Der Notar stellt den Eintragungsantrag in herkömmlicher Form beim Grundbuchamt.
- Nach Eingang und Prüfung der Eintragungsmitteilung übermittelt der Notar eine elektronische Ablichtung an den Sicherungsnehmer.

Aus Sicht des Notars ergeben sich im Verhältnis zum Handelsregisterverfahren einige Unterschiede. **Ziel** des Verfahrens ist es, in höherem Umfang die **Identität** zwischen dem **Inhalt der elektronischen Urkunde** und den parallel **übermittelten Strukturdaten** zu **sichern**. Dies geschieht, indem eine einheitliche Anwendung für die Erfassung und Verwaltung der Daten und die Generierung des Urkundstextes verwendet wird. Da der Sicherungsnehmer als Kommunikationspartner nicht zum Bereich der öffentlichen Verwaltung oder Rechtspflege gehört, können die Nachrichten nicht über das Elektronische Gerichts- und Verwaltungspostfach (EGVP) versendet werden. An dessen Stelle könnte eine Kommunikationsplattform der BNotK treten, die funktional ähnlichen Anforderungen genügt. 578

Voraussetzung für die **Umsetzung des Verfahrens** sind außerdem bestimmte Festlegungen, die vom bisherigen Papierverfahren abweichen. Sämtliche Funktionen, die im Papiermedium an die Identität und Einmaligkeit einer Papierausfertigung anknüpfen, können im elektronischen Medium derzeit nicht abgebildet werden, weil elektronische Daten in beliebigem Umfang vervielfältigt werden können. 579

- **Briefgrundschulden** sind darum ausgeschlossen, soweit der Sicherungsnehmer eine vollständig elektronische Dokumentenverwaltung anstrebt.

- Gleichfalls kann keine **elektronische vollstreckbare Ausfertigung** erteilt werden. Der Sicherungsgeber muss damit einverstanden sein, dass ihm diese auf gesonderte Anforderung (im Vollstreckungsfall) in Papierform erteilt wird. Diese Methode wird bereits freiwillig von verschiedenen Kreditinstituten verwendet.
- Da die Verwendung verschiedener Vorgaben unterschiedlicher Sicherungsnehmer (Grundschuldformulare) das Verfahren erheblich komplizieren würde, müssen sich die Sicherungsnehmer auf Gemeinsamkeiten einigen (**einheitliches elektronisches Grundschuldformular**). Insoweit wurde bereits innerhalb der Arbeitsgruppe Einigkeit erzielt. Der Inhalt eines einheitlichen Grundschuldformulars wurde innerhalb des zentralen Kreditausschusses abgestimmt.

580 Auf der Grundlage dieses Verfahrensmodells entwickelten die BNotK und verschiedene innerhalb der Arbeitsgruppe engagierte Kreditinstitute[312] ein **prototypisches Verfahren**, welches die technischen Anforderungen vollständig umsetzt. Die Entwicklung wurde im zweiten Halbjahr 2007 erfolgreich abgeschlossen und verschiedentlich vorgestellt. Auf Notarseite kommt eine **weiterentwickelte Version** des Programms **XNotar** zum Einsatz, die insbes. in der Lage ist, aus bereitgestellten Daten den Entwurf einer Grundschuldurkunde zu generieren. Elektronische Signaturen werden in üblicher Weise mit **SigNotar** angebracht. Für die sichere Übertragung der Daten wird ein **spezielles Übermittlungssystem der BNotK** verwendet (**NotarMail**). Derzeit wird aufseiten der Kreditinstitute geprüft, ob eine Pilotversion der „elektronischen Grundschuld" in der Praxis eingesetzt werden kann. Die Umsetzungsentscheidung soll in der zweiten Jahreshälfte 2009 erfolgen, sodass der Pilotbetrieb 2010 aufgenommen werden könnte. Die erfolgreichen Demonstrationen des Verfahrens hatten zur Folge, dass nun auch aufseiten der Justizverwaltung die Einführung des elektronischen Grundbuchverkehrs mit Nachdruck verfolgt wird.

D. Zentrales Testamentsregister

581 Bereits seit geraumer Zeit gibt es Bestrebungen und Anregungen, das bestehende **Hinterlegungs- und Benachrichtigungssystem in Nachlasssachen** zu reformieren und zu modernisieren.

---

312 Deutsche Bank, Commerzbank, Verbund der Genossenschaftsbanken, Allianz.

So wird das bestehende System unter Einbindung der **Geburtsstandesämter** zwar als erprobt und weitgehend zuverlässig eingeschätzt, allerdings gibt es auch erhebliche Defizite, insbes. im Zusammenhang mit der Registrierung und Beauskunftung letztwilliger Verfügungen im Zuständigkeitsbereich des AG Berlin-Schöneberg.[313]

Angesichts der Tatsache, dass es sich nach wie vor um ein **vollständig papierbasieres Verfahren** handelt und die **Archivierung und Pflege der Benachrichtigungskarten** in den Standesämtern erheblichen Aufwand verursacht, liegen die möglichen Effizienzgewinne auf der Hand. Auch in verschiedenen europäischen Nachbarstaaten (z.B. Belgien, Frankreich und Österreich) werden die Verzeichnisse letztwilliger Verfügungen als elektronische Register geführt. Die Erfahrungen sind dort so positiv, dass es auch auf europäischer Ebene Bestrebungen gibt, elektronische Testamentsregister zu fördern, um eine länderübergreifende Vernetzung zu ermöglichen.

Bisherige Vorstöße in diesem Bereich sind bislang stets an der Notwendig- 582
keit der extrem **aufwendigen Rückerfassung** des bestehenden Papierdatenbestands gescheitert. Im Zusammenhang mit der Diskussion einer möglichen erweiterten Aufgabenübertragung an Notare[314] steht nunmehr auch auf Initiative der Bundesländer die Möglichkeit im Raum, ein derartiges **elektronisches Register einzurichten** und **durch die BNotK betreiben** zu lassen. Der Erfolg des Vorsorgeregisters als Referenzprojekt und die vergleichbaren technischen Rahmenbedingungen sprechen für die zügige Umsetzung.

E. Elektronisches Urkundsarchiv

Die **dauerhafte Aufbewahrung von Notarurkunden als Gesamtsystem** ist 583
seit längerer Zeit in der Diskussion. Das bisherige – in den Bundesländern und zwischen den Notariatsformen unterschiedlich geregelte – System, bei dem zunächst der Notar seine Urkunden sowie die Urkunden seiner Amtsvorgänger verwahrt (i.d.R. dreißig Jahre), diese danach an das zuständige Amtsgericht weitergibt, welches seinerseits nach einer gewissen Verwahrdauer die

313 Hier sind sämtliche Verfügungen zu registrieren, bei denen der Geburtsort des Verfügenden nicht im derzeitigen Staatsgebiet der BRD liegt.

314 Vgl. http://www.bnotk.de/Service/BNotK-Intern/2008/BNotK-Intern_2008_2_02.html.

Akten an das zuständige Landesarchiv abgibt, ist aus verschiedenen Gründen[315] zukünftig kaum noch praktikabel.

584 Diskutiert wird in diesem Zusammenhang, die Aufgabe der Verwahrung zukünftig in erheblich größerem Umfang den Notaren bzw. ihren Berufsorganisationen aufzuerlegen. Eine solche Übertragung würde das eskalierende Mengenproblem und die damit verbundenen Lager- und Archivierungskosten nicht lösen, sondern nur verlagern. Aus diesem Grund wird im Zusammenhang mit der Reform technisch und rechtlich die Möglichkeit sondiert, **Notarurkunden** zukünftig **elektronisch zu archivieren**.

Präzedenzen für solche Projekte finden sich im Ausland, insbes. in Österreich, wo ein Urkundsarchiv aller Österreichischen Notare bereits seit Jahren in Betrieb ist. Angesichts der unterschiedlichen Größenordnungen und Rechtsverhältnisse in Deutschland ist ein solcher Schritt hierzulande mit erheblichen rechtlichen und organisatorischen Problemen behaftet, die sorgfältige Untersuchung und ein klares Umsetzungskonzept erfordern.

585 Die Grundidee erscheint jedoch nicht fernliegend. Angesichts des Vordringens des elektronischen Rechtsverkehrs in allen Bereichen der notariellen Tätigkeit ist die **elektronische Erfassung von Urkunden** zukünftig wohl eher ein **Standardvorgang**. Die **digitale Archivierung** solcher Daten ist demgegenüber – jedenfalls für die Büroorganisation – nur noch ein kleinerer Schritt, der aufgrund der mit einem Urkundsarchiv verbundenen Vorteile dauerhaft weitere Effizienzgewinne verspricht. Die weitere Entwicklung auf diesem Gebiet wird zu beobachten sein. Mit greifbaren Entwicklungen ist jedoch erst 2014 bis 2015 zu rechnen.

F. Perspektiven der elektronischen Vorgangsabwicklung

586 Angesichts der vorbeschriebenen vielfältigen Projekte scheint es nur logisch, über die Konsequenzen zukünftiger elektronischer Verfahren für die notarielle Vorgangsabwicklung nachzudenken.

Das traditionelle Papiermedium hat für den Notar den Vorteil, dass er zur verbindlichen Kommunikation mit vielen Partnern stets nur eine Schnittstel-

315 Insbes. der zunehmende Umfang der Urkundensammlungen und die abnehmende Relevanz der einzelnen Urkunde als historischem Dokument.

le benötigte – nämlich die Post, die die adressierten Briefe zum Empfänger brachte. Mit technischen Fortschritten, wie Telefax und E-Mail, gab es die ersten Variationen, die auch von Notaren und ihren Kommunikationspartnern aufgegriffen wurden. Rechtsverbindliches Medium blieb jedoch in den meisten Fällen das per Post zu übersendende Papier.

Mit dem **EGVP** ist für den Notar erstmals in relevanter Weise ein **verbindliches Alternativverfahren** eingerichtet worden, das verpflichtend an die Stelle der Papierübersendung getreten ist. Bei der elektronischen Handelsregisteranmeldung musste sich der Notar darüber hinaus erstmals mit komplexen technischen Vorgaben für die elektronische Einreichung befassen (Formate für die Anfertigung elektronischer beglaubigter Abschriften, XML-Strukturformate). Bereits hier muss er sich in weiten Teilen auf technische Hilfsmittel verlassen, die die geforderten Standards in geeigneter Form bedienen. 587

Leider scheint es, als ob die im Handelsregisterbereich **etablierten Standards sich nicht** ohne Weiteres auf die anderen Verfahren **übertragen** lassen. Nimmt man exemplarisch die **Abwicklung eines Kaufvertrages**, ist bereits absehbar, dass für Antragstellung und Mitteilungspflichten von den Adressaten unterschiedliche Vorgaben gemacht werden: 588

Während bei den Grundbuchämtern wohl eine Technik zum Einsatz kommen wird, die der der elektronischen Registeranmeldung jedenfalls ähnelt, besteht die Finanzverwaltung (Veräußerungsanzeige) seit längerem auf der Verwendung von für diesen Verwaltungszweig spezifischen Regeln. Völlig unklar ist daneben, wie ein Datenaustausch mit Kreditinstituten zu bewerkstelligen ist. Varianten von E-Mail bis hin zu Web-Formularen sind denkbar. Angesichts der Länderzuständigkeiten ist darüber hinaus aller Erfahrung nach mit regional unterschiedlichen Verfahren zu rechnen.

Der **einzelne Notar** dürfte mit der Beherrschung einer **Vielzahl technischer Verfahren überfordert** sein. Bei seinen Mitarbeitern würden die durch die Elektronisierung erzielten Effizienzvorteile durch die Vielfalt der zu bedienenden Verfahren aufgezehrt werden. Sollte es nicht gelingen, auf Justiz, Verwaltung und andere Beteiligte einzuwirken, gemeinsame Standards zu definieren und an diesen festzuhalten, kann auf Dauer nur eine **zentrale Einrichtung** helfen, die **für den Notar als „Übersetzer" und Postleitstelle** einspringt. Wenn der Notar nur eine Vollzugsanweisung in elektronischer Form gibt, sollte diese Einrichtung die datentechnisch und rechtlich korrekte Zu- 589 ordnung und Konvertierung von Daten für den Empfänger vornehmen und die jeweiligen Daten im vom Empfänger bevorzugten Kommunikationsweg übersenden.

Überlegungen zu einem solchen Dienst befinden sich derzeit noch in der Anfangsphase, obwohl es dafür im internationalen Bereich bereits Vorbilder gibt.[316]

Auch hier wird sich eine Entwicklung nur mittelfristig vollziehen und insbes. die entstehenden Vorgaben seitens der Kommunikationspartner Berücksichtigung finden müssen.

G. Internationales

590 Im internationalen Bereich gibt es verschiedenene **Pilotprojekte** und **Initiativen** zum elektronischen Rechtsverkehr, die notarielle Tätigkeitsfelder berühren.

- Eine länderübergreifende Arbeitsgruppe befasst sich mit dem Problem, wie Notare **grenzüberschreitend elektronische Signaturen** von Kollegen aus anderen EU-Staaten **prüfen** können. Dies könnte z.B. die schnelle elektronische Übersendung einer formwirksamen notariellen Vollmacht aus einem anderen Land ermöglichen. Die technischen Vorarbeiten sind weitgehend abgeschlossen und lassen auf eine praktische Umsetzung in naher Zukunft hoffen. In Deutschland ist das System für einen prototypischen Betrieb freigeschaltet.[317]
- Auf verschiedenen internationalen Konferenzen wird seit 2005 untersucht, ob der rechtliche Rahmen der Haager Konvention die **Verwendung elektronischer Apostillen** zulässt.[318] Die überwiegende Meinung sieht diese Möglichkeit wohl vom Text der Konvention abgedeckt. In technischer Hinsicht hat sich allerdings noch kein Verfahren etabliert und die meisten Justizverwaltungen sind mit ihrem Engagement eher zurückhaltend. Es wird sich in naher Zukunft herausstellen, ob sich die Rechtssystematik der Apostille auf das elektronische Medium übertragen lässt oder ob sich an-

316 Die spanischen Notare verwenden einen zentralen Server als Informationssystem, der sämtliche Mitteilungspflichten nach Bedarf bedient.

317 Vgl. BNotK-intern 4/2008, http://www.bnotk.de/Service/BNotK-Intern/2008/BNotK-Intern_2008_4_02.html.

318 S. http://www.e-app.info/.

dere Methoden für die Authentifizierung notarieller Signaturen (wie z.B. die Verifizierung integrierter Amtsträgerattribute) durchsetzen.

- Das „**Europäische Notarnetzwerk**" ist ein weiteres Projekt der europäischen Dachorganisation CNUE, das der fachlichen Vernetzung von Notaren im europäischen Rechtsraum dient.[319] So können Notare aus Mitgliedsländern Anfragen stellen, die über das Netzwerk von Kollegen im jeweiligen Zielland beantwortet werden.
- Gleichfalls im Entstehen begriffen ist ein **europäisches Netzwerk der Testamentsregister** (**RERT**), welches mittelfristig die bestehenden Register vernetzen soll. So soll es möglich werden, auch international nach letztwilligen Verfügungen europäischer Bürger zu suchen.

319 S. http://www.cnue-nouvelles.be/en/reseau-notarial-europeen-en/001/index.html.

Kapitel 5: Übungsfälle

Einführung

Es folgen **acht Übungsfälle** mit ausführlichen Erklärungen, mit denen die Fallbearbeitung in XNotar und SigNotar erprobt und vertieft werden kann. Die Fälle sind so angelegt, dass jeweils andere Aspekte im Vordergrund stehen und auf diesem Weg ein umfassenderes Bild der Techniken entsteht. Diese Fälle entsprechen inhaltlich den Fällen, die auch Gegenstand der „offiziellen" Workshop-Fortbildungen sind, die zum Start von ELRV 3.0 von den Notarkammern angeboten werden. 591

Die **benötigten Dateien** zu diesen Fällen sind auf der diesem Buch **beiliegenden CD-ROM** gespeichert. Sie können grds. auch unmittelbar von dort abgerufen werden. Man kann sie auch auf die Festplatte des benutzten Rechners kopieren, was ggf. die Verarbeitungsgeschwindigkeit im Verlauf der Übungen steigern kann. Achten Sie darauf, die Daten an eine Stelle zu kopieren, die über die üblichen Windows-Mechanismen leicht anzusteuern ist, da ansonsten die einzelnen Arbeitsschritte mühsamer werden. Es bietet sich z.B. eine Kopie auf die Arbeitsoberfläche (Desktop) an. 592

Bevor Sie mit den Übungen beginnen, müssen Sie prüfen, ob ihr **System vollständig eingerichtet** ist. Dazu sollten die beiden Anwendungen SigNotar und XNotar installiert und eingerichtet sein. Insbes. müssen die Programmfunktionen durch die Eingabe der Registriernummern freigeschaltet sein. Daneben sollte in den Programmen ein einheitliches Verzeichnis für die Aufnahme der Daten voreingestellt sein (meist „ElRv-Daten", je nach Installation entweder auf einem freigegebenen Netzlaufwerk oder einem lokalen Datenträger). Achten Sie weiterhin darauf, dass das Übergabeverzeichnis für XNotar und EGVP in beiden Programmen richtig eingestellt ist. 593

Öffnen Sie die Programme ausschließlich, wenn Sie im aktuell bearbeiteten Fall benutzt werden. Überflüssige geöffnete Programme belasten die Systemleistung. Insbes. wenn SigNotar und EGVP gleichzeitig geöffnet sind, kann es zu Beeinträchtigungen wegen des gleichzeitigen Zugriffs auf Signaturkarte und Kartenlesegerät kommen. 594

595 Im Rahmen der Fallübungen werden **verschiedene Dateitypen** verwendet, die sich durch ihre Dateiendungen unterscheiden:

- **.tif, .tiff**: Grafikdateien, die mit SigNotar angelegt und verarbeitet/signiert werden. Sie werden als Dateianlagen in XNotar und EGVP aufgegriffen. Werden diese Dateien mit einem Doppelklick geöffnet, werden sie in dem damit auf dem System verknüpften Grafikprogramm (z.B. den Programmen „IrfanView" oder „Microsoft Office Bild- und Faxanzeige") angezeigt.
- **.pkcs7**: Signaturdateien, die mit SigNotar erzeugt wurden. Sie können mit dem Programm auf ihre Gültigkeit überprüft werden.
- **.doc**: Textverarbeitungsdateien, regelmäßig mit Microsoft Word erzeugt. Sie öffnen sich beim Doppelklick in Word oder einem entsprechenden Anzeigeprogramm. Diese Dateien dienen i.R.d. Schulung als Beispiele für eigene Urkunden, die in dieser oder ähnlicher elektronischer Form vorliegen. Aus ihnen können Daten für XNotar übernommen werden.
- **.xml**: Codierte XML-Daten für die automatisierte Weiterverarbeitung in Justizsystemen. Sie werden mit XNotar erzeugt und können mit diesem Programm eingelesen und weiterverarbeitet werden. Ein Doppelklick öffnet die Datei in einer technischen Ansicht im Internet-Browser.

Fall 1: Vollständige Vorbereitung einer Anmeldung im Mitarbeitermodus von XNotar

Exemplarisch soll zunächst die Bearbeitung eines Anmeldevorgangs in dem 596
neuen arbeitsteiligen Verfahren Schritt für Schritt erläutert werden. Eine OHG wird **erstmals zum Handelsregister angemeldet**. Dies ist einer der Anmeldefälle, die mit der Version 3.0 in XNotar integriert wurden.

■ XNotar-Startmaske

Im neuen Arbeitsablauf unter ELRV 3.0 ist **Ausgangspunkt** der Bearbeitung **immer XNotar**. Soll ein Anmeldevorgang durch einen Mitarbeiter vorbereitet werden, so ist in der Startmaske von XNotar der Modus Mitarbeiter zu wählen.

Achten Sie in Sozietäten darauf, dass in der Startmaske der **richtige Notar** für die Vorbereitung des Anmeldevorgangs ausgewählt ist.

Im Bereich Handelsregister ist für den nächsten Schritt **standardmäßig** die Option „**Neue Anmeldung**“ ausgewählt. Durch Bestätigen mit „**Weiter**“ gelangen Sie wie auch bisher in die Maske „**Grunddaten**“.

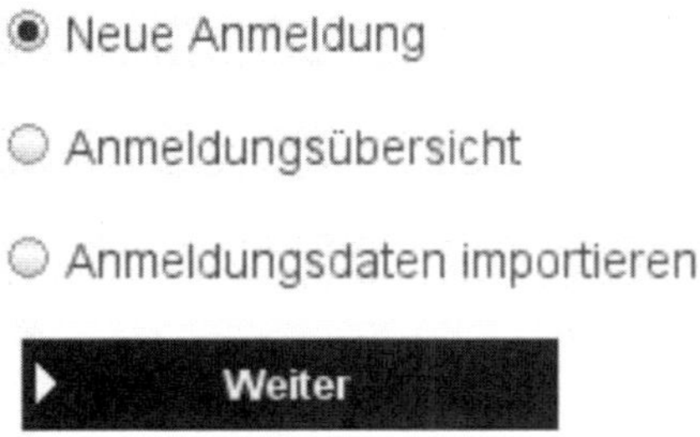

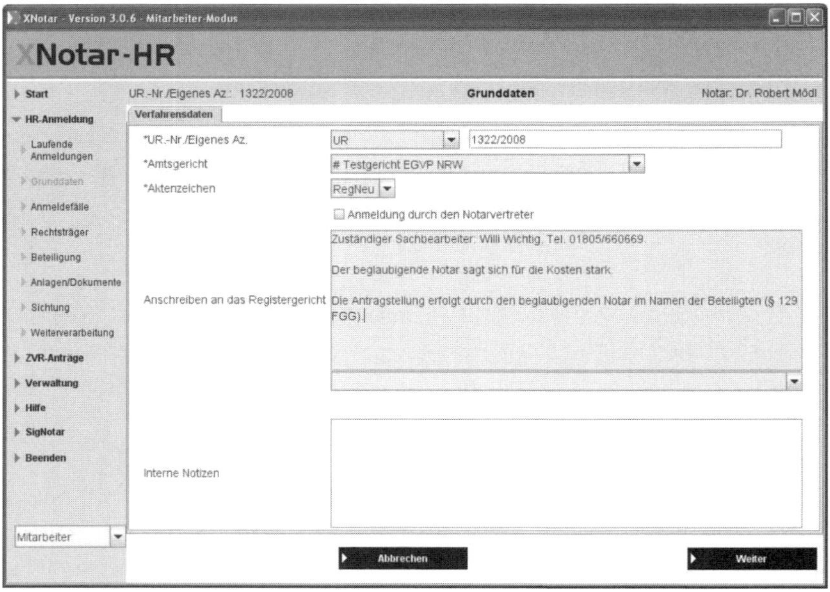

Grunddaten

In den Grunddaten können Sie eingeben:

- **UR.-Nr./Eigenes Az.**: Das Aktenzeichen unter dem der Vorgang im Notariat geführt wird.
- **Amtsgericht:** Das Registergericht, an das die Anmeldung gerichtet ist.
- **Aktenzeichen**: Das Aktenzeichen des Registergerichts. Bei bereits eingetragenen Rechtsträgern ist dies z.B. die HRA- oder HRB-Nummer, bei erstmaliger Anmeldung ist „RegNeu“ zu wählen.
- **Anmeldung durch den Notarvertreter**: **Achtung!** In XNotar 3.0 sollten Sie bereits an dieser Stelle angeben, wenn die anzufügenden Dokumente durch einen Notarvertreter beglaubigt werden sollen.
- **Anschreiben an das Registergericht**: Dies ist das frühere „Bemerkungsfeld“. Hier können Sie Mitteilungen an das Registergericht aufnehmen, die vor der Einführung des elektronischen Rechtsverkehrs in einem Papier-Anschreiben übermittelt wurden. Im weiteren Verlauf der Bearbeitung erzeugt das Programm aus dem Inhalt des Bemerkungsfeldes und einem

in SigNotar hinterlegten Rahmen ein TIFF-Dokument, das zur Signatur durch den Notar vorgesehen ist.

Hinweis 1:

Wenn Sie ein Anschreiben an das Registergericht bereits mit einscannen oder aus Ihrer Textverarbeitung in das TIFF-Format umwandeln und als Dokument in XNotar hinzufügen, benötigen Sie kein Feld für die Eingabe eines Anschreibens in XNotar. Sie können in diesem Fall für jeden angelegten Notar in der Verwaltung die Funktion „**Externes Anschreiben verwenden**“ wählen. Dann wird das Feld „Anschreiben an das Registergericht“ in den Grunddaten ausgeblendet.

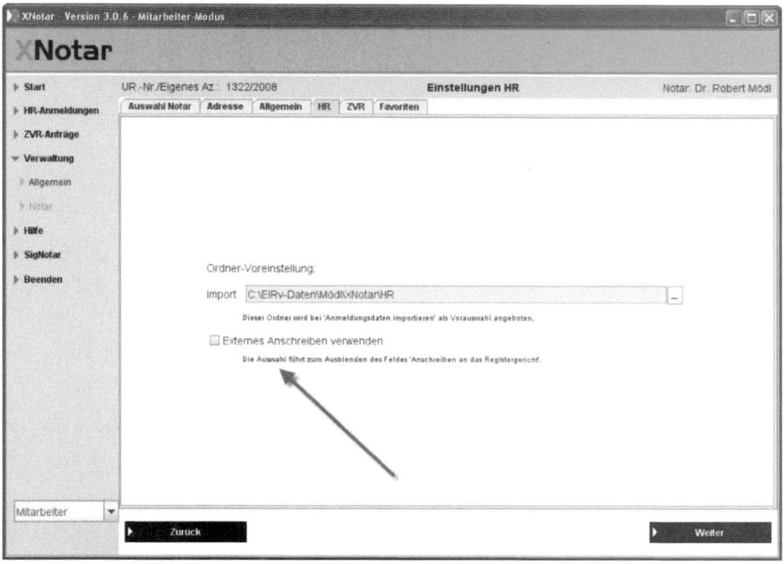

Hinweis 2:

XNotar bietet in der Verwaltung ebenfalls die Möglichkeit, **Favoriten für bestimmte Wertelisten** anzulegen und zu bearbeiten. Hier können auch für das Anschreiben an das Registergericht Textbausteine ausgewählt und bearbeitet werden, die anschließend in den Grunddaten in einem „Drop down“-Menü für alle Anmeldefälle zur Verfügung stehen.

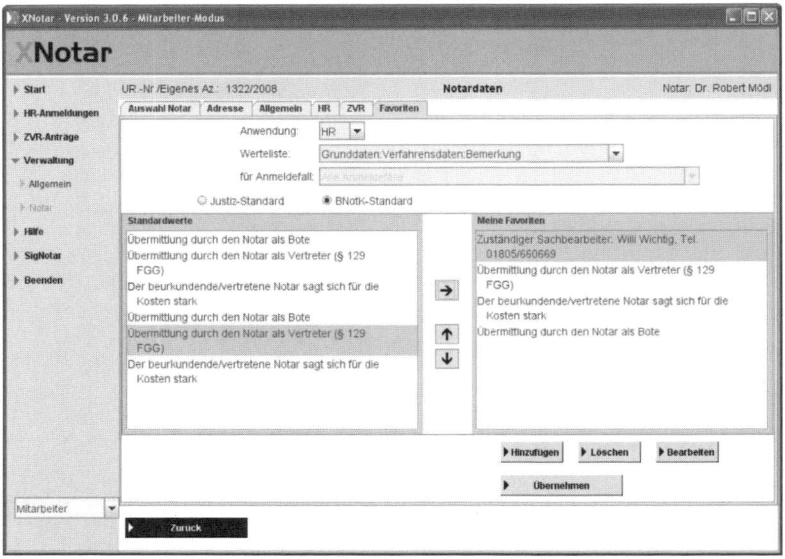

- **Interne Notizen**: In diesem Feld können Notizen für die spätere Bearbeitung eingegeben werden (z.B. „erfasst durch A. Mustermann“ oder „Anschriften sind noch zu ergänzen.“). Die Notizen werden nicht an das Gericht übermittelt, sondern dienen allein der internen Steuerung des Arbeitsablaufs.

Mit „**Weiter**“ verlassen Sie die Grunddaten.

Anmeldefälle

Die folgende Maske „Anmeldefälle“ ist **weitgehend unverändert** geblieben. Zur Auswahl angeboten werden die **häufigsten Anmeldefälle**, die zwischen Justiz und Notaren abgestimmt und in den Austauschstandard „XJustiz.Register“ aufgenommen wurden. Seltene und besonders kompliziert zu erfassende Fälle wurden nicht aufgenommen. Bitte verwenden Sie für nicht explizit aufgenommene Fälle den **Auffangfall „Sonstige Anmeldung/Mitteilung**“. XNotar bietet Ihnen an dieser Stelle nur Anmeldefälle an, die zu dem eingegebenen Aktenzeichen des Gerichts passen – bei „RegNeu“ also nur Neuanmeldungen und Anmeldungen zu noch nicht eingetragenen Rechtsträgern. Durch „Übernehmen“ wählen Sie einen passenden Anmeldefall aus der Liste aus und wiederholen den Vorgang, falls mehrere Anmeldungen zu einem Rechtsträger vorzunehmen sind.

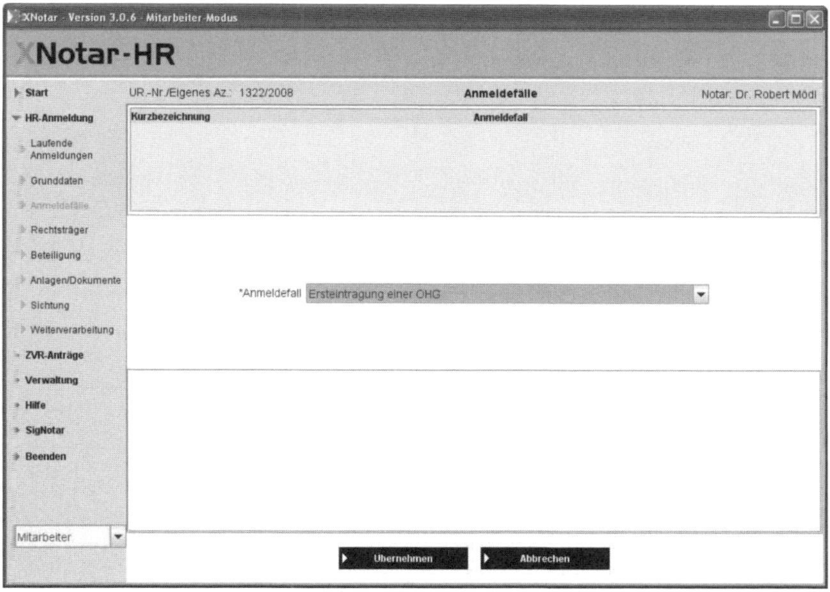

Rechtsträger

Mit „**Weiter**" gelangen Sie nun zur Maske „Rechtsträger", in der die **Daten** zu dem **anzumeldenden Unternehmen** zu erfassen sind. Besonders hinzuweisen ist hier auf die Funktion „**Adressimport**" – hiermit können Sie Adressdaten z.B. en bloc aus einer Textverarbeitung und damit vor allem aus dem Entwurf der Registeranmeldung in XNotar kopieren.

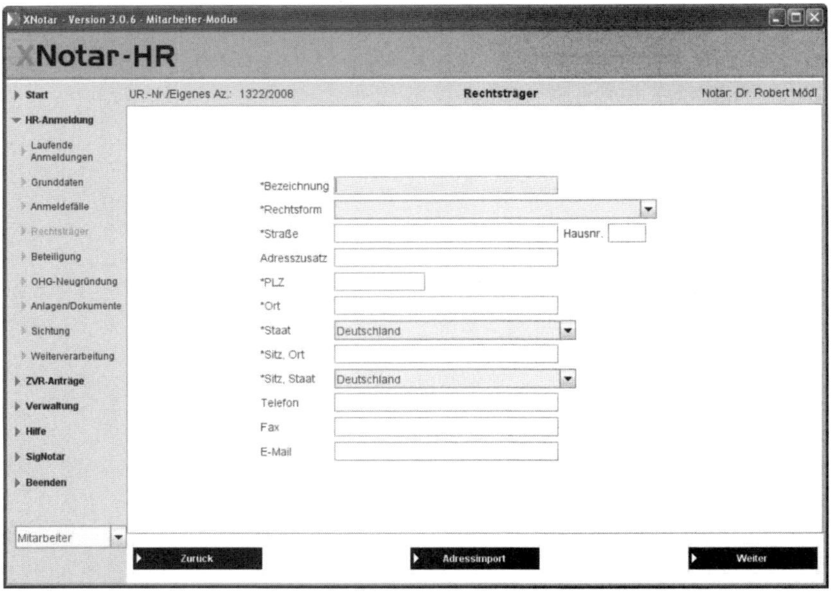

Markieren Sie für den Adressimport den zu kopierenden Text in der Textverarbeitung, kopieren Sie mit „Strg + C“ und betätigen die Funktion „Adressimport“. XNotar übernimmt den in der Windows-Zwischenablage gespeicherten Text.

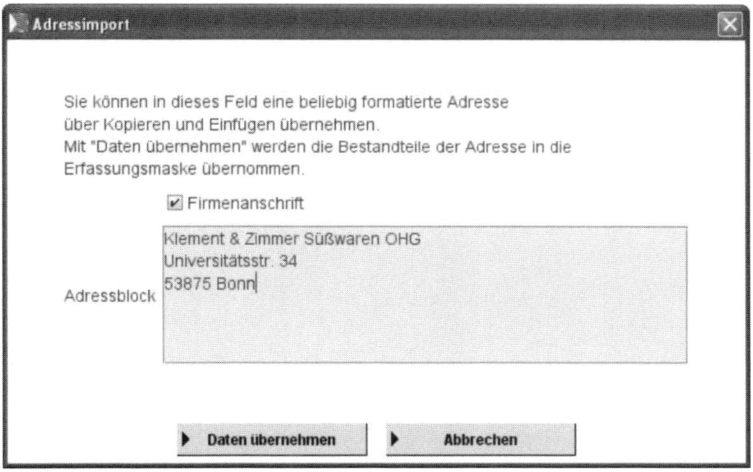

Mit „**Daten übernehmen**“ werden die Adressdaten in die entsprechenden Eingabefelder übernommen. Verlassen Sie anschließend die Maske „Rechtsträger“ mit „**Weiter**“.

Beteiligung

Sie gelangen nun zur Maske „Beteiligung“. Hier sind die **anzumeldenden Personen** zu erfassen, im Fall der OHG-Gründung also die persönlich haftenden Gesellschafter. Auch bei diesen Personen kann die Funktion „**Adressimport**“ genutzt werden. Jedem Beteiligten ist eine **Rolle** zugeordnet, die seine Funktion bezeichnet, in der er angemeldet wird. Standardmäßig werden Rollen vorgeschlagen, die zu dem gewählten Anmeldefall passen. Bestätigen Sie Ihre Eingaben jeweils mit „**Übernehmen**“.

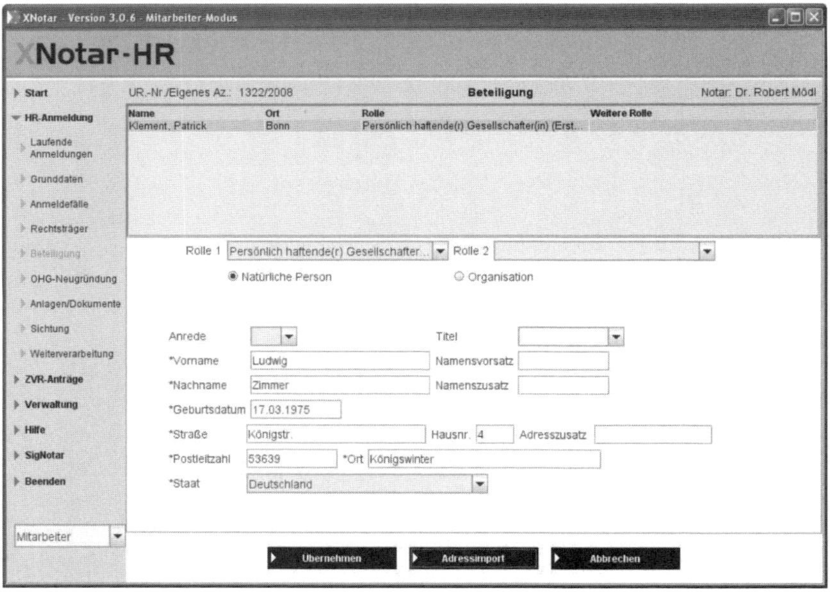

Fachdaten – OHG-Neugründung

Während die bisher dargestellten Masken bei nahezu allen Anmeldefällen in ähnlicher Form auftreten, gelangen Sie nun durch Bestätigen mit „**Weiter**" zur Eingabe derjenigen **Daten**, die **speziell** bei dem **ausgewählten Anmeldefall anzugeben** sind.

Im Fall der **OHG-Neugründung** sind dies:

- die allgemeine Vertretungsregelung,

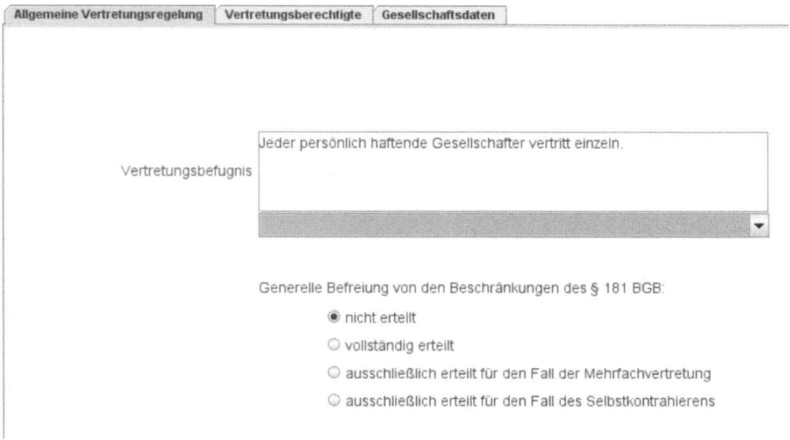

- die besondere Vertretungsberechtigung der einzelnen Gesellschafter; diese ist naturgemäß für jeden Beteiligten einzeln einzugeben und zu übernehmen,

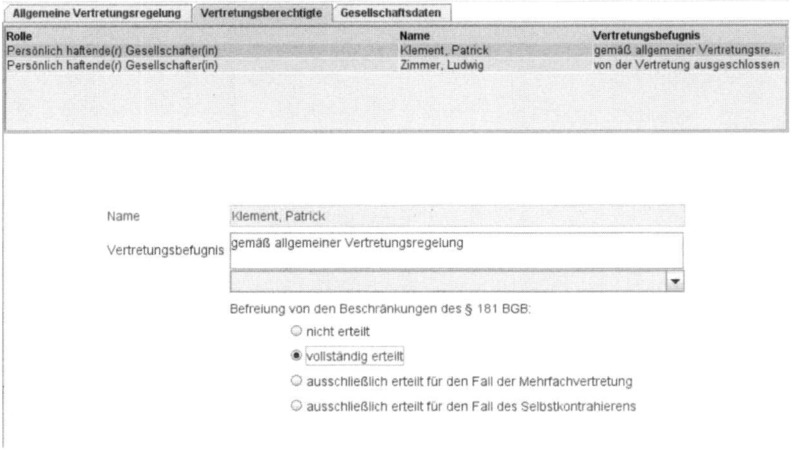

- der Gegenstand der Gesellschaft.

Anschreiben generieren

Nach Eingabe der Strukturdaten[320] erzeugt XNotar das **Anschreiben als TIFF-Dokument** über einen Aufruf von SigNotar, falls Text in das Feld „Anschreiben an das Registergericht" eingetragen wurde. Ist der Inhalt des Anschreibens korrekt, so speichern Sie es mit „**Anschreiben speichern**" für die spätere Signatur durch den Notar.

320 Das Anschreiben kann nicht unmittelbar im Anschluss an die Eingabe der Grunddaten generiert werden, da zunächst weitere Daten – insbes. die Bezeichnung des Rechtsträgers – zu erfassen sind, die ebenfalls in das Anschreiben aufgenommen werden.

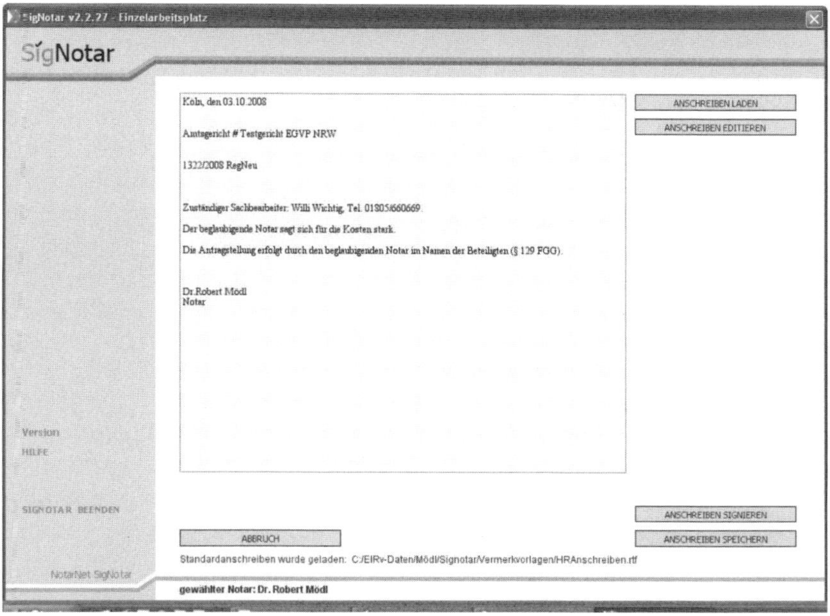

Sie können das Anschreiben auch **in SigNotar editieren**. Da Änderungen aber nicht automatisch in das Eingabefeld in XNotar übernommen werden können, **empfiehlt es sich**, Textänderungen in XNotar vorzunehmen und **in SigNotar** das Anschreiben **nur zu speichern**.

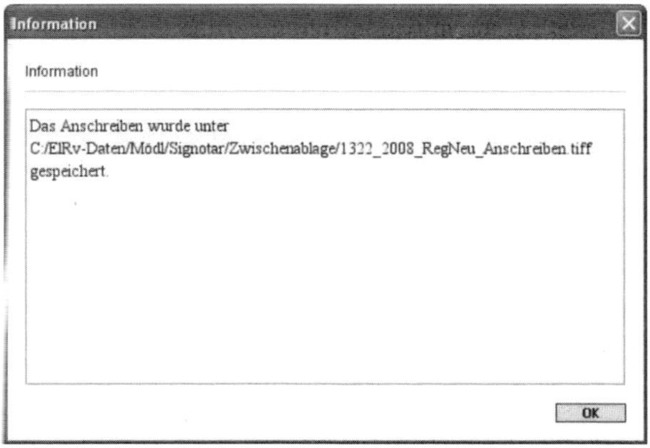

Dieser Schritt wird immer dann wiederholt, wenn der Inhalt des Anschreibens in XNotar verändert wurde.

Hinweis:

Die **Vorlagen für Anschreiben** des Notars, eines Notarvertreters und eines Notariatsverwalters finden sich unter den Dateinamen HRAnschreiben.rtf, HRAnschreiben_Vertretung.rtf und HRAnschreiben_Verwaltung .rtf – so wie auch die Vorlagen für Beglaubigungsvermerke – in dem Ordner „... **\Signotar\Vermerkvorlagen**“ des Notars.

Dort können die Vorlagen geöffnet und nach Wunsch Änderungen eingefügt werden. So können Sie einen individuellen Briefkopf hinzufügen oder Standardsätze, die in allen Anschreiben enthalten sein sollen.

Anlagen/Dokumente

Im Zentrum der Bearbeitung eines Anmeldevorgangs steht die nun wiederum mit „**Weiter**“ zu erreichende Maske „Anlagen/Dokumente“. Haben Sie zuvor in den Grunddaten den Inhalt eines Anschreibens eingegeben, so sollte dieses nun bereits als erstes Dokument an den Vorgang angehängt und zur Signatur vorgesehen sein.

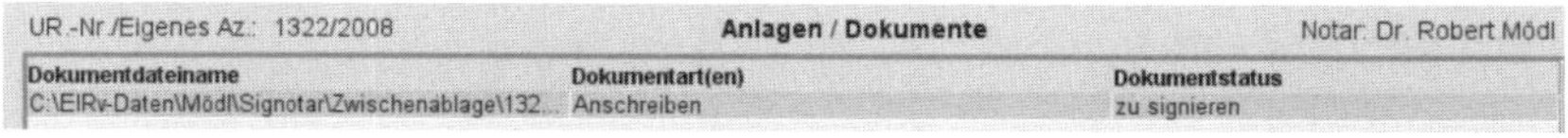

Im **mittleren Teil der Maske** ist aufgeführt, welche Dokumente zu dem gewählten Anmeldefall

- bereits in der erforderlichen Form erfasst wurden (grüner Text),[321]
- zwingend noch zu erfassen sind (roter Text),
- zusätzlich zu erfassen sein könnten (blauer Text).

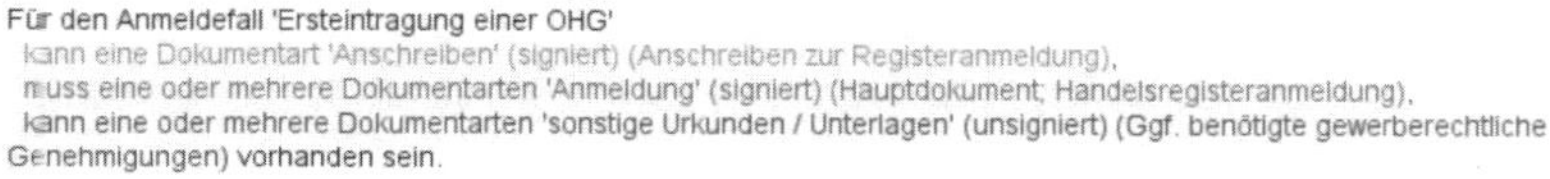

Über „**Hinzufügen**" öffnet sich die **Eingabemaske** für das **Anfügen eines Dokuments**.

Einzugeben sind nun die **Strukturdaten** zu dem Dokument:

- **Dokumentdatum**: Das Datum zu dem das Dokument errichtet wurde, z.B. das Datum der Beurkundung oder Beglaubigung.
- **UR.-Nr./Zeichen**: Bei Dokumenten ohne UR.-Nr. ist die Eingabe eines Aktenzeichens nicht zwingend.
- **Dokumentarten**: Es ist zwingend mindestens eine Dokumentart auszuwählen. Die Dokumentart wird später in der Handelsregister-Auskunft angezeigt und erleichtert dort die Suche nach abzurufenden Dokumenten. Bei Dokumenten, denen mehrere Dokumentarten zuzuordnen sind (z.B. die Gründungsurkunde einer GmbH, in der auch der Geschäftsführer bestellt wird: „Protokoll/Beschluss" und gleichzeitig „Gesellschaftsvertrag/Satzung/Statut"), sollten Sie alle passenden Dokumentarten auswählen. Das teilweise praktizierte mehrfache Erfassen eines solchen Dokuments ist unnötig.

321 Die Farbgebung ist hier abhängig von dem gewählten Modus: Zu signierende Dokumente erscheinen im Modus „Mitarbeiter" grün, da außer dem Hinzufügen keine weiteren Schritte vorgesehen sind. Im Modus „Einzelarbeitsplatz" erscheinen Sie hingegen gelb, da an demselben Arbeitsplatz die Signatur der Dateien erfolgen soll.

- **Beschreibung**: Eine weitere Beschreibung des Dokuments zur besseren Übersicht für den Bearbeiter im Registergericht ist möglich, aber meist entbehrlich.[322]

Sie haben nun die Möglichkeit über die Schaltfläche „**Hinzufügen in SigNotar**" Funktionen von SigNotar aufzurufen und dort ein Dokument zu erfassen. Die Strukturdaten zu dem Dokument (Datum, Aktenzeichen, Dokumentart) sollten Sie möglichst bereits vor dem Hinzufügen des Dokuments eingeben, da SigNotar diese Daten für den Vorschlag eines „sprechenden" Dateinamens verwenden kann.

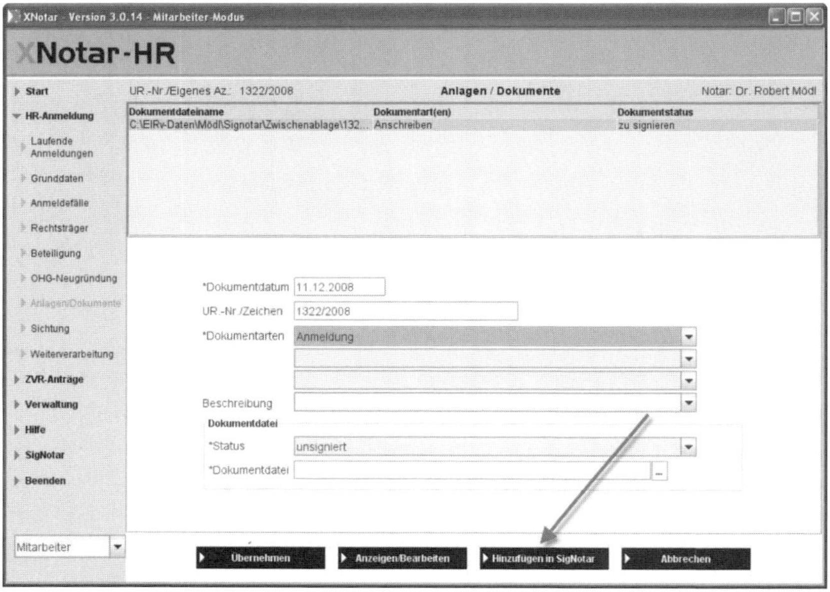

322 In den Ländern Berlin, Brandenburg, Bremen und Schleswig-Holstein wird die Beschreibung der Dokumente dem Bearbeiter im Registergericht nicht angezeigt.

Wie in früheren Versionen bietet SigNotar die Möglichkeit, entweder **bereits gespeicherte TIFF-Dokumente** anzufügen (die etwa mit einer anderen Anwendung als SigNotar eingescannt wurden) oder **Papierdokumente unmittelbar** über SigNotar **einzuscannen**.

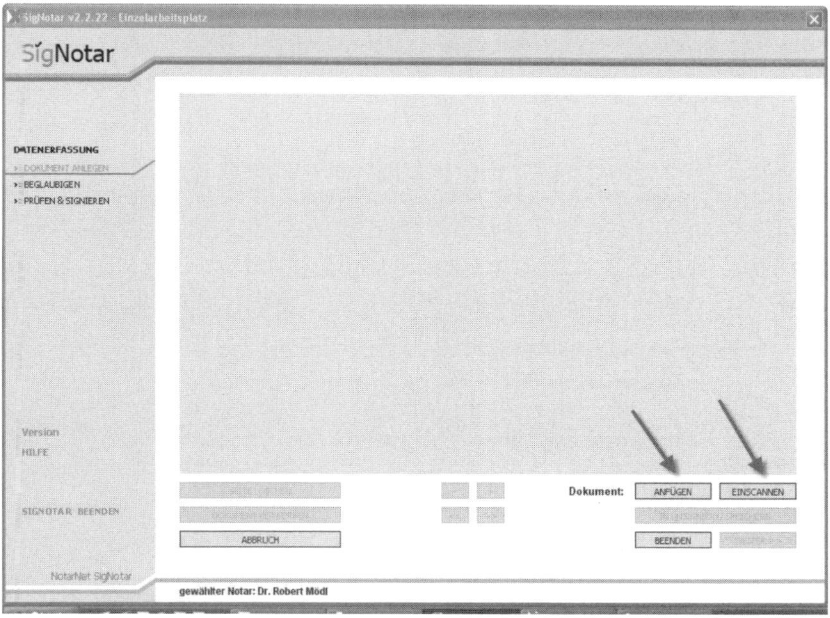

Für die **Bearbeitung des Schulungsfalls** wählen Sie „**Anfügen**". In dem nun folgenden Dialog wählen Sie das Verzeichnis aus, in dem sich die Datei befindet, die Sie anfügen wollen, z.B. „\Schulungsdaten\Fall 1-4".

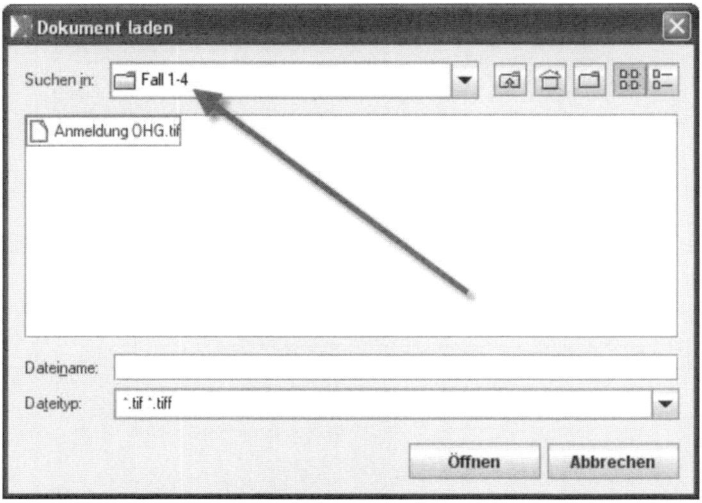

Öffnen Sie das gewünschte Dokument mit Doppelklick oder durch einfaches Anklicken und Betätigen der Schaltfläche „**Öffnen**". SigNotar zeigt nun das erfasste Dokument an und bietet Optionen zu seiner weiteren Verarbeitung. Soweit das Dokument **elektronisch beglaubigt** werden soll (wie alle in öffentlicher Form vorliegenden Dokumente, insbes. die Handelsregisteranmeldung), sollte durch Bestätigen mit „**Weiter**" ein Beglaubigungsvermerk hinzugefügt werden, wenn dieser nicht bereits in dem eingescannten Dokument enthalten ist. Soll das Dokument **ohne Beglaubigung** versendet werden, wird es mit „**In Unsigniert/Speichern**" gespeichert.

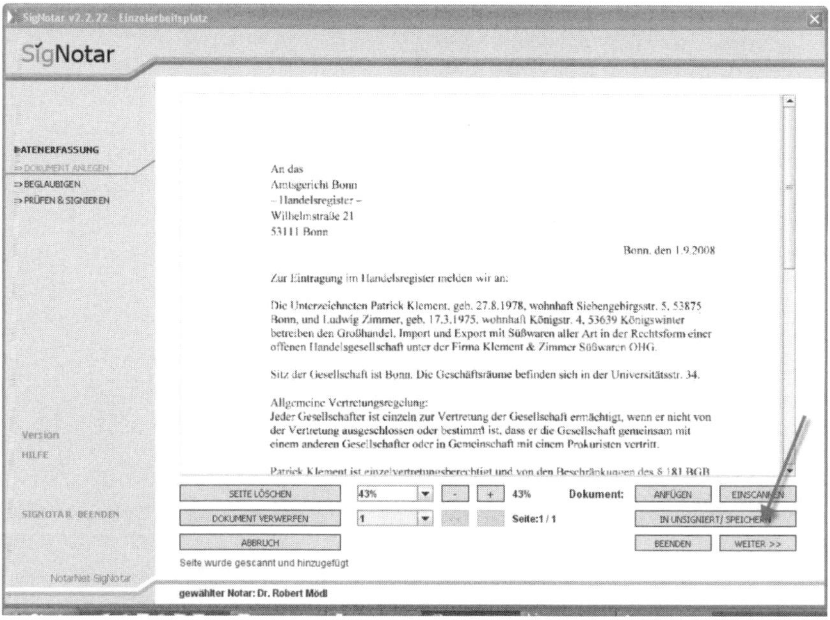

Die **Funktion** zum **Anfügen des Beglaubigungsvermerks** ist gegenüber den vorherigen Versionen von SigNotar **unverändert**. Es wird auf der Grundlage der Vorlage „Beglaubigung.rtf“ im Ordner „SigNotar“ des ausgewählten Notars ein Beglaubigungsvermerk vorgeschlagen, der über die Funktion „**Beglaubigung Editieren**“ bearbeitet werden kann. Ist der Beglaubigungsvermerk zutreffend, bestätigen Sie mit „**Beglaubigung Anfügen**“.

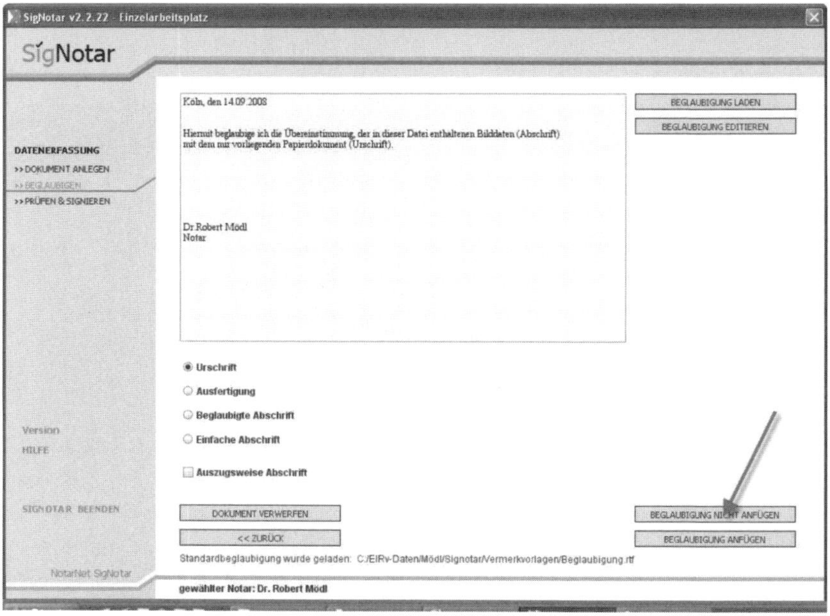

Anschließend **speichern** Sie das **fertig vorbereitete Dokument**.

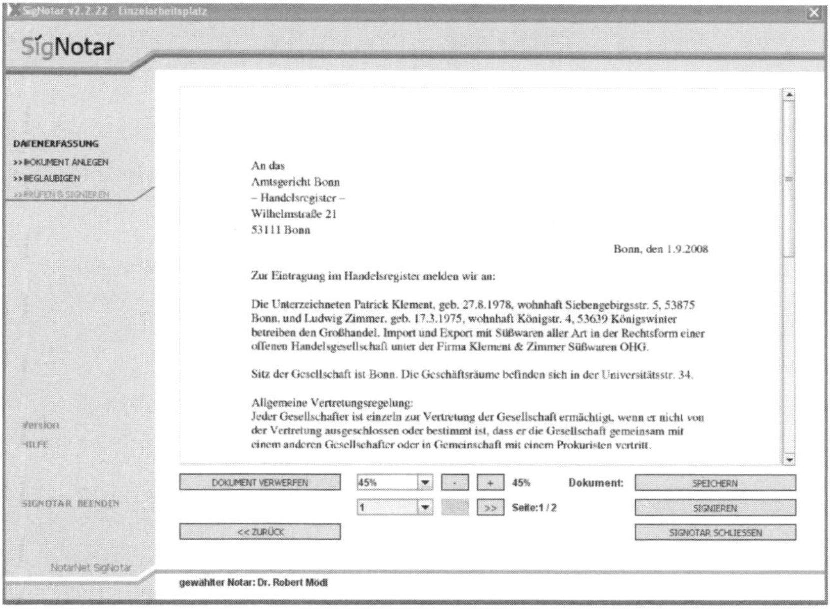

Zwingende Vorgaben für die Bildung der Dateinamen bestehen nicht. Zur besseren Übersicht empfiehlt es sich aber, einen **Dateinamen zu wählen**, der das **zugehörige Aktenzeichen** und die **Art des Dokuments** erhält, z.B. [UR-Nr.]_[Dokumentart]. Einen derartigen Dateinamen schlägt SigNotar vor, falls die Daten zu dem erfassten Dokument zuvor bereits in XNotar eingegeben worden sind.

In der Folgemaske wird abgefragt, **was** mit der **Datei geschehen** soll, die Sie als Vorlage verwendet haben. Die Vorauswahl können Sie mit „**Ja**" bestätigen.[323]

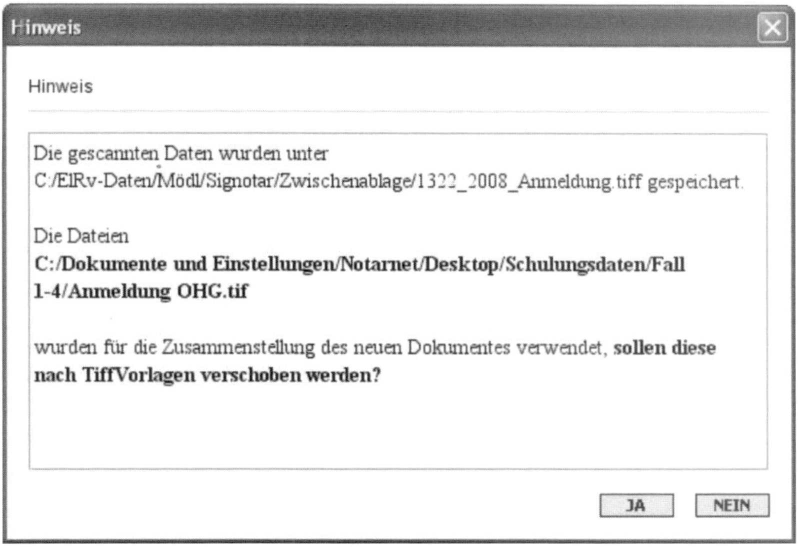

Die **Erfassung in SigNotar** ist damit **abgeschlossen**. Nach Schließen des Sig-Notar-Fensters können Sie – soweit zuvor noch nicht geschehen – Strukturdaten zu dem soeben hinzugefügten Dokument eingeben.

In **XNotar 3.0** hat **jedes Dokument** einen **Status**:

- **unsigniert**: Das Dokument ist nicht signiert und soll auch nicht signiert werden. Es ist für den unsignierten Versand an das Registergericht bestimmt (Vorlage ist ein privatschriftliches Dokument, z.B. ein Nachweis über die Einzahlung der Stammeinlage).
- **zu signieren**: Das Dokument ist für die Signatur durch den Notar vorgesehen.
- **signiert**: Das Dokument ist signiert.

323 Wenn dies notwendig sein sollte, können Sie auf den ursprünglichen Scan später noch über das Verzeichnis „SigNotar/TiffVorlagen" zurückgreifen.

Der Status des Dokuments nach Abschluss der oben beschriebenen Erfassung sollte „zu signieren“ sein.

Sind alle **Eingaben korrekt**, bestätigen Sie diese mit „**Übernehmen**“.

Sind **mehrere Dokumente** anzufügen, so wiederholen Sie die beschriebenen Schritte für die weiteren Dokumente. Bei der Erstanmeldung einer OHG sind mit Anschreiben und Anmeldung alle notwendigen Dokumente erfasst. Mit „**Weiter**“ gelangen Sie zu der in XNotar 3.0 neu eingeführten Sichtung.

Sichtung

Die Sichtung gibt Ihnen eine **vollständige Übersicht** über den erfassten Anmeldevorgang. Die angehängten Dokumente und sämtliche Strukturdaten werden dargestellt. Ein Klick auf den Dateinamen öffnet das jeweilige Dokument in SigNotar. Stellen Sie Fehler in den Strukturdaten fest, so klicken Sie auf die in blauer Schrift ausgeführten Links. Sie gelangen dann zu den jeweiligen Bearbeitungsmasken und können dort sofort korrigieren.

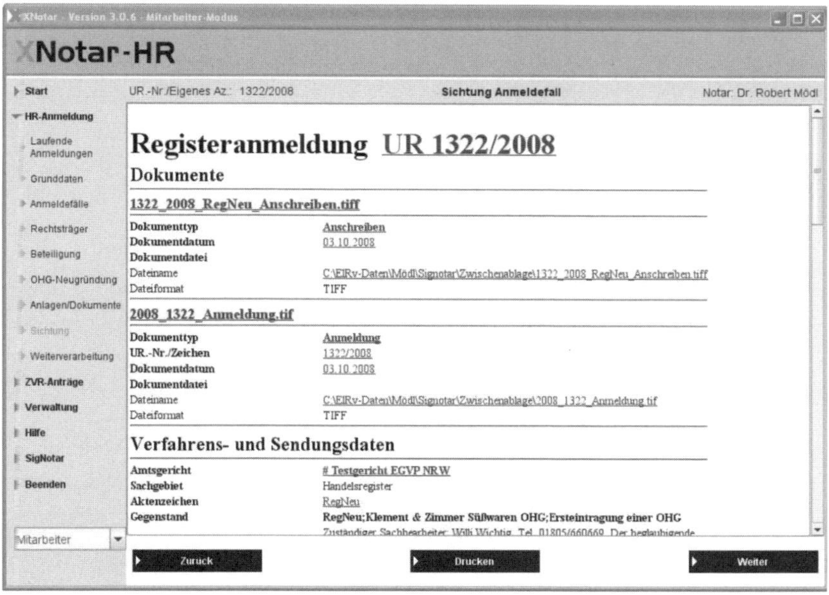

Sind alle **Angaben korrekt**, so bestätigen Sie mit „**Weiter**“. Sie gelangen dann zur Weiterverarbeitung.

Weiterverarbeitung

Da die erforderlichen Signaturen noch fehlen, bestehen nur wenige sinnvolle Möglichkeiten der Weiterverarbeitung:

- Über „**Validieren**“ stellen Sie fest, ob die Daten gültig sind, d.h. ob sie der in XNotar für den verwendeten Anmeldefall programmierten Logik entsprechen.
- Mit „**Weitergabe an den Notar**“ schließen Sie die Vorbereitung der Anmeldung ab und geben sie an den Notar zur Prüfung und Signatur.

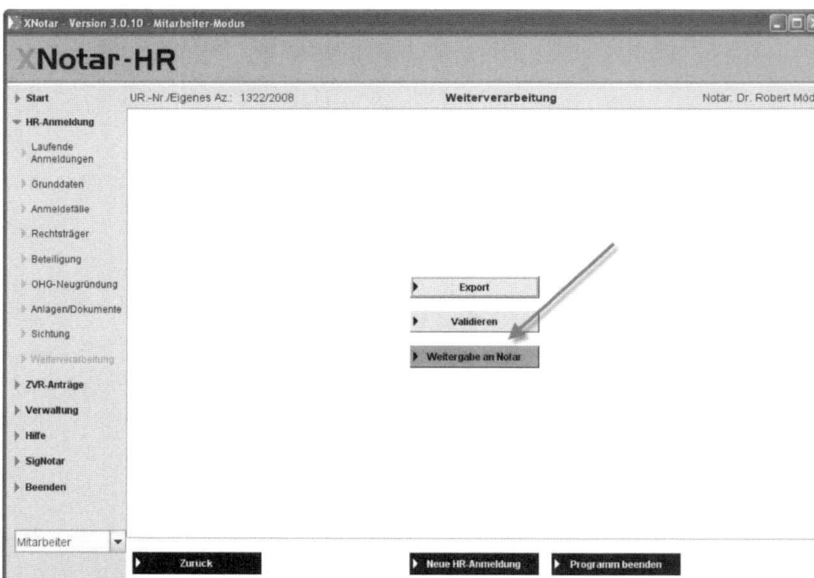

Fall 2: Abschließende Bearbeitung der Anmeldung im Notarmodus von XNotar

Die vorbereitete Handelsregisteranmeldung steht nun für den Notar zur ab- 597
schließenden Bearbeitung bereit. Um sie aufzurufen wählt er an seinem Arbeitsplatz **in XNotar** den Modus „**Notar**“

Im Sinne einer weitgehenden Arbeitsteilung sind die **Funktionen** von XNotar im Modus „Notar“ **reduziert** auf

- die Prüfung der Anmeldung (Strukturdaten und angehängte Dokumente),
- die Erstellung der notwendigen Signaturen,
- die Übergabe der Anmeldung zum Versand an den EGVP-Client.

Anmeldungsübersicht

Nach Auswahl des Bereichs Handelsregister/Anmeldungsübersicht mit „**Weiter**“

erscheint eine **Übersicht** der aus dem Mitarbeitermodus an den Notar übergebenen **Anmeldevorgänge**:

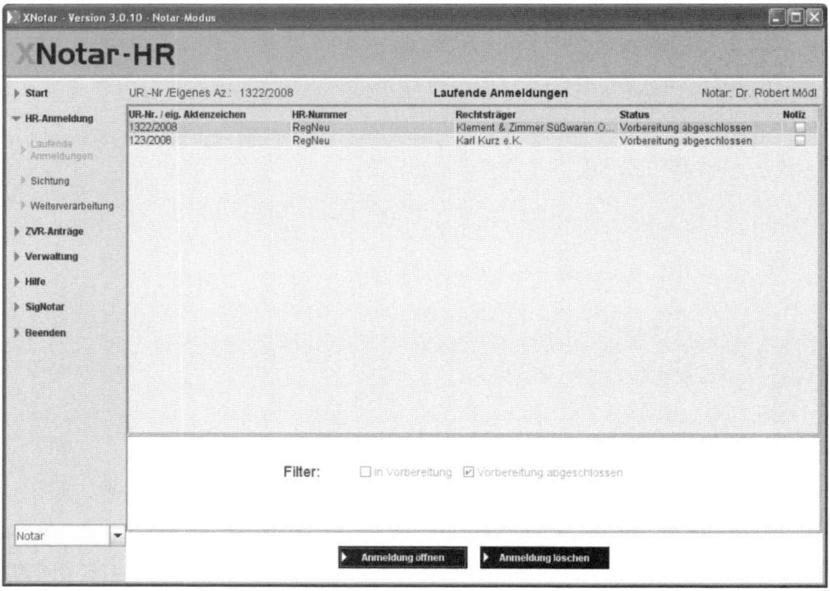

Mit „**Anmeldung öffnen**" wird die jeweils ausgewählte Anmeldung aufgerufen.

Sichtung

Die nun erscheinende Maske „Sichtung" entspricht derjenigen, die am Ende der Vorbereitung im Modus „Mitarbeiter" eine **vollständige Übersicht** über den erfassten Anmeldevorgang gibt. Die unterstrichene blaue Schrift enthält Links auf die jeweiligen Dokumente bzw. die Eingabemasken für die angezeigten Strukturdaten.

Patrick Klement

Rolle	Persönlich haftende(r) Gesellschafter(in)
Geburt	
Geburtsdatum	27.08.1978
Aktuelle Anschrift	
Strasse, Nr.	Siebengebirgsstr. 5
PLZ, Ort	53875 Bonn
Staat	Deutschland

Durch Klick auf einen der Links gelangen Sie in den Modus „**Einzelarbeitsplatz**" und dort in die jeweilige Maske, um das ausgewählte Element zu bearbeiten.

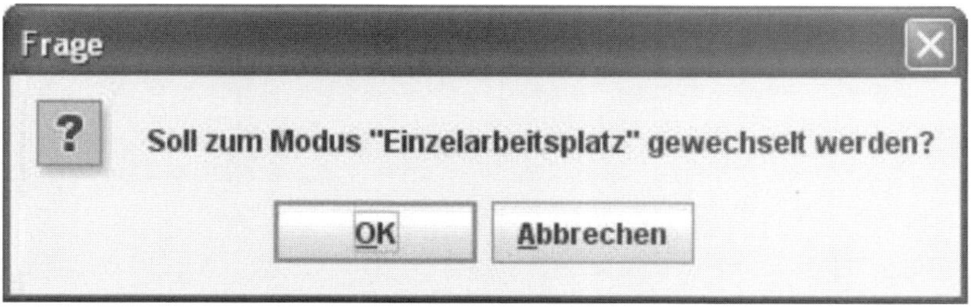

Festgestellte Fehler in den Strukturdaten kann der Notar auf diese Weise selbst korrigieren. Sind keine Korrekturen veranlasst oder sollen diese einem Mitarbeiter vorbehalten bleiben, so bestätigen Sie die Sichtung mit „**Weiter**" und gelangen unmittelbar in die Weiterverarbeitung.

Weiterverarbeitung

Dem Notar werden nun **verschiedene Möglichkeiten** der Weiterverarbeitung angeboten

- Die Funktion „**Signieren**" öffnet SigNotar, um die Signatur aller hierfür vorgesehen Dokumente auszuführen.
- Mit „**Export**" speichern Sie den gesamten Anmeldevorgang in einem selbst gewählten Ordner oder zum Brennen auf CD-ROM zum Zweck der Ersatzeinreichung (wenn ein Versand über das EGVP dauerhaft nicht möglich ist).
- Über „**Validieren**" stellen Sie fest, ob die Daten gültig sind, d.h. ob sie der in XNotar für den verwendeten Anmeldefall programmierten Logik entsprechen.
- Mit „**Zurück an Mitarbeiter**" versetzen Sie den Vorgang wieder in den Status „in Vorbereitung". Nach Betätigen dieser Funktion besteht die Möglichkeit, in einer internen Notiz zu erklären, warum der Vorgang zurückgereicht wird.
- „**Vorgang bearbeiten**" ermöglicht den Wechsel in den Einzelarbeitsplatzmodus um Änderungen an den Strukturdaten oder den angehängten Dokumenten selbst vorzunehmen.

- Mit „**Versand**" übergeben Sie den Anmeldevorgang zum Versand an die EGVP-Software.

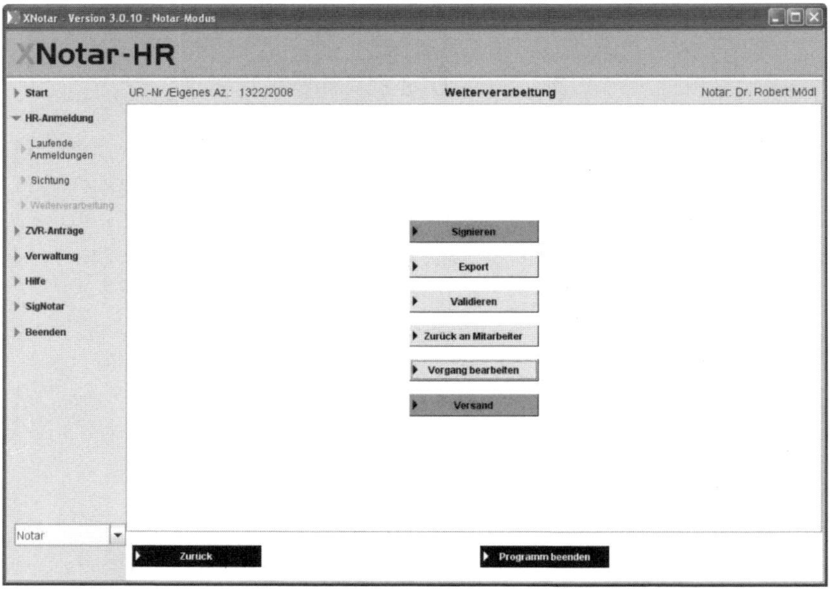

War die Anmeldung in der Sichtung sachlich richtig, so ist die Signatur der logisch nachfolgende Schritt.

Signieren

Durch Betätigen der Funktion „**Signieren**“ wird aus XNotar heraus SigNotar aufgerufen und zeigt die zur **Signatur vorgesehenen Dokumente** für die jeweils bearbeitete Anmeldung an.

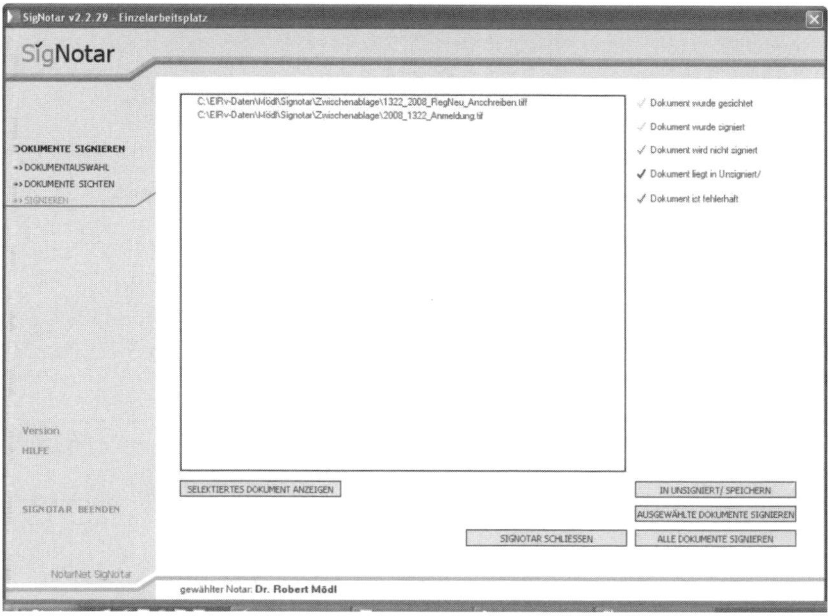

Um alle vorgesehenen Signaturen vorzunehmen, legen Sie Ihre **Signaturkarte** in das angeschlossene Kartenlesegerät ein und wählen „**Alle Dokumente Signieren**“. SigNotar fordert Sie anschließend auf, die Auswahl des gefundenen Signaturzertifikats mit „**Weiter**“ zu bestätigen.

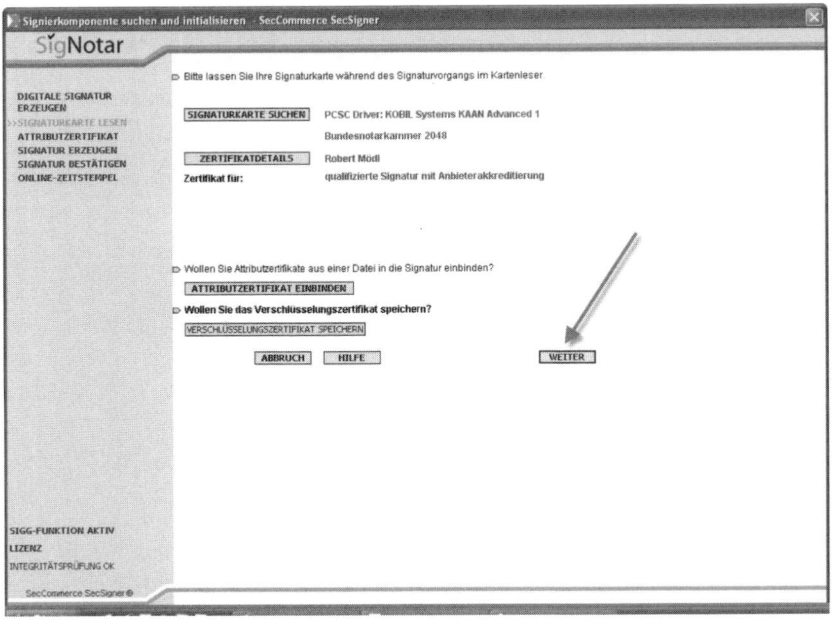

Hiernach wird Ihnen das **erste** zur **Signatur vorgesehene Dokument** zur **Prüfung** angezeigt. Mit den **Pfeiltasten** im oberen Bereich des Fensters können Sie zwischen mehreren zu signierenden Dokumenten wechseln und sich so sämtliche Dokumente ansehen.

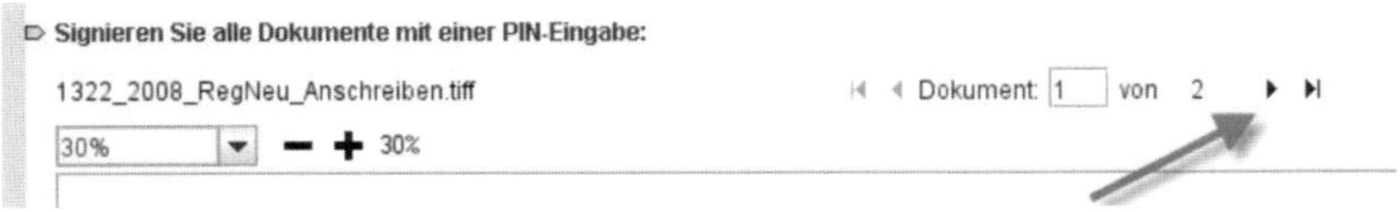

Bei **mehrseitigen Dokumenten** können Sie sich jede einzelne Seite anzeigen lassen.

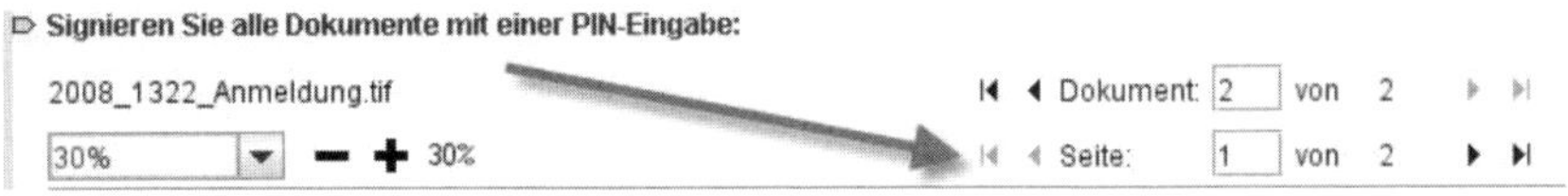

Der bisher vorab auszuführende Schritt der Sichtung der Dokumente wurde an dieser Stelle in den Signaturvorgang integriert, sodass Sie mit der Funktion „**Signieren**“ nun unmittelbar zum Signaturvorgang gelangen.

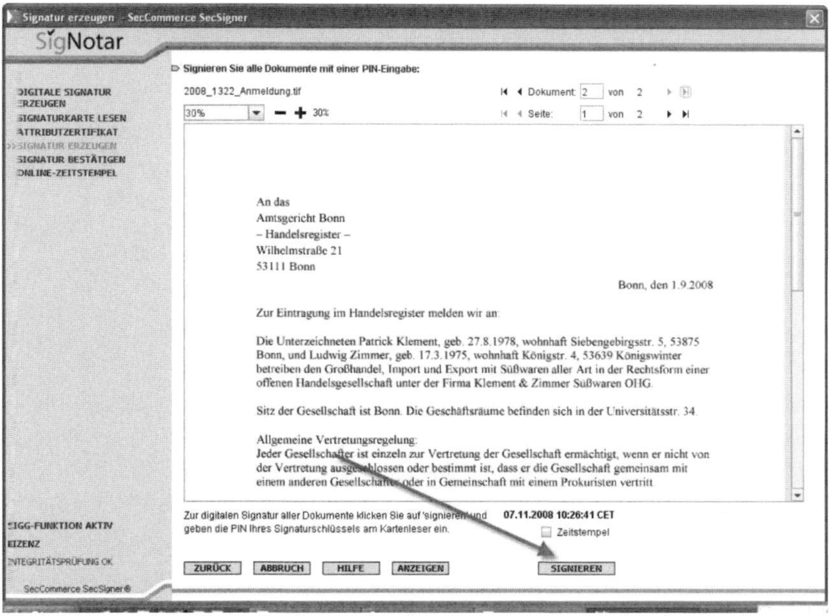

Hinweis:

Die **Verwendung eines Zeitstempels** ermöglicht einen präzisen Nachweis des Zeitpunktes der Signatur. Allerdings führt die Verwendung von Zeitstempeln mitunter zu Irritationen und technischen Schwierigkeiten, da sie bisher nicht weitverbreitet ist. Für die Erstellung elektronischer Handelsregisteranmeldungen scheint die Verwendung von Zeitstempeln nicht notwendig und kann deshalb im Interesse einer störungsfreien Bearbeitung unterbleiben.

Nach Betätigen der Funktion „Signieren“ werden Sie zur **Eingabe** ihrer **Signatur-PIN** aufgefordert.

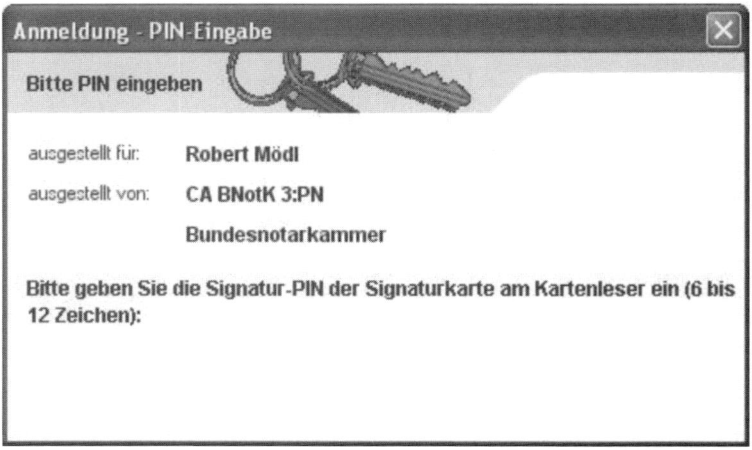

Geben Sie nun Ihre PIN ein und **bestätigen** Sie die **Eingabe**. SigNotar führt daraufhin die Signatur aller für den bearbeiteten Anmeldevorgang zur Signatur vorgesehenen Dokumente aus.

Als nächstes erscheint ein **Kontrollfeld**, in dem Sie entscheiden müssen, **wie** mit den **Originaldateien** verfahren werden soll, die Sie soeben signiert haben (die signierten Daten [Scan und Signaturdatei] werden automatisch im Verzeichnis „Signiert“ abgelegt). Es ist an dieser Stelle regelmäßig sinnvoll, dem Programmvorschlag zu folgen und die Originaldaten unter „TiffVorlagen“ zu speichern. Dies erleichtert den Zugriff, wenn Korrekturen oder eine nochmalige Signatur notwendig sind. Wählen Sie **„Ja“**.

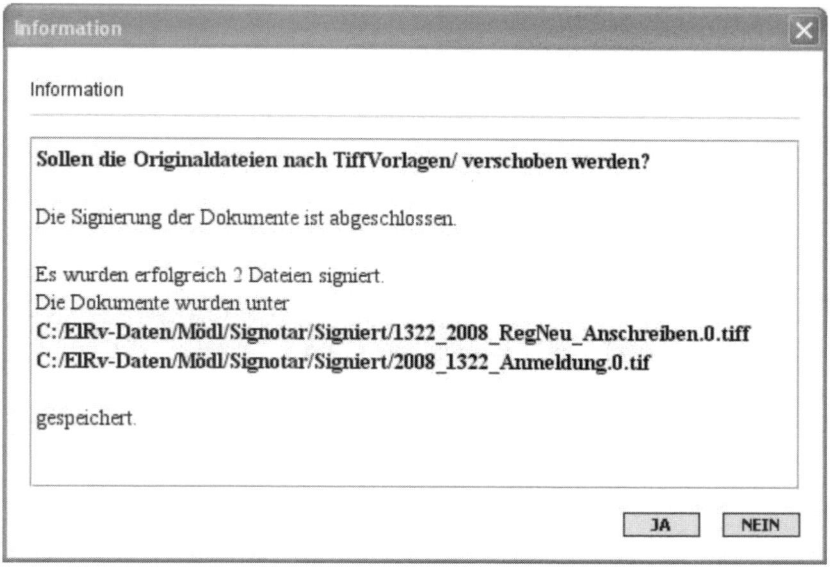

> **Hinweis:**
>
> Sie sollten **regelmäßig** die für den elektronischen Rechtsverkehr verwendeten **Verzeichnisse überprüfen** und bei Bedarf **archivieren**, damit diese nicht zu voll und damit unübersichtlich werden. Eine **monatliche Prüfung** ist ausreichend.

Durch **grüne Haken** zeigt Ihnen SigNotar an, dass der **Signaturvorgang erfolgreich** war.

Schließen Sie **SigNotar**.

Sie gelangen damit zur **Weiterverarbeitung in XNotar**. Der letzte Schritt für den Notar ist die **Übergabe an den EGVP-Client** mit der so bezeichneten Funktion.

Sind **Daten** und **Dokumente korrekt** erfasst worden, **bestätigt** XNotar die **erfolgreiche Übergabe** an den EGVP-Client.

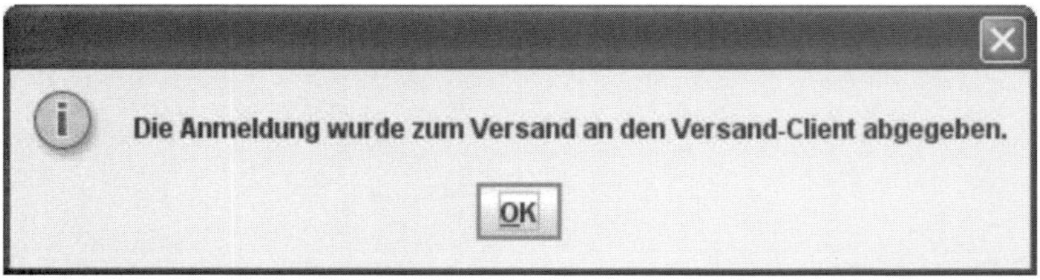

Durch Bestätigen mit „OK“ gelangen Sie wieder in die Maske „**Laufende Anmeldungen**“. Sind mehrere Anmeldungen für die Prüfung und Signatur durch den Notar vorbereitet, so öffnen Sie die nächste Anmeldung und bearbeiten sie in gleicher Weise. Sind keine weiteren Anmeldungen vorhanden, so ist die Bearbeitung für den Notar abgeschlossen und Sie können XNotar schließen.

Fall 3: Versand mit dem EGVP ohne Versandsignatur

Der Abschluss der Bearbeitung in XNotar bedeutet aber noch nicht, dass die Anmeldung bereits auf dem Weg zum Registergericht ist. Entsprach die Prüfung und Signatur durch den Notar der Sichtung und Unterschrift bei einer in Papier geführten Unterschriftenmappe, so fehlt nun noch der **Versand der fertigen Anmeldungen**. Trotz der Vereinfachungen durch ELRV 3.0 ist dieser Schritt weiterhin notwendig, kann nun allerdings auch durch Mitarbeiter ausgeführt werden. Die Abläufe gleichen dabei denjenigen, die auch für das frühere Verfahren auszuführen waren mit der Ausnahme, dass **eine gesonderte Signatur** der zu versendenden Nachrichten **nicht mehr erforderlich** ist. 598

Öffnen Sie den **EGVP-Client**.

Wählen Sie das **Postfach** aus, von dem Sie die Nachricht versenden wollen und „**Öffnen**" Sie es.

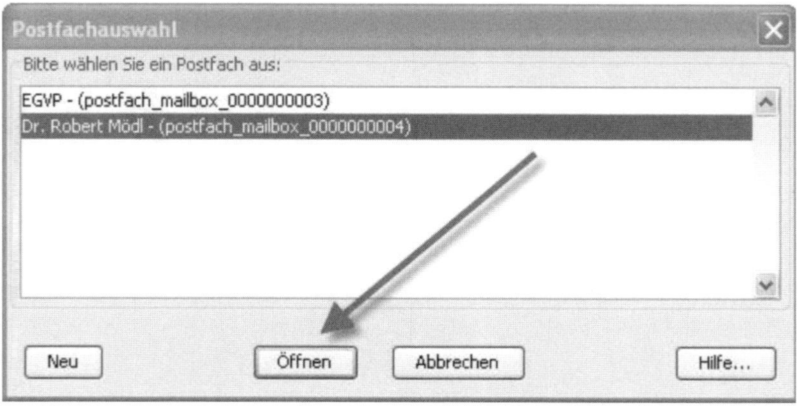

Geben Sie die zu dem Postfach gehörige **PIN** ein und bestätigen Sie mit „**OK**“.

Hinweis:

Im Gegensatz zu der Weitergabe der Signatur-PIN ist die **Weitergabe der PIN des EGVP-Postfachs an Mitarbeiter zulässig** und kann aus organisatorischen Gründen geboten sein.

Haben Sie im EGVP den **automatischen Import** von Nachrichten aus dem Importverzeichnis **aktiviert**, so übernimmt der EGVP-Client die von XNotar übergebenen Nachrichten in regelmäßigen Abständen in den Ausgang. Befindet sich Ihre versandfertige Nachricht nicht dort, so klicken Sie auf „**Fachdaten übernehmen**“.

Anschließend können Sie alle im Ausgang befindlichen Nachrichten mit einem Klick auf „**Alle Senden**" versenden.

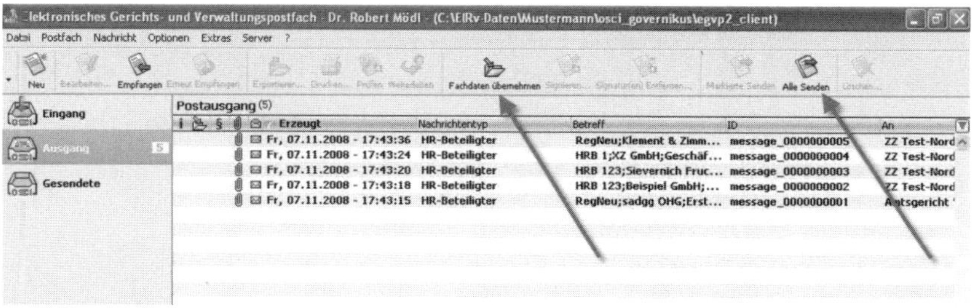

Die Bearbeitung des Anmeldevorgangs ist damit abgeschlossen.

Die gesendeten Nachrichten finden Sie anschließend im Ordner „**Gesendete**" des EGVP-Clients.

Fall 4: Erfassen von Dokumenten für eine Handelsregisteranmeldung

Im Zusammenhang mit den Fällen 1 bis 3 sollen **zwei Möglichkeiten** vorgestellt werden, die **Erfassung** der benötigten Dateien möglicherweise **effizienter** zu gestalten. Zum einen die Umwandlung beliebiger Dokumente in das TIFF-Format und zum anderen die Dokumentenerfassung mit dem neuen XNotar-Modus „Dokumentenscan". 599

Umwandlung von Dokumenten aus der Textverarbeitung in das TIFF-Format („TIFF-Rendering")

Das Erstellen der benötigten TIFF-Dokumente geschieht wie bisher entweder durch Einscannen oder durch die Umwandlung anderer Dateiformate in das TIFF-Format.[324] Im Büroablauf kann es effizienter sein, Dokumente für den elektronischen Rechtsverkehr nicht einzuscannen, sondern zur Erstellung elektronischer beglaubigter Abschriften eine **Leseabschrift** (auch **Reinschrift**) auf der Grundlage einer in der Textverarbeitung (z.B. Microsoft Word) erstellten Vorlage zu verwenden.[325] Hierbei ist **wie folgt vorzugehen**:

- Einarbeiten der während der Beurkundung oder Beglaubigung erfolgten Änderungen in der Textverarbeitung,
- Darstellung der Unterschriften mit „gez. [Name]" und des Siegels mit „L.S.",
- Umwandlung in ein zur Einreichung bei Gericht geeignetes Format (i.d.R. TIFF).

Die weitere Bearbeitung durch Beifügen des Beglaubigungsvermerks und Signatur unterscheidet sich anschließend nicht von der Bearbeitung eines eingescannten Dokuments. Allerdings ist es möglich, den Beglaubigungsvermerk bereits in der Textverarbeitung dem Dokument hinzuzufügen. Die **Umwandlung des Textverarbeitungsdokuments in** das **TIFF-Format** kann mit **verschiedenen Programmen** erfolgen, die i.d.R. als **Druckertreiber** installiert werden. Beispielhaft soll hier die Funktion des „Microsoft Office Document Image Writers" und des „PDF Creator" erläutert werden.

---

324 Zukünftig werden die ELRV-Programme voraussichtlich auch die Möglichkeit bieten, Dateien zu verarbeiten, die dem PDF/A-Standard entsprechen.

325 Zur Zulässigkeit dieses Verfahrens s.o. Rn. 489 ff.

- **Microsoft Office Document Image Writer**

Der Microsoft Office Document Image Writer ermöglicht ab der Office-Version 2003 die **Umwandlung** von **Word-Dokumenten** in das **TIFF-Format**. Der Document Image Writer arbeitet hierbei als **virtueller Drucker**, d.h. der Arbeitsablauf gleicht dem Ausdrucken eines Dokuments mit dem Unterschied, dass das Dokument nicht zum Ausdruck auf Papier ausgegeben wird, sondern zum Speichern im TIFF-Format.

Wählen Sie daher nach Vornahme aller Textänderungen in Microsoft Word über das Datei-Menü die Funktion „**Drucken**“. In dem anschließend erscheinenden Fenster wählen Sie als Drucker den Microsoft Office Document Image Writer und bestätigen mit „**OK**“.

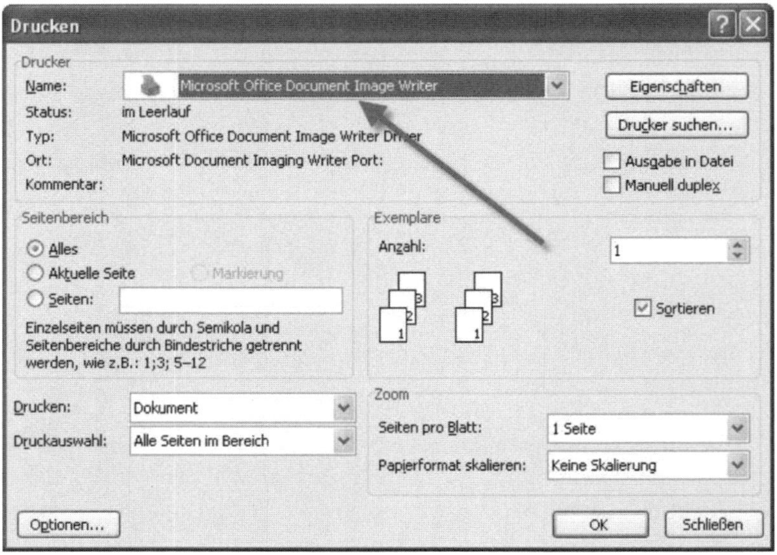

Speichern Sie die TIFF-Datei unter einem aussagekräftigen Dateinamen in dem Ordner, den Sie für die weitere Bearbeitung des Dokuments über SigNotar nutzen werden. Ist der **Beglaubigungsvermerk bereits angefügt**, so wird dies i.d.R. der Ordner „**Zwischenablage**" des Notars sein, der die elektronische Abschrift beglaubigen wird.

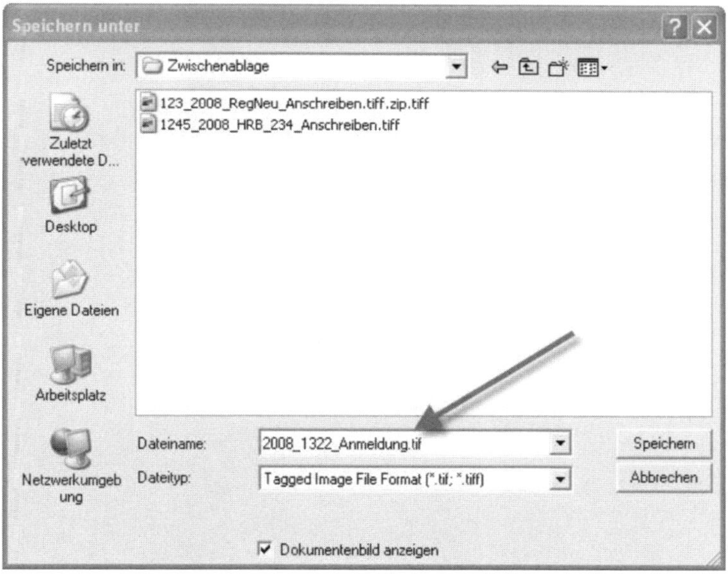

- **PDF Creator**

Eine Alternative stellt das Programm PDF Creator dar, das kostenlos im Internet erhältlich ist.[326] Es ist in der Lage, **Dateien in TIFF**, **PDF** oder **andere Formate umzuwandeln**. Auch der PDF Creator arbeitet als **virtueller Drucker**.

Ebenso wie bei Nutzung des Document Image Writers ist deshalb nach Abschluss der Text-Bearbeitung die Funktion „**Datei/Drucken**" zu wählen. Als Drucker wählen Sie den PDF Creator aus und bestätigen mit „**OK**". Daraufhin erscheint ein Dialogfeld, in dem Sie „**Speichern**" auswählen, um die Datei zu speichern.

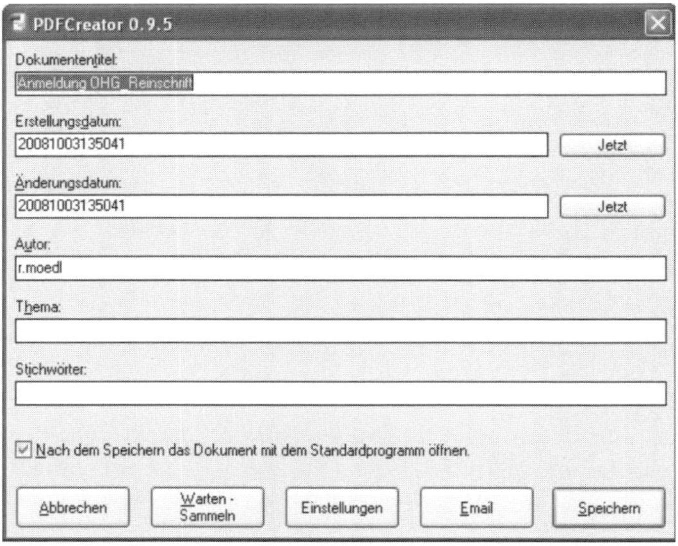

326 Herunterzuladen unter http://sourceforge.net/projects/pdfcreator.

In dem daraufhin erscheinenden Auswahlfeld müssen Sie als Dateityp „**TIFF-Dateien (*.tif)**“ auswählen, damit in diesem Format gespeichert wird.

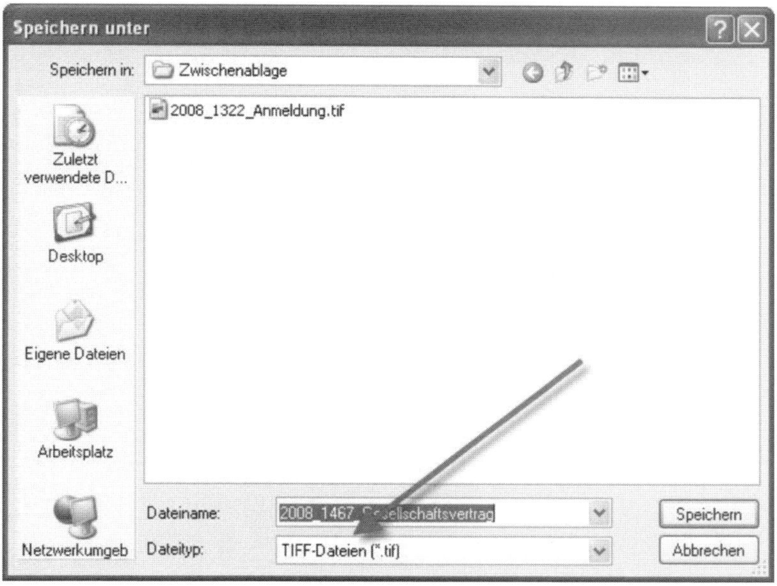

Dokumenterfassung im Modus „Dokumentenscan“

Die Erfassung von Dokumenten zu einer Handelsregisteranmeldung ist in den Modi **Dokumentenscan**, **Mitarbeiter** und **Einzelarbeitsplatz** möglich. Sollen in einem hoch arbeitsteiligen Vorgehen an einem **Arbeitsplatz ausschließlich Dokumente erfasst** werden (Beispiel: Scannen durch einen nicht fachlich geschulten Mitarbeiter), **eignet sich** der Modus **Dokumentenscan**.

In diesem Modus ist die Erfassung eines Vorgangs auf die Masken „**Grunddaten**“ und „**Anlagen/Dokumente**“ reduziert.

Nach Auswahl des Modus wählen Sie im Bereich Handelregister „**Neue Anmeldung**“ und bestätigen Ihre Auswahl mit „**Weiter**“. Wie bei jeder Neuanlage eines Vorgangs sollte nun in den Grunddaten jedenfalls ein **Aktenzeichen** zu dem Anmeldevorgang eingegeben werden, damit die Anmeldung anschließend leicht wieder gefunden und geöffnet werden kann.

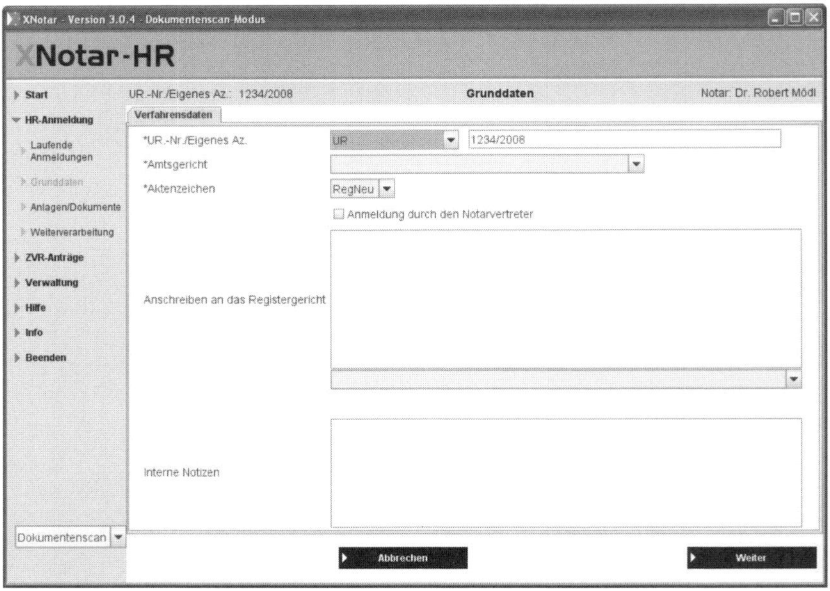

Nach Bestätigung mit „**Weiter**" öffnet sich unmittelbar die Maske „**Anlagen/ Dokumente**". Das Erfassen von Dokumenten erfolgt ebenso wie in den Modi „Mitarbeiter"[327] und „Einzelarbeitsplatz". Klicken Sie daher auf

um ein Dokument zu erfassen. Über die Schaltfläche „**Hinzufügen in SigNotar**" können Sie nun wiederum Funktionen von SigNotar aufrufen.

327 S.o. Übungsfall 1 (Rn. 596), S. 382 ff.

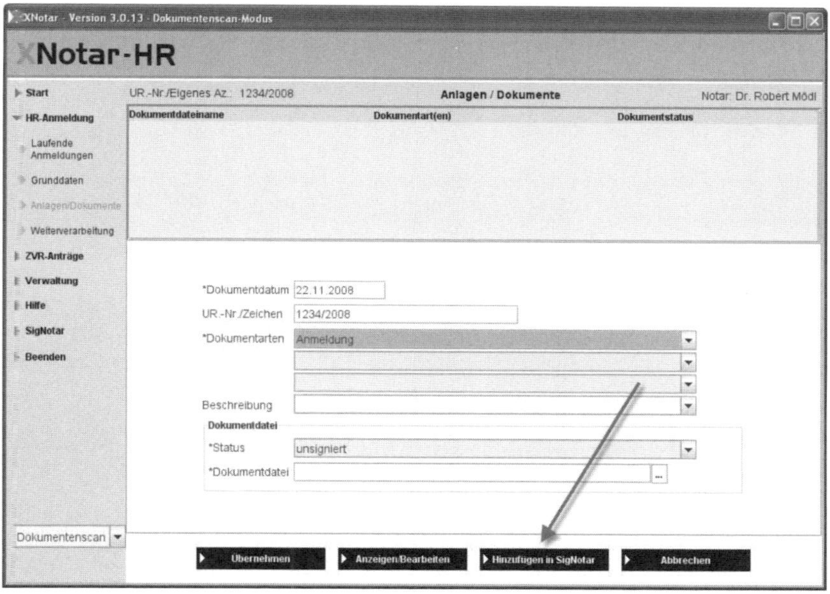

Wählen Sie anschließend in SigNotar nicht die Option „Anfügen“, sondern „**Einscannen**“, so bietet SigNotar die oder den verfügbaren **Scanner** und **weitere Optionen**, darunter die Eingabe der Auflösung der Scans an. Eine Auflösung von **200 dpi** ermöglicht i.d.R. eine gute Lesbarkeit der gescannten Dokumente ohne übermäßig viel Speicherplatz zu verbrauchen. Auflösungen unter 150 dpi vermindern die Lesequalität spürbar.

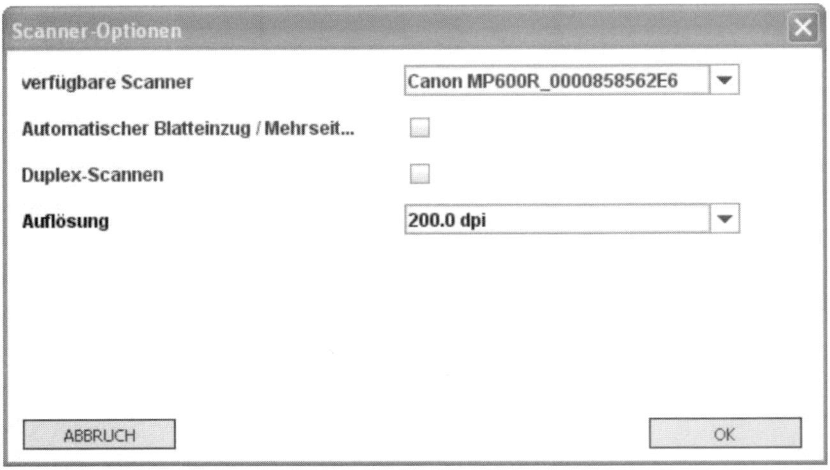

Nach Bestätigung mit „**OK**" startet SigNotar den **Scan-Vorgang**. Auch bei fehlendem Mehrblatteinzug ermöglicht SigNotar das **Scannen mehrerer Seiten** zu einem Dokument.

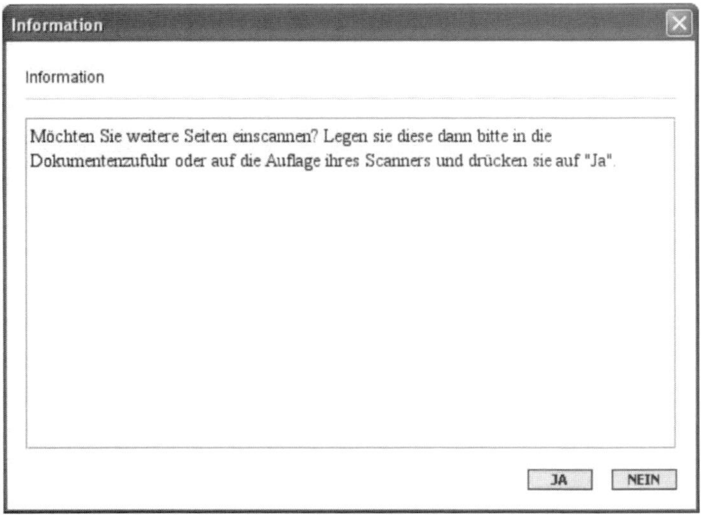

Im Anschluss an den Scan-Vorgang zeigt SigNotar das **eingescannte Dokument** und bietet **Optionen** zu seiner **weiteren Verarbeitung**. Soweit das Dokument elektronisch zu beglaubigen ist, sollte durch Bestätigen mit „**Weiter**“ ein **Beglaubigungsvermerk hinzugefügt** werden, falls dieser nicht bereits in dem eingescannten Dokument enthalten ist. Soll das Dokument **nicht beglaubigt** werden, wird es mit „**In Unsigniert/Speichern**“ gespeichert. Dieser und die weiteren Schritte entsprechen denen, die auch bei dem Anfügen einer bereits vorhandenen TIFF-Datei auszuführen sind und im Zusammenhang mit Fall 1 erläutert werden.[328]

Wiederholen Sie das Anfügen für alle zu diesem Anmeldevorgang notwendigen Dokumente. Anschließend können Sie das **Programm schließen** oder Sie gelangen mit „**Weiter**“ in die Weiterverarbeitung, wo Sie über „**Neue HR-Anmeldung**“ Dokumente für eine weitere Anmeldung erfassen können.

328 S.o. Übungsfall 1 (Rn. 596), S. 382 ff.

Die Anmeldungen, zu denen Dokumente erfasst wurden, können anschließend im Modus „**Mitarbeiter**" oder „**Einzelarbeitsplatz**" aus der Übersicht der laufenden Anmeldungen geöffnet und weiter bearbeitet werden.

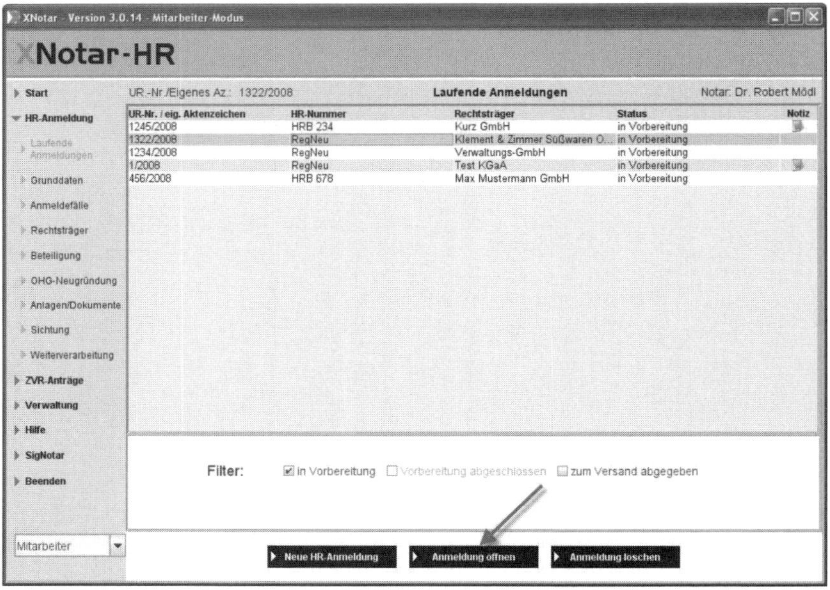

Fall 5: Vollständige Bearbeitung der Anmeldung eines Geschäftsführerwechsels im Einzelarbeitsplatzmodus von XNotar

Dieser Übungsfall demonstriert den Umgang mit XNotar 3.0 in einer ein- 600
facheren Büroumgebung, in der **Vorbereitung** und **Vollzug der Arbeiten** zur elektronischen Einreichung von Handelsregistersachen an einem **einzelnen Arbeitsplatz** erfolgen.

> **Hinweis:**
>
> In dieser Konstellation ändert sich nichts an der funktionalen Aufgabenteilung zwischen Mitarbeitern und Notar. Prüfung der Anmeldung und Vornahme der Signaturen obliegen dem Notar, die Vorbereitung und der Versand können an Mitarbeiter delegiert werden.

XNotar Startmaske

Starten Sie **XNotar** im **Einzelplatzmodus**.

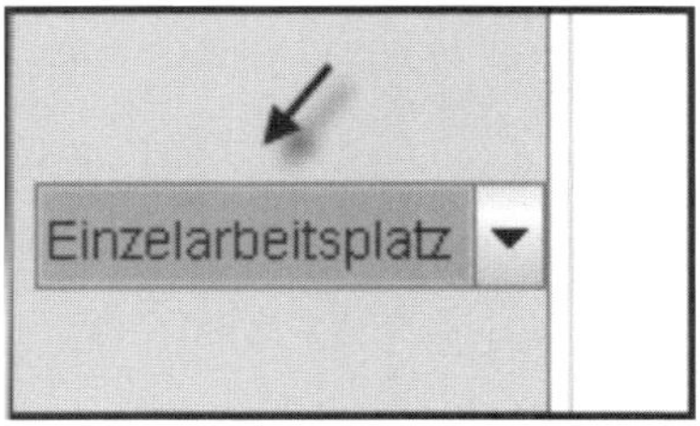

Wählen Sie in der Handelsregistersektion „**Neue Anmeldung**“ und klicken Sie „**Weiter**“.

Grunddaten

In der Maske „Grunddaten“ geben Sie – wie in der Abbildung ausgeführt – die entsprechenden **Daten des Anmeldevorgangs** ein. Diese entnehmen Sie entweder der Papiervorlage oder den im Verzeichnis „Fall 5“ gespeicherten elektronischen Dokumenten („GF-Anmeldung“).

Es empfiehlt sich, als **führendes Aktenzeichen** die UR.-Nr. der Handelsregisteranmeldung zu verwenden. Bitte achten Sie darauf, im Zusammenhang mit den Übungen stets das „**# Testgericht EGVP NRW**“ als Adressat zu wählen.

Den Inhalt des Feldes „**Anschreiben an das Registergericht**“ können Sie nach den Gepflogenheiten Ihres Büros bestimmen.

Wählen sie anschließend „**Weiter**".

Anmeldefälle

In der Maske „Anmeldefälle" **klassifizieren** Sie die zu **übermittelnde(n) Anmeldung(en)**. Im zu bearbeitenden Fall sind dies zwei separate Vorgänge, nämlich zum einen der Austritt des Geschäftsführers Unstet und der Eintritt des Geschäftsführers Elling.

Wählen Sie zunächst „**Hinzufügen**“ und benutzen die erscheinende Auswahlbox, um den Anmeldefall „GmbH/Geschäftsführer(in) Austritt“ anzusteuern. Klicken Sie dann auf „**Übernehmen**“.

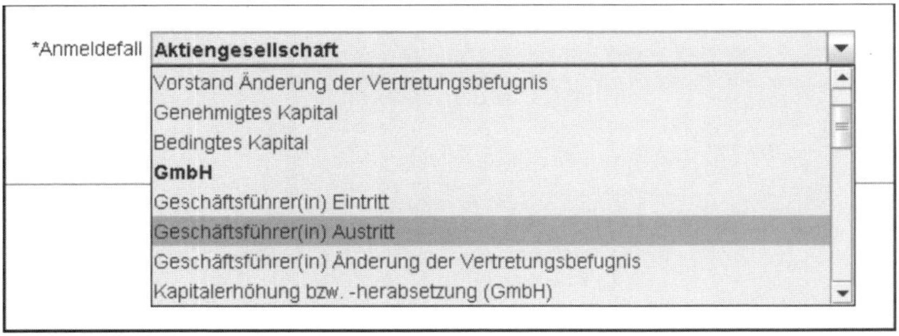

Wiederholen Sie diesen Schritt, um auch den zweiten Anmeldefall (Geschäftsführer(in) Eintritt) hinzuzufügen. Die **Liste der Anmeldefälle** sollte im Ergebnis so aussehen:

Klicken Sie auf „**Weiter**“.

Rechtsträger

Tragen Sie auf der nächsten Maske „Rechtsträger“ die **Daten der Gesellschaft** ein. Sie können dazu auch die Funktion „**Adressimport**“ verwenden.[329] Eine kopierfähige Adresse finden Sie im Verzeichnis der Falldaten.

329 Zu den Details dieser Funktion vgl. Rn. 182.

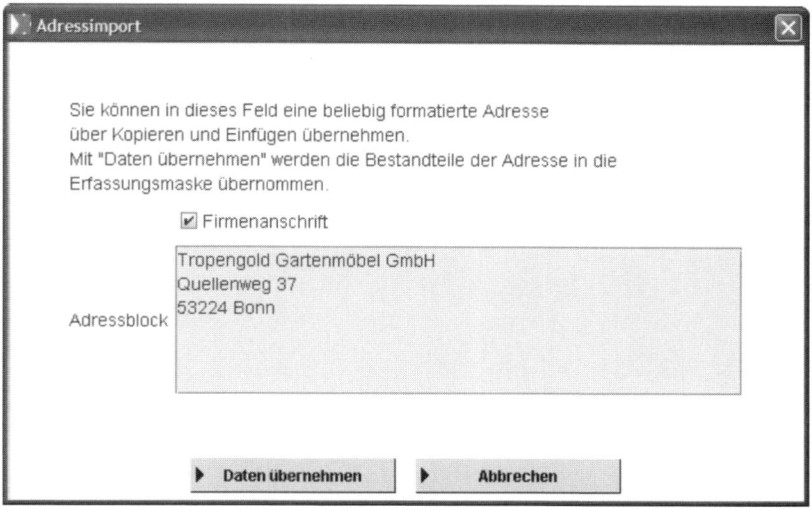

Das Ergebnis sollte so aussehen:

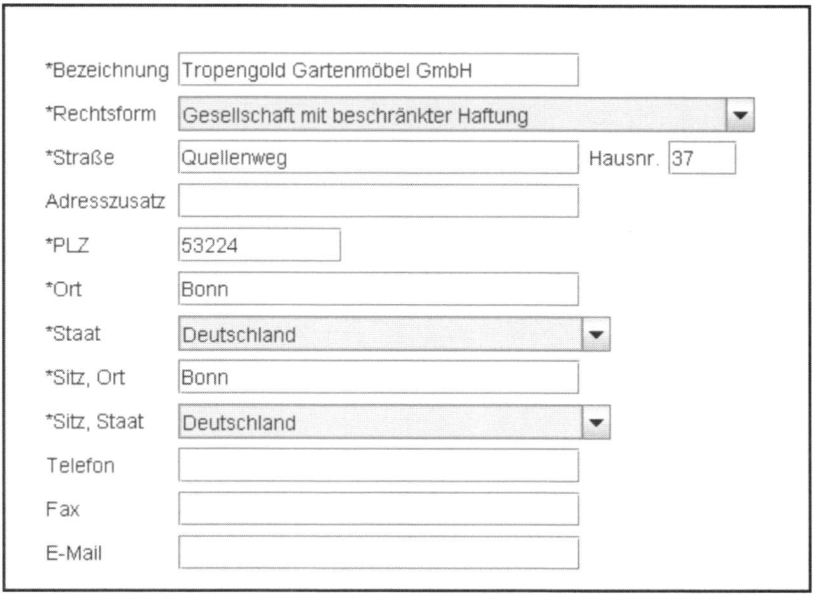

Beteiligung

Wechseln Sie mit „**Weiter**“ zur Folgemaske „Beteiligung“. Hier müssen Sie in diesem Fall die **Daten** der beiden **Geschäftsführer** eintragen und die Personen der richtigen Funktion („**Rolle**“) zuordnen, nämlich des ausscheidenden und des eintretenden Geschäftsführers.

Wählen Sie „**Hinzufügen**“, um die Daten des ausscheidenden Geschäftsführers Unstet einzugeben. In der folgenden Maske sollten Sie zunächst die Zuordnung der Daten zum Anmeldefall „Geschäftsführer(in) Austritt“ vornehmen.

Nach der Eingabe können Sie beobachten, wie sich die Menge der Pflichtangaben in den Folgefeldern reduziert. Das liegt daran, dass in den Fällen, in denen bestehende Einträge zu Personen im Register gelöscht werden sollen, eine erneute Übermittlung der weiteren persönlichen Daten nicht notwendig ist.

> **Hinweis:**
>
> Achten Sie darauf, dass der jeweils ausscheidende Beteiligte mit seinem Namen hinreichend eindeutig zu identifizieren ist. Dies kann u.U. bei Familienunternehmen mit mehreren Generationen (z.B. Josef Müller Senior, Josef Müller Junior) problematisch sein. Geben Sie in solchen Fällen zusätzlich das Geburtsdatum und/oder die Wohnanschrift mit an.

Geben Sie den Namen des Geschäftsführers Fritz Unstet ein und klicken Sie auf „**Übernehmen**“.

Wählen Sie nochmals „**Hinzufügen**“ um nunmehr die Daten des eintretenden Geschäftsführers Elling einzugeben.

Ordnen Sie auch hier zunächst die einzugebenden Personendaten dem richtigen Anmeldefall (hier „Geschäftsführer(in) Eintritt“) zu. Bei der **Neuanmeldung** einer Person zum Register sind die **persönlichen Daten vollständig**

einzugeben (Pflichtfelder), da diese beim Registergericht noch nicht bekannt sind.

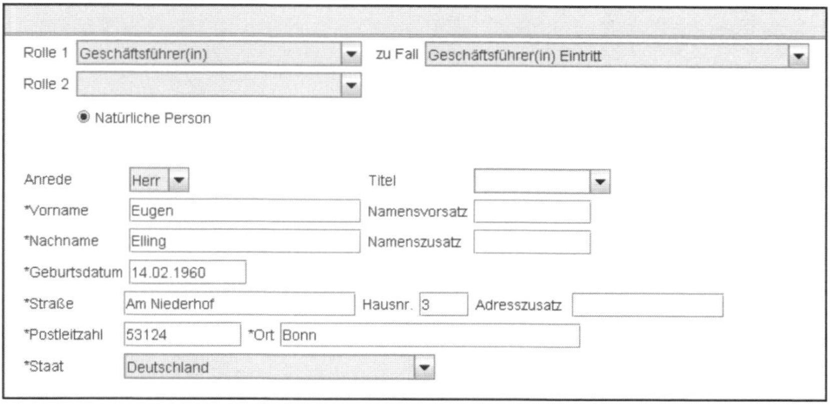

Nach der Dateneingabe (oder -übernahme mittels Adressimport) klicken Sie auf „**Übernehmen**". An der **farblichen Kennzeichnung** der im unteren Teil angezeigten „**Checkliste**" können Sie erkennen, dass alle notwendigen Personendaten erfasst wurden.

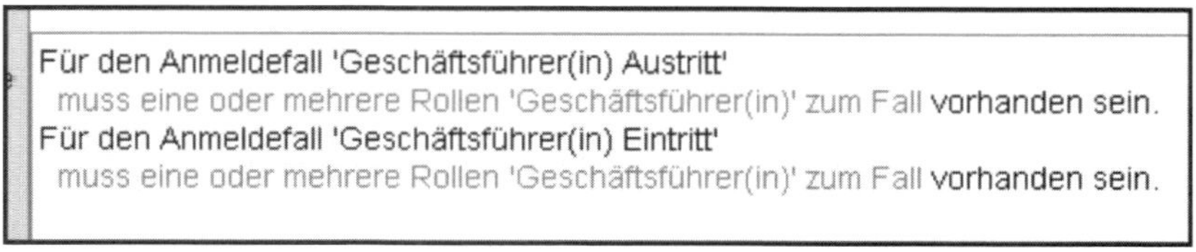

Fachdaten/Vertretungsberechtigte

Klicken Sie auf „**Weiter**", um zur Folgemaske „Fachdaten/Vertretungsberechtigte" zu gelangen.

Hier ist für den neu berufenen Geschäftsführer Elling noch die **Vertretungsbefugnis** einzutragen. XNotar zeigt die betreffenden Eingabefelder automatisch im unteren Maskenteil. Füllen Sie die Felder nach den Fallvorgaben aus und wählen Sie „**Übernehmen**" und „**Weiter**".

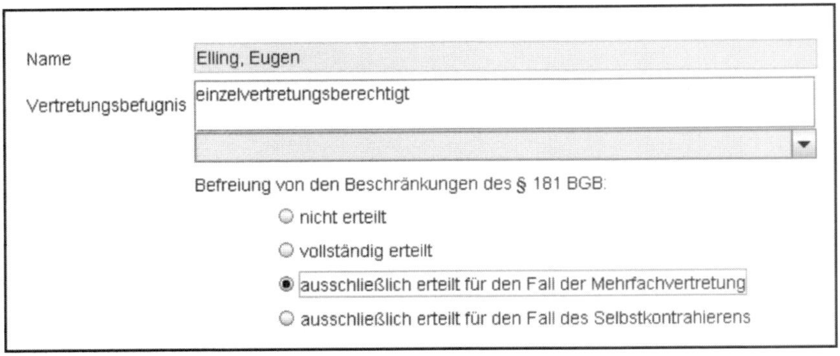

Anschreiben

Im Anschluss an die Eingabe der Strukturdaten öffnet sich ein neues Fenster. In diesem wird das **Anschreiben angezeigt**, welches für das Registergericht aus den Feldern „Anschreiben an das Registergericht“ (Maske „Grunddaten“) und der eingegebenen Firma generiert wird.[330]

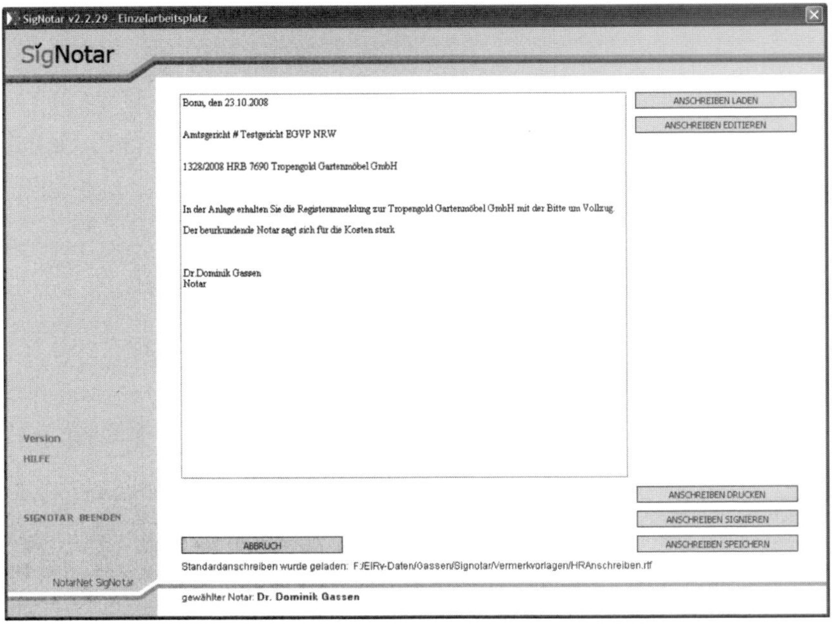

330 Vgl. dazu oben Rn. 240 ff.

Wenn das Anschreiben **inhaltlich richtig** ist, wählen Sie „**Anschreiben speichern**". Es erscheint das Dateiauswahlfenster, in dem Sie den Speicherort und den Dateinamen der Anschreiben-Datei bestimmen können. I.d.R. können Sie die vorgegebenen Angaben übernehmen und einfach auf „**Speichern**" klicken.

Anlagen/Dokumente

Das SigNotar-Fenster wird geschlossen und es erscheint die Maske „Anlagen/ Dokumente".

Für die folgende Bearbeitung wird davon ausgegangen, dass die **einzuscannenden Daten bereits gespeichert vorliegen** (nur als Scan, Beglaubigungsvermerke sind noch nicht hinzugefügt).[331]

Die **Liste im unteren Teil** der Maske gibt Anhaltspunkte für die noch hinzuzufügenden Anlagen. Eine **rote** Kennzeichnung bedeutet, dass diese Anlage für die Anmeldung notwendig ist (und noch fehlt), eine **blaue** Kennzeichnung bedeutet, dass diese Anlage in bestimmten Fällen beizufügen ist. Hier bedarf es einer fachlichen Entscheidung des Sachbearbeiters.

Für den Anmeldefall 'Geschäftsführer(in) Austritt'
kann eine Dokumentart 'Anschreiben' (signiert) (Anschreiben zur Registeranmeldung),
muss eine oder mehrere Dokumentarten 'Anmeldung' (signiert) (Handelsregisteranmeldung),
kann eine oder mehrere Dokumentarten 'Protokoll / Beschluss' (unsigniert) (Gesellschafterbeschluss über die Abberufung des Geschäftsführers),
kann eine oder mehrere Dokumentarten 'Protokoll / Beschluss' (unsigniert) (Nachweis der Niederlegung o. Vgl.) vorhanden sein.
Für den Anmeldefall 'Geschäftsführer(in) Eintritt'
kann eine Dokumentart 'Anschreiben' (signiert) (Anschreiben zur Registeranmeldung),
muss eine oder mehrere Dokumentarten 'Anmeldung' (signiert) (Handelsregisteranmeldung),
muss eine oder mehrere Dokumentarten 'Protokoll / Beschluss' (unsigniert) (Gesellschafterbeschluss über Bestellung des Geschäftsführers) vorhanden sein.

Im **aktuellen Fall** ist zum Geschäftsführeraustritt **zumindest eine Anlage** beizufügen, die die Tatsache des Austritts belegt, also entweder ein entsprechender Gesellschafterbeschluss oder ein Niederlegungsschreiben.

Im ersten Schritt soll die **Registeranmeldung** als Anlage hinzugefügt werden. Klicken Sie auf „**Hinzufügen**". Geben Sie zunächst die zur Beschreibung der Anlage benötigten Daten ein und bearbeiten danach erst die Anlagedatei (Scan/Tiff-Datei). Dies hat den Vorteil, dass SigNotar im zweiten Schritt die bekannten Daten z.B. für den Dateinamen verwenden kann.

331 Mit der Programmversion ELRV 3.0 ist es natürlich auch möglich, an dieser Stelle die Dokumente einzuscannen, wenn am betreffenden Einzelarbeitsplatz ein Scanner installiert ist.

Prüfen Sie das **Dokumentdatum**. Als Vorauswahl ist zunächst das Tagesdatum eingegeben. Passen Sie hier das aus dem Dokument ersichtliche Datum ein. Geben Sie dann die UR.-Nr. der Handelsregisteranmeldung ein (1328_2008).

Als Dokumentart wählen Sie „**Anmeldung**". Die Eingabe einer weiteren Beschreibung ist nicht nötig.

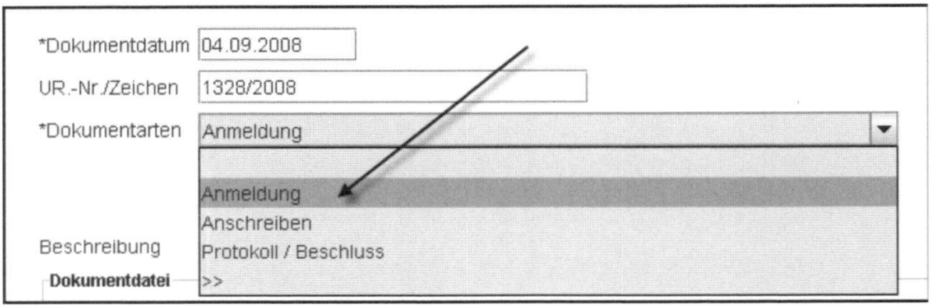

Um zunächst das eingescannte Dokument hinzuzufügen, klicken Sie auf „**Hinzufügen in SigNotar**".[332]

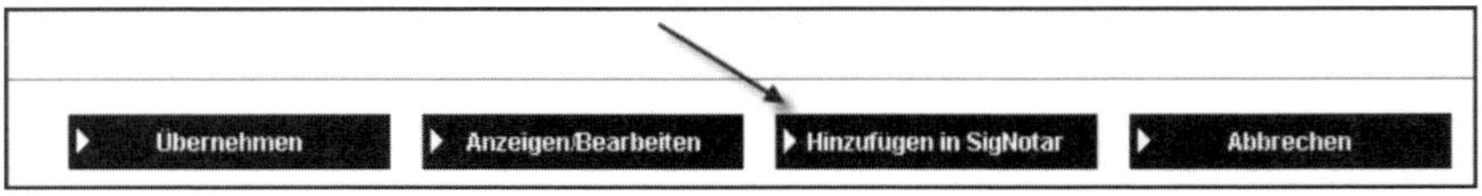

SigNotar

Es öffnet sich die SigNotar-Maske. Klicken Sie hier auf „**Anfügen**" und wählen Sie aus dem Verzeichnis für Fall 5 die Datei „Anmeldung GF-Wechsel.tif" und „**Öffnen**".

332 Das ist nur dann notwendig, wenn das Dokument noch eingescannt werden muss oder wenn der Beglaubigungsvermerk noch hinzuzufügen ist. Ansonsten können Sie das fertige Dokument unbesehen hinzufügen, indem Sie auf die Schaltfläche mit den drei Punkten neben dem Eingabefeld „Dokumentdatei" klicken und die betreffende Datei auswählen.

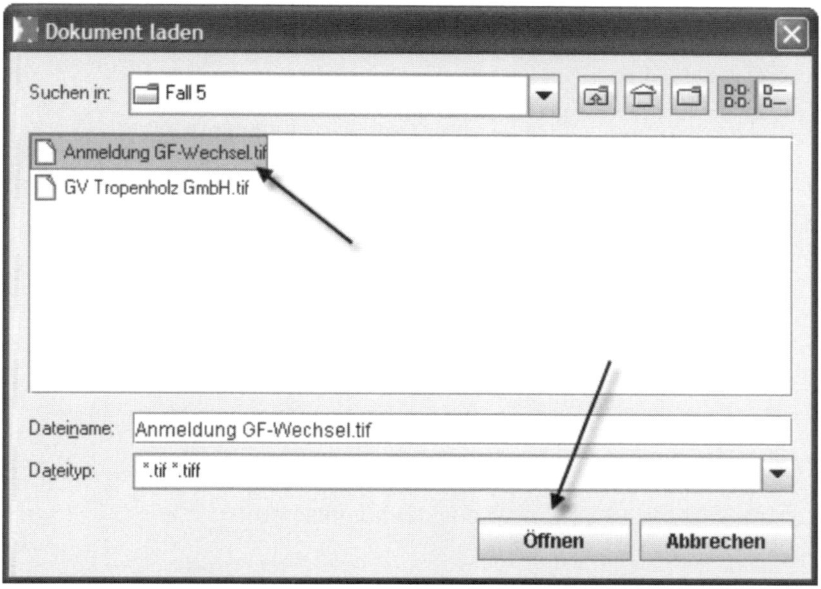

Das Dokument wird im Fenster angezeigt. Wählen Sie „**Weiter**".

Beglaubigungsvermerk

In der nächsten Maske wird der im Zusammenhang mit § 39a BeurkG notwendige **Beglaubigungsvermerk vorbereitet**. I.d.R. können die Angaben übernommen werden. Bei Bedarf können Sie den angezeigten Text mit „Beglaubigung editieren" bearbeiten. Wählen Sie „**Beglaubigung anfügen**".

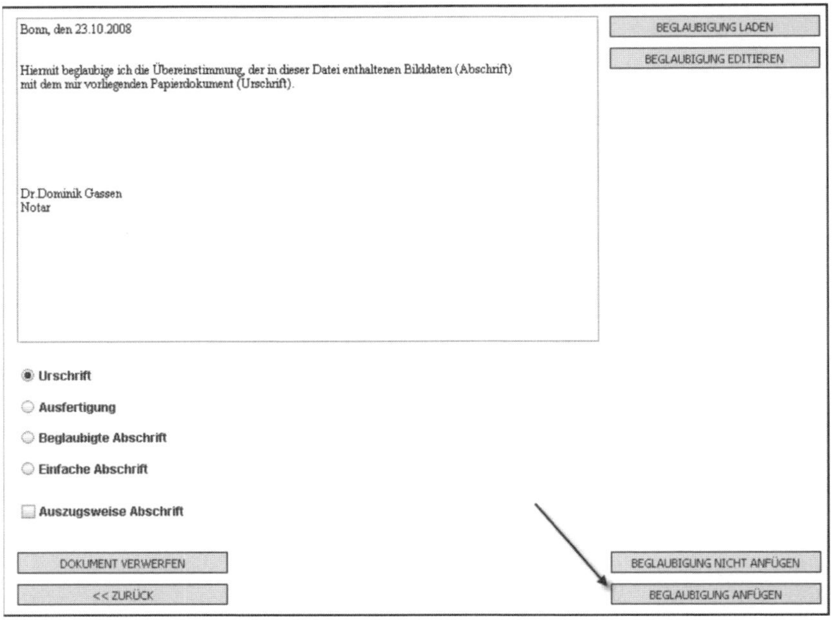

Sichtkontrolle

Auf der folgenden Maske wird das **Ergebnis** nochmals **zur Kontrolle angezeigt**. Die veränderte Seitenzahl weist auf den angefügten Beglaubigungsvermerk hin.

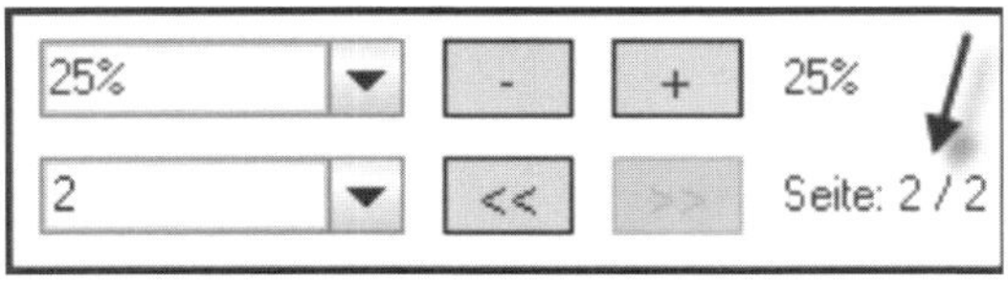

Wählen Sie „**SigNotar schließen**“. Das Programm prüft, ob das Dokument bereits gespeichert wurde und bittet um Bestätigung.

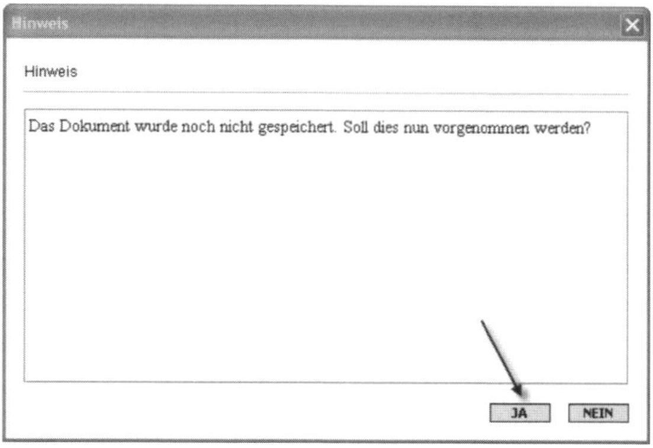

Im folgenden Dateidialog sollte für die Speicherung ein geeigneter Dateiname bereits vorgeschlagen werden. Er wird aus der UR.-Nr. und der Anlageart gebildet. Achten Sie darauf, die Anlage **am richtigen Ort zu speichern** („**Zwischenablage**").

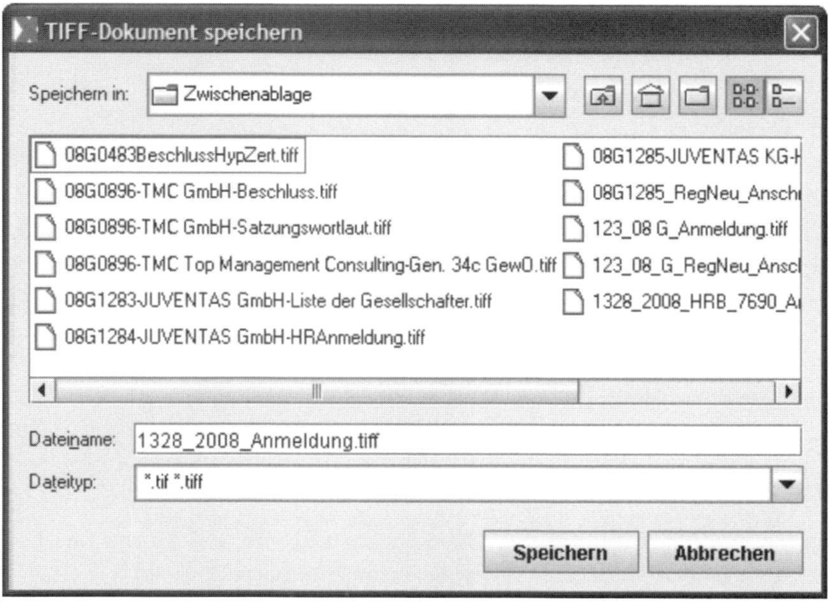

In der Folgemaske wird abgefragt, **was** mit der **Datei geschehen** soll, die zur Vorbereitung der Anlage verwendet wurde (die eingescannten Daten). Die Vorauswahl können Sie mit „**Ja**" bestätigen.

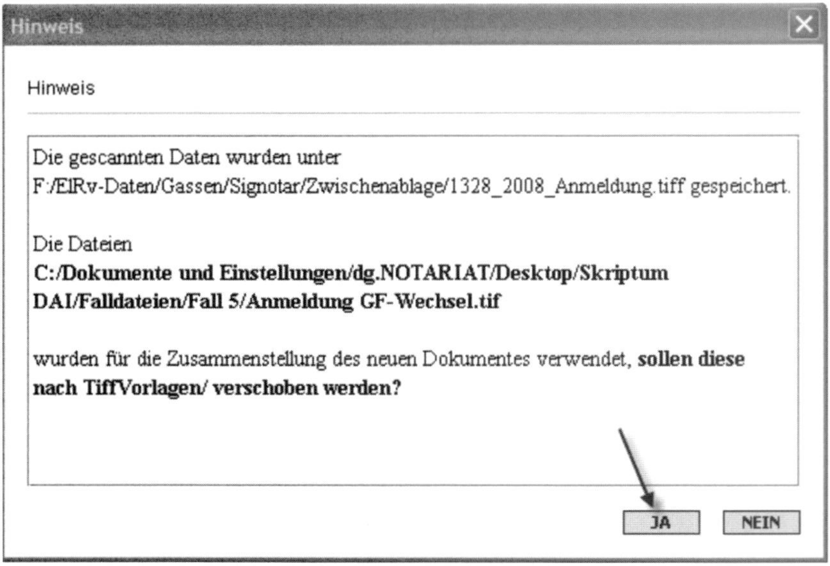

Zurück in XNotar können Sie nunmehr die Bearbeitung dieser Anlage abschließen. Der **Status der Anlage** wird **automatisch gewählt** – abhängig von der Art der Anlage. In diesem Fall ist die eingescannte Anmeldung noch zu signieren (dies geschieht in einem späteren Arbeitsschritt).

Wählen Sie „**Übernehmen**".

Fügen Sie als nächstes nach gleichem Muster als **weitere Anlage** den **Gesellschafterbeschluss über** die **Abberufung/Neubestellung** bei (Dateiname „GV Tropenholz GmbH.tif"). Achten Sie darauf, dass diese Anlage nicht signiert werden muss und auch keinen Beglaubigungsvermerk benötigt. Wählen Sie darum „**In Unsigniert speichern**" (und achten darauf, dass das richtige

Verzeichnis ausgewählt ist). Danach wählen Sie „**Speichern**“ und „**Beenden**“ (nicht „Weiter“, da Sie keinen Beglaubigungsvermerk benötigen).[333]

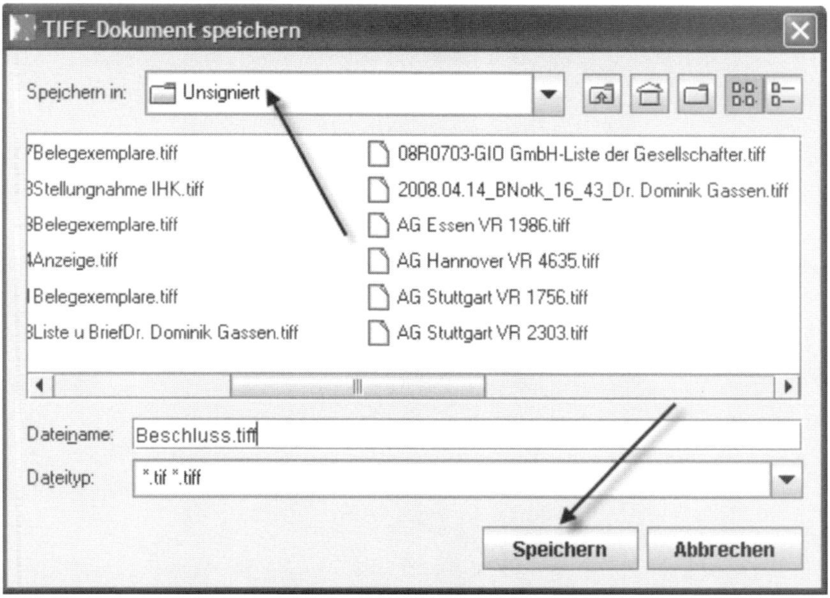

Nachdem Sie im folgenden Dialog zur Ablage der eingescannten Daten wieder „**Ja**“ gewählt haben, sollte das Ergebnis ähnlich wie hier aussehen:

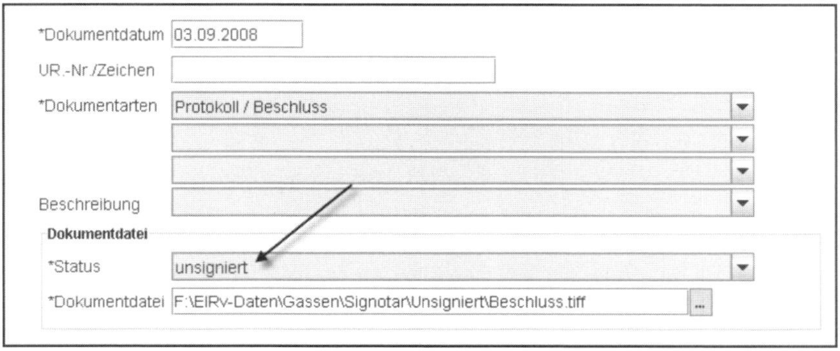

333 Sie können die Datei auch alternativ über die Schaltfläche mit den drei Punkten hinzufügen und den Status auf „unsigniert“ setzen. Die Darstellung oben ist der Einfachheit halber methodisch für alle Anlagen einheitlich gehalten.

Übernehmen Sie die Daten. In der **Liste** sollten nunmehr **drei Dateien** zu sehen sein:

Dokumentdateiname	Dokumentart(en)	Dokumentstatus
F:\EIRv-Daten\Gassen\Signotar\Zwischenablage\1...	Anschreiben	zu signieren
F:\EIRv-Daten\Gassen\Signotar\Zwischenablage\1...	Anmeldung	zu signieren
F:\EIRv-Daten\Gassen\Signotar\Unsigniert\Beschl...	Protokoll / Beschluss	unsigniert

Klicken Sie auf „**Weiter**“.

Sichtung Anmeldefall

Auf der Folgemaske („Sichtung Anmeldefall“) sehen Sie eine **Übersicht aller** von Ihnen zu dieser Anmeldung **erfassten Daten**. Von diesem Arbeitsschritt an obliegen die nächsten Schritte dem **Notar** (Kontrolle und Signatur).

Registeranmeldung UR 1328/2008

Dokumente

1328_2008_HRB_7690_Anschreiben.tiff

Dokumenttyp	Anschreiben
Dokumentdatum	23.10.2008
Dokumentdatei	
Dateiname	F:\ElRv-Daten\Gassen\Signotar\Zwischenablage\1328_2008_HRB_7(
Dateiformat	TIFF

1328_2008_Anmeldung.tiff

Dokumenttyp	Anmeldung
UR.-Nr./Zeichen	1328_2008
Dokumentdatum	04.09.2008
Dokumentdatei	
Dateiname	F:\ElRv-Daten\Gassen\Signotar\Zwischenablage\1328_2008_Anmeld
Dateiformat	TIFF

Beschluss.tiff

Dokumenttyp	Protokoll / Beschluss
Dokumentdatum	03.09.2008
Dokumentdatei	
Dateiname	F:\ElRv-Daten\Gassen\Signotar\Unsigniert\Beschluss.tiff
Dateiformat	TIFF

Verfahrens- und Sendungsdaten

Amtsgericht	# Testgericht EGVP NRW
Sachgebiet	Handelsregister
Aktenzeichen	HRB 7690
Gegenstand	**HRB 7690;Tropengold Gartenmöbel GmbH;mehrere Anmeldun**
Anschreiben an das Registergericht	In der Anlage erhalten Sie die Registeranmeldung zur Tropengold Ga der Bitte um Vollzug. Der beurkundende Notar sagt sich für die Kost

Beteiligte

Tropengold Gartenmöbel GmbH

Rolle	**Rechtsträger**
Rechtsform	Gesellschaft mit beschränkter Haftung
Sitz	
Ort	Bonn
Staat	Deutschland
Aktuelle Anschrift	
Strasse, Nr.	Quellenweg 37
PLZ, Ort	53224 Bonn
Staat	Deutschland

Dr. Dominik Gassen

Rolle	**Notar(in)**
Aktuelle Anschrift	
Strasse, Nr.	Thomas-Mann-Str. 37
PLZ, Ort	53111 Bonn
Staat	Deutschland
Telekommunikation	
Art	Telefon
Verbindung	0228-98394-0
Zusatz	dienstlich
Telekommunikation	
Art	Fax
Verbindung	0228-98394-17
Zusatz	dienstlich
Telekommunikation	
Art	E-Mail
Verbindung	gassen-rabl@notarnet.de
Zusatz	dienstlich
Telekommunikation	
Art	Internet
Verbindung	www.notare-rg.de
Zusatz	dienstlich

Hinweis:

Viele Daten sind in der Übersicht als „**Hyperlinks**“ angelegt. Sie erscheinen in blauer Farbe und unterstrichen. Auf diese Links können Sie klicken, XNotar wechselt dann unmittelbar zur Maske, in der das betreffende Feld eingegeben wurde und aktiviert dieses Feld. So können Sie bequem mit einem Mausklick versehentliche **Falscheingaben korrigieren**.

Wenn Sie die Daten kontrolliert haben, wählen Sie „**Weiter**“.

Weiterverarbeitung

Die abschließende Maske „Weiterverarbeitung“ benutzen Sie zunächst, um die **Signaturen** (**Einzelplatzmodus** !) vorzunehmen. Klicken Sie auf „**Signieren**“.

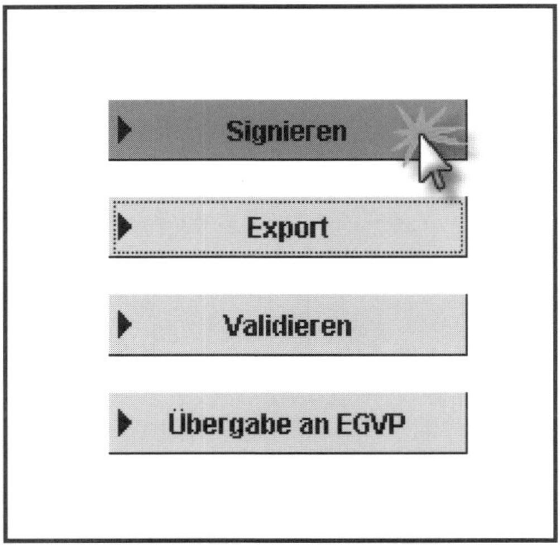

In **SigNotar** öffnet sich eine Liste der zu signierenden Dokumente. Prüfen Sie gedanklich, ob alle in der Maske „Dokumente/Anlagen“ hinzugefügten zu signierenden Anlagen in der Liste enthalten sind. Dies wird regelmäßig der Fall sein.

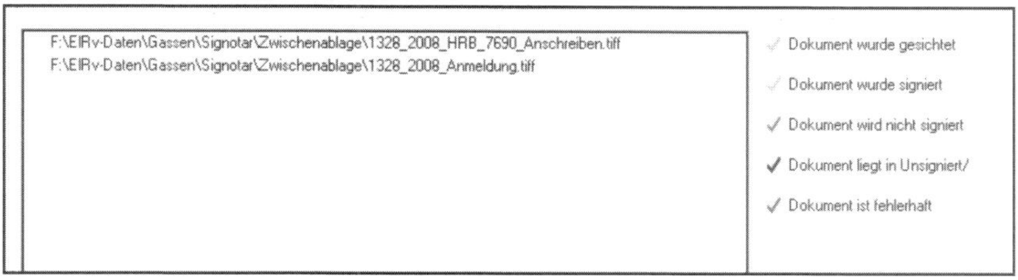

Wählen Sie „**Alle Dokumente signieren**“.

SigNotar greift auf das Kartenlesegerät zurück und liest die Daten von der Signaturkarte ein. Klicken Sie auf „**Weiter**“.

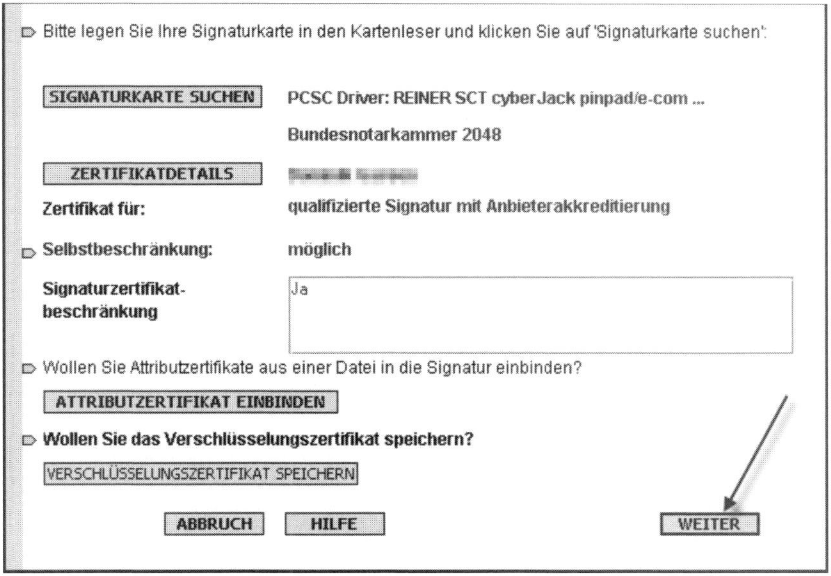

Das **erste Dokument** wird zur **Durchsicht angezeigt**. Mit den **Navigationstasten im oberen Bereich** können Sie sämtliche Dokumente nacheinander anzeigen lassen und in jedem Dokument sämtliche Dokumentseiten überprüfen. Aus Qualitätssicherungsgründen sollten Sie die Dokumente **zumindest stichprobenartig** durchsehen. Wählen Sie dann „**Signieren**“.

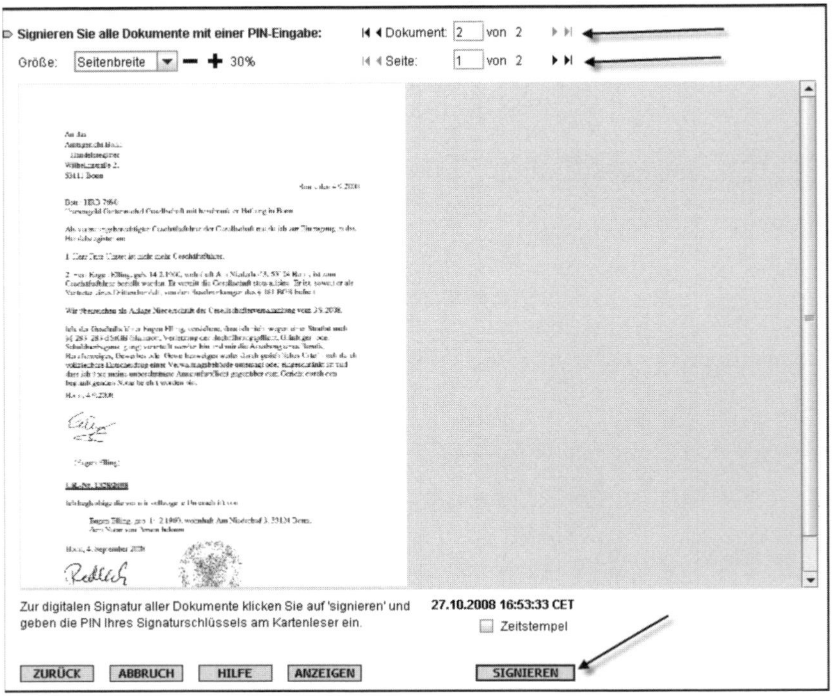

SigNotar fordert nun zur **Eingabe** der **PIN-Nummer** der Signaturkarte über die Tastatur des Lesegerätes auf. Geben Sie diese ein – dann wird die Signatur vollzogen.

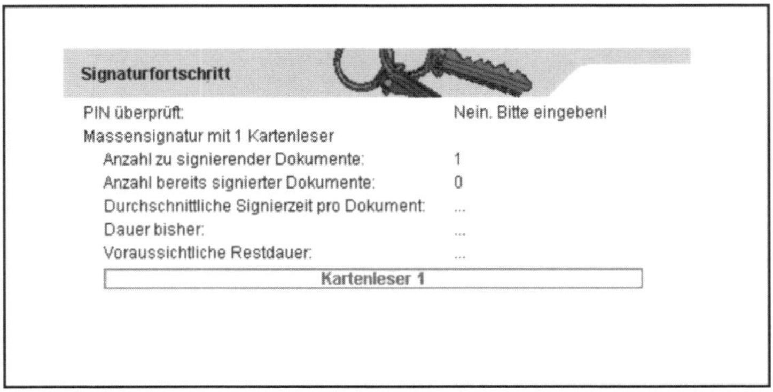

Als nächstes erscheint ein **Kontrollfeld**, in dem Sie entscheiden müssen, wie **mit** den **Originaldateien** verfahren werden soll, die Sie soeben signiert haben. Wie oben erläutert, ist es regelmäßig zweckmäßig, die Originaldaten unter „TiffVorlagen“ zu speichern. Wählen Sie deshalb „**Ja**“.

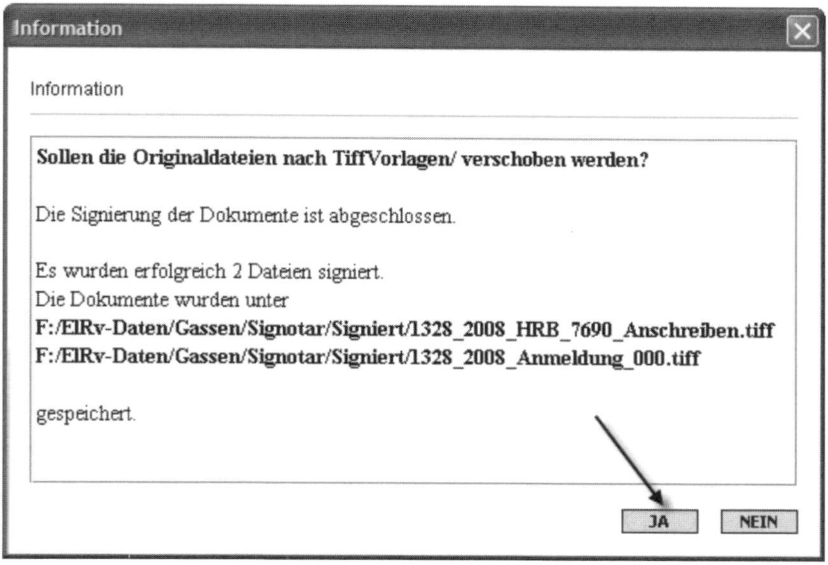

Die **Dateien** wurden **signiert**, was durch ein **grünes Häkchen** vor dem Dateinamen kenntlich gemacht wird.

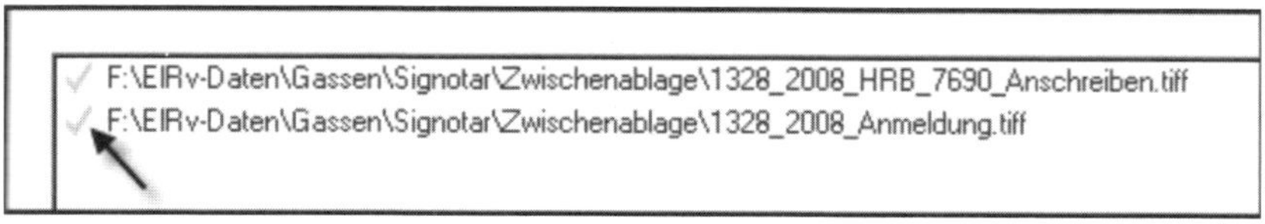

Wählen Sie „**SigNotar schliessen**“.

Sie gelangen damit wieder zur Maske „Weiterverarbeitung“ in XNotar, wählen Sie abΔschließend **„Übergabe an EGVP-Client“**, um die Daten zum Versand an den EGVP-Client weiterzugeben. Die **Übergabe** wird in einem Dialogfeld **bestätigt**.

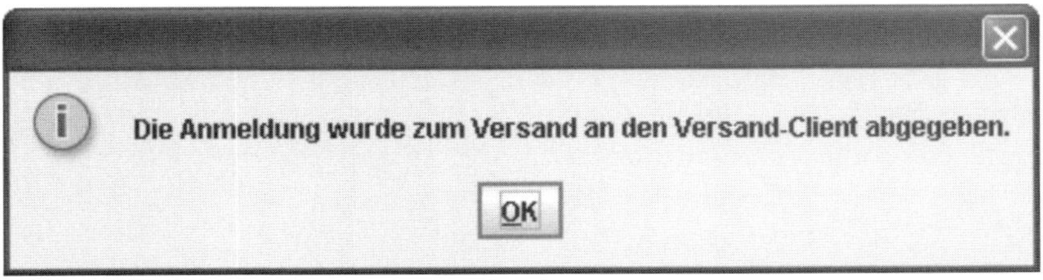

Die übergebene Nachricht finden Sie nach der Fachdatenübernahme[334] im **Postausgang des EGVP-Clients**. Sie kann ohne Weiteres versendet werden.

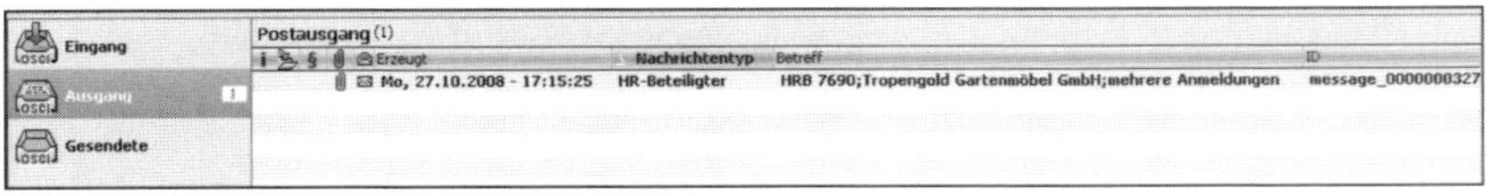

Damit ist die Bearbeitung von Fall 5 abgeschlossen.

334 Näher beschrieben unter Rn. 267 ff.

Fall 6: Anmeldung von Zweigniederlassungen und Prokuristen im arbeitsteiligen Verfahren

Der nächste Übungsfall bringt eine etwas komplexere Aufgabenstellung. Hier geht es nur um einen Anmeldefall, dem jedoch eine Vielzahl von Beteiligten zuzuordnen ist.[335] 601

Machen Sie sich zunächst mit dem Inhalt der Registeranmeldung und des zugrundeliegenden Gesellschafterbeschlusses vertraut.

XNotar Starmaske

Beginnen Sie dann auf dem Startbildschirm von XNotar. Wechseln Sie in den **Mitarbeiter-Modus** und starten Sie in üblicher Weise mit einer neuen Anmeldung.

335 Die hier dargestellte Methodik der Datenverknüpfung wird voraussichtlich in einer der nächsten Versionen von XNotar modifiziert. Achten Sie auf entsprechende Hinweise auf der Internetseite (http://www.elrv.info/de/software/faq/faq_programmversionen.php).

Grunddaten

Füllen Sie nun die Felder der Maske „Grunddaten“ mit den aus der Anmeldung zu entnehmenden Angaben. Das Ergebnis sollte ähnlich wie die folgende Abbildung aussehen:

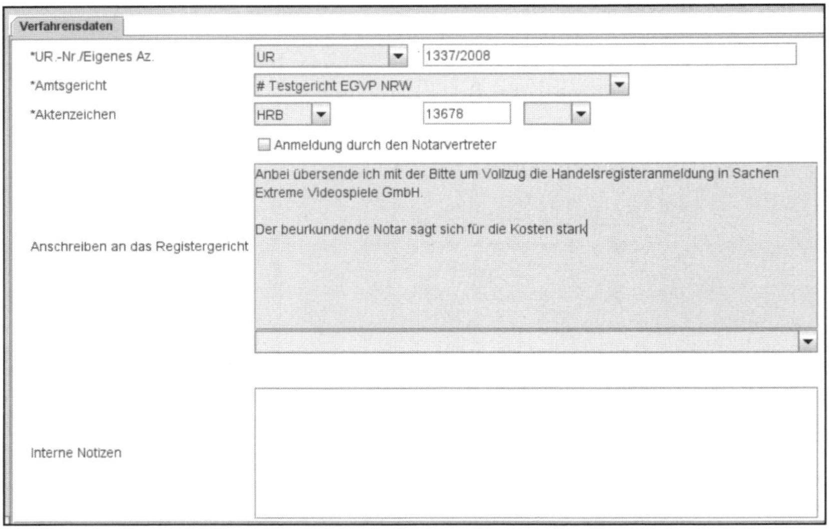

Anmeldefälle

Wechseln Sie mit „**Weiter**“ zur Maske „Anmeldefälle“. Hier müssen Sie den Anmeldefall „**Errichtung einer Zweigniederlassung für ein inländisches Unternehmen**“ hinzufügen.

Obwohl in der Anmeldung zwei Zweigniederlassungen angemeldet werden, muss der Anmeldefall **nur einmal** in die Liste aufgenommen werden. Achten Sie auf den Hinweistext im unteren Teil des Fensters:

> Mit diesem Anmeldefall melden Sie die Errichtung einer Zweigniederlassung zum Handelsregister eines inländischen Unternehmens an. Erfassen Sie bitte die Hauptniederlassung als Rechtsträger und die Zweigniederlassung als Beteiligten mit der Rolle 'Zweigniederlassung'. Über den Anmeldefall kann der Zweigniederlassung auch ein Prokurist zugeordnet werden. Eine gesonderte Anmeldung über den Anmeldefall 'Neubestellung Prokurist' ist nicht notwendig.

Für die gleichfalls anzumeldenden Prokuristen ist es nicht notwendig, zusätzlich den Anmeldefall „Bestellung eines Prokuristen (Prokuristin)“ aufzunehmen, da die Daten im bereits gewählten Fall miterfasst werden können.

Rechtsträger

Wechseln Sie mit „**Weiter**“ zur Erfassungsmaske für die Rechtsträgerdaten. Achten Sie auf den Hinweis auf der rechten Seite.

> Bitte tragen Sie die Hauptniederlassung der deutschen Gesellschaft ein. Für den Fall, dass sich der Sitz der Hauptniederlassung im Ausland befindet, verwenden Sie bitte den Anmeldefall "Sonstige Anmeldung/Mitteilung".

Einzutragen sind die Daten der **Hauptniederlassung** der Gesellschaft. Diese finden Sie in der entsprechend bezeichneten Datei bei den Falldaten.

*Bezeichnung	Extreme Videospiele GmbH		
*Rechtsform	Gesellschaft mit beschränkter Haftung		
*Straße	Niederstr.	Hausnr.	56
Adresszusatz			
*PLZ	53224		
*Ort	Bonn		
*Staat	Deutschland		
*Sitz, Ort	Bonn		
*Sitz, Staat	Deutschland		
Telefon			
Fax			
E-Mail			

Beteiligung

In der folgenden Maske „Beteiligung“ müssen entsprechend der Vorgaben der Anmeldung eine Reihe von Beteiligten erfasst werden, nämlich die beiden neuen Zweigniederlassungen und die einzutragenden Prokuristen.

> Für den Anmeldefall 'Errichtung einer Zweigniederlassung für ein inländisches Unternehmen'
> muss eine oder mehrere Rollen 'Zweigniederlassung',
> kann eine oder mehrere Rollen 'Prokurist(in)' vorhanden sein.

Erfassen Sie zunächst die **Daten der Zweigniederlassungen**. Als „Bezeichnung“ können Sie die Firma der Hauptniederlassung übernehmen.

Erfassen Sie dann die **Daten der Prokuristen**. Sie können Zeit sparen, wenn Sie die Funktion „**Adressimport**“ verwenden. Im Ergebnis sollte die Beteiligtentabelle so aussehen:

Name	Ort	Rolle	W
Extreme Videospiele GmbH	Berlin	Zweigniederlassung (Errichtung einer Zweignie...	
Extreme Videospiele GmbH	Pforzheim	Zweigniederlassung (Errichtung einer Zweignie...	
Gremberg, Kevin	Berlin	Prokurist(in) (Errichtung einer Zweigniederlass...	
Küpper, Michael	Berlin	Prokurist(in) (Errichtung einer Zweigniederlass...	
Niederegger, Chris	Pforzheim	Prokurist(in) (Errichtung einer Zweigniederlass...	

Fachdaten

Klicken Sie auf „**Weiter**“, um in der folgenden Fachdatenmaske die Prokuristen den Zweigniederlassungen zuzuordnen und nähere Angaben zur Vertretungsbefugnis zu machen.

In der ersten Maske müssen Sie für **jeden Prokuristen** (Auswahl über die Tabelle im oberen Maskenbereich) die **Zweigniederlassung auswählen**, für die er bestellt ist. Dazu finden Sie im unteren Teil der Maske auf der linken Seite eine Liste der bekannten Zweigniederlassungen (hier die eingegebenen Niederlassungen in Berlin und Pforzheim). Wählen Sie die jeweils zutreffende Niederlassung aus und verschieben Sie diese durch Klick auf den entsprechenden Pfeil in die Tabelle auf der rechten Seite der Maske (Doppelklick funktioniert auch).

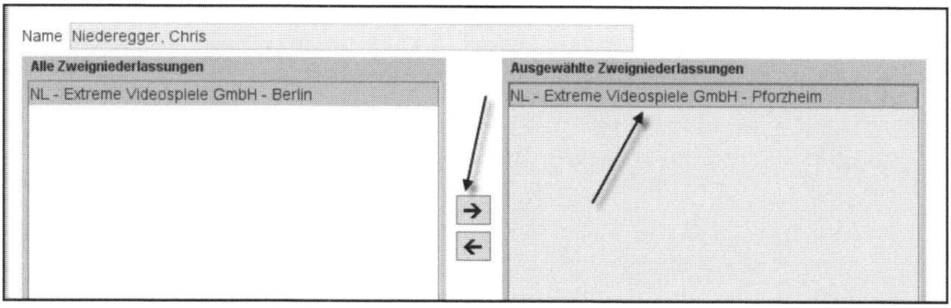

Im Ergebnis sollte jedem Beteiligten die zutreffende Niederlassung zugeordnet sein.

Beteiligtenbeziehungen | Vertretungsberechtigte

Vertretungsberechtigte	Name	Zweigniederlassung
Prokurist(in)	Gremberg, Kevin	[ZN - Extreme Videospiele GmbH - Berlin]
Prokurist(in)	Küpper, Michael	[ZN - Extreme Videospiele GmbH - Berlin]
Prokurist(in)	Niederegger, Chris	[ZN - Extreme Videospiele GmbH - Pforzheim]

Klicken Sie auf „**Weiter**“. In der Folgemaske müssen Sie jedem Prokuristen nach den Vorgaben des Anmeldetextes die zutreffende **Vertretungsregelung** zuordnen.

Hinweis:

Die örtliche Beschränkung ist durch die Eingaben auf der vorausgehenden Maske bereits richtig vorgegeben. Wenn in der Anmeldung nichts zur Befreiung von § 181 mitgeteilt ist, ist der jeweilige Prokurist nicht befreit.

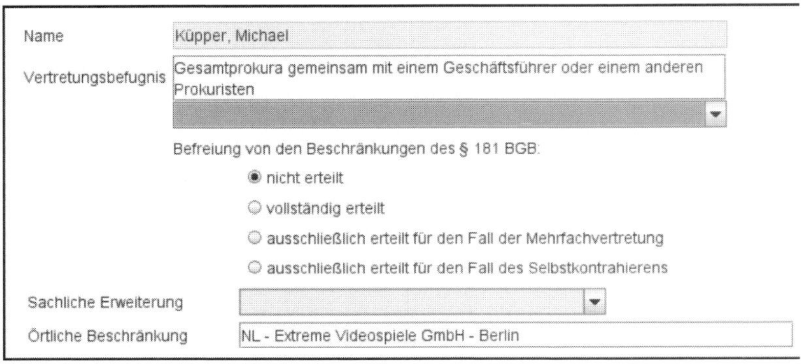
Name: Küpper, Michael
Vertretungsbefugnis: Gesamtprokura gemeinsam mit einem Geschäftsführer oder einem anderen Prokuristen
Befreiung von den Beschränkungen des § 181 BGB:
(•) nicht erteilt
( ) vollständig erteilt
( ) ausschließlich erteilt für den Fall der Mehrfachvertretung
( ) ausschließlich erteilt für den Fall des Selbstkontrahierens
Sachliche Erweiterung:
Örtliche Beschränkung: NL - Extreme Videospiele GmbH - Berlin

Im Ergebnis sollte Ihre Tabelle dieser ähneln:

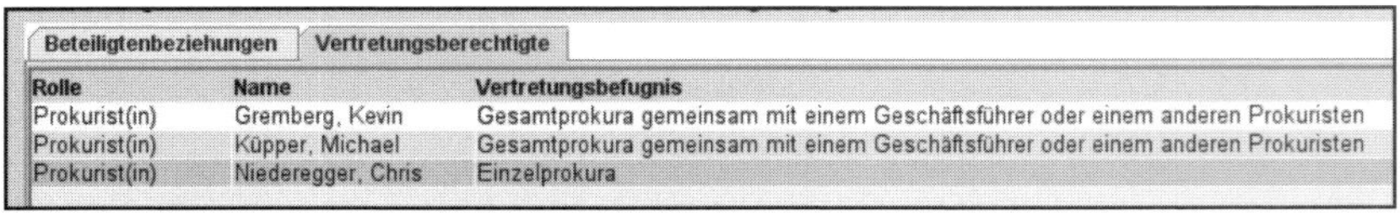
Beteiligtenbeziehungen | Vertretungsberechtigte

Rolle	Name	Vertretungsbefugnis
Prokurist(in)	Gremberg, Kevin	Gesamtprokura gemeinsam mit einem Geschäftsführer oder einem anderen Prokuristen
Prokurist(in)	Küpper, Michael	Gesamtprokura gemeinsam mit einem Geschäftsführer oder einem anderen Prokuristen
Prokurist(in)	Niederegger, Chris	Einzelprokura

Anschreiben:

Im Verlauf der Bearbeitung erfolgt die Anzeige des vorbereiteten Registeranschreibens. Dieses speichern Sie über die entsprechend bezeichnete Schaltfläche.

Anlagen/Dokumente

Nachdem Sie zur nächsten Maske gelangt sind, fügen Sie in bereits zuvor beschriebener Art die **Registeranmeldung** und den **Gesellschafterbeschluss** als Anlagen hinzu. Da dieser Fall im arbeitsteiligen Verfahren vorbereitet wird, sollten die Anlagen als „**Zu signieren**" angelegt werden.

Die Tabelle der Anlagen sollte folgenden Inhalt haben:

Dokumentdateiname	Dokumentart(en)	Dokumentstatus
J:\ElRv-Daten\Gassen\Signotar\Zwischenablage\1337_2008_HRB_13678_An...	Anschreiben	zu signieren
J:\ElRv-Daten\Gassen\Signotar\Zwischenablage\1377_2008_Anmeldung.tiff	Anmeldung	zu signieren
J:\ElRv-Daten\Gassen\Signotar\Unsigniert\Beschluss.tiff	Protokoll / Beschluss	unsigniert

Sichtung Anmeldefall

Nach dem Wechsel zur folgenden Maske überprüfen Sie die erfassten Daten dort nochmals.

Weiterverarbeitung

Klicken Sie erneut „**Weiter**" und auf der Maske „Weiterverarbeitung" auf „**Weitergabe an Notar**". Damit ist die Vorbereitung durch den Mitarbeiter abgeschlossen.

Wechseln Sie bitte jetzt mittels des Auswahlfeldes in den **Notarmodus** und wählen Sie dort die **Anmeldungsübersicht**. Hier öffnen Sie die soeben vorbereitete Anmeldung und gelangen so wieder zur Datenübersicht. Bestätigen Sie die Richtigkeit der Daten mit „**Weiter**".

In der Maske „Weiterverarbeitung" **signieren** Sie zunächst in bekannter Weise die Anlagen. Danach übergeben Sie die Daten zum **Versand**.

Wenn Sie möchten, können Sie nunmehr die Daten mit dem **EGVP-Client** an das Testgericht versenden.

Damit ist die Bearbeitung von Fall 6 abgeschlossen.

Fall 7: Erstanmeldung einer GmbH & Co. KG im arbeitsteiligen Verfahren

Dieser Fall bietet zur Übung nochmals einen klassischen Fall aus dem Repertoire der notariellen Registeranmeldung, nämlich die Erstanmeldung einer GmbH & Co. KG. Genau genommen handelt es sich dabei um **zwei Fälle**, die nacheinander vorzubereiten sind. Demonstriert wird zunächst die **einheitliche Vorbereitung der Anmeldung** im Mitarbeitermodus und danach die **Endbearbeitung beim Notar**. 602

1. Schritt: Anmeldung Komplementär-GmbH

XNotar Startmaske

Beginnen Sie im Mitarbeitermodus von XNotar. Wählen Sie „**Neue Anmeldung**" und „**Weiter**".[336]

Grunddaten

Tragen Sie in der Maske „Grunddaten" die **benötigten Daten** ein, die Sie aus der in den Falldaten enthaltenen Registeranmeldung entnehmen können. Als Aktenzeichen nehmen Sie „**RegNeu**", als Gericht zur Vermeidung von Verwechslungen bitte wieder das „**# Testgericht EGVP NRW**". Das Ergebnis sollte diesem ähneln:

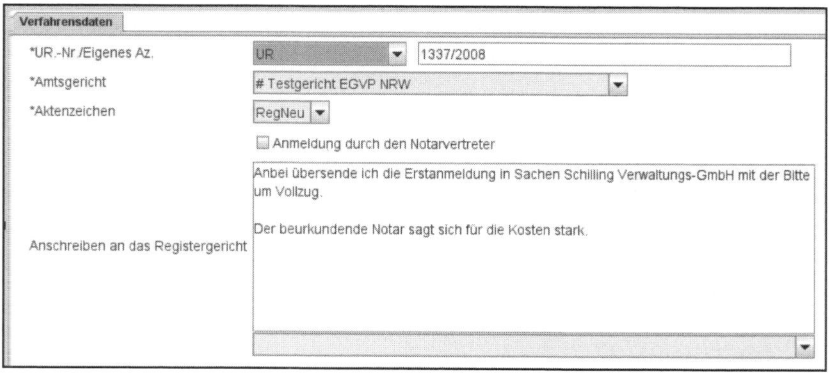

336 Es wird im Folgenden darauf verzichtet, bei jedem Maskenwechsel darauf hinzuweisen, dass auf die Schaltfläche „Weiter" zu klicken ist.

Anmeldefälle

Wählen Sie auf der folgenden Maske den **Anmeldefall „Ersteintragung einer GmbH"**.

> **Hinweis:**
>
> Es ist nicht möglich, an dieser Stelle auch die Anmeldung der KG als weiteren Fall zu ergänzen, da es sich um verschiedene Rechtsträger und sogar verschiedene Registerbereiche handelt.
>
> **Faustregel**: Für jeden Rechtsträger, für den Anmeldungen vorgenommen werden, müssen Sie auch in XNotar eine neue Anmeldung (und nicht nur einen neuen Anmeldefall) verwenden, also den gesamten Prozess wie hier beschrieben durchlaufen.

Rechtsträger

Tragen Sie danach auf der Maske „Rechtsträger" die abgefragten **Daten der GmbH** ein. Die Vorgaben (z.B. Geschäftsanschrift) sind in der Anmeldung enthalten.

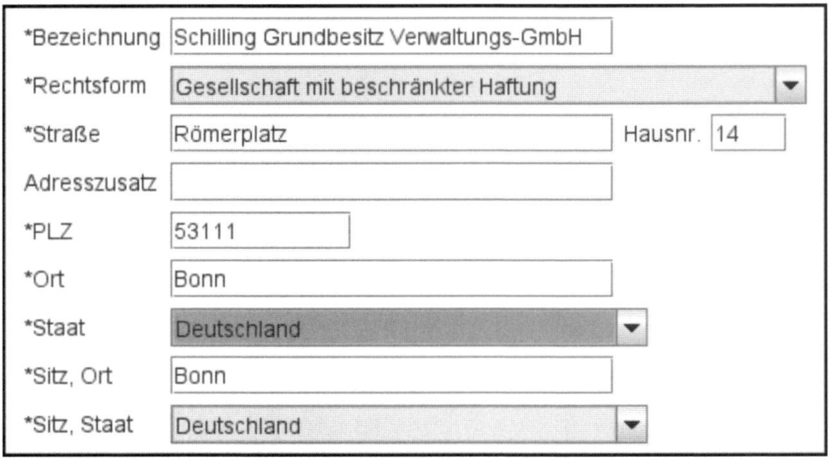

Beteiligung

Auf der Maske „Beteiligung“ sind die beiden aus der Anmeldung ersichtlichen **Geschäftsführer** zu erfassen – zunächst nur mit ihren **Personendaten**.

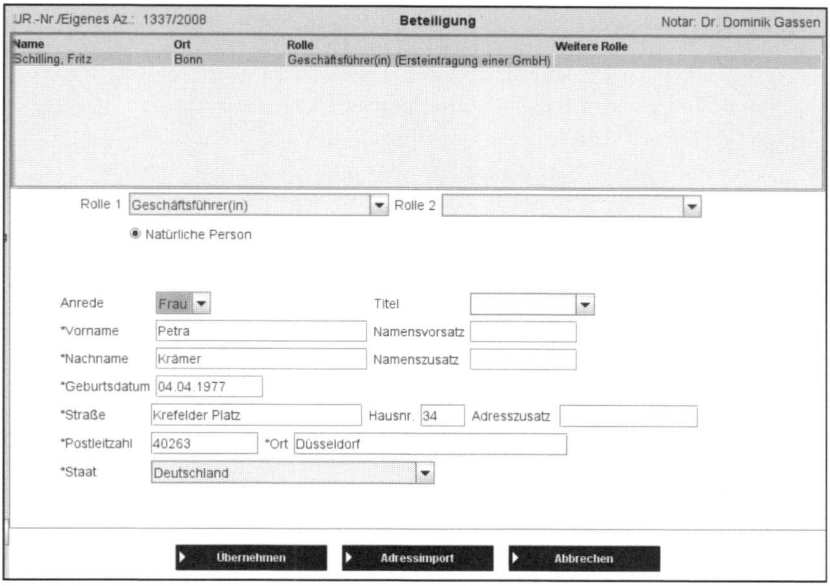

Es folgt die Eingabe der **allgemeinen Vertretungsregelung** für die GmbH, die unverändert aus der Vorgabenliste übernommen werden kann.

Fachdaten/Vertretungsberechtigte

Auf der mit „Fachdaten“, Registerkarte „Vertretungsberechtigte“ überschriebenen Maske ist zu jedem Geschäftsführer die **konkrete Vertretungsbefugnis** einzutragen. Achten Sie darauf, dass diese bei den beiden Geschäftsführern voneinander abweicht.[337]

337 Die Eingabemöglichkeit für die Dauer der Gesellschaft wird zukünftig entfallen, da hierzu i.d.R. keine Angaben erforderlich sind.

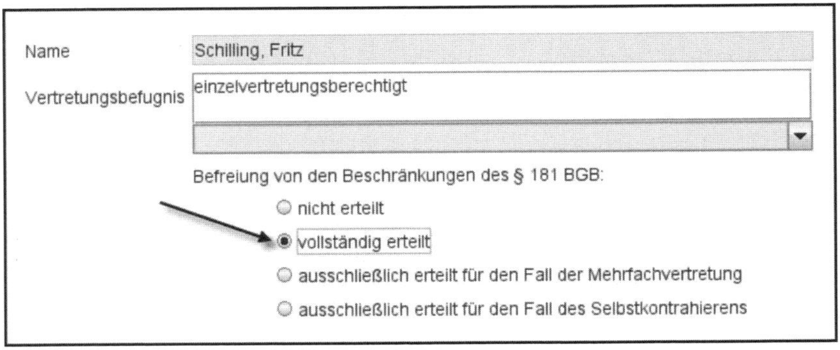

Fachdaten/Gesellschaftsdaten

Die Registerkarte „Gesellschaftsdaten" verlangt die Eingabe des **Geschäftszwecks** (den Sie § 2 des Gesellschaftsvertrages entnehmen können) und des **Stammkapitals**.

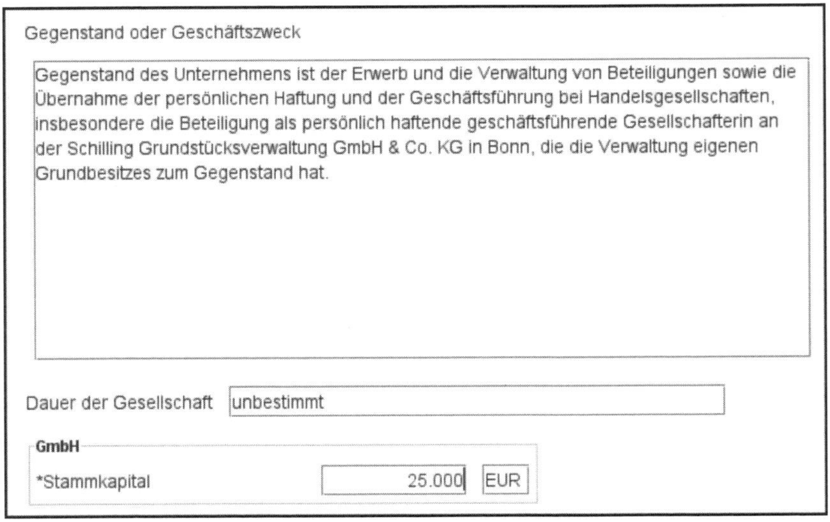

Anschreiben

Speichern Sie das vorbereitete **Anschreiben** unter dem vorgeschlagenen Dateinamen im Verzeichnis „Zwischenablage".

Anlagen/Dokumente

Umfangreicher sind bei dieser Anmeldung die hinzuzufügenden Anlagen, wie aus der Liste im unteren Maskenteil ersichtlich.

Fügen Sie **jede Anlage separat** hinzu und halten Sie sich dabei an die **Reihenfolge**:

1. Beschreibende Dokumentdaten (Datum, UR.-Nr., Dokumentart) eintragen.
2. Hinzufügen der zugehörigen (Scan-)Datei über „Hinzufügen in SigNotar". Sie können (und sollten) im Einzelfall entscheiden, welche Dateien als beglaubigte Ablichtung (also mit Beglaubigungsvermerk) bearbeitet werden sollen und wo es nur einer Signatur des Notars bedarf. In manchen Fällen kann sogar diese entfallen.

Im Ergebnis sollten Sie folgende Dateien erfasst haben:

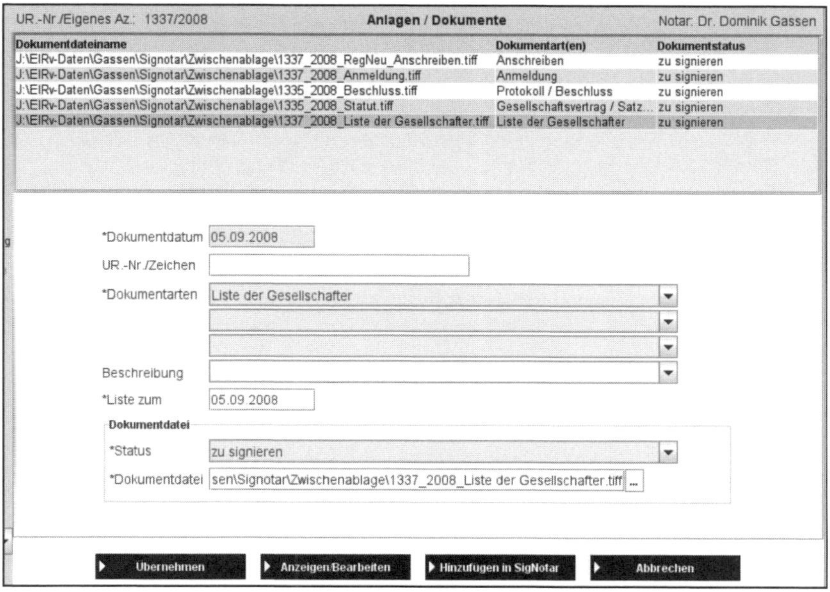

Kontrollieren Sie über die **farblichen Markierungen**, ob tatsächlich alle benötigten Anlagen erfasst wurden. Es sollte jedenfalls **keine rot markierte Anlage** mehr in der Liste übrig sein.

Sichtung Anmeldefall

Überprüfen Sie mit der folgenden Maske nochmals den zutreffenden Inhalt der von Ihnen erfassten Daten.

Weiterverarbeitung

Auf der Maske „Weiterverarbeitung“ wählen Sie abschließend „**Weitergabe an Notar**“.

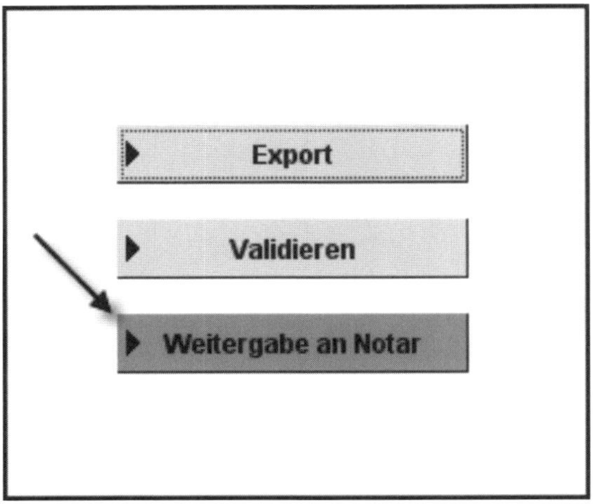

Die Weitergabe wird in einem Dialogfeld bestätigt.

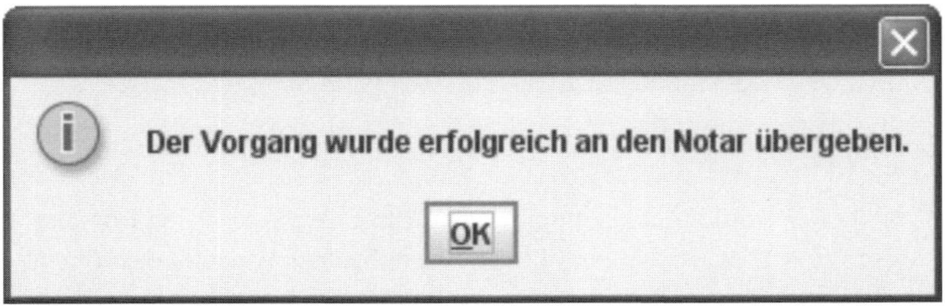

2. Schritt: Anmeldung KG

Nunmehr ist noch die **Kommanditgesellschaft** (Betriebsgesellschaft) zum Handelsregister anzumelden.

Laufende Anmeldungen

Wählen Sie in der Maske „Laufende Anmeldungen" unten „**Neue HR-Anmeldung**".

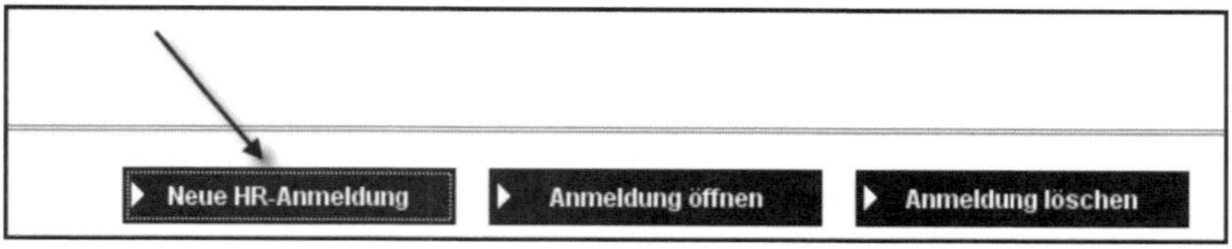

Grunddaten

Orientieren Sie sich bei der Bearbeitung der Grunddaten und der folgenden Masken an den Vorgaben aus der bei den Falldaten gespeicherten Registeranmeldung.

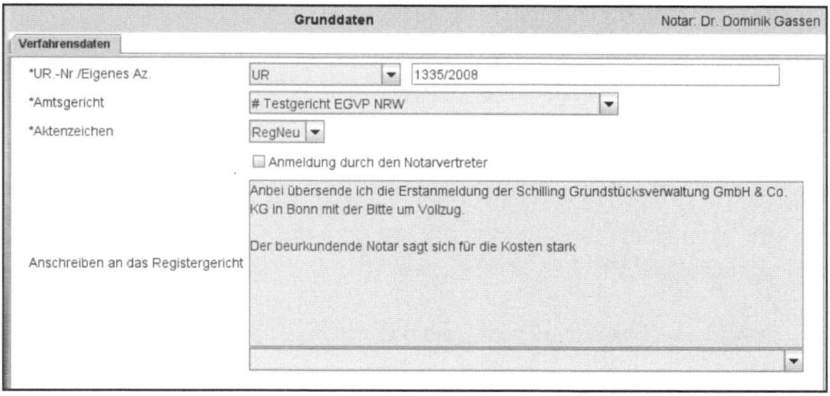

Anmeldefälle

Als Anmeldefall wählen Sie diesmal bitte „**Ersteintragung einer Kommanditgesellschaft**". Weitere Anmeldefälle müssen hier nicht integriert werden.

Rechtsträger

Die **Daten zur KG** als neuem Rechtsträger übernehmen Sie aus der Anmeldung. Im unteren Bereich ist die Geschäftsanschrift angegeben, die auch beim „Adressimport" verwendet werden kann.

Beteiligung

Bei der Anmeldung einer Kommanditgesellschaft sind als Beteiligte zumindest ein **persönlich haftender Gesellschafter** und ein **Kommanditist** anzugeben.

> **Hinweis:**
>
> Sie können den Adressimport auch verwenden, wenn Sie aus dem Dokument nur Straße, Hausnummer und Ort übernehmen können. Sie sollten in diesem Fall das Feld Name/Bezeichnung jedoch erst nach dem Import ausfüllen, da es sonst wieder gelöscht werden könnte.

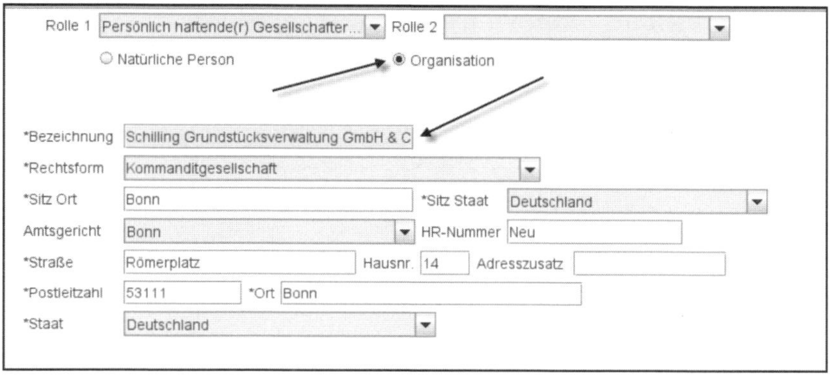

Erfassen Sie nun die **Komplementär-GmbH**.

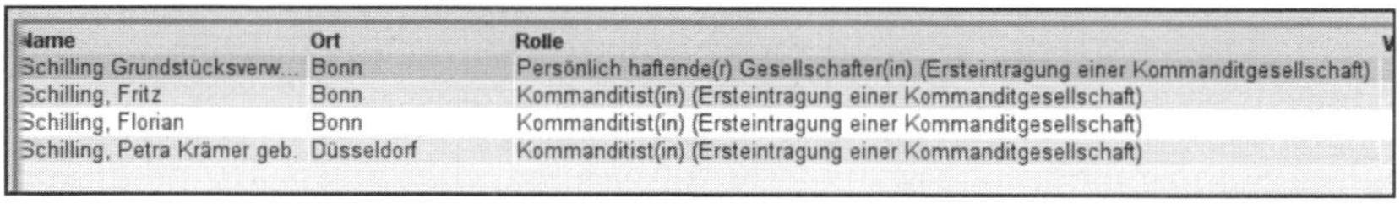

Name	Ort	Rolle
Schilling Grundstücksverw...	Bonn	Persönlich haftende(r) Gesellschafter(in) (Ersteintragung einer Kommanditgesellschaft)
Schilling, Fritz	Bonn	Kommanditist(in) (Ersteintragung einer Kommanditgesellschaft)
Schilling, Florian	Bonn	Kommanditist(in) (Ersteintragung einer Kommanditgesellschaft)
Schilling, Petra Krämer geb.	Düsseldorf	Kommanditist(in) (Ersteintragung einer Kommanditgesellschaft)

Geben Sie dann die Daten zur **allgemeinen Vertretungsregelung** ein. Diese sind sämtlich in der Anmeldung zu finden. Achten Sie auf das Feld „**Besonderheiten zu § 181 BGB**", das bei der GmbH & Co. KG regelmäßig auszufüllen ist.

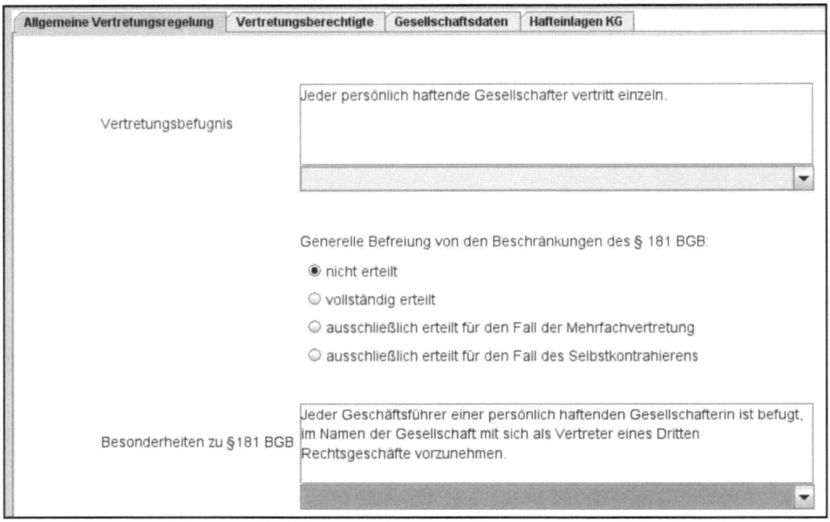

Fachdaten

Auf der nächsten Maske ergänzen Sie noch die **konkrete Vertretungsregelung** zur Komplementärin.

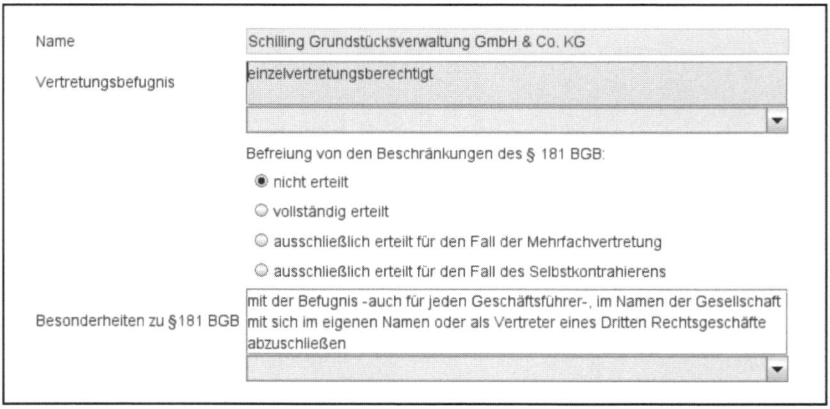

Dann muss der **Geschäftszweck** zutreffend angegeben werden.

Auf der letzten Fachdatenmaske tragen Sie bitte die **Haftungssummen** der jeweiligen Kommanditisten ein.

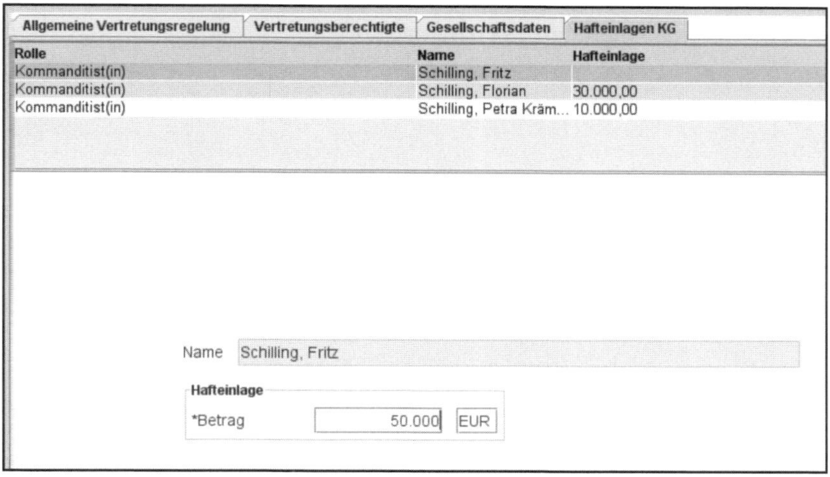

Anschreiben

Das von SigNotar vorbereitete Anschreiben speichern Sie am vorgegebenen Ort (Zwischenablage) ab. Es muss später signiert werden.

Anlagen/Dokumente

Als weitere Anlage (neben dem bereits vorher vorbereiteten **Anschreiben**) müssen Sie in der folgenden Maske lediglich die **Registeranmeldung** hinzufügen. Verwenden Sie dazu wieder die Funktion „**Hinzufügen**", tragen die beschreibenden Daten ein und fügen die eigentliche Anlagedatei über „**Hinzufügen in SigNotar**" bei. Vergessen Sie nicht, den **Beglaubigungsvermerk** zu ergänzen.

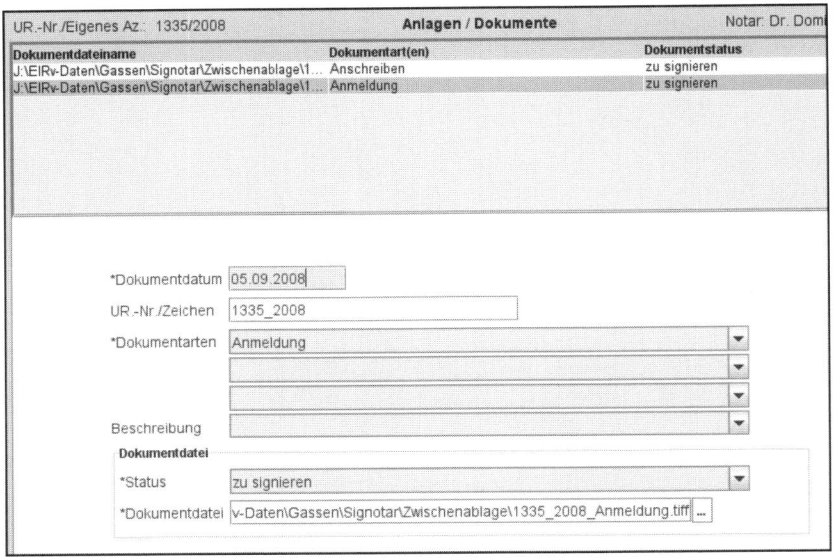

Sichtung Anmeldefall

Prüfen Sie ihre Eingaben nochmals mit der angebotenen Übersicht.

Weiterverarbeitung

Wählen Sie dann in der abschließenden Maske „Weiterverarbeitung“ den Button „**Weitergabe an Notar**“. Die Übergabe wird mit einem Dialogfenster bestätigt.

3. Schritt: Weiterverarbeitung im Notarmodus

XNotar wechselt nunmehr automatisch zur Übersicht der laufenden Anmeldungen. Da in diesem Fall das arbeitsteilige Zusammenwirken zwischen Notar und Mitarbeiter geübt werden soll, müssen Sie jetzt in den **Notarmodus** wechseln, um die dem Notar vorbehaltenen Arbeitsschritte durchzuführen.

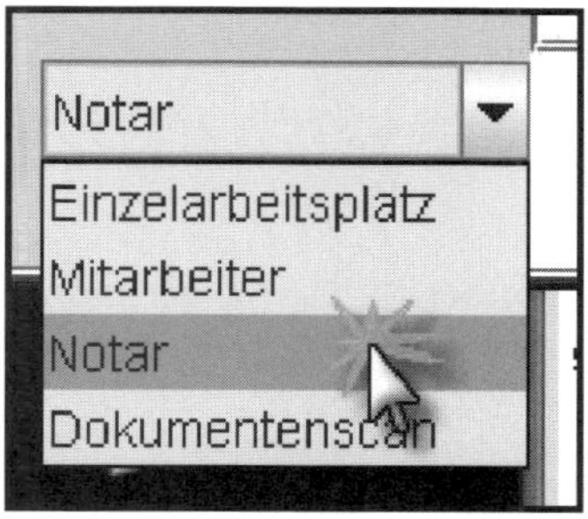

Sie beginnen wieder auf der **XNotar Startmaske**. Im Bereich „**Handelsregister**“ können Sie nur die **Anmeldungsübersicht** auswählen. Auf der Liste sind die beiden soeben vorbereiteten Anmeldungen zur Ersteintragung der GmbH & Co. KG zu sehen.

UR.-Nr./Eigenes Az.: 1335/2008 **Laufende Anmeldungen** Notar: Dr. Dominik Gassen

UR-Nr. / eig. Aktenzeichen	HR-Nummer	Rechtsträger	Status	Notiz
1335/2008	RegNeu	Schilling Grundstücksverwaltung GmbH & Co. KG	Vorbereitung abgeschlossen	☐
1337/2008	RegNeu	Schilling Grundbesitz Verwaltungs-GmbH	Vorbereitung abgeschlossen	☐

Wählen Sie eine der beiden Anmeldungen und klicken Sie auf „**Anmeldung öffnen**“. Es öffnet sich wieder die bekannte Übersicht über die in der Anmeldung enthaltenen Daten. Sie dient diesmal zur Kontrolle durch den Notar.

Klicken Sie nach der Prüfung auf „Weiter“. Auf der Maske „**Weiterverarbeitung**“ wählen Sie zunächst „**Signieren**“ und führen den Signaturvorgang in bekannter Weise in SigNotar durch.

Anschließend klicken Sie auf „**Übergabe an EGVP-Client**“. Die Anmeldung wird an den EGVP-Client übergeben.

XNotar springt wieder auf die Anmeldungsübersicht. Hier ist noch eine Anmeldung zu sehen. Wiederholen Sie die vorher durchlaufenen Arbeitsschritte des Notars und übergeben am Ende auch diese Anmeldung an den EGVP-Client.

Die **Bearbeitung durch** den **Notar** ist damit **abgeschlossen**.

4. Schritt: Versand im EGVP-Client

Öffnen Sie jetzt den **EGVP-Client** und klicken Sie auf „**Fachdaten übernehmen**“. Im Postausgang des EGVP-Clients werden die beiden vorbereiteten Nachrichten angezeigt.

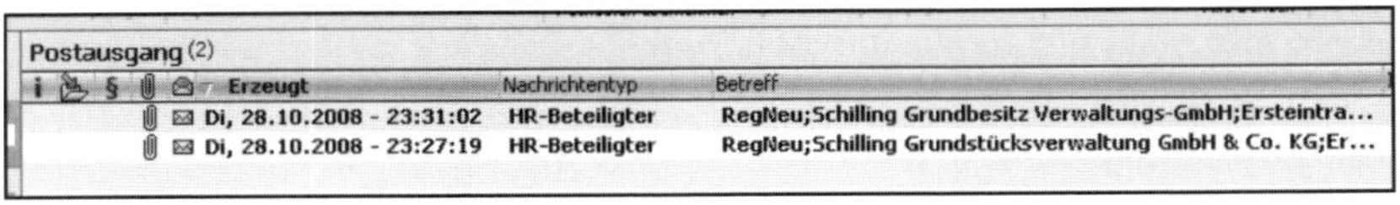

Wenn Sie möchten, können Sie abschließend mit dem Button „**alle versenden**“ die Daten an das Testgericht übersenden.

Damit ist die Bearbeitung von Fall 7 abgeschlossen.

Fall 8: Verschmelzung zweier GmbH

Dieser Fall soll anhand einer etwas komplexeren Anmeldung nochmals der 603
Vertiefung des bisher Gelernten dienen. Rechtlich handelt es sich um eine **Verschmelzung einer Tochtergesellschaft auf die Konzernmutter**.

Auch hier muss der Bearbeiter **zwei separate Registeranmeldungen** vorbereiten – eine für die übertragende, eine für die übernehmende Gesellschaft. Die Bearbeitung wird im arbeitsteiligen Modus erklärt, Sie können aber auch nach ihren Bedürfnissen die Übung im Einzelplatzmodus durchführen.

1. Schritt: Anmeldung zur übertragenden Gesellschaft

XNotar Startseite

Starten Sie XNotar im **Mitarbeitermodus** und wählen Sie „**Neue Anmeldung**“. Öffnen Sie zur Referenz auch die Datei mit der Anmeldung der übertragenden Gesellschaft. Klicken Sie dann auf „Weiter“.[338]

Grunddaten

Füllen Sie zunächst die Grunddaten aus.

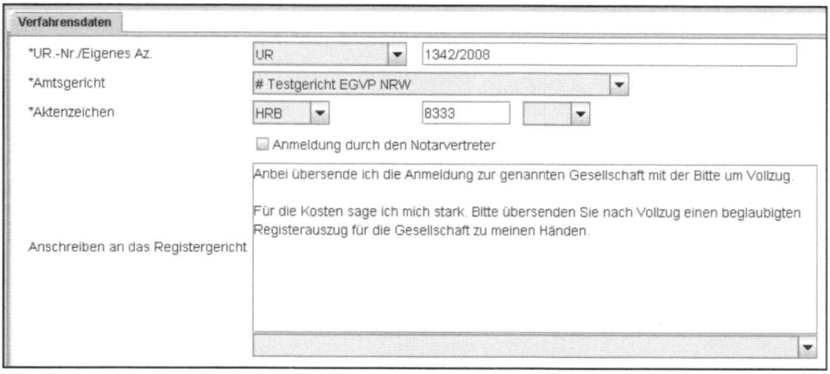

338 Es wird im Folgenden darauf verzichtet, bei jedem Maskenwechsel darauf hinzuweisen, dass auf die Schaltfläche „Weiter“ zu klicken ist.

Anmeldefälle

Wählen Sie als Anmeldefall auf der Folgemaske „**UmwG: Verschmelzung; Übertragender Rechtsträger**“.

Rechtsträger

Auf der folgenden Maske tragen Sie die Daten zum Rechtsträger ein.

Beteiligung

Als Beteiligte ist in diesem Fall lediglich die **aufnehmende Gesellschaft** einzugeben. Fügen Sie diese mit den entsprechenden Daten hinzu.

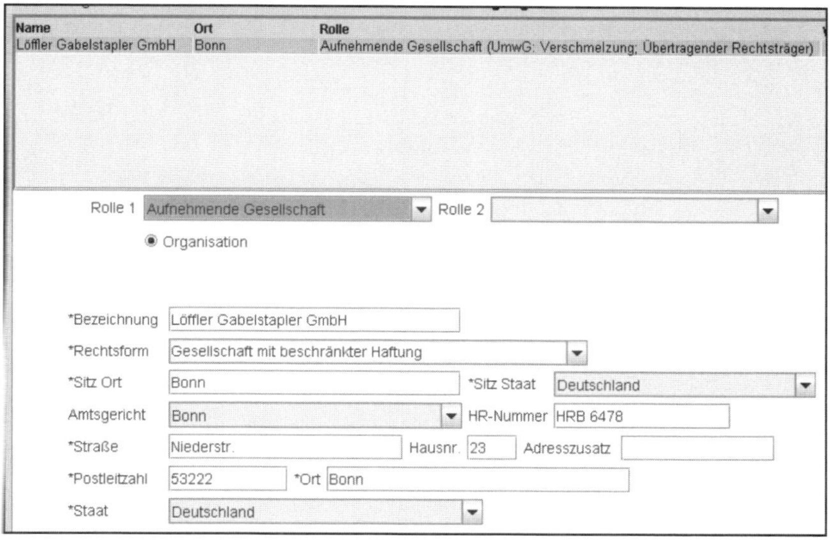

Anschreiben

Im Zuge der weiteren Bearbeitung bestätigen Sie im erscheinenden SigNotar-Fenster den Inhalt des Anschreibens zur späteren Signatur und speichern dieses im Verzeichnis „Zwischenablage".

Anlagen/Dokumente

Bearbeiten Sie die Maske „Anlage/Dokumente“, indem Sie die **geforderten Anlagen** beifügen.

> **Hinweis:**
>
> Achten Sie darauf, dass die Zustimmungsbeschlüsse in der Urkunde des Verschmelzungsvertrages enthalten sind und darum **drei Dokumentarten** (zwei Zustimmungsbeschlüsse!) anzugeben sind. Es ist in einem solchen Fall womöglich zweckmäßig, auch eine **ergänzende Beschreibung** für den Bearbeiter im Registergericht einzugeben.

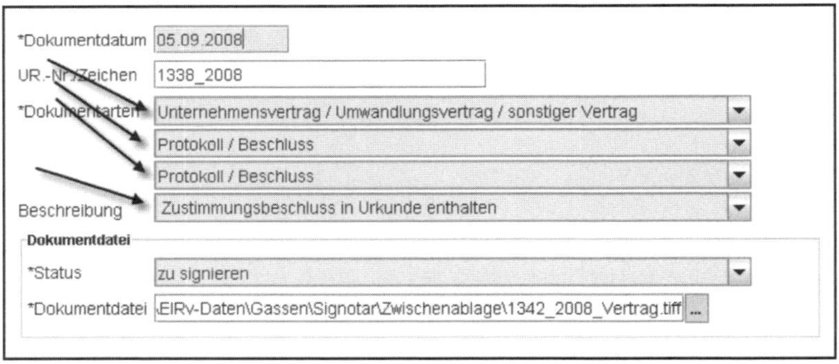

Das Ergebnis sollte der folgenden Abbildung ähneln:

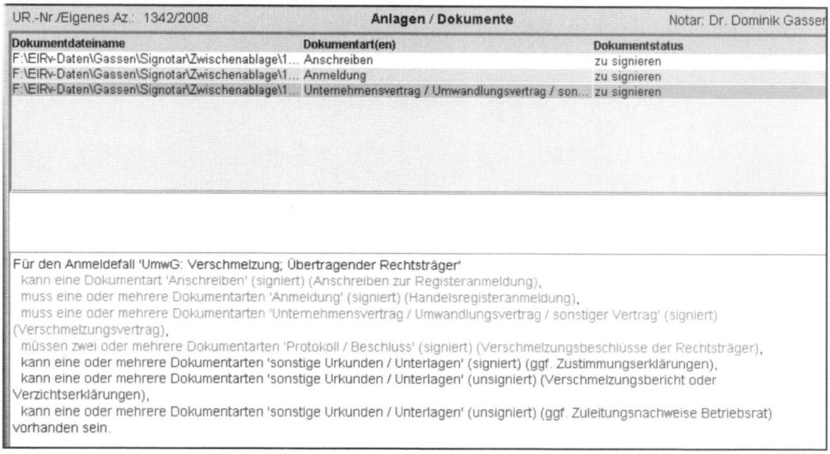

Weiterverarbeitung

Auf der abschließenden Maske wählen Sie „**Weitergabe an den Notar**".

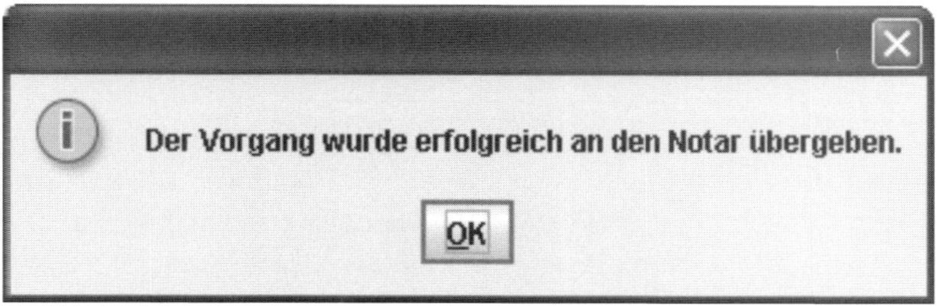

2. Schritt: Anmeldung der übernehmenden/aufnehmenden Gesellschaft

Auf der Übersichtsmaske von XNotar wählen Sie „**Neue HR-Anmeldung**".

Die folgende Bearbeitung entspricht in großen Teilen der vorausgehenden Anmeldung zur übertragenden Gesellschaft.

Füllen Sie die **Grunddaten** zur Anmeldung aus. Wählen Sie als **Anmeldefall „UmwG: Verschmelzung; Übernehmender Rechtsträger"**. Tragen Sie bei den Rechtsträgerdaten die Angaben zur **übernehmenden Gesellschaft** ein. Bestätigen und speichern Sie das in SigNotar angezeigte Anschreiben. Geben

Sie die **übertragende Gesellschaft als Beteiligten** ein (Vergessen Sie nicht die Registerangaben.). Fügen Sie die geforderten Anlagen bei. Bestätigen Sie die Datenübersicht und geben Sie auch diesen Fall an den Notar weiter.

3. Schritt: Weiterbearbeitung im Notarmodus

Wechseln Sie in den **Notarmodus** und rufen Sie die **Anmeldungsübersicht** auf. Beide vorbereiteten Anmeldungen werden angezeigt.

UR.-Nr./Eigenes Az.: 1341/2008 **Laufende Anmeldungen**

UR-Nr. / eig. Aktenzeichen	HR-Nummer	Rechtsträger	Status
1341/2008	HRB 6478	Löffler Gabelstapler GmbH	Vorbereitung abgeschlossen
1342/2008	HRB 8333	Löffler Vertriebs-GmbH	Vorbereitung abgeschlossen

Wählen Sie eine beliebige Anmeldung („Anmeldung öffnen“ oder Doppelklick auf den Listeneintrag). Kontrollieren Sie den Inhalt der Strukturdaten und bestätigen Sie diesen. **Signieren** Sie die Daten in der Maske „Weiterverarbeitung“ mit SigNotar. Wählen Sie in XNotar abschließend „**Übergabe an EGVP-Client**“, um die Anmeldung an den EGVP-Client weiterzugeben.

Wiederholen Sie diese Schritte für die zweite Anmeldung. Die Liste der laufenden Anmeldungen sollte jetzt leer sein.

4. Schritt: Versand im EGVP-Client

Öffnen Sie den **EGVP-Client** und nutzen Sie die Funktion „**Fachdaten importieren**“, um die Anmeldungen in den Postausgang zu übernehmen. Versenden Sie die Daten an das Testgericht – einer weiteren Signatur bedarf es nicht.

Damit ist die Bearbeitung von Fall 8 abgeschlossen.

Stichwortverzeichnis

Die Zahlen verweisen auf die Randnummern.